精编应用文写作教程

主　审　陈丽娟

主　编　李其军

副主编　李冬梅　李荣玲　李其兵　胡颐妍

南开大学出版社

图书在版编目(CIP)数据

精编应用文写作教程/李其军主编. —天津：南开大学出版社，2011.6

ISBN 978-7-310-03707-0

Ⅰ.①精… Ⅱ.①李… Ⅲ.①汉语－应用文－写作－教材 Ⅳ.①H152.3

中国版本图书馆 CIP 数据核字(2011)第 080491 号

南开大学出版社出版发行

出版人：肖占鹏

地址：天津市南开区卫津路 94 号　　邮政编码：300071

营销部电话：(022)23500755　23508399

营销部传真：(022)23508542　　邮购部电话：(022)23502200

*

北京华创印务有限公司

全国各地新华书店经销

*

2014 年 5 月第 2 版　　2014 年 7 月第 2 次印刷

787×1092 毫米　16 开本　17.25 印张　330 千字

定价：32.00 元

如遇图书印装质量问题，请与本社营销部联系调换，电话：(022)23507125

前　言

　　站在高职高专教学第一线的教师们对教材的选择和使用应该是最有发言权的。选择什么类型的教材,最能适合高职高专学生的求知水平? 使用什么样内容的教材,最能达到教学的理想效果? 这是高职高专教师们非常重要而且谨慎的工作。而编写一本符合高职高专教学规律以达到提高教学实效也就显得尤为重要了。本书的编写也正是立足于此。

　　参加本教材编写的人员大部分是多年来执教于高职高专《应用文写作》课程的教师。对课程的结构、体系,对课程的教学目标、教学手法,他们都有着相当的解读、掌握;对学生(特别是 90 后的学生)学习中的热情、不良习惯、认知特性等优劣特点也能深入地了解和把控。由他们在实实在在的教学实践的基础上来编写一本这样的教材,应该是一个非常好的事情。

　　每一门学问都会有自己的理论体系,每一本书也都会有自己的结构框架。本教材编写的指导思想是实用、适用和好用。之所以命名为"精编应用文写作教程",就是要突出文种的实用性。哪些应用文是大学生应当掌握的,哪些应用文是要了解的,这都体现在教材的编写中。本教材的内容包括应用文写作理论、日常应用文写作、事务处理类应用文写作、行政公文写作、规章制度类应用文写作、经济类应用文写作、论文写作等内容。章节内容顺序按照从易到难、由浅入深的层次进行安排,很是符合学生认知的规律和课程教学的规律。此外,编者建议,在教学过程中如果能够结合附录的相关内容授课,更能够达到的较好的效果。

　　由于编者水平有限,教材中难免有错漏失误之处,敬请广大师生读者批评指正;同时,在此对给予本教材编写出版工作指导、帮助的专家和同仁表示真诚的谢意。编写教材的过程中我们参考了相关的文献著作,在此对其作者表示衷心的感谢。由于编写时间仓促,我们在采纳引用某些文献时尚未能征得原作者的许可,原作者阅书后,请与我们联系,我们会寄奉样书或稿酬,并在教材再版时弥补相关事宜。谢谢。

编　者

目　录

项目一　应用文写作基础

学习目标

1. 理解应用文的含义，了解应用文的特点、种类和作用。
2. 掌握应用文写作的基础知识，了解其主题、材料、结构、语言和表达的特点。
3. 理解应用文的制发和处理程序，了解应用文写作与行文制度的相关知识。

情景导入

　　五千年的灿烂文化，成为中华民族最为宝贵的财富。自古以来，中华民族非常重视应用文写作。秦朝李斯的《谏逐客书》、汉代刘邦的《求贤诏》、三国时期诸葛亮的《出师表》等，堪称应用文写作的经典，内容充实，结构谨严，表意明确，说理透彻，显示出作者缜密的构思和独特的文风，产生了深远影响。当今社会，应用文与人们的联系更为密切，领导干部述职、公司签订合同、求职者的简历等，都需要运用应用文相关的文种进行运作。应用文写作是否规范，要受到社会各方面的评说和检验。因此，掌握应用文的写作方法与技巧，写出高质量、高水平的应用文，是现代从业者必须具备的能力和素质。美国某调查机构在调查了 120 家美国大公司后得出的结论是："当今职场，写作成为工薪雇员获得聘任与提升的'敲门砖'"。为了将来的生存与可持续发展，你是不是应该掌握好应用文写作的知识和技巧，为学写各类应用文奠定扎实的基础、提高自身应用文写作的能力和水平呢？

知识清点

任务一　应用文概述

一、应用文的含义

　　应用文是国家党政机关、企事业单位、民主党派、社会团体以及广大人民群众，在日常工作、生产、科研、学习和生活中办理公务和个人事务时所使用的具有直接使用价值和某种常用格式的一系列文章总称。

　　应用文写作源远流长。可以说，自从有了文字的记载，就有了应用文的写作。它是人们交流思想、互通情况、解决问题、处理事务的工具，上至政府机关，下至基层单位。

应用文的使用范围几乎涉及人们社会生活的各个方面。随着社会的不断发展,应用文起着越来越重要的作用。

二、应用文的特点

应用文具有实用性、规范性、真实性、时效性、平实性和授(受)意性的特点。

1. 实用性

应用文的写作全在于应用,即为办事而写,为实际需要而写,为沟通关系而写。应用文大都是从本部门、本行业、本单位或个人的实际出发,用以传达领导意图、商洽工作和交流情况,总之都是根据实际工作的需要,针对实际问题或情况制发的,有着非常明确的目的性。一般文学作品或其他文章,虽然也都有一定的实用性,也讲究社会效果,但相对来说,不如应用文那么明显。文学作品往往是先作用于读者的理智和情感,然后才能产生某种社会效果,而且这种社会效果是间接的。而应用文却具有直接性,它往往超越了感染读者的过程,直接产生某种社会效果。如通知、通告,就是直接告诉人们某件事情;申请、请示,就是直接申告、请示某件事情。如果说文学作品的主要功用在于审美,给人以优美的享受和启迪,那么,应用文的主要功用则在于实用。因此,可以说,实用性是应用文写作的根本特征。

2. 规范性

格式规范化是应用文写作的另一个重要特征。应用文在长期的使用过程中,为了提高它的办事效率,更好地发挥它的效用,形成了应用文惯用的体式和语体风格。在写作实践中,应用文必须按照具体文种的格式要求来操作,决不能追求新异。这是因为应用文特别注重能够使读者在相对较短的时间内获取文章传达的基本信息,而相对固定的格式正好便于读者对信息的获取;其次,应用文往往是在人们生活的各个不同领域内通行的,而规范化、标准化的统一要求,则正是有利于这种通行活动达到最佳的实际效果;最后,应用文既要求使用便利,又要求严格执行,这就需要有庄重的文面、严谨的体式和鲜明的主旨。所以在长期的写作实践中应用文形成了其严格而规范的体式。

3. 真实性

一般的文章也要讲究真实,但文学作品所描述的真实是艺术的真实。也就是文学作品可以虚构,文学作品中的人和事不等于现实生活中的人和事,它的取材源于生活,又高于生活。应用文的实用性决定了其内容的真实性。也就是说应用文所讲的真实都是生活的真实,都是事实,所反映的都是事物的客观实际存在,所使用的材料都是有根有据。

4. 时效性

一般的文章或文学作品,其创作往往不强调时效性。如古今中外的一些文学著作,作者可以有较长时间的写作和不断修改才写成。而应用文写作不能如此慢工细作,它讲求的是时效性。也就是要求作者必须在规定的时间内完成。因为应用文是为解决具体的问题和具体的事务而写的,且问题的解决和处理又必须在一定的时间范围内才生效。如通知、请示、报告、合同等,必须按时行文,如果不能及时行文,将会错过时机,贻误工作,影响工作、办事效率,给我们的工作和生活带来严重的后果。

5. 平实性

文学作品为了吸引读者去阅读,往往需要对人物进行细致的刻画,对环境进行描绘和大肆的渲染,讲究文采,用生动细致的语言打动读者,把作者的感情婉转地表现出来引发读者的思考和回味,以致形成共鸣。应用文则不同,它是用来解决实际问题的,在作者的写作中,要根据文种的要求和处理事务的需要,使用朴素而简练的语言文字,把内容直截了当,清楚明白地表述出来。文体风格不讲究奢华,而力求平实、简洁,因此,平实性是应用文写作的又一特点。

6. 授意性和受意性

应用文的写作也有着相当的自由度,可更多的是限制。这主要体现在应用文的使用大多数是用来表现单位、部门或者领导的意图,而不是作者(具体执笔人)的意图。也就是说应用文的作者是在领导、部门、单位的授意下行文,作者受意后作文。

三、应用文的作用

应用文的出现,是社会生活的必然,是社会管理活动的需要,是任何社会都不可缺少的,是任何阶级都使用的。在不同的历史时期,应用文对社会的发展进步都起着极其重要的促进作用,哪一个领导人都希望把社会建设成为一个安定、有序的社会,这就需要出台宣传国家的路线、方针、政策、法律、法规、道德等有关文书来规范人们的行为,使人们共同遵守一定的规章制度和非成文约定,最终实现社会的管理。应用文作为文书的载体,它发挥着指挥管理、沟通协调、宣传教育、凭证依据的作用,具体表述如下:

1. 指挥管理作用

应用文是管理国家事务的一种重要工具。特别是应用文中的公文,"肩负着记录与传递社会管理信息的基本使命,起着使全社会及其各种组织与成员有序运行的纽带、规范和关键作用,如古人所云,是真正的'经国之枢机'"(王志斌主编,《新编公文语用词典》,上海:复旦大学出版社,2002.4)。一个国家,进行有序的管理就必须有从上而下的政令,国家为了传达政令,统一思想,规范行为就必须通过应用文上传下达,如上级机关发布的决定、意见、通知,都起着管理的作用,约束的作用。下级机关对此必须遵照执行,或根据本地区的实际情况参照执行。只有这样,国家的方针、政策,才能逐层下传,传达到人民群众之中,并化为全国人民的自觉行动。相反,下级机关所作的请示、报告、总结等,则应及时反映基层的各种情况,为上级机关提供正确决策的依据,及时指导工作的依据。由此可知,应用文是社会管理工作中不可缺少的有机组成部分,它发挥着指挥管理的作用。

2. 布政明法作用

自古以来,应用文就有作为发布法律和行政法规途径的作用,进入现代社会以来,国家立法机关,针对社会的实际需要出台了更多更细致的法律法规,以达到以法治国的目的。国家立法机关制定的各种法律、法规,行政机关的条例,以及各企业事业单位制定的规章、制度等等都要通过应用文来颁布。这些法律文书、规章制度都属应用文的范畴,一经公布,有很强的约束力,任何人都要自觉遵守,不得违反,否则将会受到不同程度的处罚。应用文布政明法的作用,在对加强社会主义法制,维护社会秩序的稳定方面,有着功不可没的重要作用。

3. 沟通协调作用

现代社会里,人们参与各种活动的范围更为广泛,彼此之间的交流合作日益增多,人与人之间,地区与地区之间,乃至国家与国家之间都存在着千丝万缕的关系,都需要进行传递信息,加强联系与沟通,共创和谐的人际关系,这是工作得以顺利发展的重要前提。应用文在沟通上下左右关系、交流信息、联系情感、协商事宜、协调行动、相互支持等方面是有着重要的作用。公关礼仪文书,能起到沟通感情,促进协调,互为发展的作用;广告类文书可以起到传播信息,服务公众的作用;经济类文书,可以起到协调关系、保障当事人双方利益的作用。

4. 宣传教育作用

行政公文的发布,绝大多数是向广大的人民群众宣传党和国家的方针、政策,宣传单位的典型经验和个人的先进事迹,起着向群众宣传、教育群众的作用。法律文书的发布,警示、规范着人们的行为,起着向人民宣传、教育人民、打击罪犯的作用。特别是在市场经济条件下,应用文的宣传教育作用又有了新的发展,各企业集团运用应用文这一宣传工具,宣传企业文化、企业的经营理念、企业的形象口号,以此来扩大企业的知名度和美誉度,赢得社会的信任和支持,提高了经济效益。

5. 凭证依据作用

应用文的凭证依据作用,在不同的文种中会有着不同程度的体现。就行政公文而言,下级机关要根据上级机关下达的公文来传达路线、方针、政策来形成指示精神,以安排工作任务,部署具体的工作思路。而上级机关则要根据下级机关的公文所提供的情况、反映的问题来进行决策,以便更科学地指导下级的工作。平行机关和不相隶属的机关之间,可以根据往来的公文知照情况、洽谈工作。由此可见,公文是施政的依据和准绳。它可以约束行政行为,使管理的各个环节得以正常有序地开展工作。就凭据文书而言,其凭证作用更为明显,如意向书、协议书、合同书等都规定了当事人双方的权利与义务,以此为据,如有任何一方违约,都要以此追究责任。概而言之,应用文是用来办理事务的,有着极强的时效性,某件事处理之后,其作用力也随之结束。但是有些应用文,它不仅有现实的作用,而且还是真实的历史记录,并根据有关规定立卷、整理、归档,作为文献资料供后人检索参考,起凭证作用。

四、应用文的种类

本书的研究对象,主要是党政机关、企事业单位、社会团体和个人之间所展开的关于公务、业务活动以及私人因其他原因而使用的应用文及应用文书写作。

应用文的文章样式,种类繁多。标准和要求不同,它的分类也不尽相同。

一、按其处理事情的性质划分:

可以分为公务类应用文和私务类应用文。

公务类应用文是指为处理国家、政府、集体、人们之间的事务而撰写和使用的应用文,即通常所说的公文。

私务类应用文是指为处理个人的事务而写作和使用的应用文,即通常所说的个人日常应用文书。

二、按表达方式划分:

有记叙文、说明文、议论文。

记叙文是以记叙为主要表达方式的应用文;说明文是以说明为主要表达方式的应用文;议论文是以议论为主要表达方式的应用文。

三、从使用领域来划分:

(一)行政类应用文

行政类应用文包括国家党政机关公文和日常行政公文。

1. 国家行政机关公文

国家行政机关公文是指国务院中共中央办公厅印发的《党政机关公文处理工作条例》中所规定的命令(令)、决定、公告、通告、通知、通报、议案、报告、请示、批复、意见、函、决议、公报、纪要十五种公文。国家机关公文是国家机关、社会团体或企事业单位处理事务的文件,主要用来传达和贯彻党和国家的政策法令,指导工作,提出要求,答复问题,通报情况,交流经验,传递信息。公文制作比较严格,具有一定的法律效力,在写作和使用时,要根据国家颁布的最新公文处理办法,区分每类公文文种的行文要求和使用范围,确定适用的文种形式,确保其使用效率。

2. 日常行政机关公文

日常行政机关公文是指上述国家法定的行政机关公文以外的一些事务文件。是指计划、总结、规章制度、简报、调查报告,介绍信、证明信等用来处理单位内部日常事务,与具体部门进行工作联系的应用文。它们的行文格式不像公文那样严格,制作也比较自由。日常事务公文不具有法定的权威,一般不单独行文,如有必要,需另行备文,按法定公文处理,否则只作为参考材料。有些日常事务公文还可在报刊上发表。

(二)专业应用文

专业应用文是指在一定专业机关或专门的业务活动领域内,因特殊需要而专门形成和使用的应用文。由于分工不同,社会各行各业经管的事务有很大的差异。这样,在长期的工作实践中便逐渐形成了一些与其专业相适应的应用文,称为专业应用文。专业应用文除了要遵守应用文的一般规则外,还有很强的专业特点,外行人是不能写好的,如财经部门常用的预决算报告、审计报告、市场调查报告、市场预测报告、项目可行性研究报告、外贸函电、经济合同等;司法部门常用的起诉书、判决书、证词、辩护词、立案报告、破案报告;文教部门常用的教学计划、教学大纲、教案、教学管理条例;医务工作常用的病历、处方、护理日志、诊断证明书、死亡报告;外事工作常用的照会、声明、国书、意向书、备忘录、国际公约、联合公报等等。

在各类应用文中,专业工作应用文涉及的面最广,发展最快。随着社会经济的发展和科学技术的进步,社会分工会越来越细,为适应工作需要随事立体的应用写作新形式,也将会不断增多。

(三)日常应用文

日常应用文主要指个人用来处理日常生活事务和礼仪的应用文,如书信、日记、读书笔记、电报、请柬、讣告等。日常应用文与个人的日常生活、人际交往活动关系密切,使用范围很广。日常生活应用文也有一定的格式,但不十分严格,写作较灵活自由。

以上只是从大的方面来划分。如果进一步,还可根据行文方向、内容性质或其他管理文件的标准来进行划分。

综合考虑应用文书的特点、作用、写作规律和使用范围,我们把应用文分成日常应用文、事务类应用文、党政机关公文、规章制度类应用文、经济类应用文、科技类应用文等多个类别,从使用效果方面来看,是以实用为主,效用为先。

任务二 应用文的构成要素

一、主题

主题,又称立意、主旨或中心思想,是文章的灵魂,是作者在文章中要表达的主要思想内容。应用文的主旨,是客观实际的真实反映,也是与作者思想观点相结合的产物,即用文章中全部材料所表达的中心思想(或目的)与写作意图的统一。

主旨在成文前确定下来,然后再由此展开思路进行写作,这是应用文有别于文学写作的重要特征之一。因为,一般的应用文写作有一个基本规律:成文前往往都由主管领导或集体讨论通过,确定应用文的主题;有的是成文前作者根据上级有关文件精神或有关规定、要求等确定一个文章中心意思或行文目的等,再经领导同意,方能组织材料,执笔写作。

这种"意在笔先"是企事业机关应用文写作中最常见的。这种"意在笔先"具有决定意义,即主旨一经确定,执笔者要严格遵照不许走样。但是这种的确定必须符合上级有关原则的规定,必须符合客观工作实际,必须具有指导意义。一般都要根据自身工作实际需要而提出,有一些还要经集体讨论后才能成文。因为一般形成书面文字材料后,就要表现某种意向,或肯定某种做法、某个经验,或发布指挥性、政策性的内容等等,这样主旨的正确与否,必然对有关领导或组织工作产生不同性质的影响。因此,成文前主旨的确定性、科学性应是比较明确的,在实际工作中应是完全可行的。

1. 主题的功用

(1)主题是文章的灵魂

主旨对行文的制约性是非常强的,尤其是国家行政机关应用文。这类文章一般来说,思想性、政策性和指导性等特点很鲜明。为了宣传一种观点、主张,表达既定的目的、意图,就要依据主旨的要求,谋划全篇,努力使主旨的表达鲜明而深刻。主旨是文章的灵魂。这种灵魂作用,主要是作者是写作意图在文章中的具体体现。作者根据主旨表达的需要,要把自己的感受、认识等用谋篇来解决。这种谋篇包括对文章表达的总体把握,诸种写作手法的运用,思想观点的确立及其依托。这样,就要求作者在谋篇中吃透主旨意义,同时,又要注意对形式的研究。

(2)主题决定文章的价值取向

一篇文章价值的大小,主要取决于其主题是否符合科学的发展观,是否代表了可持续发展的战略方向,是否体现了全国人民和全人类最根本最长远的利益。主题符合上述条件,则文章的价值取向就正确,社会意义就重大;违背了上述精神,则文章的价值取向就可能出了问题。

(3)主题决定材料的取舍

作者在生活中搜集了大量的材料,这些材料一开始是零散的、缺乏活力的"素材",只有根据表达主题的需要进行取舍和提炼后,这些材料才能转化成鲜活的生动的有内在联系的"题材"。主题犹如一支熊熊燃烧的火炬,在它的照射下,孤立的细节、死板的数字,统统被照亮,被激活,围绕着主题这根主干找到自己恰当的位置。如白居易、苏东坡、胡雪岩、龚自珍、李叔同、章太炎、潘天寿……这些人名看起来是风马牛不相及的,但是"弘扬杭州文化历史名人"的这一主题概念,会把这些人与他们的生平、贡献紧紧连在一起,并且安排在《西湖休闲地图》这本书"寻访博物馆"一章中。这就是主题对材料的取舍作决定的。

(4)主题支配文章的结构

结构是文章的骨架,是主题表现的外部形态。内容决定形式,形式为内容服务,在这里就表现为主题支配结构,结构为表现主题服务。

结构必须服从于主旨。行文前一经确定了主旨,为了较好地表达这个主旨,就要确定相应的文章结构,使之与主旨相"匹配"。易于表达主旨的结构就是主旨表现的最佳结构。如主旨内容需要表现一完整的事件,就适宜于采用纵式结构;如需要统观全局,表现诸多方面的问题,就应采用并列式结构或总分式结构。因此说,不同的主旨就需用不同的结构来表现。

(5)主旨决定语言的运用和表现方法

应用文的语言特点是严肃、确切、简明、朴素和专用,其语言表达风格具有一定的特定性。那么,这类文章的主旨产生后,就要选择最佳的语言表达方式和方法。不同的主旨就需要用不同的语言来表达。

应用文在表达方法上,也常常受制于文章的主旨,因为只有选用了适宜于表现主旨的表达方法,对主旨的表达才有力。如引用式的开头方法、首尾照应的方法等,无不是根据主旨表达的要求来选用的。这些应用文的主旨对表达方法的选择要求非常强,不是某一种表达方法就无法更好的表现主旨。

2. 主题的要求

(1)正确

所谓主题正确,就是文章表现的主题要符合事物的本质属性,要揭示事物的规律,表达健康的感情,促进事业的进行、工作的发展和美好情操的培养。例如《国家旅游局关于下达〈旅游行业对客人服务基本标准〉的通知》明确了服务的基本要求,保护了游客的正当权益,促进了旅游事业的发展。

(2)鲜明

主题鲜明,是指作者的观点要有明确的倾向性,要表明赞成什么,反对什么,恨什么,爱什么,不能含糊其辞、模棱两可。文章中对所表达的事物的是非美丑,要有明确的态度和表态。《中国旅行社关于××所犯错误的通报》严肃批评了××所犯的自由主义、假公济私的错误,并作出了相应的处理。《国家旅游局关于国旅、中旅、青旅三总社申请补办旅行社登记的批复》明确表示肯定态度。这些文章观点清楚,不拖泥带水,符合主题要鲜明的要求。

(3)深刻

深刻是指主题不能停留在对事物表面现象的罗列和叙述,而应该揭示事物的某些本质,反映事物的内在规律。

作者以极其负责的科学态度,敢于提出问题,分析问题,解决问题,其主题比报喜不报忧和只会泛泛而谈的文章深刻得多,也有价值得多。

二、材料

1. 材料的含义

材料是指作者为一定的写作目的,直接或间接地从社会生活中收集到的各种情况、事例和统计数字。材料是写作的物质基础,是文章的血肉。

材料的种类非常多,有现实材料和历史材料,感性材料和理性材料,正面材料和反面材料。材料是文章的血肉,是主题形成的基础,又是表现主旨的支柱。

2. 应用文材料的要求

材料用于写作,要经过整理和选择。我们在选用材料时要注意下列几个原则:

(1)材料要真实、准确。真实有生活真实与艺术真实两种。应用文要求生活真实,也就是所采取的材料是客观存在的,不是主观杜撰的。从表象的数字到局部的事实都要符合客观实际。文学作品要求艺术真实。准确是指文章中的材料一定要围绕文章的中心观点进行选择,否则即使材料真实,它们所包含的内在本质也会与文章的观点南辕北辙。

(2)材料要典型、充分。典型的材料有"以一当十"的效果。写文章时,能用一个材料说明问题就不用两个。但是,为了牢固树立自己的观点,一般要尽可能地从各个角度全面地运用各个数据、事实材料进行说明,这样就会使文章内容显得更充分、扎实。材料的充实不是以材料的数量来衡量的,必须是建立在材料典型的基础之上,否则,材料越多越不利于文章观点的表达。也就是说,充分,必须能适合于表现主题的需要。离开了主题,再多也没有用,反而会成为累赘。材料丰富并不是多多益善,而是要选择最能反映本质、最有时代特征、最有说服力和表现力的事实或观点用于文章之中。

例如,一篇通讯为了说明"长城正在以前所未有的速度消失,保护长城已刻不容缓"的观点,作者举出了下面几个例子:"陕西境内两千多公里的古长城人为破坏日益严重,其中850公里的明代长城就有1/3永远消失了;长达600多公里的齐鲁长城,大部分墙体已经坍塌;素有'长城博物馆'之称的宁夏境内1500多公里的历代长城正在迅速'缩水';河北金山岭长城盛夏之际上演了上千人'锐舞派对'彻夜狂欢……"

这些例子都非常典型,所以显得十分有力。

(3)材料要新颖、生动。代表着时代发展的趋势、时代特质的那些富有极强生命力的现实,通常就是应用文书最为新颖生动的材料。当然,材料新颖也指尽量用别人没用过的材料或新近发生的材料、不常用的材料。使用新颖的材料能产生新的观点和看法,能得出新的结论,推动工作向深度和广度发展。新颖的材料常常成为新思想、新观点、新政策坚强的支柱,令人耳目一新,从而使文章主题更深刻。

3. 应用文材料的占有

占有材料的途径是观察、调查和阅读。

(1)观察

观察是认识客观事物的基础,也是搜集材料的主要途径。我们应养成处处留心观察的良好习惯,从而获取大量有价值的、活生生的现实材料,为应用文写作奠定基础。

(2)调查

有些现实材料,作者仅仅依靠平时的观察是无法得到的,还必须通过有目的、有计划地调查采访来获取。调查的方法有很多种,如开调查会、蹲点调查、个别采访等等。只有如此,才能获得真实可靠的材料。

(3)阅读

通过观察和调查所获得的材料是第一手材料。但是,由于人的精力和时间的有限性,不可能事事都亲自去观察、调查采访,所以必须通过阅读去获取大量的材料。书籍和报刊杂志是了解世界的窗口,是储藏材料的仓库,应积极去阅读。

三、结构

文章确定了主题,选定了材料,还不能直接称其为文章。这就好比做衣服,具备了针线布料,明确了制作的目的,还需动手裁剪,缝纫,否则无法成衣。写文章也是如此,作者对其主题思想、具体内容的表现形式等问题,必须加以周密的筹划。分几个部分?怎样开头?如何转接?先后顺序如何?怎样结尾?诸如此类问题,如不加以解决,势必无法写出好文章。这些问题,人们常常称之为"布局谋篇"。也就是文章的结构,即文章内部的组织、构造。"结构"一词,本意指工匠筑室所立之间架,后人借用它来说明文章的组织形式,即先写什么,后写什么,此事、彼事如何安排,如何开头,如何结尾,如何过渡,如何承接,哪里需要详写,哪里需要略写。结构是文章的框架,是文章部分与部分、层次与层次、段落与段落之间的内部联系与外部形式的统一。

主题作为文章的灵魂和核心,全靠必要的事实材料和理论材料来表达。如何具体表达,要通盘考虑,要求做到有步骤、有条理,形成一个完整统一的有机形态,这样才能称其为文章。文章具体表达上的这些要求,是通过文章的结构来完成的。如果把文章比拟为人体,结构恰如骨骼,其作用不言而喻。

(一)结构的内容

应用文结构的基本内容包括开头、结尾、层次和段落。

1. 开头和结尾

应用文的开头和结尾有着比较固定的模式。

常用的开头方式总括起来有两种:一种是直笔点题,一种是曲笔导入。直笔点题的写法有:开门见山说明对事实的看法、态度,总结基本情况和基本内容,概括全篇的总结性意见,直述行文目的等。曲笔导入的写法有:介绍背景、原因和条件,撰写引文引言,设问质疑等。

常用的结尾方式有:自然收束全文,总结全文,点明要旨,提出希望,发出号召,提出意见、建议,提出执行要求等。

2. 层次、段落

根据事物发展的内在逻辑关系,作者运用一定的思维方式,将事物发展的各个阶段和矛盾的各个侧面,以相对独立的部分显现在文章的结构体系中,这就是文章的层次。它也是作者在认识事物过程中形成的相对独立、相对完整的内容单位。不同体裁的文章,其层次展开的方式有所不同:记叙性的应用文,常以时间先后顺序和事物发展的过程来展开层次;说明性的应用文,则常以空间方位平行或内容性质并列式展开层次;说理性应用文,一般按照事物发展的内在规律来展开层次;而像调查报告、总结一类的记叙、说明、议论三种表达方式兼用的应用文,则按照材料的性质和类型来展开文章层次。

段落是文章在表达思想内容时,由于转换、间歇、强调、过渡、照应等情况而造成的文字上的分隔和停顿。在形式上,段落要求另起换行作为标志。合理地划分段落有利于合理地阅读和理解文章的中心思想。

3. 过渡和照应

过渡和照应是文章前后连贯、气脉畅通的重要手段。

(二)结构的功用

1. 结构用于寄寓主题

结构是为主题的表现服务的,有了明晰的结构,主题才得以寄寓。

以请示与批复为例,请示的正文由缘由、事项、请求三部分组成,必须先讲办什么事,有什么请求,然后请求上级批示。这样安排结构既合乎逻辑又清晰明白。

2. 结构用于组织材料

在表现主题的材料中,先后顺序,详略层次,都必须依照一定的原则进行安排,使材料条理井然,各得其所。这就是古人所说的“布局谋篇”。结构用于组织材料,也就是用于布局谋篇。如长篇通讯《九寨山水,耸起澄清的心胸》,全文分三大部分,即“旅游环保中的几个率先”、“保护与开发”、“经济发展与环保”,它们是横向并列结构,而每一部分内部又是按时间顺序进行叙述和议论的。这样全篇形成混合式结构,很利于材料的安排和主题的表达。

3. 结构用于吸引读者

这一点主要体现在容许发挥创意的文书体裁,如广告、旅游消息、通讯等。每个人认识事物的角度不同,对事物的感受不同,表现感受的方式方法也不一样。因此,在应用文允许的范围内,作者为了吸引读者,在构思中往往寻求结构形式的创新和突破。如追求"凤头"和"豹尾",给读者以新鲜感,并留下深刻印象等。

(三)结构的要求

应用文写作对结构的要求是:

1. 结构要服从表现主题的需要

如《试论中国工业旅游的发现状和推进对策》是一篇工作研究,其主旨是探讨中国发展工业旅游的途径,因此在安排结构时,必须处处紧扣这一主题。第一部分介绍工业旅游的基本概念;第二部分提出中国工业旅游发展的现状和存在问题;第三部分提出推进中国工业发展的对策。这样安排文章的结构,完全满足了突出主题的需要。

2. 结构安排要合乎逻辑

首尾照应、衔接紧密、层次清晰、段落分明是合乎逻辑结构要求的,而前后矛盾、顺序混乱、层次模糊、段意交叉则是结构不当的表现。

3. 结构要有利于调度材料

在安排结构时,可以对材料根据需要重新取舍,重新归位。无论是什么文体,都是如此。

在国家旅游局 2003 年工作总结中提到一系列的会议,如 8 月召开的中日韩三国旅游部长会,10 月世界旅游组织第八届全体大会,11 月在昆明成功举办中国国际旅游交易会等,这些会议若在平时,都是正常的业务会议,在工作总结中不一定提及,或者一笔带过。但是 2003 年我国经历了抗"非典"的斗争,这些材料恰恰生动有力地反映了我国在"非典"过后国家旅游局努力把握"恢复"与"振兴"这个中心工作的成绩。因此在安排结构时,把这些会议情况放在非常突出的位置加以应用。

结构对材料的调配,在学术文章里了显得十分重要。如《我国旅游业的高额回扣问题及其对策研究》一文,文章的结构要求是提出问题,分析问题,解决问题。为了引起人们对旅游回扣问题的重视,作者把一个案例放在文章主体的第一大段:

高额回扣究竟从何而来?关于这个问题,业内人士众说纷纭。笔者认为,高额回扣"源"自旅游商品的超高标价。2002 年,新华社两位记者在海南采访时爆出惊人内幕:成本价 100 元左右的珠宝,在珠宝商场标价为 17800 元至 23800 元;20 元左右的普通珠宝标价在 1880 元以上。

这一事例放在开头,犹如一石激起千层浪,人们会认识到旅游高额回扣到了非抓不可的地步,然后文章转入分析问题,解决问题的内容。

4. 结构要考虑文体特点。不同类别的文体在结构上会有不同的要求。我们在写作应用文的时候,必须根据所使用的文体来安排得当的文段结构,以表达出较好的效果。

四、语言

语言可分为书面语言、口头语言、肢体语言、表情语言等。在写作中,我们主要是指书面语言。

(一)语言的功用

1. 语言是表达思想的工具。

2.语言是写作的"第一要素"。

3.语言是表达文体特点的必要条件。

(二)语言的要求

1.准确。文章的语言表达要确切、要符合实际,语义应明确具体,褒贬得当,轻重适度,能真切地表达内容。

2.简洁。文章的语言要简明扼要,精当不繁,忌拖沓、冗长,当详则详,当略则略。

3.生动。文章的语言要有文采,有声有色,具有新鲜感,有感人的力量,从而获得最佳的表达效果。

(1)要饱含感情,语言才生动。

(2)在体裁和表达需要时,要认真刻画形象。在 2005 年 11 月 26 日《广州日报》报道广东国际旅游文化节《34 辆花车巡游惊艳花城》的通讯中有一段话:

记者在珠海的花车边发现了两个抱着氧气瓶的"蛙人",原来,他们要在巡游戏的时候登上花车表演潜水。昨天中午的气温很高,"蛙人"被厚厚的"潜水服"包裹着,还要背上一个"硕大"的氧气瓶,巡游还未开始已就已经是汗流浃背,其中一个"蛙人"说:"热点不怕,不就一个几十分钟嘛,想想能代表珠海参加花车巡游,感觉很自豪呢。"

有人物外貌、动作、姿态、打扮、语言(说话)的描写,就显得形象生动。

(3)要富于变化。

任务三 应用文的主要表达方式

表达方式,古人称之为"笔法",是运用语言介绍情况、陈述事实、阐述观点、总结经验、探索规律、表达情感的具体方法。表达方式有五种:叙述、说明、议论、描写、和抒情。

由于文体性质和撰写文章的目的不同,不同种类的应用文运用表达方式也各有侧重,如工作报告、简报、通报、消息和通讯等侧重采用叙述的形式;行政法规、规章、合同、公告、布告和通告等侧重采用说明的形式;决定、讲话稿以及毕业论文等侧重采用议论的形式;还有些文体,如总结报告、调查报告和会议纪要等还要同时运用多种表达方式,即在说明目的、叙述事实的基础上再论证说理。但不论哪种文体,一般都要以说明作为应用文的最基本的表达方式,以说明情况、事理和具体的措施、要求使人知晓,达到行文的基本目的。至于描写和抒情在通讯和广告中均有使用。

本节介绍应用文的主要表达方式,即叙述、说明和议论。

一、叙述

叙述是记叙人物、事件、管理的动态和发展过程来表述思想的一种表达方式。在应用文写作中,叙述是表彰或处分通报、调查报告、情况报告、事故报告等文种的主要表达方式,主要用于交代背景、介绍文章涉及的人、事、单位的概况,记叙事件的发生、发展、结局,以及为议论提供事实依据等。

(一)应用文叙述的特点

应用文叙述的特点主要有:一是以概括叙述为主,一般不使用详细叙述。应用文的叙述要求概括准、线条粗,整体勾画,不要求具体、详尽。着眼于显示原委,表明事理。掌握这种叙述方法的关键在于对事件要有整体而又清晰的认识,否则难以把握好取舍详略的尺度。二是以顺叙为主,讲求平铺直叙,注重事件的过程性特点,以符合人们的认识规律,能让读者尽快了解所叙内容。三是常与其他表达方式结合运用。如夹叙夹议,叙事论理,叙述说明等。

(二)应用文叙述的种类

叙述的方法很多,应用文写作中常用的叙述种类有顺叙、倒叙、插叙和夹叙夹议。

1. 顺叙

顺叙是按照事件发生、发展到结局的顺序进行叙述。它能清晰地反映事件发展的脉络,把事情的发展变化的情况叙述得有头有尾,读起来线索清楚,印象鲜明。采用顺叙要注意材料的取舍,主次详略,不能平均使用笔墨,罗列现象记流水帐。顺叙这种方法有利于将事情的来龙去脉交代清楚,给人以完整的印象。

2. 倒叙

倒叙是根据内容表达的需要,把事件的结局和某个精彩的、突出的片断提到开头叙述,然后再按照事件的发展顺序进行叙述。倒叙,并不是把事件的先后次序颠倒过来叙述,而只是为了表达上的需要,把事件的结局或事件最突出的片段提到文章的开头来写,然后仍然是顺叙。倒叙的方法运用得当,可造成悬念,提高读者的阅读兴趣,能更好地表现文章的主旨。

3. 插叙

就是在顺叙的过程中,由于表达上的需要,暂时中断原来的叙述,插入与顺叙有关的叙述。插叙结束后再回来到原来的叙述。

二、说明

是对客观事物的形状、性质、特征、成因、关系、功用等的介绍和解说。在应用文中的常用说明来给事物下定义,对被叙说对象做出界定、诠释。说明的方法有以下几种:

1. 定义说明

就是用简洁、准确的语言揭示某个事物的本质特征,把它与其他事物区别开来。下定义的方法从逻辑学角度来解释,即是:被定义事物=属概念+种差。

2. 数字说明

就是对被说明的对象用有关的数字、数据(有时用图表)进行解释。

3. 分类说明

就是把一大类中的事物按其不同的特点(标准)划分成若干个子类的说明方法。使用这种方法必须注意要按同一标准划分,类与类之间是并列关系,不能相互包容。

三、议论

在应用文中议论是对社会现象、经济现象等解决的问题，表明立场，论断是非，提出解决问题的方法，对各种现象进行评论，阐述道理。常用的议论方法有以下几种：

1. 综合归纳

它是通过若干"个别"事物，归案出一个"一般"性具有普遍意义的结论，即由个别到一般的论证方法。

2. 演绎分析

是用已知的一般道理为前提，推导出一个个别性结论的方法。它的论证方向与综合归纳相反，是从"一般"到"个别"。

3. 对比分析

是在确定对比标准之后，把两个事物从不同角度、不同层次进行比较，通过比较论证事物，阐明事理。

任务四　应用文写作与行文制度

行文制度是指行政机关与行政机关之间的行文中应遵循的行文准则，主要包括行文关系、行文方向和行文规则等三个方面的内容。

公文的行文，《党政机关公文处理工作条例》作出了具体的规定。而应用文其他文种的行文就比较灵活。大多数应用文文种不存在统一的行文规则和要求。规章制度类的文种，可以单独颁发，但主要还是依附"令"、"公告"、"通知"一类公文予以发布，所以也就相应地要遵循所依附公文的行文规则。下面，简单地介绍行政公文在行文制度方面的有关内容。

一、行文关系

行文关系，是行文时发文单位与收文单位之间文件来往的关系。不管是国家政权机关，包括国家立法机关、党政机关、司法机关、军事机关等；还是企事业单位所设立的机关，如公司和文化教育等单位所设立的机关；或者是社会团体、社会组织的机关，如共青团、工会、妇联、工商联合会等社会组织所设立的机关，都要遵守行文关系。这主要表现为以下两种情形：

（一）隶属关系

指同一组织系统中存在直接管理的上下级机关之间的关系。

这一种隶属关系实际上就是上下级关系，即领导和被领导关系。如我国行政管理系统的国务院和省政府、市政府、县政府、乡（镇）政府之间，省政府内一个厅内部厅和处、科之间，都是领导和被领导的关系。

（二）非隶属关系

指不是同一组织系统不存在直接管理的机关之间的关系。这些机关包括平级机关或不同级别的机关。平级关系,即同等级别的关系。如省政府与省政府之间,市政府与市政府之间,县政府与县政府之间。还有业务上的指导关系,如省教育厅和地方高校之间的关系就属于这一关系。

隶属关系的机关单位之间的行文,必须按照规定使用上行文或下行文;而非隶属关系的机关单位之间的行文,就应该使用平行文,这一区别务必明确。

二、行文方向

行文方向,是根据工作需要和行文关系的不同,向不同层次的机关单位行文的的方向。

公文的行文方向主要有三个,即下行、上行和平行。

下行文,是由发文机关向其下级机关行文。包括逐级下行文、多级下行文、直达基层组织的行文。

上行文,是由发文机关向其上级机关行文。包括逐级上行文、多级上行文、越级上行文。

平行文,是指非隶属关系的机关单位的同级单位之间的行文。

行文方向不同,所用的公文文种也不同。

三、行文规则

行文规则,就是机关单位行文过程中应当遵循的规定和要求。行为规则是机关单位的组织关系原则在公文运行中的体现。

(一)行文应当确有必要

没有必要的,坚决不行文。同时要讲求实效,注重针对性和可操作性,(具体参见《党政机关公文处理工作条例》第四章"行文规则"。)

(二)一般不得越级行文

行文关系根据隶属关系和职权范围确定,一般不得越级请示和报告;属于主管部门职权范围内的具体问题,应该直接报送主管部门处理;除上级机关负责人直接交办的事项外,也不得以本机关负责人名义向上级机关报送公文机关单位之间的隶属关系和职权范围是确定行文关系的重要根据。同一组织系统中的机关单位,不管是对下级机关单位行下行文,还是对上级机关单位行上行文,都务必是依级次行文。

请示应当一文一事。一文一事,内容单一;方便上级判断、批复。请示一般只写一个主送机关,如需同时送其他机关;应当用抄送形式。主送机关是指公文的主要受理机关。一份请示写一个主送机关,可以使请示事项得到有关机关及时有效的批复。请示不得同时抄送下级机关。

凡要请示上级机关的事项,一般都是本机关单位职权范围内无权、无力、无法办理的事。在上级机关未作批复前,所请示的事项只是发文机关单方面的"要求"和"希望",还没有执行条件和行政约束力。它可能被上级机关批准,也可能被上级机关否定或提出某种变通处理意见。因此,将请示同时抄送下级机关,让下级机关知道还不具备执行条件和行政约束力的事情,极容易造成工作上的被动和混乱,甚至招致不应该出现的损失。

报告中不得夹带请示事项。一般不得越级报告。如有紧急的工作或情况需越级汇报和反映时,在越级报告的同时,须将报告抄送被越过的上级机关。

(三)政府各部门行文

政府各部门在自己职权范围内的行文,主要有如下的规则:

1.属于部门职权范围内的事务,应当由部门自行行文或联合行文。联合行文应当明确主办部门。

2.政府各部门可以互相行文。

3.政府各部门一般不得向下一级政府正式行文,但可以根据本级政府授权对下一级人民政府行文。

4.政府各部门可以以函的形式与下一级政府商洽工作、询问和答复问题、审批事项。

5.政府各部门可以同下一级人民政府的有关业务部门互相行文。

(四)联合行文规则

同级政府、同级政府各部门、上级政府部门与下一级政府可以联合行文;政府与同级党委和军队机关可以联合行文;政府部门与相应的党组织和军队机关可以联合行文;政府部门与同级人民团体和具有行政职能的事业单位也可以联合行文。

在众多的公务处理中,有不少工作上的问题牵涉到两个或两个以上的单位或部门,需要联合行文才能解决或者更好地解决,这就需要使用联合行文。

联合行文的作用:一是可以避免单独行文可能在内容方面出现的不一致性;二是能够增强公文的权威性,提高办理公务的效率;三是可以减少公文的数量,减少收文单位的负担。

必须注意的问题是:1.联合行文中的机关单位是平级的,不同级别的机关单位不能联合行文;2.联合行文中应当明确主办部门;3.涉及联合行文的机关、单位要经过协商对有关事项取得一致的意见。

(五)协商一致原则

部门之间对有关问题未经协商一致,不得各自向下行文。如擅自行文,上级机关应当责令纠正或撤销。各部门向下级机关单位行文涉及到其他部门职权范围的事情,事先务必要和有关部门协商取得一致性意见。只有取得一致性意见,才能够实现政令合一,才能够在实际工作中贯彻落实公文精神。

(六)行文的抄送问题

1. 下行文抄送

向下级机关或者本系统的重要行文,应当同时抄送直接发文机关的上级机关。《条例》规定这一条,对于下级机关单位来说,便于上级领导和监督,避免在重要决策上出现严重问题;对于上级机关单位来说,能够较好地了解和掌握下级机关单位的工作情况,统筹全局,防止下级机关单位各自为政。

上级机关单位向受双重领导的下级机关行文,必要时应当抄送其另一上级机关。如××学院,受自治区××厅领导,也受自治区××局领导,自治区××厅给××学院行文,必要时应同时抄送自治区××局。

2. 上行文抄送

上行文不得抄送其下级机关。受双重领导的机关向上级机关行文,应当写明抄送机关和主送机关。

任务五　公文的制发和处理程序

一、公文的制发和处理程序

《条例》公文的办理程序和操作要求作了明确规定,其内容包括发文办理和收文办理。

发文办理的程序包括:复核、印制、复核、登记、核发、等程序。

收文办理的程序包括:签收、登记、初审、承办、催办、答复等程序。下面,主要是介绍发文办理过程中的具体操作要求。

(一)拟稿

草拟稿件,是整个发文处理过程的第一阶段。主要包括起草和审核,签发等。公文起草是机关单位的领导或者是文秘部门的负责人向拟稿人交代拟稿任务,其重点是交代行文的指导思想、行文目的、行文对象和具体要求等。起草则是一项关键而严肃的工作,需要较强的对领导行文意图的领悟能力和扎实的写作能力。

起草公文应做到以下多个方面的问题:

1. 注重缓急程度。所谓"文山会海",繁多的文件会给机关单位日常事务工作造成困扰和阻碍。拟制公文,应该要急工作之所急,根据事项的缓急程度来决定行文的先后顺序,急文先制发,次急文书缓制发。

2. 符合规定。公文的内容不能违反国家的各项法律法规,提出新政策、新规定要与国家的有关法律法规一致,要切实可行并加以说明。

3. 文种使用要正确。文稿的文种应当根据行文的目的、发文机关单位的职权和与主送机关单位的行文关系来确定。

4. 文稿的主旨、观点要明确,情况要确实。

5. 文稿的结构务必严谨,表达务必准确,用词务必规范,使用标点、日期务必正确。

结构层次的序数有:第一层为"一",第二层为"(一)",第三层为"1.",第四层为"(1)"。人名、地名、数字、引文要准确。人名、地名要填写完全,务必使用全名全称。公文中的数字,除了成文日期、词、词组、成语、惯用语、缩略语、具有修辞色彩语句中作为词素的数字必须使用汉字之外,应当使用阿拉伯数字。引用公务应当先引标题,后引发文字号。引用外文应注明中文含义。日期应写明具体的年、月、日。

(二)审核

审核是保证行文质量的关键环节。

公文在送机关单位的领导签发之前,应当由办公厅(室)做好审核工作。审核的重点是:是否确实需要行文,行文方式是否妥当,是否符合行文规则和拟制公文的有关要求,公文格式是否符合有关规定。

在正式印制前,负责的文秘部门或人员要对文稿复查和审核,重点是:审核文稿处理的程序;审核文稿的内容有无缺失,主题是否明确;审核文稿的附件材料是否齐全;审核文稿的格式包括结构、表达方式、写作方法等是否规范、妥当等等。

(三)签发

文稿经机关单位的主要负责人或领导人签发成定稿后,方可以据此印制文件正本。机关单位发出的公文,一般由主要负责人或由主要负责人授权的其他负责人签发。有的公文,可由秘书长或办公厅(室)主任根据授权签发;职权部门发出的公文,由部门负责人签发。审批公文要认真负责,文件签发人要签署自己的意见、姓名和时间。

拟稿完成后,通过了审核,在缮印签要进行签发。签发,要填写发文签。发文签的一般格式如图 1-1 所示。

单位名称:		
发文字号:	缓急:	密级:
签发:	会签:	
主送:		
抄送:		
拟稿单位:	拟稿:	核稿:
印刷:	校对:	份数:
附件:		
标题:		
(正文)		

图 1-1　发文签

（四）缮印

缮印，就是印制文件正本。缮印的正本文稿才是文件的成品，才能代表机关单位的意图，才具有效力。缮印的过程中，必须忠于原稿，必须按照规定的格式进行操作，必须做好保密工作。

（五）用印

"印"，是指印章，也称作印信。用印，就是在需要用印的文件上盖上发文机关单位印章的工作程序。用印是文件生效的标志，只有在需要用印的文件上加盖印章之后才能有效。用印时，要注意几点问题：1. 用印必须经有关负责人批准，并由掌管印章的专门人员经手进行。2. 用印的印章务必与制文的机关单位（全称）一致；用印时，印章要居中正盖在文件的落款处，下压成文时间（要"骑年盖月"），印面要完整、清晰，印迹应为红色，均匀而鲜明。3. 联合行文时，每排最多排三个，主办机关单位在前，印章之间互不相交。4. 禁止在内容空白的文稿上用印。

（六）登记

登记，是对文件主要内容进行记录的环节。登记的目的在于方便对发出的文件进行统计、管理。登记发文一般是使用登记薄，可按照年度、季度或者是类别来登记。

（七）分发

文件在装封之后，要及时发出，送达收文机关单位。发送的主要方式有物流快递、机要传递、专人传递、传真传递、网络传递等。传递文件之后要适时获取回执，确保文件的顺利送达。待发文件经装封后，应将发文的底稿和正本及时立卷归档。如果发出的文件是收文的复文，还须在收文处理的"注办"环节中填写相关信息，如复文日期、发送的机关单位等。

二、法律法规与规章制度文书的制发和处理程序

商务活动、社会团体活动等社会生活的范围很广，组织行为与个人行为规范的内容很多，相应产生的法律法规与规章制度文书在制作和处理程序上也是有区别的。下面简要介绍一般法规与规章文书从起草到发布的程序。

（一）起草

法律法规与规章制度文书的起草，与公文拟稿的要求是基本相同的。不同之处，或更进一步的要求是：

1. 制发的民主平等性。无论何种法律法规与规章制度文书，都会在一定范围内对组织行为和个人行为起到规范作用，因而它的起草就必须在一定范围内贯彻民主集中制，充分发扬民主。制作重要的法律法规与规章制度文书，一般都是要成立起草小组，集体讨论，广泛征求意见，反复修改。即使是较小的机关单位或是社会组织拟订有关规章类文书，也需经由发扬民主反复修改的过程。

2. 文书内容的缜密性。法律法规与规章制度文书是在一定范围内制定的、用以明确行为准则，其内容就必须完备、准确、周密，并具有较长的时效。

3.文书结构的严谨性。法规与规章制度文书结构的一大特点是条文式,法律法规与规章制度文书的结构层次最多可以安排六级:章、节、条、款、项、目。同级之间、各级之间的安排必须符合一定的逻辑,摆正总分、先后、并列、递进、因果等关系,使整篇成为一个完整而严谨的有机整体。

(二)审批

法规和规章的制作审批程序不同。行政法规须经国务院常务委员会会议审议或者由国务院总理审批。省、自治区、直辖市的人民代表大会及其常务委员会颁布地方性法规,须报全国人民代表大会常务委员会和国务院备案。

行政规章的制定,不必经权力机关批准。各级行政机关、企事业单位可以根据自身实际,自主制定一般性的行政规章。制定了的规章制度通过了之后,就可以发布,就可以实施贯彻了。

三、其他类别应用文的制发和处理程序

应用文书的文种很多,用途不同,体式不一,有些其制发和处理不像行政公文和法规与规章文书那样的严格。可它也是办理公务必不可少的工具,为使用得当、行之有效,一定的制发程序仍然是不可少的。如计划、总结、市场调查报告等文章型的文书,从起草、审核到定稿的程序以及具体操作的要求,基本上与行政公文制发和处理程序相同,而合同、大事记、请柬等文书,其拟写和发送也有一定的办理程序。

实训演练

一、单项选择题

1.下面哪种情况不可以联合行文?(　)

A.同级政府之间　　　　　　　　　B.政府及其部门与同级常委之间

C.上级政府部门与下一级政府之间　　D.政府部门与同级人民团体之间

2.几个机关联合发文,只能标明(　　)

A.主办机关的发文字号　　　　　　B.所有机关的发文字号

C.至少两个机关的发文字号　　　　D.根据情况临时规定的发文字号

3.下列哪种情况不可以采用越级行文的方式(　　)。

A.情况特殊紧急　　　　　　　　　B.需要检举、控告直接上级机关

C.某市人民政府为适应现代化城市建设的需要,拟在原某林场内建一座具有一定规模的某市植物园,为此,决定向上级机关致文请求批准

D.林业部致文某县林业局要求调查该县某处森林发生重大火灾的原因,该县林业局调查清楚后向林业部行文报

4.主送机关是(　　　)

A.有隶属关系的上级机关　　　　　B.受理公文的机关

C.收文机关　　　　　　　　　　　D.需要了解公文内容的

5.特殊情况越级向上行文,应抄送给(　　　)

A. 直属上级机关　　　　　　　　B. 直属下级机关

C. 系统内的所有同级机关　　　　D. 有业务联系的机关

6.办公部门或业务部门负责人根据来文情况提出初步处理意见,就是公文的(　　)

A. 拟办　　　　　B. 承办　　　　　C. 批办　　　　　D. 催办

7.公文办理主要分为(　　)

A. 收文和发文　　　B. 拟办与承办　　　C. 登记与分发　　　D. 整理与保管

8.凡是需要立卷的文件是(　　)

A. 办理完毕的文件　　　　　　　B. 已经使用的文件

C. 已经办复的文件　　　　　　　D. 领导认为重要的文件

二、问答题

1.简述应用文的特点。

2.简述从使用领域的角度来划分应用文的种类。

3.试从现实工作环境中举例论述应用文材料的使用要求。

4.公文发文的处理程序主要有哪些?

参考答案

一、单项选择题

1. B　2. A　3. C　4. B　5. A　6. A　7. A　8. A

二、问答题

1.简述应用文的特点。

答:应用文具有实用性、规范性、真实性、时效性、平实性和授(受)意性的特点。

应用文的写作在于应用,即为办事而写,为实际需要而写,为沟通关系而写。应用文在长期的使用过程中,为了提高办事效率,更好地发挥效用,形成了惯用的体式和语体风格。在写作实践中,必须按照具体文种的格式要求来操作,不能追求新异。应用文的实用性决定了其内容的真实性。应用文所讲的真实都是生活的真实,所反映的都是事物的客观实际存在,所使用的材料都有根有据。应用文要求作者必须在规定的时间内完成。因为是为解决具体的问题和具体的事务而写的,问题的解决和处理又必须在一定的时间范围内才生效。应用文是用来解决实际问题的,作者在写作中,要根据文种的要求和处理事务的需要,使用朴素、简练的语言文字,把内容直截了当,清楚明白地表述出来。应用文的使用大多数是用来表现单位、部门或者领导的意图,而不是作者(具体执笔人)的意图。也就是说应用文的作者是在领导、部门、单位的授意下行文的,是作者受意之后所作。

2.简述从使用领域的角度来划分应用文的种类。

答:从使用领域的角度划分应用文,可分为:公务类应用文、专业应用文和日常文书。

党政机关应用文包括国家党政机关公文和日常行政公文。包括现行的《党政机关公文处理工作条例》中所规定的命令(令)、决定、公告、通告、通知、通报、议案、报告、请示、批复、意见、函、纪要、决议、公报等十五类十五种主要公文。日常行政机关公文是指上述国家法定的行政机关公文以外的一些事务文件,是指计划、总结、规章制度、简报、调查报告、介绍信、证明信等用来处理单位内部日常事务,与具体部门进行工作联系的应用文。专业应用文是指在一定专业机关或专门的业务活动领域内,因特殊需要而专门形成和使用的应用文。日常应用文主要指个人用来处理日常生活事务和礼仪的应用文,如书信、日记、读书笔记、电报、请柬、讣告等。日常应用文与个人的日常生活、人际交往活动关系密切,使用范围很广。

3.试从现实工作环境中举例论述应用文材料的使用要求。

答:应用文写作所运用的材料一定要经过整理和选择。在选择材料时,应遵循三个原则:一是材料要真实、准确。二是材料要典型、充分。三是材料要新颖、生动。例如,在现实工作环境中,我们在对本单位、本部门或自身工作进行总结时,在工作总结中所运用的材料要围绕中心观点来选择,而且一定是发生过的,从表象的数字到局部的事实都要符合客观实际。文章中所运用的材料要充实,具有典型性,要最能反映本质、最有说服力和表现力,能适合于表现主题的需要。所选材料要能代表时代发展的趋势、时代特质,那些富有极强生命力的现实,通常就是应用文书最为新颖生动的材料。只有遵循上述三个原则,才能使工作总结主题深刻,业绩突出,效果显著。

4.公文发文的处理程序主要有哪些?

答:公文发文的处理程序主要包括复核、登记、印制、核发等程序。

项目二　日常应用文写作

学习目标

1. 理解日常应用文的概念、特点及写作要求。
2. 掌握日常应用文的写法，重点掌握申请书和演讲稿的写法。
3. 模仿例文进行写作，能熟练写出各种日常应用文。

情景导入

"烽火连三月，家书抵万金。"一封书信寄托着浓浓的亲情，书信成为人们精神的寄托，它间接地表达思想与感情。随着社会经济的飞速发展，人们利用手机互发短信，进行沟通，通过电子邮箱、博客、微信等进行快速的交流。现在人与人之间相互写信这种传统的沟通方式用得越来越少了。但在特定场合、特殊情境中，专用书信仍发挥其重要作用，比如介绍信、推荐信、申请书等。开幕词和演讲稿的写作，更能展示个人的逻辑思维能力和语言表达能力。丰富多彩的校园文化生活，是大学生热切向往的。如果你所在的学院开展"中国梦·我的梦"演讲比赛，作为演讲的参赛选手，在赛前你应该怎样精心撰写这个演讲稿呢？

知识清点

任务一　日常应用文概述

一、日常应用文的概念

在日常生活中，人们交流思想、传递信息、处理事务等，都离不开书面语言。相对于行政公文来讲，日常应用文所涉及的多是日常应酬方面的事情，这些事情如果处理不好，轻者会伤感情、贻误工作，严重者还会引起诉讼纠纷。日常应用文是一个内涵较丰富的概念，它是指人们在日常工作、学习和生活中，办理公务、处理私事时所使用的一种实用性文体。

日常应用文和我们的工作、学习和生活关系最为密切。主要用于人们之间沟通情感，增进友谊，表达意愿，改善关系等。日常应用文写作能力，是一个人最基本的生活能力，也是立身处世的基本素质。

二、日常应用文的特点

1. 实用性

日常应用文是人们在学习、工作和生活中经常使用的文书,是为某一特定事情或需要使用的文体,因而具有很强的实用性。

2. 礼节性

日常应用文的交际色彩比较浓厚,具有礼节性。其内容要关注对方的需要和感受,措词要委婉、亲切、优美、大方,用语得体,敬重对方。

3. 规范性

应用文的结构固定、格式规范,日常应用文写作往往按照各文种的格式要求进行,从标题到落款都体现所写文种的特殊格式,遵照固定的"模式"写作,体现出文章的规范性。

三、日常应用文的种类

日常应用文一般包括以下几类:

1. 条据类

条据类的日常应用文主要包括借条、收条、欠条、请假条、留言条等。

2. 启事类

启事类的日常应用文主要包括启事、告示、声明、海报、委托书等。

3. 书信类

书信类的日常应用文包括一般书信和专用书信。专业书信主要包括介绍信、证明信、感谢信、慰问信、推荐信、求职信、邀请信等。

4. 申请书

从用途上看,申请书包括思想政治方面的申请,工作学习方面的申请和日常生活方面的申请。例如,加入中国共产党申请书、工作调动申请书、困难补助申请书等。

四、日常应用文的写作要求

1. 行文格式要规范。要遵循日常应用文约定俗成的规范性的特点,力求写得规范、得体,恰如其分。

2. 语言文字要准确。行文时要注意措辞。严谨礼貌,符合对象和场合。

任务二 一般书信

书信是我们日常生活和工作中交际、交流思想的重要工具。它是我们通过书面的形式,用以向上级组织和领导同志反映情况,汇报思想动态,表达意愿,以及亲友、同事之间交流思想、情感,研究问题,商讨事情的一种不可缺少的途径和手段。

书信是人们学习、工作和生活中用得最为广泛的一类应用文,是日常生活、学习和工作中人们间接表达思想和感情而使用的一种交际方式。

书信的内容十分广泛,事无巨细,都可以阐述。各种书信一般都有固定的或惯用的格式,每一个人写信都有着明确、具体的目的。书信是一种书面语对话,对话就要有特定的对象,所以书信的使用也有着较强的针对性。

书信分为一般书信和专用书信两大类,下面我们先介绍一般书信。

一般书信,是我们平时同亲人、朋友、同事之间交流思想感情、研究问题、询问生活状况等所写的信。

一、一般书信内容的安排

一般书信由五个部分组成,包括称呼、问候语、正文、结尾、落款等。

1. 称呼

称呼是指写信人对收信人的称呼。完整的称呼由三部分构成:姓名、称呼和修饰语。称呼是书信的第一句话,应当根据同收信人的关系和写作的目的慎重选择,要做到自然得体,注重礼貌。比如,给亲属长辈写信,不写名字,按辈分关系称呼,前边可加适当的修饰语;对平辈和晚辈,可直呼其名,也可以按关系称呼,还可以把名字、关系写在一起。

称呼应当顶格写在书信的第一行,表示对收信人的敬意和尊重,称呼后边用冒号,表示有话和对方说。

2. 问候语

问候是礼貌用语,选择问候语,要注意对方的情况。通常的问候都选用"您好",但也有例外。

问候应写在称谓的下一行,空两个格写,一般单独成一段,同正文分开。

3. 正文

正文是书信的主要部分,它包括缘起语、主体文和总括语三部分。缘起语说明为什么要写这封信,以便引出正文。主体文是正文中的主要部分,写信人要说的话、要办的事情都写在这里,这部分内容较多,可以逐段依次写下去,把要说的事说明白,要注意达意,简练,层次分明。总括语多半用在内容较多的书信末尾,总括一下全信,加深收信人的印象,使收信人能更好地掌握全信的内容,如果有必要,总括语也可以不写。

正文写在问候的下一行,空两格写。如分段,则每段开头一行都空两格。

4. 结尾

书信的正文写完之后,加上致敬或祝语来收束全文。这类致敬语也要根据对象的不同而有所不同,不可千篇一律,也不可任意乱用。一般情况下,致敬语是收信人表示敬意、祝愿、希望或勉励的话。

结束语要分两截写,前一截连正文或另起一行,空两格写;后一截必须另起一行,顶格写,不要空格,以示尊敬。

5. 署名

写完结尾,要写上写信人的名字。完全的署名加修饰语或身份再加上姓名。署名也要考虑同收信人的关系,根据情况灵活掌握。

署名的位置一般写在离开结语的两三行之右下方,不宜空若干行写在信纸最后一行的最右边。

6. 日期

日期是指写信的日期,要把年、月、日写清楚,有时要写上时间和地点,便于日后查考。

日期写在署名的下一行偏右处,与署名稍错开,一般从署名的第二个字开始写。

二、一般书信信封的写法

完整的书信还要写信封。信封上要写收信人的地址、收信人的姓名、寄信人的地址和姓名,并贴上邮票。还要填好邮政编码。收信人的地址要写准、写全、写清楚,信封有横式信封,写在信封的中间部分,字要写得稍微大一点,寄信人的地址和姓名,横式信封写在下侧,竖式信封写在左侧,要写清楚,一是便于对方回信,二是万一投递不到可以退回。

信封格式有以下要求:

1. 邮政编码。中国国内,除台湾省外,已经开始使用统一的邮政编码。目前的邮政编码由 6 位阿位伯数字组成。填写邮政编码时要注意,信封正面左上方的空格内应填写收信人所在地邮政编码,右下方的空格则是发信人所在地的邮政编码。填写邮政编码时,要将邮政编码的数字依次填写在方格内。

2. 收信人的详细地址。寄往城市家庭的,要具体写上收信人所在的省份或自治区、市(县)、城区、路、街道和门牌号码,如果是高层建筑,还应写上室号。寄往农村家庭的,则要写出省份或自治区、县、乡镇、村。寄往收信人工作单位的,不仅要写上单位详细地址,还应填写单位全称和具体部门。书写地址时,可在一行内写完,也可以分两行写出。在大地名和小地名、地名和号码之间,都应空开一个字的位置。

3. 收信人的姓名。姓名要写全,不能省略。不能只写简称或冠上职务称呼。如"老张"、"小黄"、"李老师"、"赵经理"等称呼都是错误的写法。在收信人姓名后面,一般空两个字的距离,写上"同志"、"先生"、"女士"等字样,或再写上"启"、"收"等字样,也可以不写。千万要注意的是,信封上不要使用写信人对收信人的亲属称谓,这是因为信封主要是给投递员看的,如写上"××爷爷收"、"××弟弟收",就有可能引起误会。

4. 寄信人的地址和姓名。寄信人的地址和姓名必须显示在信封上。如果由于某种原因信件不能寄达收信人,邮局必须以填写的寄信人信息退还所寄信件。通常,寄信人的地址填写明确,寄信人的名字可省略不写。

需要指出的是,寄往国外的信,信封上收信人地址、寄信人地址的写法与我国是相反的,即寄信人的地址为横式的左上方,收信人地址为横式右下方,切不可使用竖式信封。

信封写好后,把信纸叠成标准的长方形,装入信封内,用胶水、浆糊等物品封好口。在信封的一角,张贴邮票。竖式信封要张贴在左上角;横式的信封,就张贴在右上角。

不得张贴在信封背面或封口处。张贴邮票的时候,要整齐,要保持清洁,这样方便邮局盖戳销章。重要书信可到邮局办理挂号或保价手续。

托人转交的信,收信人的地址若为捎信者所熟悉,信封上可不写地址,只写"面交"、"烦交"、"呈交"、"送交"、"专送"等字样即可。若捎信人不熟悉收信人地址,则应详细写上。信封中间写收信人姓名,写法与普通信封相同。在信封的中右下方,写"××托"或"××拜托"字样均可。转交信件的信封是否封口,可根据内容和捎信者的具体情况而定。

现代社会,物流行业发展迅猛,很多物流公司都已经开设快递的业务,邮寄信件也可以根据各自的需要情况来选择送递的方式,如快递、普通邮寄等等。

还要特别指出的是,随着社会的进步和技术水平的发展,书信的形式也有很多的增加,如电子邮件的收发、网络无纸化办公的实现、手机短信的普及使用等等。这些信息交流的方式虽然在体式上和传统的书信有所不同,可考究其实际,它们使用的目的、宗旨和规则,都是相同的,这就要求我们在使用这些信息交流方式的时候,应当注意参照书信的写作要求和细则,才能够达到更好的使用效果。

例文1:

儿子写给父母的信

尊敬的父母:

你们好!

感谢你们给予我生命并让它丰富而美丽。

从我一出生,来到这个世界之后,你们就像守护神一样,保护我,疼爱我,怕我受到一丝的伤害。在你们的呵护下,我一点一点地长大,成为一个健康,有活力的大男孩。而在我成长的背后,是你们的辛勤与汗水。我有时候会因为一点小事和你们斗气,让你们伤心,甚至还觉得你们很唠叨。等我有时离开你们,独立生活几天的时候,却觉得寂寞,感到害怕,让我想回到你们身边。那时我才能真正的理解到你们是那么的重要,让我感到自己实在是有点身在福中不知福。

为了这个家,为了我,你们付出的实在是太多太多了,爸爸每天起早摸黑,为事业而奔波,为了挣多点钱,差不多每次过年过节都得加班。妈妈,还记得您跟我说过,我们家以前经济条件不好,那时我出生不久,爸爸只好天天早出晚归,开出租车挣钱给我买奶粉。您也为了在家照顾我,辞掉了您当时的工作……您还说过,在你们的心目中,我永远都是一个长不大的小孩,永远让你们担心,我还没出生时,你们担心我能不能安全出世;出生后,你们就担心我能不能健康成长;长大后又担心我能不能读好书;等将来大学毕业后,还担心我能不能找到好的工作……

你们对我的爱,无论是用什么也换不回来的,我知道现在只要好好读书,将来有出息,才是对你们最大的回报。我希望我有生的时光,带给你们无限的快乐。

祝:身体健康、青春永驻!

儿子:××

二〇××年×月×日

例文2：

2	0	0	0	8	1

贴邮票处

寄：上海市虹口区华昌路××号

李丽 收

北京海淀区海淀路××号

×	1	0	0	8	6

附：一般书信常用的祝词

对长辈	敬祝安好;敬祝健康;敬祝全家平安;敬祝近安;恭请全安;敬祝新禧(元旦);敬祝春禧(春节);敬祝痊安(病愈后);请指教;请指正……
对同事或平辈	此致敬礼;祝你工作顺利;祝你进步;祝你安好;祝你健康;祝你愉快;祝你成功;即颂时祉(旧);并颂时绥(旧); 此颂近祺;即颂著安(搞写作的);即颂教祺(任教师的);即颂近佳;祝俪安(夫妇二人);即颂学安;颂近好;并颂春禧(春节);即颂暑安(夏天);即颂秋安;即颂冬安;祝新年快乐;祝早日恢复健康(病中)……
对晚辈	望努力学习;祝你进步;祝工作好;祝愉快;祝幸福;祝近安;祝健康……

任务三 专用书信

专用书信是指在特定场合使用的具有专门用途的书信。

专用书信的种类很多,如介绍信、证明信、推荐信、感谢信、表扬信、慰问信、贺信、公开信、求职信、申请书、检讨书、保证书、决心书、倡议书、聘请书、邀请书、请柬等等。

专用书信的写作:

专用书信,内容单一,格式固定。一般具有称呼、正文、结尾、署名、日期五个部分。这和一般书信的写法相同,但它常用标明性质的标题。

下面,我们对部分专用书信分别加以讲述。

一、介绍信

(一)介绍信的概念与作用

介绍信是介绍本单位人员到有关单位学习经验、联系工作、洽谈事务时普遍使用一种专用书信。持介绍信的人,可以凭借信同有关单位或个人联系商洽某些事项。收信单位或个人,从对方的作用,也有证明身份的作用。

(二)介绍信的种类

介绍信有两种形式,一种是固定格式,事先印刷成册,属联单式,使用时按规定项目填写。这种介绍信一般都有编号并留存根,必须填写的项目不容易遗漏,但不够灵活,有时需要说明,往往受到限制。另一种是用单位信纸书写的不固定格式,可以根据工作需要灵活掌握,文字可多可少,缺点是项目往往写得不全,特别是容易漏掉编号,没有留存底稿,事后难于检查。

不管哪些形式的介绍信,都必须包括如下内容:

1.收信单位的名称或收信单位负责同志的称呼。此项要顶格写,单独占一行,称呼后加冒号。

2.被介绍去的人数、姓名、身份。必要时还须注明被介绍去的人的政治面貌、职称、级别等,以便收信单位根据情况进行接待,商量工作。

3.做何事情,有何要求。

第二、三项属介绍信的正文部分,应分好段落,逐段说明。

4.派出人员的单位名称和日期各占一行。

5.加盖公章,公章在单位名称和日期处。

(三)写介绍信应注意的问题

出具介绍信要求坚持认真负责的态度,要留存根或底稿备查,存根的内容和正文要一致。一封介绍只能用于一个单位,不能开满天飞的介绍信,给招摇撞骗者以可乘之机。字体要端正、笔画清楚、不得任意涂改。倘有涂改处,必须加盖公章,才能生效。否则,对方可能不予接待。

例文1:(普通介绍信)

介绍信

××字××号

××公司负责人:

　　兹介绍我单位×××等×位同志前往你处办理软件升级事宜,敬请接洽,并希协助。

　　此致

敬礼

××电脑公司(公章)
××××年××月××日

例文2:(留存根的印刷介绍信)

介绍信

××公司负责同志:

　　兹介绍我校×××等3位同志前往你处联系有关安排学生毕业实习事宜,请接洽为荷。

　　此致

敬礼

××工业学校(公章)
××××年××月××日

介绍信（存根）

×字×号

×××等×名，前往××公司联系学生毕业实习事宜。

××××年××月××日

二、证明信

（一）证明信的概念

证明信是政府机关、企事业单位、社会团体开具证明所属人员外出办事的身份、职务、政治面貌等真实情况的一种专用书信，证明信通常又简称"证明"。证明信的内容必须真实、准确、明白，对所证明的人和事要负责任。因此，开具证明时，要持慎重、严肃的态度。

（二）证明信的种类

常用的证明信有三种类型：第一种是作为随身携带的证件用的证明信。作为证件用的，随身携带的证明信。由于某种特殊需要，被证明者本人要随身携带证明信，以保证工作、生活、旅行等正常进行。第二种是组织上通过个人证明某人或某事的真实情况。这些证明信，由个人拟写，证明内容由个人负责。然后，写证明信者所在的单位要签署意见，对写证明信者的思想政治、工作、人品等方面作以评价，并对证明内容表示态度，以便对方组织鉴别证明信材料的真伪与可信程度。第三种是以组织名义发的证明信，这种证明信多数曾在或正在单位工作的职工的身世、经历或者与本单位有牵连的事件。

证明信的格式同一般书信相近。不同的地方有三处：

1. 标题

在第一行中间冠以"证明"或"证明信"字样，或写明"关于×××同志（同学）××情况（或问题）的证明"。

2. 正文

另起一行空两格写明事项的全部事实。写完所证明之事项后，另起一行空两格写"特此证明"。

3. 署名、日期

在正文右下方署上证明单位（或个人）名称（或姓名），写上证明的日期，并由证明单位或证明人盖公章或私章、签名，才能生效。

（三）写证明信应注意的问题

写证明信要有根据，实事求是，让事实说话；证明人的语气要有分寸，既不可夸大事实，也不可隐瞒实情，要用确定的语气写清真实情况；写证明信一定要加盖公章。必要时留存根，邮寄时要采取防止遗失的措施，如予以登记或挂号邮寄等。

例文 1:(作为材料存入档案的证明信)

证明信

××中学党支部:

　　××年×月×日来信收到。根据信中要求,现将你校××同学的父亲,××同志的情况介绍如下:

　　××同志,现年××岁,中共党员,是我院计算机系副教授,其本人和家庭历史以及社会关系均清楚。该同志对教学工作认真负责,近年来多次被评为市模范教师。

　　特此证明

××学院人事处(公章)

××××年×月×日

例文 2:

学历证明书

　　经核查,李三,男,19××年××月出生,于20××年××月至20××年××月在本校××系××专业学习,已修完该专业培养方案规定的全部课程,成绩合格,于20××年××月发给毕业证书(证书编号××××),具有××学历。

　　特此证明

学　校:(盖章)

20××年××月××日

三、推荐信

(一)推荐信概念

推荐信是向他人推荐人或事物,以便别人采纳接受的一种专用书信。推荐信是一种应用十分广泛的专用书信。

(二)推荐信的格式

标题,可以写"关于推荐××的函",也可省去不写。

称呼,即收信单位名称,写在标题下一行顶格处,后加冒号。

正文,另起一段写。正文部分一般要写清这样几部分内容:

1.被推荐者的基本情况,包括姓名、性别、年龄、学历、职称、政治面貌等;

2.写值得推荐的理由,包括被推荐者的工作经历,业务专长,有哪些成果,适合干什么性质、什么岗位的工作等;

3.写与被推荐者的关系。推荐物品的信件也包括三个部分的内容:第一,被推荐物品的名称、性能、产地、用途、特点;第二,被推荐物品的使用方法和应用范围;第三,采购或订购办法,如通信处、联系人、电话号码等。

署名和日期,在正文后写上推荐单位或个人的名称,写上发信日期,位置在正文的右下方。

（三）写推荐信应该注意的问题

写推荐信的单位或个人要对被推荐的人或物有相当的了解，不能不负责任，盲目推荐；无论是荐人还是荐物，都要实事求是地介绍真实情况，不要言过其实，也不能故意隐瞒某些缺点和不足；另外，推荐他人的信可以邮寄，也可以交被荐人带走，交被荐人带信时，信封不要封口。

例文1：

推荐信

杨经理：

您好！

来函已阅，得知您处急需一名公关人员，适逢10届学生毕业之际，特向您举荐我的学生，公关文秘专业毕业生王××。

王××，女，20岁，中共党员。2007年9月考入××工业学校公关文秘专业学习。王××思想品质好，思维敏捷，洞察力强，学习刻苦，工作踏实。她最大的特点是对事物具有极大的热情和极强的毅力，无论学习工作，不出色完成决不罢休，样样工作从不示弱。

王××在校以优良的成绩通过了所有课程。英语成绩优异，口语相当熟练；计算机操作名列前茅。曾多次获得一等奖学金，三次被评为"三好学生"。尤其擅长写作，在校刊上发表了十多篇各类文体的作品，她的文风和她的作风：精密、深刻。

王××一贯严格要求自己。对同学真诚，对工作积极。连续三年担任班长，所在的班级被评为优秀集体，她个人也被评为校级优秀干部。她口才好，组织能力强，曾多次成功地组织和参加了专业的和全校的演讲比赛，并获得过第一名。

王××非常适合这份工作，她也渴望得到这份工作。详细情况，她将前往与您面谈。望接洽，望录用！

顺祝

兴旺发达

老友：李××

2010年8月8日于××学校

例文2：

推荐信

×××文学研究所：

欣闻贵所最近要招收一批学以致用的年轻研究人员，我谨推荐张四同学到贵所工作。

张四同学××年毕业于××大学中文系古代文学专业，学位硕士。在校期间成绩优异，毕业后在××大学任教。于××××年考入本校中文系古代文学专业攻读博士学位，跟从×××教授专攻秦汉文学。在校期间，学习刻苦，成绩优良，发表论文共20篇，计30万字，引起学术界的很大重视。

张四同学对中国古典文学尤其是秦汉文学有较深的理解,具备一定的研究能力,富有刻苦钻研精神。最近刚通过博士论文答辩。张四同学有志于中国古典文学的研究,希望能学以致用。切盼贵所能采纳我的推荐意见,招收他为贵所研究员。

　　顺致

研安

××大学校长:×××

××××年××月××日

四、自荐信(书)的写作

(一)自荐信(书)的概念

自荐信(书)是自我推荐采用的书面形式,用以介绍自己的综合信息,并说明自己能够胜利某项工作,以便让对方接受的一种专用信件。

随着市场经济的建立与完善,高等院校毕业就业已由统一分配工作发展到现在的"双向选择",自谋职业已经成为大专院校毕业生的首选择业方式。这样,自荐就成了普遍的公文行为,自荐成了择业与人才交流的重要手段和必要环节。而自荐的写作必定在这个环节中发挥沟通、交际的重要作用。同时,自荐也是竞争择业上岗的重要手段;要使自己所学专业得到发挥,要使自己的才能得到社会与用人单位的认可,就必须学会和善于自我推荐,从而在激烈的竞争中觅得一个理想的工作。为此,自荐信(书)的写信尤显重要。

自荐,就是自我介绍,自我推销。"毛遂自荐"成为千年不衰的佳话;孔子周游列国,宣传自己的政治主张,也是公认的自荐行为。如今,我们为了实现自身价值,运用自荐书的形式推销自己,正是时代、社会发展的必然。

(二)自荐信写作应遵循的原则

1. 目的要明确,要有针对性

写自荐信时,要考虑自己职业选择的需要和所学专业的需要,来介绍自己的特长、优点、能力与愿望。比如,你要去外资企业工作,就要突出外语水平、公关能力、品质性格、专业特长及适应性等方面的介绍;你要到新闻部分工作,就应突出写作能力、文字功底、交际公关能力等方面的介绍。总之,要针对不同职业与岗位需要来组织自荐内容。

2. 语言要简明,有说服力

介绍自己所学专业、所具备的能力与特长,应明确简洁,不要模棱两可,含糊其辞,语言应具有单一性,否则,接受者(用人单位)不易弄清你的本意,进而引起不必要的误解,乃至逆反心理。说服力是指语言的感染力。在介绍自己和表达心情态度时,适当地带有一定的感情色彩也是必要的,但不能过分夸张,否则会带来适得其反的效果,一定要掌握好"度"。

3. 材料要真实、可靠

是专科生、本科生、硕士、博士就实实在在写下去,毕业年限、爱好特长、成绩能力应实事求是地介绍,不能伪造历史,夸大其辞,弄虚作假。英语水平是四级不能报六级,能

33

够做秘书不要夸口可做办公室主任。在写自荐信的同时,也要把相关的证明材料(如身份证、毕业证、奖励证书、发表的作品等)复印附后,以示真实。

(三)自荐信(书)的写作格式

自荐信由标题、称谓、正文、署名、日期、附件组成。

标题在稿纸上方1～2行居中位置写上"自荐信(书)"字样。

1. 称谓

在标题下空1～2行,顶格书写,可以写具体单位名称或具有名称后再加上该单位领导名称。如"××市税务局"或"××日报社总编先生"。有的自荐信也可省略称谓。

2. 正文

在称谓下方另起一行空两格写起。这是自荐信的关键部分、主体部分,一般分三个层次书写,第一层次写自荐者的基本情况,其中包括姓名、性别、出生年月日、籍贯、文化程度、毕业学校与毕业时间、所学专业、政治面貌、健康状况、身高、英语水平、计算机水平,家庭住址、通信地址及通信方式(电话、手机号)、履历(从小学学起)、主要家庭成员情况等(后两项可单列表格)。第二层次写自荐理由,这是重点写好的部分。应突出写自己的专长、特点、诸种能力、所取得的成绩、所获奖项及曾任职务与职称等等。第三层次写自己能够胜任的工作、愿望或表示自己的态度以及个人要求(工资待遇、能胜任的岗位等)。正文写完后应在文尾或另起一行空两格写"此致",再起一行顶格写"敬礼"。

3. 署名、日期

正文之后,在右下方与正文隔3～5行左右写上自己的名字,在名字下方再写清年、月、日。

4. 附件

获奖证书、成绩单、毕业证书、身份证、外语等级证书、计算机等级证书及其他证书,或发表的文章等,可以复印后附在自荐信后,以证实其真实性,增强说服力;另附照片。

自荐书的写作要求:叙述要具体,条理要清晰,文笔要简约,语气要谦和,分寸恰到好处,内容既要明确、重点突出,又要有表现力与说服力,在实事求是的基础上不妨有点个性,情味与感染力。

例文1:

自荐书

尊敬的领导:

您好!衷心的感谢您在百忙之中翻阅我的材料,并祝愿贵单位事业蒸蒸日上!

我是××大学测控技术及通信工程学院××届毕业生。大学四年是我思想、知识结构及心理、生长成熟的四年。惠于理工大学的浓厚学习、创新氛围,熔融其中四年使我成为一名复合型人才。我将离开学校,走上工作岗位,从新开始,继续努力奋斗,迎接新的挑战。

在校期间,我勤奋学习专业知识,努力把理论知识运用到实践中去,曾参加全国大学生电子设计竞赛,并取得佳绩。此外我很喜欢电脑,不仅熟练掌握基本应用软件的使用,而且顺利通过了国家计算机二级考试。在英语方面,通过国家英语四级,并且参加英语口语培训。此外,我积极投身学生会和广播站等学生组织为同学服务,表现出色,贡献卓越,曾先后荣获校级"优秀三好学生"、"优秀学生干部"、"优秀团员"等称号。

"长风破浪会有时,直挂云帆济沧海",我真诚地希望加盟贵公司,我定会以饱满的热情和坚韧的性格勤奋工作,与同事精诚合作,为贵单位的发展尽自己的绵薄之力。下页附履历敬请勘酌,恳请接纳,回函是盼,我恭候您的佳音!

此致

敬礼

自荐人:×××

××××年××月××日

五、申请书

(一)申请书的概念

申请书是个人或有关领导部门表达愿望、提出请求的专用书信。申请书大都带有请求批准的意思。它是人们自我教育或组织上反映某种具体问题的一种良好形式。

(二)申请书的格式

1. 标题

申请书的标题一般有两种类型,一种是只写"申请书"的字样,另一种是根据申请书的内容而标明的具体名称。标题要写在第一行中间,字号比正文名称大或字样与正文不相同。

2. 称呼

即被申请的有关组织、单位、团体的名称。称呼写在标题上空一行顶格处,后加冒号,表示下面正文开始。

3. 正文

这是申请书的主要部分。这一部分包括:先向领导、组织提出申请的内容,然后说明写申请书的目的、意义以及自己对这件事的认识,最后表示自己的决心和要求。

4. 结尾

申请书的结尾可有可无,可以写表示祝愿和感谢的话。

5. 署名和日期

在结尾的右下方写上申请人的姓名或单位,在姓名下一行写上日期。

(三)写申请书应该注意的问题

申请书的理由必须充分,所讲的事实令人信服,要把申请什么,主要理由和具有要求写清楚,表达详细明白,不能含混模糊,以便申请书的上级组织研究和处理。

例文1：

入党申请书

敬爱的党组织：

我申请加入中国共产党,愿意为共产主义事业奋斗终身。我衷心地热爱党,她是中国工人阶级的先锋队,是中国人民和中华民族的先锋队,是中国各族人民利益的忠实代表,是中国社会主义事业的领导核心。中国共产党以实现共产主义的社会制度为最终目标,以马克思列宁主义、毛泽东思想、邓小平理论、"三个代表"以及科学发展观等重要思想为行动指南,是用先进理论武装起来的党,是全心全意为人民服务的党,是有能力领导全国人民进一步走向繁荣富强的党。她始终代表中国先进生产力的发展要求,代表中国先进文化的前进方向,代表中国最广大人民的根本利益,并通过制定正确的路线方针政策,为实现国家和人民的根本利益而不懈奋斗。

从学生年代开始,一串闪光的名字——江姐、刘胡兰、雷锋、焦裕禄、孔繁森……给了我很大的启迪和教育。我发现他们以及身边许多深受我尊敬的人都有一个共同的名字——共产党员;我发现在最危急的关头总能听到一句话——共产党员跟我上。这确立了我要成为她们中的一员的决心。我把能参加这样伟大的党作为最大的光荣和自豪。

近两年,有很多的天灾人难,但也是因为这些,让我们这些老百姓更加深刻地感受到了党对我们的关怀,从来没有哪个党的领导人像我党的领导人这般为了人民如此不辞劳苦。去年四川大地震,温家宝总理亲做总指挥,这是任何一个国家的领导人都没做到的地步,多少个日子,温总理一直坚持在最前线,亲自指挥。是党给予了受灾百姓生存的希望。他们一直坚信,党不会抛弃人民,党一定会在第一时间派出救援队伍赶赴第一线,因为中国共产党是人民的党,她所做的一切都是为了人民的最根本利益。我们的党以马列主义、毛泽东思想及邓小平理论、"三个代表"以及科学发展观等重要思想为指导思想。《共产党宣言》发表一百多年来的历史证明,科学社会主义理论是正确的,社会主义具有强大的生命力。社会主义的本质,是解放生产力,发展生产力,消灭剥削,消除两极分化,最终达到共同富裕。毛泽东思想是以毛泽东同志为主要代表的中国共产党人,把马列主义的基本原理同中国革命的具体实践结合起来创立的。毛泽东思想是马列主义在中国的运用和发展,是被实践证明了的关于中国革命和建设的正确的理论原则和经验总结,是中国共产党集体智慧的结晶。邓小平理论是毛泽东思想在新的历史条件下的继承和发展,是当代中国的马克思主义,是指导中国人民在改革开放中胜利实现社会主义现代化的正确理论。在社会主义改革开放和现代化建设的新时期,在跨越世纪的新征途上,一定要高举邓小平理论的伟大旗帜,用邓小平理论来指导我们的整个事业和各项工作。"三个代表"以及科学发展观等重要思想更为我们指引了方向。

党是中国社会主义事业的领导核心。中国的革命实践证明没有中国共产党的就没有新中国,没有中国共产党的领导,中国人民就不可能摆脱受奴役的命运,成为国家的主人。在新民主主义革命中,党领导全国各族人民,在毛泽东思想指引下,经过长期的反对帝国主义、封建主义、官僚资本主义的革命斗争,取得了胜利,建立了人民民主专政的中华人民共和国。中国的建设实践证明，中国只有在中国共产党的领导下，才能走向繁荣富强。建国后，我国顺利地进行了社会主义改造，完成了从新民主主义到社会主义的过渡，确立了社会主义制度，社会主义的经济、政治和文化得到了很大的发展。尽管在前进的道路上遇到过曲折，但党用她自身的力量纠正了失误，使我国进入了一个更加伟大的历史时期。十一届三中全会以来，在邓小平理论的指导下，在中国共产党的领导下，我国取得了举世瞩目的发展，生产力迅速发展，综合国力大大增强，人民生活水平大幅提高。"三个代表"以及科学发展观等重要思想指导下我国向强国道路前进。

中国共产党员是中国工人阶级的有共产主义觉悟的先锋战士，必须全心全意为人民服务，不惜牺牲个人的一切，为实现共产主义奋斗终身。中国共产党党员永远是劳动人民的普通一员，不得谋求任何私利和特权。在新的历史条件下，共产党员要体现时代的要求，要胸怀共产主义远大理想，带头执行党和国家现阶段的各项政策，勇于开拓，积极进取，不怕困难，不怕挫折；要诚心诚意为人民谋利益，吃苦在前，享受在后，克己奉公，多作贡献；要刻苦学习马列主义理论，增强辨别是非的能力，掌握做好本职工作的知识和本领，努力创造一流成绩；要在危急时刻挺身而出，维护国家和人民的利益，坚决同危害人民、危害社会、危害国家的行为作斗争。

我决心用自己的实际行动接受党对我的考验，我郑重地向党提出申请：我志愿加入中国共产党，拥护党的纲领，遵守党的章程，履行党员义务，执行党的决定，严守党的纪律，保守党的秘密，对党忠诚，积极工作，为共产主义奋斗终身，随时准备为党和人民牺牲一切，永不叛党。

今后我会更加努力地学习工作，认真学习马克思列宁主义、毛泽东思想、邓小平理论，学习党的路线、方针、政策及决议，学习党的基本知识，学习科学、文化和业务知识，努力提高为人民服务的本领。时时刻刻以马克思列宁主义、毛泽东思想、邓小平理论、"三个代表"以及科学发展观等重要思想作为自己的行动指南，指导自己的思想和行动。坚持党和人民的利益高于一切，个人利益服从党和人民的利益，吃苦在前，享受在后，克己奉公，多做贡献。自觉遵守党的纪律和国家法律，严格保守党和国家的秘密，执行党的决定，服从组织分配，积极完成党的任务。维护党的团结和统一，对党忠诚老实，言行一致，坚决反对一切派别组织和小集团活动，反对阳奉阴违的两面派行为和一切阴谋诡计。切实开展批评和自我批评，勇于揭露和纠正工作中的缺点、错误，坚决同消极腐败现象作斗争。密切联系群众，向群众宣传党的主张，遇事同群众商量，及时向党反映群众的意见和要求，维护群众的正当利益。发扬社会主义新风尚，提倡共产主义道德，为了保护国家和人民的利益，在一切困难和危险的时刻挺身而出，英勇斗争，不怕牺牲。反对分裂祖国，维护祖国统一，不做侮辱祖国的事，不出卖自己的国家，不搞封建迷信的活动，自觉与一切邪教活动作斗争。

我深知按党的要求，自己的差距还很大，还有许多缺点和不足，如处理问题不够成熟、政治理论水平不高等。希望党组织从严要求，以使我更快进步。我将用党员的标准严格要求自己，自觉地接受党员和群众的帮助与监督，努力克服自己的缺点，弥补不足，争取早日在思想上，进而在组织上入党。

请党组织在实践中考验我。

此致

敬礼

申请人：×××

××××年××月××日

例文2：

转正申请书

敬爱的党组织：

我于2008年6月28日被党组织批准为一名光荣的中国共产党预备党员，这一天是我终身难忘的日子。这一光荣称号一直激励着我，成为我工作、学习、生活的新动力。在这一年里，我有了一种新的归属感，在这个充满温暖，充满力量的集体中，我不断成长。在我的预备期届满之际，我郑重向党组织提出转正申请，并将我入党一年来的、工作、学习、生活等情况作个汇报。

一年来，我很感谢党员同志们对我的帮助、关心与培养。正是他们身上那种无私奉献、不畏艰难、勇往直前的高尚品格不断激励着我前进。通过与他们的倾心畅谈，使我对党的认识更加深刻了，与党的距离更近了；通过汇报自己的思想、工作情况，使我找准了自身的不足及时地改正，提高了自己的党性修养；通过与党员同志谈心、共同学习、共同战斗，使我更深刻的体会到了他们身上所具有的独特的人格魅力。

在他们那种锲而不舍、与时俱进精神的鼓舞下，一年里我不断学习马列主义、毛泽东思想、邓小平理论以及"三个代表"重要思想，积极参加政治学习，通过各种形式的学习，不断提高自己的理论水平。在汶川地震中，我看到我们国家是如此的强大，看到中国共产党是如此的凝聚人心，我信心百倍，更坚定了我永远跟党走的决心，我为自己能成为党的一员而感到由衷的骄傲与自豪。一年来通过写思想汇报、与党员同志谈心交流、学习党的理论知识、上党课等多种途径，切实提高了自己的党性修养。我对党员同志提出的建议和意见虚心接受并勇于改正。我深深懂得了一名党员就是一面旗，我把"怎样更好地发挥党员的模范带头作用，在率先发展的洪流中实践自己人生的价值？"作为自己一生的追求。我将"中国共产党党员"七个大字深深铭刻在了心中，时刻激励、鞭策自己。

在工作中我深刻领会到了"科学发展观"重要思想的内涵，认真实践"科学发展观"重要思想。在教学中，我大胆改革、不断创新，主动承担了市、区安排的听课任务，潜心钻研教材、教法，所做公开课受到了明山师校教研员的和学校的一致好评。在校领导和老师们的指导帮助下，我的业务水平逐步提高，从我所做的课上折射出了学生调查信息、运用信息以及小组合作这种新型教法的初步成果，切实将数学知识与实际生活紧密联系，将新的教学方法运用到了实处，收到了好的教学效果。在一次又一次的公开课中，我的制作课件水平也得到了进一步的攀升。经过一年的磨练，我感到干劲更足了、业务更精了，整个人充满了活力与激情。我想这就是党的魅力之所在吧！

在自己不断进步的同时，我还积极帮助其他的青年教师，和他们共同成长。我深知作为一名积极要求进步的青年、一名备课组长意味着什么。与他人共同成长,提高备课组的整体教学水平,这是一名共产党员义不容辞的责任和义务。每次学校组织的集体备课,我总是准时把本组教师召集起来,共同探讨上课过程中出现的问题,做好教研记录。

我知道自己的一言一行都代表着党员形象,作为一名新时期的共产党员必须发挥一面旗的作用,走到哪里就必须飘扬在哪里!所以今后我会改变自己的工作作风,少说多干,继续强化自身素质,改正自身缺点,将全部精力放在党的教育事业上,真正地在率先发展的洪流中身先士卒,起到先锋模范带头作用,用自己的一生为党和人民交上一份最满意的答卷!

如果这次党组织批准我转为正式党员,我会用党员标准更严格的要求自己,全心全意为人民服务,用自己的一生实践入党时的誓言。如果这次我没能被批准转为正式党员,我会找准差距,迎头赶上,我坚信通过自己不懈的追求和努力,一定能迈进党的大门。

请党组织相信我、考验我。

此致

敬礼

申请人:×××
二〇〇九年六月二十四日

任务四 欢迎词

一、欢迎词的概念

欢迎词,是用于对客人的到来表示欢迎的讲话文稿。

欢迎词与欢送词、答谢词是在公共礼仪场合迎送宾客时使用的,宾客来了,为了表示欢迎就用欢迎词;宾客告别,主人送别客人用欢送词;出于礼貌,宾客要对主人的招待表示由心的感谢,就使用答谢词。

二、欢迎词的基本特征

1. 注重礼节礼貌

欢迎词,特别注意礼节礼貌,如称呼一般都用尊称,在姓名前要加上表示尊敬和亲切的用语等。

2. 情感真挚亲切、有分寸

欢迎词都是以情感表达为主要内容的礼仪性文章,在情感表达上针对不同的对象,表现为不虚伪、不做作,以诚相见,热情亲切,对于有不同看法的对方,也应当不卑不亢。

3. 尊重风俗习惯

各个不同的国家、不同的社会制度、不同的民族和不同的地域,都用着不同的风俗习惯。欢迎词,必须掌握对方的风俗习惯。一是要防止使用有伤对方风俗习惯的词语;二是可以利用这些风俗习惯加深表达情感的效果。

三、欢迎词的一般写作方法

1. 标题

一般为"欢迎××的讲话"、"在欢迎××大会上的讲话"、"×××在××会议上的欢迎词"等。

2. 称谓

欢迎词的称谓有两种:一种是专指被欢迎对象的称呼,如"×××代表团团长先生";另一种是指参加欢迎会的宾主双方的称呼,如"各位女士、各位先生、同志们、朋友们"。

3. 正文

欢迎词,一般要介绍被欢迎者的简况,说明宾主双方情谊,表明对被欢迎者热情欢迎的态度。针对被欢迎者来访的目的,介绍欢迎者一方的情况。结尾时,常常写上对被欢迎者的希望和祝愿。

4. 落款

欢迎词的落款,应在正文的右下角写上致词人的单位、职务、姓名及日期。如标题有名称,可不署名,署名下一行标明日期。

例文 1:

欢迎词

女士们、先生们:

值此公司 10 周年大庆之际,请允许我代表公司全体员工,并以我个人的名义,向远道而来的贵宾们表示热烈的欢迎。

朋友们不顾路途遥远专程前来贺喜并洽谈合作事宜,为我公司 10 周年大庆增添了一份热烈和祥和,我由衷地感到高兴,并对朋友们为增进双方友好关系做出努力的行动,表示诚挚的谢意!

今天在座的各位来宾中,有许多是我们的老朋友,我们之间有着良好的合作关系。我公司 10 年来能取得今天的成绩,离不开老朋友们的真诚合作和大力支持。对此,我们表示由衷的钦佩和感谢。同时,我们也为能有幸结识来自全国各地的新朋友感到十分高兴。在此,我谨再次向新朋友们表示热烈欢迎,并希望能与新朋友们密切协作,发展相互间的友好合作关系,发展相互间的友好合作关系。

"有朋自远方来,不亦乐乎"。在此新朋老友相会之际,我提议:

为今后我们之间的进一步合作,

为我们之间日益增进的友谊,

为朋友们的健康幸福,

干杯!

任务五　开幕词

一、开幕词的概念

开幕词，是指领导人在参加一些重要的大中型会议宣布开幕的讲话文稿。

开幕词是会议的序曲、前奏、动员令，它是在比较重要的会议开始时，由会议主要领导人所作的讲话。主要是简明扼要地介绍会议召开的背景、组织工作等情况，宣布会议的目的、议程，对会议的进行起着定调的作用。

开幕词属专题灵活式的讲话稿，它虽然多以个人名义出现，但实际上代表了某一组织和领导集体，从文体上看，属于议论文，但比一般议论文更具有鲜明的个性，生动的临场性，实际的针对性、高度的概括性和激昂的鼓动性。对会议的有关问题只是提示一下即可，不必讲得过细，主要是通过简明扼要、庄重热情，带有指导性的提示，使与会者明确会议的有关内容，调动其参加会议的积极性。

二、开幕词的基本特征

1. 宣告性

在开幕词中，要郑重宣告会议正式开幕，给会议营造一种隆重气氛，使得会议变得正式而庄重。

2. 提示性

在开幕词中交代会议议程、方式及主要精神，使与会人员明确会议主题，心中有数。

3. 鼓动性

开幕词要善于运用表现情感饱满、热烈的语言，以调动参加会议人的高昂情绪，使其坚定开好会和贯彻好会议精神的决心。

此外，开幕词的语言使用应该是通俗明快，简洁明了；句式上多用祈使句，表示良好的祝贺和希望。

三、开幕词的写作

开幕词的内容主要包括召开这次会议的目的，要解决的主要问题，会议的程序，对会议的基本要求以及召开这次会议的重大意义等。

(一)标题与称谓

1. 标题

一般都由会议名称加"开幕词"三个字组成。如《××大学职工代表大会开幕词》。

2. 称谓

称谓在标题下第一行，顶格书写。如"同志们、朋友们"、"各位代表"等等。

（二）正文

1. 开头

一般用宣布会议开始作为开头,如邓小平同志所致的《中国共产党第十二次全国代表大会开幕词》的开头是:"中国共产党第十二次全国代表大会现在开幕。"

2. 主体

包括以下几方面内容:

(1)简要说明会议的背景。

(2)说明会议的任务,即议题、议程。

(3)说明会议的意义。

(4)说明会议进行的方法,如大会发言、讨论、参观等开会的方法。

(5)对如何开好会议提出要求,发出号召等。

3. 结束语。开幕词一般都以"祝大会圆满成功"等惯用语作为结束语。

（三）落款

开幕词的落款,在正文之后靠右下角写上致辞人的职务、姓名和时间。这一部分内容如已写在标题、副标题之中或标题之下,落款可省略。

例文1:

在世界媒体峰会开幕式上的致辞

（二○○九年十月九日）

胡锦涛

女士们,先生们,朋友们:

金秋十月,清风送爽。在这个美好季节里,世界各地媒体机构负责人相聚北京,举行世界媒体峰会。首先,我谨代表中国政府和人民,对这次世界媒体峰会的召开,表示诚挚的祝贺!对各位朋友的到来,表示热烈的欢迎!

当今世界,随着经济社会快速发展和科技进步日新月异,信息传递和获取日益快捷,全球传媒业经历着前所未有的深刻变革,媒体在社会生活中的作用越来越重要。这次世界媒体峰会以"合作、应对、共赢、发展"为主题,反映了人们对全球传媒业发展面临挑战的关切,显示了各媒体加强交流合作、寻求共同发展的愿望,体现了媒体从业者致力于促进世界和平与发展的决心。我相信,会议围绕这一主题深入探讨、广泛交流,有助于加强世界各地媒体合作,有助于推动全球传媒业健康有序向前发展,有助于增进各国人民相互了解和友谊。

女士们,先生们!

当今世界正处在大发展大变革大调整时期。世界多极化、经济全球化深入发展,世界范围内各种思想文化交流更加频繁、更加活跃,开放合作、互利共赢成为国际社会广泛共识,国与国相互联系更加紧密。同时,国际金融危机影响仍在持续,发展不平衡更加突出,气候变化、粮食安全、能源资源安全等全球性问题进一步显现,恐怖主义、跨国有组织犯罪、重大传染性疾病等非传统安全威胁依然存在,局部冲突和热点问题此起彼伏,不稳定不确定因素增多,世界和平与发展面临诸多挑战。

面对前所未有的机遇和挑战,世界各地媒体应该顺应时代发展潮流,携手并进,努力为建设持久和平、共同繁荣的和谐世界做出贡献。

第一,要充分运用自身特点和优势,广泛传播和平、发展、合作、共赢、包容理念。各类媒体应该致力于推动人类和平与发展的崇高事业,促进世界各国在政治上相互尊重、平等协商,经济上相互合作、优势互补,文化上相互借鉴、求同存异,安全上相互信任、加强合作,环保上相互帮助、协力推进,共同创造人类更加美好的未来。当前,世界各国正在全力克服国际金融危机影响,世界各地媒体应该深入反映国际社会同舟共济、加强合作、共克时艰的举措和成效,为推动世界经济复苏和健康稳定发展贡献力量。

第二,要坚持平等互信、互利共赢、共同发展,更好开展交流合作。世界各种形态媒体,不分文化异同、水平高低、规模大小,应该相互尊重、相互信任、平等相处,求同存异,交流互鉴;应该充分考虑各方实际,协商回应各方诉求,兼顾各方利益,既竞争又合作,努力实现互补互助、共同受益;应该分享成功经验,优化发展环境,合力挑战,谋求共同发展

第三,要切实承担社会责任,促进新闻信息真实、准确、全面、客观传播。当今社会,媒体对国际政治、竞技、社会、文化等各领域的辐射日益加强,对人们思想、工作、生活等各方面的影响日益深入。正因如此,对各类媒体来说,树立和秉持高度的社会责任感比以往任何时候都更为重要。各类媒体要被公众广泛接受、受社会广泛尊重,不断提高公信力和影响力,就应该遵守新闻从业基本准则,客观报道世界多极化、经济全球化、文明多样性的现实,充分反映世界各国发展的主流和趋势,热情鼓励发展中国家发展进步。

女士们、先生们!

几天前,中国人民庆祝了中华人民共和国成立60周年。经过60年特别是改革开放30年的不懈奋斗,中国的面貌、中国人民的面貌发生了历史性变化。当今中国,综合国力显著增强人民生活总体上达到小康水平,迸发出前所未有的活力和创造力。同时,我们清醒地认识到,中国仍然是世界上最大的发展中国家,中国在发展进程中遇到的矛盾和问题无论规模还是复杂性都世所罕见。中国要全面建成惠及十几亿人口的更高水平的小康社会,进而基本实现现代化、实现全体人民共同富裕,还有很长的路要走。中国将继续从本国国情出发,坚持中国特色社会主义道路,全面推进经济建设、政治建设、文化建设、社会建设以及生态文明建设,全力做到发展为了人民、发展依靠人民、发展成果由人民共享。中国将始终不渝走和平发展道路,始终不渝奉行互利共赢的开放战略,坚持在和平共处五项原则的基础上同所有国家发展友好合作。

在推进改革开放和社会主义现代化建设的过程中,中国政府始终高度重视媒体发展,鼓励和支持中国媒体贴近实际、贴近生活、贴近群众,创新观念、创新内容、创新形式、创新方法、创新手段,增强亲和力、吸引力、感染力,在弘扬社会正气、通达社情民意、引导社会热点、疏导公众情绪、搞好舆论监督和保障人民知情权、参与权、表达权、监督权等方面发挥重要作用。现在,越来越多的外国媒体,包括大多数在座朋友们所代表的媒体,向中国派出了常驻记者,临时来华采访的记者人数不断增加。外国媒体报道中国的信息量越来越大、领域越来越广、内容越来越丰富,对各国人民了解当代中国发展变

化起到了重要作用。我们将按照有关法律法规，继续推动政务公开，加强信息发布，保障外国新闻机构和记者合法权益，为外国媒体在华从事采访报道业务提供便利。我们真诚希望世界各地媒体为增进各国人民对中国的了解、为巩固和发展各国人民同中国人民的友谊做出新的贡献。

女士们、先生们！

与人民同命运、与时代共发展，是世界各地媒体的必然选择。我相信，通过与会各位朋友共同努力，这次峰会一定能在促进世界各地媒体加强交流、深化合作方面取得积极成果，为促进全球传媒业发展做出贡献。

谢谢大家。

（摘自《中国青年报》，2009 年 10 月 10 日）

例文 2：

习近平在国际天文学联合会第 28 届大会开幕式上的致辞

携手探索浩瀚宇宙　共创人类美好未来

——在国际天文学联合会第 28 届大会开幕式上的致辞

（2012 年 8 月 21 日，北京）

中华人民共和国副主席　习近平

尊敬的主席先生，女士们、先生们、朋友们：

今天，来自世界各地的 2000 多名天文学家欢聚北京，参加国际天文学联合会第 28 届大会开幕式。这是 1935 年加入国际天文学联合会以来，中国首次承办联合会大会。这次大会是国际天文学界的一件盛事。我谨代表胡锦涛主席和中国政府、中国人民，对本届大会的召开表示热烈的祝贺，向出席大会的各位来宾表示崇高的敬意和诚挚的欢迎！

天文学是人类认识宇宙的科学，是推动自然科学发展和高新技术发展、促进人类社会进步的最重要、最活跃的前沿学科之一，对其他门类的自然科学和技术进步有着巨大推动作用。浩瀚无垠的宇宙空间，让生活在地球上的人类充满好奇、为之神往；博大精深的天文科学，以其独特魅力吸引着世世代代有识之士为之孜孜钻研、不懈探寻。天文学作为一门研究天体和其他宇宙物质的位置、分布、运动、形态、结构、化学组成、物理性质及其起源和演化的学科，在人类认识世界、改造世界的活动中始终占有重要位置。我们看到，天文观测的每一次重大发现，都不断深化着人类对宇宙奥秘的认识；天文科学的每一项重大成就，都极大丰富了人类知识宝库；天文学与其他学科交叉融合实现的每一次重大突破，都对基础科学乃至人类文明进步带来现实的和长远的深刻影响。

中国作为世界文明古国之一，对于天文学的发展作出了重要贡献。我们的祖先很早就在日出而作、日落而息的劳作中，开始观察和探究宇宙的奥秘。早在 2300 多年前，中国伟大的诗人屈原就发出了"遂古之初，谁传道之？上下未形，何由考之？"的著名"天问"。公元前十三世纪甚至更早，中华民族的先人就建立了天文台，中国至今仍保存着世界上历时最长、最完整的天象记录。90 多年前，中国现代天文学开始起步，1922 年中国天文学会成立，1928 年中国第一个现代天文研究所诞生，1934 年中国紫金山天文台建成。中华人民共和国成立以来、特别是改革开放以来，中国科学院建成了完整的现代化天文台站运行体系，继建成世界上光谱获取率最高的大视场光谱巡天望远镜之后，目前正在建设五百米口径射电望远镜，并在空间天文和南极天文等重要前沿研究领域取得重要进展。

天文学的发展，是全人类认识宇宙的智慧结晶。天文学的发展历程，给予我们不少宝贵而深刻的启示。

第一，科学技术发展是人类认识世界、改造世界的强大动力。科学技术是经济社会发展中最活跃、最具革命性的因素。人类文明每一次重大进步都与科学技术的革命性突破密切相关。现代科学技术的发展正日益深刻地改变着人类的生产方式、生活方式和生存方式，成为经济社会发展的主要驱动力。实现经济社会可持续发展和人的全面发展，最根本的是要依靠科技的持续进步和创新。

第二，科学技术发展需要不懈探索和长期积累。人类对宇宙奥秘的探求同对其他领域发展规律的探索一样，是永无止境的。科学技术作为人类认识世界、改造世界的智慧结晶，是科学家们不懈探索、长期积累的创造性成果。只有心无旁骛地潜心研究，永不停息探索脚步，在巨人的肩膀上持续不懈前进，才能不断攀登世界科学高峰，推动人类进步。

第三，科学技术发展需要持续重视和加强基础研究。天文学是一门观测科学，包括天文学在内的重要基础研究，要求我们尊重科研活动的内在规律和长远价值，以战略眼光对此进行超前部署，加大投资力度和保障力度，为科学家们的前沿探求提供长期稳定的支持，使他们不断有所发现、有所发明、有所创造、有所前进，取得更多对人类有重大贡献的科学成果。

第四，科学技术发展需要打牢坚实的群众基础。科学技术是一项既造福社会又依赖社会的事业，科学技术发展需要广泛的公众理解和积极的社会参与。应该把科学普及放在与科技创新同等重要的位置，充分发挥教育在科学普及中的重要作用，在全社会、全人类进一步形成讲科学、爱科学、学科学、用科学的浓厚氛围和良好风尚，不断提高民众科学文化素质，不断激发人们创新创造的无穷动力和蓬勃活力。

第五，科学技术发展需要开展广泛务实的国际合作。科学无国界。广袤的宇宙空间，是人类的共同家园；不懈探索浩瀚宇宙，是人类的共同追求；蓬勃发展的天文科学，是人类的共同财富。当今时代，科学技术问题越来越具有全球性，除了天文学等基础研究领域的国际交流合作以外，解决人类共同面临的能源资源、生态环境、气候变化、自然灾害、粮食安全、人口健康等重大问题，也都需要开展多种形式的国际和地区科技交流合作，以共同推进人类科技创新、文明进步和可持续发展，造福于全人类。

当今世界是开放的世界，各国相互依存程度日益加深。改革开放30多年来，中国不但打开国门搞建设，也打开国门开展科技交流合作。特别是进入21世纪以来，世界自然科学界和工程科学界相继在中国召开了包括国际数学家大会、世界工程师大会等在内的一系列重要国际学术交流盛会。这极大开阔了中国科技界的国际视野，加深了国际科技界对中国的了解和认识，促进了中国和国际科技界的相互交流、借鉴与合作，也为中国科技界对世界科技发展作出贡献创造了有利条件。

我相信,国际天文学联合会第28届大会在中国的召开,必将对增进中国天文学家与各国天文学家的友谊、促进中国与国际天文学界的交流合作、推动中国天文学及相关学科发展产生积极影响;同时必将激励包括中国在内的世界各国充满好奇和求知欲望的年轻人,把他们关注的目光投向灿烂星空,激发他们投身天文观察和天文学研究的浓厚兴趣,投身当今世界科学技术的创新实践。

最后,我衷心祝愿本届大会取得圆满成功,衷心祝愿各国天文学家携手探索浩瀚宇宙、共创人类美好未来!

谢谢大家!

任务六　演讲稿

一、演讲稿的概念及其基本种类

(一)演讲稿的概念

演讲稿,是用于讲话人在集会或会议上对人们普遍关心的问题,进行专题演讲的文字材料。

(二)演讲稿的基本种类

1. 政治演讲

政治演讲,是对时局、对政治事件或政治组织,表明讲话人的思想观点、立场或态度时所用的讲话材料。政治演讲有很多都是在代表会、协商会或某种集会上讨论时代问题的重要言论。有的则是在群众集会上就人们最关心的并具有社会意义的问题发表的演说。

2. 外交演讲

外交演讲,是指国家代表用于对国际问题或国家间关系问题,表明本国观点、立场的讲话材料。

3. 纪念演讲

纪念演讲,是指用于在某种纪念活动中的讲话材料。如恩格斯的《在马克思墓前的讲话》。

4. 学术演讲

学术演讲,是指出席学术报告会的讲话材料。学术演讲,一般是指对具体的学术问题或其他方面的一个单独的课题进行研究的过程和成果的总结。它应当是一种科学发明,或者表明对某些人所共知的现象持有一种根本性的新看法,大学的课堂教学,是一种特殊的学术演讲。

二、演讲稿的基本特征

1. 有声性

演讲是通过有声语言向听众传情达意的,写演讲稿时必须考虑到将无声的文字转变为有声的语言这一特点,这就要求我们在写作演讲词时,在逻辑、布局、语言表达等诸方面,朗朗上口、生动悦耳。

2. 表演性

演讲除了"讲"之外,还具有"演"的形象特征,演讲者还要经常借助于神态和姿势等肢体语言来表达自己的思想倾向和情感趋势。演讲主要是以神态和手势,使听众通过视觉的感受获得深刻印象,增强演讲的魅力、感染力和说服力。

3. 临场性

演讲者在演讲时必须面对观众。演讲者不能不顾及听众的临场反应,而要根据听众的情绪和兴趣随时调整自己的演讲。

4. 综合性

演讲是演讲者思想深度、知识广度和表达能力的综合表现。因而,演讲稿写作,要考虑到演讲的话题及其目的性,演讲的时空环境和听众的接受心理,演讲者的表情动作,及语言的运用,结构的安排等诸因素。这种综合的思考与表现,形成了演讲词的综合性。

三、演讲稿的一般写作方法

(一)标题与称谓

1. 标题的确定

演讲稿的标题,可以归纳为四种类型:

一是直接揭示主题的标题,如毛泽东的《改造我们的学习》。

二是揭示演讲场合的标题,如海明威的《在诺贝尔文学奖金授奖仪式上的讲话》。

三是形象化标题,如郭沫若的《科学的春天》。

四是综合式标题。将揭示主题或将形象化标题作为正标题,将揭示场合的标题作为副标题。如《把植树造林绿化祖国的活动提高到一个新水平——国务院总理、全国绿化委员会主任田纪云植树节电视广播讲话》。

2. 称谓

演讲稿的称谓与工作报告的称谓基本相同。

(二)正文

演讲稿的正文,由开头、主体和结尾三部分组成。

1. 开头

就是一切演讲的开场白,它在演讲稿的结构中处于确定一篇演讲基调的地位。常见演讲稿的开头有以下几种:

(1)开门见山式。开门见山地揭示演讲内容的主题,阐发演讲所要涉及的核心问题或演讲的主要意向。

(2)交代背景式。是在讲话的一开始,就向听众交代这次演讲的背景和起因。

(3)自然入题式。是借助与演讲主题有关联的某件事或某人的一段经历、感受等作为演讲稿开头,唤起听众的注意。

（4）揭示内容式。是对演讲的内容加以扼要地介绍,使听众明确要讲的都是些什么问题,重点是什么。

（5）提问式。是在演讲的一开始就向听众提出问题,然后再加以解答。

（6）引用式。是选用能概括和表现演讲主题的名言、警句作为开头。

2. 主体

演讲稿正文的主体,是演讲稿最主要的部分。主体的写作,应符合下列要求:

（1）紧扣主题,突出重点。所有的演讲稿都有一个确定的主题,演讲稿的主体就要紧紧地围绕着这一主题加以说明和论证。

演讲稿的重点,是指那些能表现演讲的中心问题和主要目的的具有深刻的思想与浓厚的情感的材料、语句与段落。

（2）层次有序,衔接紧凑。演讲稿的层次,是演讲者论述问题演进的过程和次序,它应符合客观事物发展的规律和思维的逻辑性。常见的演讲稿层次的安排方法有并列式、对比式、递进式等。

安排好演讲稿的层次,还必须处理好演讲稿层次间的过渡和前后照应,以使演讲稿衔接紧凑、文气贯通。

（3）语言要通俗、准确和生动。语言是构成演讲稿的重要因素。运用好语言,是提高演讲稿写作质量的关键一环。演讲稿的语言既要口语化,又要形象化;既要幽默风趣,又要讲求声调、节奏,同时还要贴切恰当。

3. 结尾

常见的演讲稿的结尾有以下几种形式:

（1）总结式。是把演讲的内容扼要地总结一下,进一步强调内容的重要性,提醒听众注意,以加深听众对演讲内容的印象。

（2）展望式。是在结尾时展望未来的发展趋势,使人们看到光明的前途,充满希望,鼓舞人们努力奋斗。

（3）激励式。是使用热情洋溢的语言抒发演进人的情感,形成强烈的感染力量和号召力量,在听众激昂和振奋的情绪中结束演进,产生言已尽而意未穷的效果。

演讲稿结尾除上述三种外,还有的用名言、著名诗句或一句流行话做结尾。

（三）落款

在结束语或惯用语的右下方另起一行,写上演讲人的单位、职务、姓名和时间。绝大多数的演讲稿无落款。落款的内容一般写在标题之下居中位置。

例文1:

学生干部竞选演讲稿

各位代表:

大家好! 首先感谢大家的支持与学校提供这次机会,使我能参与竞争,一展自己的抱负。今天我来参与竞选的目的只有一个:一切为大家,能为大家谋利益。我自信在同学们的帮助下,我能胜任这项工作,正由于这种内驱力,当我走向这个讲台的时候,我感到信心百倍。

我认为自己很适合担任学生会主席。首先我热爱我的工作,算上小学的话,十年学生干部"工龄"已不算短了,这使我有了相当的管理经验、领导能力。活泼开朗、兴趣广泛的我积极参加并组织开展各项活动,在活动中尽情施展自己的唱歌、跳舞、弹钢琴及演讲的才能,取得了如演讲比赛第一、英语朗诵、阅读竞赛第一等好成绩,激励着我不断向前;主持也是我不懈的追求,从高一入学军训联欢会到主持省武高电视台节目,及后来的首届英语节,大大小小的活动参加了不少,是省武高这方热土给我提供了机会,使我如鱼得水,不断锻炼、充实着自己。此外,在活动过程中,我学习上也丝毫没有松懈,成绩现已跻身年级前茅,我认为我有着足够的时间和精力在学习之余开展活动。

假如我当选,我将进一步加强自身修养,努力提高和完善自身的素质,我将时时要求自己"待人正直、公正办事";要求自己"严于律己、宽以待人";要求自己"乐于助人、尊老爱幼"等等,总之,我要力争让学生会主席的职责与个人的思想品格同时到位。

假如我就任此届学生会主席,我的第一件事就是召集我的内阁部长们举行第一次全体内阁会议,全面地听取他们的意见与建议,下放权力,实行承包责任制。我们将自始至终地遵循"一切为大家"的原则。在就职期间,我们将在有限的条件下,办我们自己的电视台、广播站,建立必要的管理制度,设立师生信箱。我们将定期举行各种形式的体育友谊比赛,使爱好体育的英雄有用武之地。爱好文艺的,校艺术团在欢迎你,我们将举办自己的艺术节、中秋、圣诞大联欢。如有条件来个校园形象大使活动也不错,还有书画会、文学社、中学生论坛、社会实践(包括大家感兴趣的郊游活动)……总之,我们每个人都能在学生会找到自己的位置,我们的课余生活绝对能够丰富多彩!我们将与风华正茂的同学们在一起,指点江山,发出我们青春的呼喊!我们将努力使学生会成为学校领导与学生之间的一座沟通心灵的桥梁,成为师生之间的纽带,成为敢于反映广大学生意见要求,维护学生正当权益的组织,新的学生会将不再是徒有虚名的摆设,而是有所作为的名副其实的存在!

既然是花,我就要开放;既然是树,我就要长成栋梁;既然是石头,我就要去铺出大路;既然是学生会主席,我就要成为一名出色的领航员!

各位代表,你们所期望的学生会主席,不正是敢想敢说敢做的人么?我十分愿意做你们所期待的公仆。你们握着选票的手还会犹豫吗?谢谢大家的信任!

(选自范文网 http://www.027art.com)

任务七 其 他

一、聘书

(一)聘书的概念

聘书是聘请书的简称。它是用于聘请某些有专业特长或名望权威的人完成某项任务或担任某种职务时的书信文体书。聘书在应用写作中起着重要的作用。

（二）聘书的写作

聘书一般已按照书信格式印制好，中心内容由发文者填写即可。

完整的聘书的格式一般由以下几部分构成。

1. 标题

聘书往往在正中写上"聘书"或"聘请书"字样，有的聘书也可以不写标题。已印制好的聘书标题常用烫金或大写的"聘书"或"聘请书"字样组成。

2. 称谓

聘请书上被聘者的姓名称呼可以在开头顶格写，然后再加冒号；也可以在正文中写明受聘人的姓名称呼。常见的印制好的聘书则大都在第一行空两格写"兹聘请××……"。

3. 正文

聘书的正文一般要求包括以下一些内容：

首先，交待聘请的原因和请去所干的工作，或所要去担任的职务。

其次，写明聘任期限。如"聘期两年"、"聘期自20××年××月××日至20××年××月××日"。

再次，聘任待遇。聘任待遇可直接写在聘书之上，也可另附详尽的聘约或公函写明具体的待遇，这要视情况而定。

另外，正文还要写上对被聘者的希望。这一点一般可以写在聘书上，但也可以不写，而通过其它的途径使受聘人切实明白自己的职责。

4. 结尾

聘书的结尾一般写上表示敬意和祝颂的结束用语。如"此致——敬礼"、"此聘"等。

5. 落款

落款要署上发文单位名称或单位领导的姓名、职务，并署上发文日期，同时要加盖公章。

聘书写作的注意事项：

聘书要郑重严肃，对有关招聘的内容要交待清楚。同时聘书的书写要整洁、大方、美观。

聘书一般要短小精悍，不可篇幅太长，语言要简洁明了、准确流畅，态度要谦虚诚恳。

聘书是以单位名义发出的，所以一定得加盖公章，方视为有效。

（三）聘书的作用

聘书在这些年来使用的很多，招聘制作为现今用人制度的主要形式，为聘请书的使用提供了广阔的市场。聘书在今天人们的生活中起到了重要的作用。

1. 加强协作的纽带

聘书把人才和用人单位很好地联系了起来。一个单位在承担了某项任务后，或在开展某项工作的时候，为了请到一些本单位缺乏的人才时，就需要用聘书。聘书不仅使个人同用人单位联系了起来，同时还加强了不同单位之间的合作，使之可以互通有无，互相支援，聘书就这样起了不可替代的纽带作用。

2.加强应聘者的责任感、荣誉感和促进人才交流

应聘者接到聘书也就等于必须为自己所聘的职务、工作负有责任,会尽力做好自己的工作。因为聘书是出于对受聘人极大的信任和尊重才发出的,这无形中就加强了受聘人的责任感。同时受聘人往往是在某方面确有专长或能做出特殊贡献的人,所以聘书的授予也就促进了人才的交流,可以较充分地发挥受聘人的聪明才智。

3.表示郑重其事、信任和守约

聘书是一个单位或部门出于工作的需要聘请有关人员担任某种职务或从事某项工作的凭证文书,其中有对聘请人才的权利、义务、期限等的规定,被聘者一旦接受聘书,这个聘书成为双方的聘用合同,聘书是聘用单位经慎重决定后颁发给被聘者的,文面盖有单位公章,因而对双方来说均具有较强的约束力。

(四)聘书的适用范围

一般来讲聘书适用于以下一些情况:

学校、工矿企业等在需要某方面有特长或有专业技能的人才时,发出聘书。这种情况下,往往是用人单位承担了某项工作,靠自己本单位或现有的人才资源无法顺利完成任务;或者由于企业的发展,事业的扩大,需重新聘用一些有专长,在工作中起重大作用的人。总之,这是一种对专业人才所发的聘书。

社会团体或某些重要的活动为了提高自身的知名度、扩大影响力,常常聘请一些有名望的人加盟或参与,以期更好地开展活动。如聘请名人作顾问,作指导,作为某项比赛的评委等均属于这种情况。

例文1:

聘　书

为了实现专家治校,提高教育质量,特聘请牛××博士为我校教授,参加教育研究,并关心、指导本校的教学工作。

此致

敬礼

　　　　　　　　　　　　　　　　××大学(盖章)
　　　　　　　　　　　　　　　　××××年××月××日

例文2:

聘　书

兹聘请赵××同志为××家电集团维修部总工程师、主任,聘期自××年××月××日至××年××月××日,聘任期间享受集团高级工程师全额工资待遇。

　　　　　　　　　　　　　　　　××家电集团(章)
　　　　　　　　　　　　　　　　××××年××月××日

二、请柬

(一)请柬的概念

请柬,又称为请帖、简帖。为了邀请客人参加某项活动而发的礼仪性书信。

请柬的分类:结婚请柬、个性请柬、邀请函、单位请柬等。

结婚请柬在中国由来已久,形式有直有横,颜色多为大红色。内文撰写的方式到今日依然大致相同,有一套俗成的礼仪用字。较特别的是日期通常会印上两种日期,一种是公历日期,一种是农历日期。此外,有些家庭也会印上祖父母辈的姓名。

中国清朝的结婚请柬称为团书,是结婚时的周公六礼书之一,当男子向女方家订婚成功,就会印制团书告知众亲友。

目前,台湾地区也有人尝试以白话文或台湾话口语体撰写。

在西方的结婚请柬,则多为横式,颜色以浅白色、浅粉红色为多,少有大红色的请柬。在请柬用字上,多为手写字体。不少的西式结婚请柬可能采用复杂的花式手写字体,在印刷方式上有浮雕压印、凸版印刷、热浮凸印刷、雕空字体等。

(二)请柬的作用

1.使用请柬,既可以表示对被邀请者的尊重,又可以表示邀请者对此事的郑重态度。

2.凡召开各种会议,举行各种典礼、仪式和活动,均可以使用请柬。

所以请柬在款式和装帧设计上应美观、大方、精致,使被邀请者体味到主人的热情与诚意,感到喜悦和亲切。

(三)请柬的样式

请柬一般有两种样式:一种是单面的,直接由标题、称谓、正文、敬语、落款构成。一种是双面的,即折叠式;一为封面,写"请柬"二字,一为封里,写称谓、正文、敬语、落款等。

请柬的篇幅有限,书写时应根据具体场合、内容、对象,认真措词,行文应达、雅兼备。达,即准确;雅就是讲究文字美。在遣词造句方面,有的使用文言语句,显得古朴典雅;有的选用较平易通俗的语句,则显得亲切热情。不管使用哪种风格的语言,都要庄重、明白,使人一看就懂,切忌语言的乏味和浮华。

(四)请柬的结构

从撰写方法上说,不论哪种样式的请柬,都有标题、称谓、正文、敬语、落款和日期等。

1. 标题

双柬帖封面印上或写明"请柬"二字,一般应做些艺术加工,即采用名家书法、字面烫金或加以图案装饰等。有些单柬帖,"请柬"二字写在顶端第一行,字体较正文稍大。

2. 称谓

顶格写清被邀请单位名称或个人姓名,其后加冒号。个人姓名后要注明职务或职称,如"李校长"、"张老师"、"马教授";不能明确对方身份的,可以注明"先生"或是"小姐",已婚的女性注明"女士",无法知晓是否婚否的女性,注明"女士"。

3. 正文

另起行,前空两格,写明活动的内容、时间、地点及其他应知事项。

4. 敬语

一般以"敬请(恭请)光临"、"此致敬礼"等作结。"此致"另起行,前空两格,再另起行,写"敬礼"等词,需顶格。

5. 落款和日期

写明邀请单位或个人姓名。下边写日期。

(五)请柬写作的注意事项

1.文字要美观,用词要谦恭,要充分表现出邀请者的热情与诚意。

2.语言要精炼、准确,凡涉及到时间、地点、人名等一些关键性词语,一定要核准、查实。

3.语言要得体、庄重。

4.在纸质、款式和装帧设计上,要注意艺术性,做到美观、大方。

(八)请柬尺寸

在传统的请柬中主要分三种形式,正方型,长方型,长条型。这些产品的外形和尺寸都有一定的比例和大小。

过大或过小都会给视觉和感官造成不适。大了,蠢笨不精致;小了,不大气,不稳重。

正方型:

尺寸范围在 130mm×130mm 至 150mm×150mm 在国外,通常在卡内增加副卡,(如:路线卡,回复卡,项目卡,等等)副卡,一般可以做到 100mm×100mm 左右。

长方型:

尺寸范围在 170mm×115mm 至 190mm×128mm,,大小要随比例改变,要符合黄金分割。如有副卡不宜太大。

长条型:

尺寸范围在 210mm×110mm 至 250mm×110mm,大小要随比例改变。打开方式只适合横向和单边打开。

例文 1:

请　柬

××老师:

　　我们系定于××月××日晚上××时在学校礼堂举行迎新生晚会,届时敬请光临指导。

××系
××××年××月××日

例文2：

请　柬

××先生及夫人：

我们定于××月××日(农历××月××)下午××时，假坐××饭店某某厅举行婚宴。

届时恭请　光临

××谨邀
××××年××月××日

三、贺词

(一)概念

在喜庆的仪式上所说的表示祝贺的话，是正式场合用。

单位、团体或个人应邀参加某一重大会议或活动时，常常要即时发表讲话，表示对主人的祝贺、感谢之意，这番话就称为贺词。

贺词是祝贺喜庆之事的一类应用文。以函件形式送达的贺词通常叫作贺信，借助电报发出的贺词通常称作贺电。贺信、贺电都是贺词，贺年片也属贺词范畴。

(二)特点

1.贺词的篇幅可长可短。少则几个字，多则几百字甚至上千字。

2.贺词种类繁多，风格多种多样。贺词有很多种，在不同的场合和节日药用不同的贺词，如乔迁贺词、升学贺词、企业贺词、新春贺词等。

3.贺词要求感情真挚，切合身份，用语准确可靠。

(三)写法

必须有祝贺的文字内容，一般是在一行的开头即首先表示向对方的祝贺。

1.标题。采用"祝贺内容＋贺词"构成。

2.称谓。

3.祝贺之词。

4.对他人的工作成就等予以赞扬。

5.表达你的愿望。

6.祝贺语。

例文1：

2010年××公司中秋节和国庆节双节贺词

××公司经销商朋友、全体员工朋友：

大家好！

丹桂飘香金秋月正圆，盛世中国六十庆华诞！

值此中秋佳节、中华人民共和国建国 61 周年的盛大庆典来临之际,××公司真诚地向长期在各自工作岗位辛勤工作的全国经销商朋友和全体员工朋友致以节日的问候。

一直以来,全国各地的××公司经销商朋友和××公司全体员工朋友风雨同舟,携手同行,共同拼搏,将××公司品牌打造成为全国消费者喜欢和信赖的知名品牌,沉甸甸的品牌荣誉里,有您的辛勤的汗水和无私的奉献,在这里真诚的向您道一声辛苦了!

在举国欢庆、阖家团圆的节日里,因为工作的原因,各地经销商团队、分公司、总部各部门部分员工放弃与家人团聚的机会,将继续奋斗在工作岗位上,为全国消费者服务。你们的辛勤付出和无私奉献将换来更多的客户满意,每一个客户的微笑都有您的功劳! 在这里向你们提前道一声:节日快乐! 辛苦了!

感谢大家长期以来对××公司各项工作的支持与配合,感谢大家为××公司品牌的建设和发展在各自工作岗位上的奉献和付出! 我们相信,在大家的共同努力下,我们的事业一定会更加辉煌! 我们的明天一定会更加美好!

祝您和家人:双节快乐! 身体健康! 万事如意! 阖家幸福!

××有限公司

二〇一〇年九月二十日

例文 2:

习近平在欧美同学会成立 100 周年庆祝大会上的讲话

(2013 年 10 月 21 日)

习近平

同志们,朋友们:

今天,我们在这里集会,庆祝欧美同学会成立 100 周年。首先,我代表党中央、国务院,向欧美同学会·中国留学人员联谊会及其全体会员,表示热烈的祝贺! 向广大出国和归国留学人员及其家人,致以诚挚的问候!

近代以来,我国大批留学人员负笈求学的足迹,记录着中华儿女追寻民族复兴的梦想,伴随着我国从封闭到开放、从落后到富强的伟大历史性跨越。

百余年的留学史是“索我理想之中华”的奋斗史,一批又一批仁人志士出国留学、回国服务,大批归国人员投身中国共产党领导的伟大事业,在中国革命、建设、改革的历史画卷中写下了极为动人和精彩的篇章。

历史不会忘记,100 多年前,中国民主革命的伟大先行者孙中山先生,以当时留日中国学生等为骨干组建中国同盟会,毅然发动和领导辛亥革命,推翻了统治中国几千年的君主专制制度,打开了中国进步的闸门,点燃了振兴中华的希望。

历史不会忘记,陈独秀、李大钊等一批具有留学经历的先进知识分子,同毛泽东同志等革命青年一道,大力宣传并积极促进马克思列宁主义同中国工人运动相结合,创建了中国共产党,使中国革命面貌为之一新。在中国共产党成立前后,旅欧勤工俭学和留苏学习的进步青年相继回国,在火热的斗争中成长为坚定的马克思主义者,为党和人民事业发展建立了不朽功勋,周恩来、刘少奇、朱德、邓小平同志等就是他们中的杰出代表。同一时期,还有许多留学人员学成回国,为我国经济社会发展起到了开拓者的重要作用。

历史不会忘记,面对新中国百废待兴、百业待举的困难局面,一大批留学人员毅然决然回到祖国怀抱,在极其艰难困苦的条件下呕心沥血、顽强拼搏,为新中国各项事业发展奠定了坚实基础,取得了"两弹一星"等举世瞩目的重大成就,李四光、严济慈、华罗庚、周培源、钱三强、钱学森、邓稼先同志等就是他们中的杰出代表。上世纪五六十年代,一大批留学人员远赴苏联、东欧学习,成为我国建设和改革事业的重要力量。

历史同样不会忘记,改革开放以来,党中央和邓小平同志作出了扩大派遣留学生的战略决策,推动形成了我国历史上规模最大、领域最多、范围最广的留学潮和归国热。截至2012年底,我国出国留学人员达到264万人,留学回国人员达到109万人。广大留学人员积极投身改革开放和社会主义现代化建设,积极推动我国同其他国家各领域交流合作,为推动我国经济社会发展作出了重要贡献。

实践证明,广大留学人员不愧为党和人民的宝贵财富,不愧为实现中华民族伟大复兴的有生力量。党、国家、人民为拥有并将更多拥有这样一大批人才而感到骄傲和自豪。

同志们、朋友们!

"致天下之治者在人才。"人才是衡量一个国家综合国力的重要指标。没有一支宏大的高素质人才队伍,全面建成小康社会的奋斗目标和中华民族伟大复兴的中国梦就难以顺利实现。

当今世界,综合国力竞争日趋激烈,新一轮科技革命和产业变革正在孕育兴起,变革突破的能量正在不断积累。综合国力竞争说到底是人才竞争。人才资源作为经济社会发展第一资源的特征和作用更加明显,人才竞争已经成为综合国力竞争的核心。谁能培养和吸引更多优秀人才,谁就能在竞争中占据优势。

当代中国,经过35年的改革开放,社会生产力迈上一个大台阶,人民生活水平迈上一个大台阶,综合国力迈上一个大台阶,我们比历史上任何时期都更接近实现中华民族伟大复兴的宏伟目标,我们也比历史上任何时期都更加渴求人才。正如邓小平同志深刻指出的:"我们进行社会主义现代化建设,是要在经济上赶上发达的资本主义国家,在政治上创造比资本主义国家的民主更高更切实的民主,并且造就比这些国家更多更优秀的人才。"

尊重劳动、尊重知识、尊重人才、尊重创造,是党和国家的一项长期方针。党和国家历来高度重视广大出国和归国留学人员,毛泽东同志曾在莫斯科深情寄语留学人员说:"好像早晨八九点钟的太阳,希望寄托在你们身上。"党的十八大发出了"广开进贤之路,广纳天下英才"的号召,强调要"充分开发利用国内国际人才资源,积极引进和用好海外人才"。

党和国家将按照支持留学、鼓励回国、来去自由、发挥作用的方针,把做好留学人员工作作为实施科教兴国战略和人才强国战略的重要任务,以更大力度推进"千人计划"、"万人计划",千方百计创造条件,使留学人员回到祖国有用武之地,留在国外有报国之门。我们热诚欢迎更多留学人员回国工作、为国服务。

同志们、朋友们!

全面建成小康社会,推进社会主义现代化,实现中华民族伟大复兴,是光荣而伟大的事业,是光明和灿烂的前景。一切有志于这项伟大事业的人们都可以大有作为。在亿万中国人民前行的伟大征程上,广大留学人员创新正当其时、圆梦适得其势。广大留学人员要把爱国之情、强国之志、报国之行统一起来,把自己的梦想融入人民实现中国梦的壮阔奋斗之中,把自己的名字写在中华民族伟大复兴的光辉史册之上。

这里,我对广大留学人员提4点希望。

第一,希望大家坚守爱国主义精神。在中华民族几千年绵延发展的历史长河中,爱国主义始终是激昂的主旋律,始终是激励我国各族人民自强不息的强大力量。不论树的影子有多长,根永远扎在土里;不论留学人员身在何处,都要始终把祖国和人民放在心里。钱学森同志曾经说过:"我作为一名中国的科技工作者,活着的目的就是为人民服务。如果人民最后对我的一生所做的工作表示满意的话,那才是最高的奖赏。"

希望广大留学人员继承和发扬留学报国的光荣传统,做爱国主义的坚守者和传播者,秉持"先天下之忧而忧,后天下之乐而乐"的人生理想,始终把国家富强、民族振兴、人民幸福作为努力志向,自觉使个人成功的果实结在爱国主义这棵常青树上。党和国家尊重广大留学人员的选择,回国工作,我们张开双臂热烈欢迎;留在海外,我们支持通过多种形式为国服务。大家都要牢记,无论身在何处,你们都是中华儿女的一分子,祖国和人民始终惦记着你们,祖国永远是你们温暖的精神家园。

第二,希望大家矢志刻苦学习。学习是立身做人的永恒主题,也是报国为民的重要基础。梦想从学习开始,事业从实践起步。当今世界,知识信息快速更新,学习稍有懈怠,就会落伍。有人说,每个人的世界都是一个圆,学习是半径,半径越大,拥有的世界就越广阔。

希望广大留学人员坚持面向现代化、面向世界、面向未来,瞄准国际先进知识、技术、管理经验,以韦编三绝、悬梁刺股的毅力,以凿壁借光、囊萤映雪的劲头,努力扩大知识半径,既读有字之书,也读无字之书,砥砺道德品质,掌握真才实学,练就过硬本领。已经完成学业的留学人员也要拓宽眼界和视野,加快知识更新,优化知识结构,努力成为堪当大任、能做大事的优秀人才。

第三,希望大家奋力创新创造。创新是一个民族进步的灵魂,是一个国家兴旺发达的不竭动力,也是中华民族最深沉的民族禀赋。在激烈的国际竞争中,惟创新者进,惟创新者强,惟创新者胜。留学人员视野开阔,理应走在创新前列。祖国改革开放和社会主义现代化建设的火热进程,为一切有志于创新创造、干一番事业的人们提供了广阔舞台。

希望广大留学人员积极投身创新创造实践,有敢为人先的锐气,有上下求索的执著,得风气之先、开风气之先,力争有所突破、有所发展、有所建树。在中国的大地上,要想有建树、有成就,关键是要脚踏着祖国大地,胸怀着人民期盼,找准专业优势和社会发展的结合点,找准先进知识和我国实际的结合点,真正使创新创造落地生根、开花结果。

第四,希望大家积极促进对外交流。中国的发展离不开世界,世界的繁荣也需要中国。我们要以更加开放的姿态,加强同世界的联系和互动,加深同各国人民的了解和友谊。广大留学人员既有国内成长经历又有海外生活体验,既有广泛的国内外人际关系又有丰富的不同文化交流经验,许多外国人通过你们了解中国、认识中国,许多中国人通过你们了解世界、认识世界。

希望广大留学人员充分发挥自身优势,加强内引外联、牵线搭桥,当好促进中外友好交流的民间大使,多用外国民众听得到、听得懂、听得进的途径和方式,讲述好中国故事,传播好中国声音,让世界对中国多一分理解、多一分支持。

同志们、朋友们!

欧美同学会成立于100年前的民族危难之时,成立伊始就积极践行爱国思想,组织会员参与爱国民主运动、投身民族救亡和人民解放事业,成为那个时代追求民主、崇尚科学的爱国社团。新中国成立后,欧美同学会积极动员海外学人回国,成为党和政府领导下的进步社团。改革开放以来,欧美同学会大力实施"报国计划",成为致力于中国特色社会主义事业的群众团体。2003年,经中央批准,欧美同学会增冠了"中国留学人员联谊会"会名,工作领域拓宽到全国,工作对象扩展到全球,成为影响更加广泛的人民团体。

面对新形势新任务,欧美同学会·中国留学人员联谊会要发挥群众性、高知性、统战性的特点和优势,立足国内、开拓海外,努力成为留学报国的人才库、建言献策的智囊团、开展民间外交的生力军,成为党联系广大留学人员的桥梁纽带、党和政府做好留学人员工作的助手、广大留学人员之家,把广大留学人员紧密团结在党的周围。要关心留学人员工作、学习、生活,反映愿望诉求,维护合法权益,不断增强吸引力和凝聚力。

"尚贤者,政之本也。"各级党委和政府要认真贯彻党和国家关于留学人员工作的方针政策,更大规模、更有成效地培养我国改革开放和社会主义现代化建设急需的各级各类人才。环境好,则人才聚、事业兴;环境不好,则人才散、事业衰。要健全工作机制,增强服务意识,加强教育引导,搭建创新平台,善于发现人才、团结人才、使用人才,为留学人员回国工作、为国服务创造良好环境,促使优秀人才脱颖而出。要关心支持欧美同学会·中国留学人员联谊会工作,加强组织建设,健全工作机构,配强工作力量,为他们开展工作创造条件。

同志们、朋友们!

发展的中国需要更多海外人才,开放的中国欢迎来自世界各地的英才。我们相信,只要广大留学人员牢记"空谈误国、实干兴邦",同人民站立在一起、同人民奋斗在一起,就一定能为实现中华民族伟大复兴的中国梦书写出无愧于时代、无愧于人民、无愧于历史的绚丽篇章!

四、祝词

(一)概念:

祝词也称作祝辞,它泛指在各种喜庆场合中对事情表示祝贺的言辞或文章。是日常应用写作的重要文体之一。一般是在婚嫁乔迁、升学参军、延年长寿、房屋落成等喜事中使用。

祝词和贺词在某种场合可以互用。

（二）分类：

祝词按场合不同可分为：祝寿、祝事业、祝酒三种。

（三）结构：

标题、正文、落款、署名、日期

例文1：

祝寿词

尊敬的各位来宾,各位亲朋好友:

春秋迭易,岁月轮回,当甲申新春迈着轻盈的脚步向我们款款走来的时候,我们欢聚在这里,为我尊敬的奶奶共祝八十大寿。

在这里,我首先代表所有亲朋好友向奶奶送上最真诚、最温馨的祝福,祝奶奶福如东海,寿比南山,健康如意,福乐绵绵,笑口常开,益寿延年!

风风雨雨八十年,奶奶阅尽人间沧桑,她一生中积累的最大财富是她那勤劳善良的朴素品格,她那宽厚待人的处世之道,她那严爱有加的朴实家风。这一切,伴随她经历了坎坷的岁月,更伴随她迎来了今天晚年生活的幸福。

嘉宾旨酒,笑指青山来献寿。百岁平安,人共梅花老岁寒。今天,这里高朋满座,让寒冷的冬天有了春天般的温暖。

君颂南山是说南山春不老,我倾北海希如北海量尤深。最后还是让我们献上最衷心的祝愿,祝福老人家生活之树常绿,生命之水长流,寿诞快乐,春辉永绽!

祝福在座的所有来宾身体健康、工作顺利、合家欢乐、万事如意!

谢谢大家!

×××× 年 × 月 × 日

实训演练

一、填空题

1.书信分为一般书信和_____两大类。

2.写书信中称呼的时候,务必要_____,以表尊敬之意。

3.介绍信的特点:介绍性、_____。

4.单位开出证明信要有根据,要实事求是,一定要加盖公章。必要时留_____。

5.自荐信的特点:简明性、_____、针对性、展示性、求实性。

6.演讲稿的基本特征有_____、动作性、临场性、综合性

二、写作题

1.大神州集团向风龙电脑公司购买了一批电脑,需要安排特定的电脑软件。风龙电脑公司派出技术人员李东(男,现年35岁,工号006007)前往,按照工作程序,公司需给李东开出了工作证明。请根据实际情况代风龙电脑公司开具一份证明书。

2.根据个人的情况,结合自己的工作意向,撰写一份自荐书,突出特长和优势。如有条件,可根据自己自荐书的内容制作一份属于自己的表格式的简历。

参考答案

一、填空题

1.专用书信

2.顶格写在第一行

3.证明性

4.存根

5.自荐性

6.有声性

二、写作题

1.

证　明

大神州集团:

　　贵单位向我公司购买了一批电脑,需要安排特定的电脑软件。我公司将派技术人员李东(男,现年35岁,工号006007)前往,协助你们安装电脑软件。

　　特此证明

风龙电脑公司(公章)
××××年×月×日

2.

自荐书

尊敬的××公司领导:

　　我从多方面了解到,贵公司有很高的知名度和良好的信誉,在国内同类企业中处于领先地位,很有影响力。我从网上获得贵公司招聘电子商务专业人员的信息,觉得这是一个难得的机会。如果能成为您公司中的一员,我会感到非常高兴。

　　我是北京××职业技术学院电子商务专业的××级学生×××,19××年生人,女,即将面临毕业。在求学期间,我花费了较多的时间和精力钻研了管理学、经济学、电子商务原理、计算机等专业课程。在计算机编程方面成绩突出,并考取了全国计算机等级考试二级证书。目前,在指导老师的帮助下,正在着手毕业论文的写作。

　　我爱好广泛,喜欢阅读和写作,身体健康、性格开朗、机敏健谈、乐观向上,具有较强的团队精神。在学校积极参加各种大型的文体活动。这不仅丰富了我的课余生活,而且提高了我多方面的能力。三年的高职生活,锻造了我吃苦耐劳的优良品质,增强了战胜困难的信心和勇气,这为我将来高效率地完成工作奠定了坚实的基础。

　　从有关方面获悉,贵公司十分重视员工的素质,管理科学,效益显著。对求职者的要求也一定十分严格。但我坚信凭借自己所学的基础理论和专业知识,凭借自己的优势和特长,再加上勤奋认真的工作态度,无论从事管理工作还是文秘工作,我都不会辜负领导的期望,请领导给我一个机会。

　　我非常希望能够到贵公司工作。如蒙录用,我将不懈努力,为贵公司的发展和繁荣做出自己的贡献。

　　我的通讯地址:北京市××区××街××号,邮编:10××××,联系电话:×××××××。

　　此致

敬礼

求职人:×××

20××年×月×日

　　附件:

　　　　1.成绩单复印件

　　　　2.毕业证书复印件

　　　　3.获奖证书复印件

　　　　4.外语等级证书复印件

　　　　5.计算机等级证书复印件

个人简历

姓　　名	×××	性　　别	女	出身年月	19××年×月	
学　　历	大专	专　　业	电子商务专业			贴照片处
民　　族	汉	籍　　贯	北京			
爱　　好	计算机技能操作、文学、阅读、羽毛球、长跑、听音乐					
教育背景	××××年×月——××××年×月　　　　　在×××× ××××年×月——××××年×月　　　　　在××××					
基本技能	外语水平:　　　　　　　　　　　　计算机水平: 普通话水平:　　　　　　　　　　××技能证书:					
社会实践	××××年——××××年　　　　　在×××××××× ××××年——××××年　　　　　在××××××××					
奖励情况	××××年——××××年　　　　　获×××××××× ××××年——××××年　　　　　获××××××××					
自我评价	勤奋踏实,乐观向上,学习成绩优秀,工作认真负责,团队意识强,乐于助人,人际关系融洽,具有较强的协调沟通能力和环境适应能力,进取心强。					
联系方式	E-mail:××××@×××.com　　　　手机:××××××××××× 家庭电话:××××××　　　　　　家庭地址:北京市××区×镇 邮编:××××××					

项目三　事务类应用文写作

学习目标

1. 理解事务类应用文的概念、种类及特点。
2. 掌握计划、总结和调查报告的格式和写作要求。
3. 掌握简报、会议记录的格式及写作要求。

情景导入

近年来,随着高校的不断扩招,大批毕业生涌向社会,就业形势不容乐观。好的工作岗位竞争非常激烈,要通过笔试、面试,层层选拔,最后往往是综合素质较高的求职者如愿以偿。一般来说,任何一个单位或部门按照程序,竞争上岗之前要作竞聘演讲,写竞聘报告。"凡事预则立,不预则废。"作为一名有责任感的职员,年初要写工作计划,梳理全年工作思路;年终要写工作总结,回顾和反思一年来的得与失,为明年更好地开展工作奠定基础。没有调查研究就没有发言权。调查报告的写作要用事实说话,简报的格式应规范,会议记录的内容要准确。这些事务类文种,虽然表面上看只是工作中的小环节,并不能对大局产生强烈的影响,却是我们在职业生涯中要直接面对和经历的。高质高效地完成相关文种的写作,不仅可以节约时间和成本,而且能在领导面前充分而巧妙地展示出你在工作中的付出和努力,使你能够更快的获得领导和同事的认可,有利于事业更好的发展。假设开学之初,学院团委要进行团干部换届选举工作,其中有团委宣传干事一职,你打算参加竞选,那么,你将如何准备这个竞选报告呢?

知识清点

任务一　事务类应用文概述

一、事务类应用文的概念

事务类应用文是指机关、团体、企事业单位及个人在处理日常事务时用来沟通信息、安排工作、总结得失、研究问题的实用文体,是应用写作的重要组成部分。事务类应用文虽然不是"法定"公文,但却是各机关单位使用最广、最多的一类公文。

因为这类文体处理的日常事务也是公务,所以事务类文体属于广义的公文范畴。它与狭义的公文党政机关 15 种公文相比,区别在于:一是无统一规定的文本格式;二是不能单独作为文件发文,需要时只能作为公文的附件行文;三是必要时可以公开面向社会,或提供新闻线索,或通过传媒宣传。

二、事务类应用文的种类

依照性质与作用的不同,事务类应用文可分为如下几类:

1. 报告类

报告类包括总结、调查报告、述职报告等。其特点是归纳某种工作的主要内容、成绩与经验、问题与不足等,并写成文字,向社会、上级或本单位做报告。

2. 计划类

计划类包括计划、规划、方案、设想、安排等。其特点是对未来工作的内容、步骤、措施与方案等进行设想。

3. 信息类

信息类包括讲话稿、简报、大事记、启事、声明等。其特点是向他人传递或长或短的各类信息。

4. 规章类

规章类包括规则、章程、制度、条例、守则等。其特点是为更好地开展工作而订立某些制约性措施。

5. 会议类

会议类包括开幕词、闭幕词、会议报告、会议记录等。其特点是为会议的召开而准备的有关文件及对会议内容进行记录。

三、事务类应用文的特点

1. 政策性

事务类应用文要以党和国家的方针政策为指导,以法律为依据,文件所涉及的一切工作事务,均不得违背各项方针政策。

2. 真实性

事务类应用文要真实可信,不得使用造假的材料,也不得有任何的弄虚作假行为。不能隐瞒真相,也不能报喜不报忧。

3. 务实性

事务类应用文要务实,不讲空话,要实实在在地办事。要利用各种公文,帮助相关单位和部门把有关工作踏踏实实地做好。

4. 可行性

事务类应用文的写作要贯彻实事求是的原则,要通过调查研究,从实际情况出发,使文书所反映的内容切实可行。

四、事务类应用文的作用

事务类应用文的主要任务是部署工作、交流经验、联系工作、总结经验、规范行为、礼仪应酬等,应用十分广泛。具体地说,有以下几个方面的作用:

1. 咨询建议

事务类应用文对决策者和上级有关部门具有咨询和建议的作用。通过总结经验教训,掌握现代管理所需信息,对工作中的焦点、难点问题进行调查研究,调整工作思路,改进工作方法,及时修改工作计划,取得更高的工作效率。

2. 规范约束

为使全体社会成员或组织内的人员共同遵守一定的行为准则,需要制定各种规章制度,规章制度起着约束、监督的作用。计划类的文书是为了完成或达到一个共同的目标,单位或部门要求其成员在特定的时期内,采用统一行动的依据。对计划范围的每一个成员都有规范和约束的作用;同时又是监督检查完成情况的依据。

3. 喻事明理

为了推动各方面工作的开展,各行业、各部门都要依据上级精神,及时向下级各部门讲解相关政策,布置任务。通常情况下,上级部门会以会议的形式达到目的。领导人在会议上使用的讲话稿就承担这一任务。简报和调查报告等文种,也可起到宣传教育的作用。它们能直接或间接地用工作实践中的经验、做法来分析形势、讲解政策、明确任务、传达信息、统一行动。

4. 沟通情况

由于语言交流会受到时空的限制,许多工作不可能面对面地交流,需要借助文字材料交流情况,沟通关系,处理公务。其中有的成为机关活动的原始记录,这些文字材料有利于日后的借鉴、查阅,保证工作的顺利开展。

5. 留存备查

工作过程中所使用的文字材料是非常重要的,随着时间的推移,它们将成为十分珍贵的历史资料,作为留存备查的依据和凭证,具有极其重要的保存价值。

五、事务类应用文的写作要求

1. 要大量、详尽地掌握材料

事务类应用文的写作,动笔之前要认真回顾工作的全过程,广泛搜集工作、生活中的第一手材料,这是写好相关文种的前提。事务类应用文的写作一般应掌握的材料有:背景材料、现实的典型材料、主观性材料、过程性材料。

2. 要有超前意识

撰写事务类应用文,需要写作者具备超前意识。站在时代和未来的高度,审视、分析问题,科学合理地揭示和把握事物未来的发展趋势。

3. 要坚持实事求是的写作态度

撰写事务类应用文,所用的材料要真实、准确,对事实的评价也必须客观、公正,不能夸大，也不能缩小。从对材料的搜集、整理、分类、分析直至形成完整的文章，所有的环节都要坚持实事求是的写作态度。

任务二 竞聘报告

一、竞聘报告的概念

竞聘报告是实行人员竞争上岗而作为应聘材料的实用文体。

竞聘报告是随着我国用人制度改革产生的一种应用文种。在实行人员竞聘上岗时，一般是由用人单位或人事部门公布各部门或各专业岗位的用人数量和质量标准，然后由应聘人员提出竞聘申请和递交竞聘报告。竞聘报告是参加岗位竞聘者个人向用人单位、组织表达愿望，向有关部门或领导提出岗位竞聘请求时使用的一种专用文书。

有些单位在实行工作岗位竞聘时，为了体现竞聘全过程的民主性和透明度，同时也为更好地发挥竞聘活动的教育作用，还要组织召开竞聘大会，由竞聘人员作竞聘演讲。这样为参加竞聘演讲而写作的竞聘报告，还要在语言表达方面体现演讲稿的简洁明快、通俗易懂、生动感人的特点。

二、竞聘报告的特点

1. 竞争性

为参加竞聘工作岗位而写作的竞聘报告，其写作目的就是要求得到竞聘的工作岗位。围绕这一写作意图进行写作，在构思行文、运用材料时都要紧紧围绕这一写作目的。特别是所竞争的工作岗位有众多对手参加竞争时，还要充分考虑到对手的竞争实力。针对岗位目标对人才的具体要求，充分展示自己的竞争实力，力陈自身素质的强项，以己之长克人之短。如果在这种场合过分谦虚，就会失去宝贵的竞争机会。所以说，写竞聘报告须少一点谦恭礼让，应表现出较强的竞争拼搏精神。

2. 针对性

竞聘报告的内容要以拟竞聘的岗位目标要求和岗位能力为核心，针对岗位目标对人才的具体要求，介绍自己的思想道德素质、人品情操、性格特点、专业素质、工作能力、业务特长等等，所写的这一切是要让人知道你已经具备了胜任这一工作岗位的思想政治水平和工作业务能力。

3. 统一性

写作竞聘报告的目的就是要宣传和推荐自己，要尽可能地将自己的综合素质和工作能力充分地表达出来，给择优聘用提供依据，要做到自我介绍和真实评价的统一性。只有对自己的鉴定做到了客观、公正，才能给人以诚实之感。特别是在本单位、本部门的岗位竞聘，就更应该坦诚地面对大家，实事求是地评价自己。

三、竞聘报告写作

竞聘报告文体结构一般由标题、称呼、主体、结尾、署名和日期几部分组成。

（一）标题

竞聘报告的标题一般由岗位名称加"竞聘报告"构成。如："财务处长工作岗位竞聘报告"、"市场开发部经理工作岗位竞聘报告"等。

（二）称呼

称呼是竞聘报告接受者的名称，可以写有关的组织、部门，也可以写有关领导，一般顶格写接受报告的领导或单位部门名称，后加冒号。如："尊敬的单位领导："、"公司人事部："等。如果是为参加竞聘演讲而写的竞聘报告，称呼中也可以加上与会的专家评委以及全体与会人员。

（三）正文

1. 介绍自己的基本情况或工作简历

如果拟竞聘的工作岗位的单位领导和同志们对你还不熟悉，竞聘报告首先要将自己的基本情况作简要介绍。如姓名、性别、出生年月、民族、籍贯、所学专业、毕业学校、现在有何学位、有何专业技术职称、掌握何种外语、现在何处工作、任何职务等。如果在递交竞聘报告时，另填写了竞聘人员登记表，以上各项可以省略。

2. 介绍自己的专业学习或专业培训情况

主要写工作以来参加过专业培训或研究进修内容。主要写举办培训班的单位或学术组织，学习培训的具体内容、时间，取得什么成果或获取什么证书，如果是参加课题研究或项目攻关的学术活动，要写明项目名称、项目来源、研究时间、取得成果、专家鉴定意见、获奖情况、取得的经济效益等能表明自己专业研究资历和能力的内容。

3. 介绍自己的工作业绩、专业成果和受奖情况

主要写自己工作经历和工作以来取得的主要业绩。如何时到何时做什么具体工作，在该项工作中自己主要解决了哪些难题，取得了什么经济效益，获得了什么奖励等，在每年的年度考核中被评为什么等级，获得了什么荣誉称号，晋升了什么职务等，凡是能表明自己工作能力和贡献的内容要作为竞聘报告的主体内容来详细写。以上各种资历证明和成果证书等可将这些资料的原件或复印件作为竞聘报告附件在报告正文的后面。

4. 拟竞聘岗位的工作计划或设想

介绍了自己以往的工作资历和能力，这可以说明竞聘者具备了拟聘工作岗位的基础条件。但成绩再大，也只能说明你的过去。关键是要看能否对拟聘的未来工作有一个准确的把握和充分的准备。这一项内容要从拟聘的具体工作出发，表达自己要做好该项工作的全面思考和打算。要在对现状准确把握的基础上，从实际出发，拟出切实可行的工作方案，要有实现岗位目标的方法、措施和步骤。工作方案不但有具体的数据和目标，而且还要有科学的论证，才能让人信服。

5. 表现自己的竞争优势。

对一个工作岗位而言,任何人都不能说是"非我莫属",也就是说一个工作岗位可以有许多人胜任,采取竞聘的目的就是要择优,或者说是要选择到最优秀的人才来担任。因此,在竞聘报告中要能充分展示自己的竞争优势。如竞聘者的思想道德素质方面的优势和业务素质方面的优势。特别是竞聘某个领导岗位时,在表述这些方面内容时要尽可能具体,要有例证。如是否有较高的思想觉悟和人格魅力,要从自己以往的人生路程中举例说明,特别是在一些大是大非面前,自己是否表现了高尚的道德情操和人格风范。在表述自己业务方面的竞争优势时,如是否有较高的专业理论基础知识,是否有较为丰富的实践经验和较强的工作适应能力,是否有较强的工作能力和较好的年龄优势,也要用具体实例突出自己的业务能力优势。

6. 最后的竞争陈述。

作为竞聘报告的结尾部分,是对上面的陈述做一个简洁的总括和收束。如"最后,我想恳请各位领导和同志们相信,我做的,会比我说的更好"。如果是参加竞聘演讲,可以对在座的领导、专家、评委和与会的全体人员表达谢意。

(四)署名和日期

署名和日期位置在结尾的右下方,要分行书写。上行写竞聘人的姓名,下行写提出竞聘报告的年月日。

例文 1:

竞聘报告

尊敬的各位领导,各位同事:

大家好,我叫×××,今年××岁。我竞聘的岗位是××。在竞争激烈、挑战与机遇并存的今天,感谢公司领导给予我这次公开竞聘的机会。我本着锻炼、提高的目的参加竞聘,展示自我,接受评判。

2000 年至今,我在××工作,在工作期间荣获 2001—2002 年度"先进工作者"称号,2002 年"大干 100 天,开创市场新局面"活动中获得最佳代办经理奖。2004—2005 年度先进生产者。这些奖项的获得与领导的支持和同事的帮助是分不开的。目前竞聘此岗位,主要是从以下方面考虑:

第一,有吃苦耐劳、默默无闻的敬业精神。深深懂得"宝剑锋从磨砺出,梅花香自苦寒来"的道理。我爱岗敬业,工作踏踏实实,兢兢业业,一丝不苟,不管干什么从不讲价钱,更不怨天忧人,干一行,爱一行,努力把工作做得最好。

第二,虚心好学、开拓进取的创新意识,我思想比较活跃,爱好广泛,接受新事物比较快,勇于实践,具有开拓精神;同时我朝气蓬勃,精力旺盛,工作热情高、干劲足,具有高昂斗志。

第三,有严于律己、诚信为本的优良品质。我信奉诚实待人、严于律己的处世之道。将以一种平常心和责任心来看待竞聘的结果,"双向选择,竞争上岗"体现了民主、公正、自愿的原则,是企业生存的基础,无论竞聘的结果如何,都要摆正"有为"与"有位"的关系,在自己的岗位上认真的工作,尽心尽责。

假如我有幸竞聘成功,我将笨鸟先飞,不负众望,不辱使命,做到"以为争位,以位促为"。

首先,摆正位置,做好支撑。在工作中我将尊重经理的核心地位,维护单位的荣誉,多请示汇报,多交心通气,甘当绿叶。辩证的看待自己的长处和短处、扬长避短,团结协作。

其次,加强学习,提高素质。加强业务知识和高科技知识的学习,紧跟时代步伐,不断充实完善,使自己更加胜任本职工作。

再次,扎实工作,锐意进取。既发扬以往好的作风、好的传统,埋头苦干,扎实工作,又注重在工作实践中摸索经验、探索路子,和大家一道努力将工作做好。

机遇与挑战并存,希望与压力同在,我将和领导、同事们一起,以极高的工作热情和积极性,竭尽全力,继续开创,保持、发展团结一致的良好工作环境;与我公司其它业务部门、管理部门一起,通力合作,共同进取,为××新发展而努力。也正因为如此,我更加清醒地看到了自身存在的差距,促使我在以后的工作当中,恪尽职守,努力学习,勤奋工作,以绵薄之力来回报公司和同志们。

谢谢大家。

竞聘人:×××

××××年××月××日

任务三　计划

一、计划的概念和基本特征

(一)计划的概念

计划是行政机关、企事业单位、社会团体或个人为完成学习、工作等任务,预先制定出具体内容、措施和步骤的应用文体。

凡事预则立,我们在工作、学习中,在开始之前都应有个设想、安排、意见、方案或规划等,这些都可统称为计划。但它们之间又有些区别,"设想"是指时间长而又非正式的、粗线条的计划;"安排"、"打算"、"方案"都是指临时性的具体工作或短时间的、内容很具体的计划;"规划"则是带有全面性、方向性,有长远目标的,有一定规模的"蓝图"。一般经常应用的计划是指在一定时间内,规定了一定任务,安排了具体工作程序,对工作具有较强的约束力,可以指导和推动工作前进的书面材料。

(二)计划的基本特征

1.预见性

计划是在实行工作之前制定的,这就决定了计划的预见性。制定计划必须要有清醒的头脑,预测要科学。在总结前一段工作经验教训基础上,再对工作条件,所具备的人力、物力和不利因素进行调查研究,做出科学的分析,充分的估计,并且还要留有余地,使制定出的计划既符合主观愿望,又要有客观的可行性。

2. 指导性

计划制定之后,就成了开展工作的依据。有了计划就有了明确的奋斗目标和具体的工作程序,就可以合理地安排人力、物力。同时计划在客观上变成了对工作的要求,对实施计划者具有了约束和督促作用,也成了对工作进度和质量考核的标准。

3. 协调性

领导决策的总体任务通过计划的制定使各单位、各部门有了共同的目标,各自在相应的时间阶段上组织好人力、物力、财力,使工作顺利进行,从而形成合力,协调一致,增强工作的自觉性,减少盲目性,使各个环节的工作具有正常的工作秩序,保证工作效率。

二、计划的种类

按时间的长短划分有:年计划、季度计划、月计划、周计划;按范围的大小划分有:国家计划、单位计划、部门计划、车间计划、班组计划、个人计划;按性质划分有:指令性计划、指导性计划;按表达形式划分有:条文式计划、表格式计划、条文图表相结合式计划,还有文件式计划。我们仅按计划的内容划分谈谈综合性计划和专项计划。

1. 综合性计划

综合性计划是某个行政机关、企事业单位、社会团体制定的在一定时间内实施多项工作的全面性计划。包括经营方针、目标计划,能源管理计划,技术开发计划,教育工作计划,法制建设计划等等。这种计划范围大,篇幅长,结构复杂。

2. 专项计划

专项计划是日常工作中使用频率最高的一种。这种计划针对性强,内容比较单一,它包括两个方面:一方面是针对某种工作制定的专题计划,如培训计划、基建计划;另一方面是针对临时性的某一重点工作或中心工作而制定的专题计划,如爱国卫生计划、防洪计划等。

三、计划的一般写法

计划是一种实用性较强的应用文体,它的写作格式是在实践中形成的。不同的具体情况有不同的表现形式。有条文式的、图表式的、文件式的等等。下面介绍文件式的计划写作方法。

文件式的计划由标题、正文、落款三部分组成。

(一)标题

标题要写明单位名称、适用时间、内容、种类几方面。如果是讨论稿或初稿还要在标题下注明,并用小括号括起来。下面介绍三种标题的写法:

1. 由单位名称、时间、事由、文种组成。如《××公司 2010 年科技工作计划》。

2. 由时间、事由、文种组成。如《2010 年生产计划》。

3. 由事由和文种组成。如《关于资源管理的方案》。

往上级报送的计划不能省略单位名称。本单位计划可省略名称。标题的格式要居中排列,以整齐美观为目的。

(二)正文

正文由前言、主体、结尾三部分组成。

1. 前言

是计划的导语部分,要用简练的语言介绍制定计划的基本情况和指导思想,说明依据,提出明确的奋斗目标,或工作的重点等。

2. 主体

这部分是计划的"三要素"的体现、即计划"做什么","怎样做",分几步做完,也是计划的核心部分。"做什么"就是计划里的任务或指标。具体要完成什么任务,计划在多长时间里完成,达到什么样的效果。这是计划的第一要素。"怎样做"是指计划中采取哪些措施。措施是完成任务的保证,没有可行的措施,计划就成了一纸空文。为此,措施是计划的要素之二。计划是落实工作的依据。我们在制定计划时,要根据我们所具备的人力、物力、财力,考虑怎样进行合理的安排,合理的使用。在什么时间里完成哪些任务,分几步完成,都应在计划中得以体现。只有在计划里安排好完成任务的具体步骤,才能使我们的工作按计划一步步落实,使计划起到指导实际工作的作用。完成总目标需要采取哪些步骤,是计划的要素之三。

3. 结尾

条文式或图表式一般都没有结尾。文件式的计划结尾一般起到结束全文或补充正文内容的作用。有的结尾写一些表示完成计划的决心,有的写展望未来的信心等。也有的结尾补充正文里没有强调出的注意事项或检查修订办法等。

(三)落款

落款的位置在正文的右下角,写明制定计划者和日期。制定计划者并非起草人,而是制定计划的单位。如果标题里已写明单位,落款可省略。日期写在单位名称下面。

以公文形成制发的计划要按公文的格式行文。如有附件、图表等材料,应在正文下另起行,空两格写上"附件",然后写明附件的份数、页数。需要抄报抄送的,应在末页最下面写明抄报抄送单位和领导人姓名。

例文 1:

2008—2009 学年秋季学期院学生会工作计划

在院团委的正确指导下,学生会将以"三个代表"重要思想为指导,巩固党、团先进性教育成果,继承和发扬我院学生会的工作优良传统,以"促学风、抓特色"为工作思路,以"自我服务、自我管理、自我教育"为宗旨,以"全心全意为全校师生服务"为目标,独立自主地开展一系列高品位、深内涵的特色活动,为丰富校园文化生活和学风建设贡献力量。作为新一届院学生会,我们对自己的未来充满着美好的憧憬,同时也肩负着历史的使命。我们将沿袭上届院学生会的优良传统,并在此基础上进行突破和创新,这对我们不仅是一种压力,更是一种动力。总结过去、展望未来,第十届学生会将以"团结、求实、进取、创新"为宗旨,以"打造有战斗力、有凝聚力的集体"为目标,制定围绕"一切为了学生,为了学生的一切,为了一切的学生"为主的工作计划。

一、指导思想

本学期,将在院党组织的领导和院团委的指导下,以江泽民同志"三个代表"重要思想为指导,以素质教育为中心,高举邓小平理论的伟大旗帜,围绕学生成长、成才,努力在教育、管理、服务中发挥作用,使学生进一步形成正确的世界观、人生观和价值观。

学生会成员将本着"自我服务、自我管理、自我教育"为宗旨,加强自我管理、锻炼自身、为全体同学服务为目的,以"全心全意为全校师生服务"为目标,发挥学生会的桥梁作用。配合学校中心工作,组织实施各项有益于学生身心健康的活动,丰富校园文化生活,引导广大同学以主人翁的姿态,共同关心、参与学校的建设发展,努力开创学生会工作的新局面。

二、工作目标

认真开展我院学生工作,大力推进院风和学院文化建设,提高我院学生的综合素质,争创福建师范大学优秀学生分会团体。

三、工作思路

1.加强对我院学生的思想政治教育。

一直以来高校学生的思想政治教育工作一直是各大高校工作的重点,广大学生能否拥有正确的思想政治意识直接关系到我们学生工作的成败,我福建师范大学继续教育学院更是如此。因此,我们新一届学生会要深入开展思想政治教育,使我院学生能拥有坚定的政治方向。

新的一学期,我们学生会要紧密联系在院党总支的领导下,配合院团委认真开展各项思想政治教育工作,深入贯彻党的十六大精神和"三个代表"重要思想,大力宣传党的路线、方针、政策,全面落实党的教育方针,以思想政治教育为核心,加强对学生的思想政治教育、理想信念教育、爱国主义教育、心理健康教育、行为规范教育、法制教育和诚信教育,提高学生的综合素质。学生会还要密切联系同学,深入了解学生们的思想动态,切实反映广大学生的心声,加强院学生的主人翁意识,增进社会责任感。还要通过带头对学生干部进行各项培训等方式来带动我院广大同学积极主动提高自身的思想道德水平,并全面提高我院学生干部的综合素质,树立文学院学生干部的良好典范。

2.加强学生会自身组织作风建设,全心全意为同学服务。

学生会是联系学生和学院的桥梁和纽带,是学生的群众性组织,在为学生服务方面起了很大作用。而我们要想把我们的学生工作开展好,我们就必须要赢得广大同学的全力支持!所以在今后的工作中我们学生会全体成员要时刻紧记"服务同学锻炼自我"的工作宗旨,在今后的工作中充分发挥学生干部"自我管理、自我教育、自我服务、自我约束"的作用,时刻维护学生会的优良形象,做好模范带好头。要时时以身作则,处处树立榜样,克服官本位主义,秉公办理各类事情,不能有丝毫的私心,要敢于批评与自我批评,善于听取多方面的不同意见,不断完善和发展自己,以促进我们学生会工作更好的开展。我们不但要在同学们中树立自己的良好形象,而且要让同学们充分信任学生会,树立起文学院学生会的良好威信实现学生会工作的不断进步!当然,这一切都要首先从我们学生会成员自己做起,经得起考验。另外在今后的工作中应该完善责任追究制,无论是委员还是副部长、干事,为我院学生工作做出了贡献我们就要奖励,反之就要受到相应的惩罚,做到优则奖、劣则汰。

3.大力推进我院学风建设,突出学生干部的带头作用。

在以往几届学生会中有部分学生干部一心只知道工作,结果耽误了学习,导致存在学生干部挂科甚至留级等现象,这不仅大大破坏了我院学生干部在广大同学心中的良好印象,更对我院的学风建设有着恶劣的影响,因此新学期我们要狠抓学生干部的学习成绩,突出学生会成员在学习上的带头作用,促进我院的学风建设!同时为了确保正常教学秩序,学生会要及时与院学工办联系,配合老师及时发现问题解决问题。学习部要认真落实查课制度,确保正常的教学计划的开展,促进学风建设。另外学生会各部门将全面配合院里的各项学生工作,加大宣传力度,开展各种精品讲座营造校园学术氛围。学生会利用各种方式深入展开向先进学习的教育活动,树立典型,以点带面,并做好表彰奖励工作,为学生之间的相互学习起个导向作用,以先进性的教育来带动更多的同学不断努力,共同进步,齐手创造校风建设的新突破。

4.寓教于乐,营造浓厚的校园文化氛围。

大学始终是莘莘学子心驰神往的圣洁殿堂,更是我们塑造高尚品格的缤纷天地。作为学生组织,我们要在落实院团委各项工作的基础上,努力丰富同学们的精神生活,创建广大同学所喜闻乐见的校园文化,例如督促配合举办开展多种形式的争先创优和文艺、趣味活动,既为校园活动增添了亮点,也使使我院的每一名同学在良好的校园文化氛围中,奋发图强,以健康向上的心态迎接每一天的挑战,为此,我们的各部门也将革旧鼎新,紧跟时代步伐,向全校其他学生分会学习,让我们学生会真正成为我们锻炼自我、提升自我的舞台,唱出当代大学生的新知和个性,体现当代大学生良好的精神风貌。

5.全力打造特色品牌学生活动。

要想打造出特色精品活动首先我们应该继续抓好学生会基础工作,我们日常看似平淡的基础工作决定着全院学生工作的全方位运作。过去几届学生会的学长们在学习、卫生、文艺、体育、自律等各个方面均取得了辉煌的成绩,面对学长们为我们打下的坚实基础,我们要在传承优秀传统的基础上立足弘扬当代大学生的创新精神,例如生活部的"寝室设计大赛"将继续采用上届的总体形式,同时根据现况的发展,在很多细节上进行创新,达到真正懂得改革创新,培养当代大学生的实践能力和创造力。所以今后我们学生会各部门都要解放思想,积极发挥主观能动性,力创一些拥有我们文学院特色的精品活动,锻炼我院学生创新思维,开拓我院学生综合素质,培养复合型人才。

四、注意事项

1.在保持我院学生稳定与团结基础上开展各项学生工作。

2.开展学生工作时注重内部的发展与外部的发展相结合。

3.工作与活动中不能故步自封,要勇于创新,打造特色。

4.在今后的工作中大家一定要,明确权责,科学管理。

5.学生会各部门之间要加强沟通交流,增强凝聚力。

五、活动及时间安排

八月:1.全面做好接新生工作

    2.迎新活动

九月:1.学生会各部门成员纳新

    2.学生干部技能培训

    3.学生会两会精神学习交流会

    4."中秋晚会"

十月:1.学生干部联谊

    2.敬老活动(10月7日重阳节前后)

    3.顶级校园"男生女生"选拔赛

    4."寝室设计大赛"

十一月:1.宿舍安全防火教育(11月9日)

    2."大型话剧、舞台演出"(11月17日国际大学生节前后)

十二月:1."篮球赛"

    2."化妆舞会"(假面舞会)

一月:1."元旦晚会"

    2.学生会学期工作总结

六、确保活动时间,加强过程管理

(一)活动的开展,不是做给别人看的,而要始终关注学生的成长、亲历过程,注重学生的内心体验和自主构建,视学生是一个活生生的完整的人。我们要注重活动的过程,重视学生情感、态度、价值观的体验。积极帮助学生从其生活世界中选择感兴趣的主题和内容,要注重学生对生活的感受和体验,引导学生热爱生活,并学会健康愉悦地、自由而负责任地、智慧而有创意地活动。全面发挥同学的才能,放松同学的心情,激发起学习兴趣。

(二)各活动主题应打破"大而全"的活动主题"一统天下"的格局,选择"小而精",简便易行、健康向上的主题。

(三)开展活动以全院学生为主,具体活动时间参照附件一,具体地点由所负责各部门策划安排,各负责部门必须认真负责,院学生会进行筹划。

(四)活动按时间按计划进行,如有变动另行通知取消或更改。

(五)每次活动做好必要的广告宣传,让每位同学都能够参与自己喜爱的活动。同时为回报赞助企业的支持,将以各种形式为企业进行冠名宣传。

(六)团体、晋级、选拔活动,应坚持公平、公正、公开的原则进行,特设各种奖励鼓励优秀突出作品、人员等。

(七)各项活动资金应节约从简,做好详细计划,使用资金如实申报,并依照票据及时核销。

(八)各活动策划应有应急方案,以防各种非人为或人为特殊情况导致的活动延时、改期、停止活动等,并作好向广大同学解释的准备。

(九)及时总结,加强交流与合作。

1.不定期印发活动资料,并评点活动。

2.期末评选优秀活动策划。

3. 争取机会与兄弟学院相互交流。

以上为我们文学院第十届学生会委员会拟订的学期工作计划，学生会将大力推进校风、校园文化建设，提高学生综合素质。为此，各成员将更加努力，全面作好各项工作，请领导、同学们监督，并提出宝贵意见，我们会认真听取，努力实现学生会工作的新发展。

福建师范大学文学院学生委员会

二○○八年七月

例文2：

中共××市××局委员会××年工作计划

××年是实现我市"八五"绿化规划的第二年。新的一年里要坚定不移地全面贯彻执行党的基本路线，牢牢把握搞好××园林绿化这个中心，深入改革，扩大开放；要进一步加强各级领导班子建设，加强党支部建设、抓好党员教育管理工作；要进一步广泛深入地开展社会主义教育和精神文明建设；要进一步解放思想，振奋精神，实事求是，充分调动干部职工的社会主义积极性，确保全年各项任务完成和超额完成，使园林绿化工作再上一个新台阶，以优异成绩迎接"十四大"和市第七次党代表大会的召开。

一、认真做好十四大和市第七次党代会的代表选举工作和局党委的改选换届工作中央和市委确定今年第四季度召开中国共产党第十四次全国代表大会和市第七次党代表大会。这两次大会将是我国、我市社会主义现代化建设中一次承前启后继往开来的重要会议。具体选举工作将按照市委部署进行。本届局党委改选工作，在报经市委批准后，拟在第二或第三季度进行改选。

二、继续抓好领导班子建设，充分发挥直属单位党组织的政治核心作用

1. 做好部分直属党委(总支)换届选举工作，对于已进行了换届选举的单位的领导班子，也要在相对稳定的基础上做好个别调整充实工作。选拔任用领导干部一定要坚持德才兼备的干部标准，把德放在第一位。在重视干部政治素质的同时，也不应忽视干部的业务能力和领导才能。要注意领导班子年龄结构上的合理搭配，在保证政治立场坚定的前提下，领导班子成员在年龄上要拉开档次，每个处级班子应尽量配备1—2名35岁左右的中青年干部，以利于新老干部的密切合作和正常交替。要重视领导班子专业知识的合理搭配，做到专业配套、知识互补、分工合理，最大限度地发挥班子的整体功能。一定要选配好党政一把手。党政一把手除应具有一般领导干部的德才条件外，在政治上应更成熟，要有驾驭全局的能力、良好的民主作风、宽阔的胸怀，善于团结同志，善于听取不同意见，使领导班子每个成员的积极性都能得到发挥。

2. 抓好领导班子的思想作风建设。各直属党委(总支、支部)要参照局党委《关于加强领导班子建设的八项制度》建立健全领导干部学习制度、领导班子民主生活会制度、民主评议领导班子和领导干部制度、领导班子廉政制度、重大问题的请示报

告制度、关于同干部谈话制度。党委议事办公会议制度和党委工作制度。各单位每季度检查一次制度的落实情况。局党委在年中、年底对各单位领导班子思想作风建设的各项制度的建立和执行情况作两次检查。在领导班子思想作风建设中,要突出重点,一要抓班子的主要领导干部,二要抓领导班子的主要问题,三要抓好问题比较严重的班子。所有班子要进一步解决好五个问题:

(1)坚定共产主义信念,坚持党的基本路线,不断提高班子成员马克思主义理论水平。

(2)反对腐败,树立廉政勤政思想作风,树立公仆意识,深入群众,为职工排忧解难。

(3)解放思想,奋力开拓。要着重克服自满情绪差不多思想;在困难面前无所作为的思想;不敢触及矛盾,不认真解决工作中的问题的懒汉思想,努力开拓发展园林工作新局面。

(4)树立全局观念,反对分散主义、本位主义和部门观念。

(5)开展批评与自我批评,增强班子的团结,增进班子成员的谅解和友谊的关系,正确处理好党、政关系,做到思想上同心、目标同向、工作同步,把力量用到搞好工作上。

3.大力加强干部培训工作,进一步提高领导干部的政治业务素质。今年要继续对副处级以上干部进行马克思主义理论培训,局党校要开办5期处级干部理论培训班,每期一个月,以学习马克思主义基本理论和党史、党建理论为主要内容,从理论深度解决领导干部的思想认识问题,坚定共产主义信念,增强执行党的"一个中心、两个基本点"的基本路线的自觉性。领导干部还要积极参加各类专业岗位培训,不断扩大知识面,提高业务工作能力。

4.加强后备干部队伍建设。要认真贯彻落实中共中央〔20××〕××号文件精神,做好抓紧培养青年干部、加强后备干部队伍建设的工作。首先要提高对做好后备干部工作重要性、紧迫性的认识,切实把这项工作列入党委的重要议事日程,党政一把手要亲自抓,党委每年至少要讨论两次后备干部工作,按照"工作制度化、选拔程序化、培养具体化、材料规范化"的要求,各单位要继续按照一比一的比例配齐后备干部,抓好后备干部培养措施的落实,要根据后备干部每个人的实际情况,按照缺什么补什么的原则,制定具体的培养方案,有计划地进行干部交流或岗位轮换。今后凡提拔到处级领导岗位上来的青年干部,一般应具有下一级两个以上工作岗位的经历。为了加强这一工作,局党委每半年要对后备干部工作进行一次检查并举办青年干部理论培训班。

5.做好老干部工作。继续贯彻落实中央、市委有关会议精神,着重抓好老干部党支部建设、政治理论学习等方面工作,发挥老干部的政治作用。进一步落实好两项待遇。

三、加强基层党支部建设,提高基层党支部的战斗力加强基层党支部建设,要按

照"支部是主体、党员是基础、制度是保证"的原则,重点做好五方面工作:

1.继续做好专职支部书记的选拔配备和培养工作。首先,各单位要结合支部换届改选工作对不称职或不宜做支部书记工作的同志进行调整。今年全局力争使专职支部书记总数达到基层生产支部总数的80%。其次,要抓好支部局部书记的培训工作,在提高支部书记的政治素质和工作能力上下功夫。局党校将举办4—5期支部书记培训班。各单位要按照市里统一的培训纲要制定培训计划,分期分批地普遍轮训党支部书记,时间不少于7天,逐步做到支部书记持证上岗。各单位党委要坚持每年开一次支部工作研讨会和交流会,在实践中提高支部书记的工作水平。

2.下大力整顿后进支部,改变支部工作一般化的状况。各单位党委(总支)要限期对后进支部进行整顿,着力改变少数党支部的落后面貌,对不能充分发挥战斗堡垒作用,工作处于一般化状态的党支部要采取措施,严格贯彻支部工作各项制度,使其提高工作水平。局党委将在二季度召开党支部工作经验交流会,推动支部工作的开展。

3.认真贯彻落实《××局基层党支部工作细则》,逐步使支部工作纳入制度化、规范化的轨道。基层党支部必须建立"三会一课一汇报制度、民主生活会制度、评议党员制度、党员目标管理责任区制度、争优创先制度"等。直属党委(总支)要加强对支部工作的领导,做到有计划、有布置、有检查、有总结,提高支部工作水平,发挥党支部战斗堡垒作用。

4.加强党员的教育管理。继续坚持对党员进行马克思主义基本理论、党的基本路线、党的基本知识和党的优良传统的教育。教育内容要突出坚定社会主义、共产主义信念,增强无产阶级党性的重点。各直属党委(总支)要结合本单位的实际有所侧重,要充分发挥业余党校教育阵地作用,要坚持领导干部讲党课制度,充分运用电化教育等多种形式,联系形势和任务以及党员的思想实际抓好教育,不断提高教育的效果。

(1)今年全局250多名党员要全部轮训一遍,学习时间一周。

(2)根据以上内容,各单位要向党员讲党课6—8讲。加强党员管理,要按照党员培养、教育、管理、监督一体化的路子进行,坚持行之有效的管理制度。要继续落实党员责任区工作,每个党员都要有联系人并明确职责和任务。

5.认真做好新党员的发展工作。发展新党员工作要遵循"坚持标准、保证质量、改善结构、慎重发展"的方针,认真执行发展党员工作细则。各单位要制定党员发展计划,重点做好在生产一线和优秀青年中发展党员工作。要不断扩大入党积极分子队伍。严格按照"不经培训,不得发展"的原则,抓好培训工作。要加强共青团"推荐优秀团员青年作党的发展对象工作"的领导,建立"推优"制度。

四、切实加强党风和廉政建设

1.认真贯彻市廉政工作会议精神,狠抓行业不正之风。

(1)认真贯彻落实中办〔××〕××号、×办〔××〕××号文件精神,狠刹利用公款吃喝、请客送礼、公费旅游等不正之风。

（2）进一步加强法规和制度建设。绿化执法部门要进一步建立和完善有关规定和办事制度。加强对全市绿化建设费、绿化补偿费和绿化罚款费用的监督检查，做到专款专用，堵塞漏洞。

（3）加强对全局商业系统收取"回扣"补损费的管理，所收费用必须按规定入账上缴。凡未按规定入账或私分者，一律按贪污处理，并要追究主要领导者的责任。局每半年检查一次执行情况。各单位在6月底前要对出租柜台或租赁场地的情况进行一次全面清理，对不符合政策的，必须中止合同，限期撤离。

（4）加强对基建工程的管理，基建工程实行公开招标。各单位要成立工程领导小组，负责审查工程预算、决算和质量情况等。采取群众监督等办法，加强对材料的管理。3月底以前要完成对现有包工队的清理工作。

2.坚决贯彻从严治党的方针，抓紧做好违纪案件的查处工作。要集中力量查处大案要案；要在提高办案质量上下功夫，做到事实清楚、证据确凿、定性准确、处理恰当、手续完备。一般信访件要在三个月内结案，信访结案率要达到90％以上。

3.搞好党风和廉政建设。领导干部率先垂范，在布置检查工作的同时要布置检查廉政工作，出了问题要追究主要领导的责任。要继续抓好各项清廉制度的落实检查工作，每半年要检查一次执行情况，抓典型、有表彰、有批评。廉政教育要以党纪条规为主要内容，结合实际，结合本单位热点问题进行，以提高广大党员、干部反腐防变、清正廉洁的自觉性。8月份召开纪检工作如何为园林建设服务研讨会。

五、深入开展社会主义思想教育

今年政治思想教育要紧紧围绕党的"一个中心，两个基本点"的基本路线，深入开展社会主义思想教育，同时进行"二五"普法教育和职业道德教育。根据市委××工委统一部署，要结合国际国内形势变化，联系干部、职工的思想实际和园林绿化工作的实际，以《毛泽东选集》（第二版）、《毛泽东著作选读》（1986年版）、江泽民同志"七一"讲话、《中国共产党的七十年》、《马克思主义党的建设理论学习纲要》等为主要学习内容，进行系统教育。一是脱产轮训。处级干部继续分批进局党校轮训，每期学习一个月。科队级干部由各单位负责轮训，时间为半个月。党员由各单位业余党校轮训，时间为一个星期。35岁以下青工要利用冬季进行一周脱产轮训，有条件的单位可以进行全员轮训。二是在职学习。直属党委（总支、支部）理论学习中心组继续坚持每周学习制度。其他干部仍要坚持周四学习日制度。工人还要坚持每周学习一至二次，每次一至二小时，要坚持专题宣讲的方法，全年要讲10至12讲。

今年要广泛开展"社会主义好"主题教育活动，要以《北京青年报》为依托，在广大职工中，特别是广大青工中搞好"社会主义好"主题教育活动。直属党委（总支）要加强领导，精心组织，作为今年教育的重点抓紧抓好。

按照××工委的统一部署，从20××年开始陆续展开普法教育工作，于20××年底前基本结束。通过普法教育，要逐步提高以法治理园林绿化工作的水平。学习内容要以《中华人民共和国宪法》为主。今年上半年要做好教育准备工作,局和各单位都要成立法制宣传领导小组;在处级和科队级干部理论培训中要增加普法内容,以培训骨干;各单位要制定具体实施方案,下半年在全局范围内全面铺开教育。要把各项教育活动有机地结合起来,要坚持理论联系实际的原则,既要联系职工的思想实际又要结合生产业务实际,认真解决干部职工中深层次的思想认识问题,摸索一条把思想政治工作做到生产业务中去、做到职工家庭中去的经验,达到提高思想认识,解放生产力的目的。

六、广泛开展群众性精神文明建设活动

今年精神文明建设工作的总要求是:继续深入开展以"做文明职工、创文明单位"为主要目标的活动,进一步实现优美环境、优良秩序、优质服务。

1. 广泛开展"为人民服务,对人民负责"、"满意在园林"、"假如我是一个游人"的大讨论,推动"优质售货员"、"优质服务岗"、"优质服务柜台"、"优质服务商店"活动的深入开展。每个岗位、每个柜台、每个商店都要认真落实责任制,事事有人负责。要做到职责分明、赏罚分明。

2. 认真抓好职业道德、职业纪律教育,树立××意识和园林意识。把"高标准、严要求、创一流、做表率"的××意识落实到"美化环境、服务群众、团结协作、艰苦奋斗"的园林意识教育中去。各单位要从实际出发,结合"中国友好观光年"、"××黄金旅游年"广泛进行教育,以增强广大职工的荣誉感和责任心。

3. 广泛开展"学雷锋、树新风"活动,在实践中培养提高广大职工的共产主义精神。

七、进一步加强对工会、共青团的领导,发挥群众组织的作用

要继续贯彻中共中央〔20××〕××号和市委〔20××〕××号文件精神,切实加强对工会、共青团的领导。各级党委专门研究工会、共青团的工作,全年不少于两次;党委的有关会议应吸收工会、共青团的主要负责人参加或列席;要为工会、共青团组织创造必要的工作条件和解决必要的经费;结合换届选举调整充实工会、共青团干部。工会、共青团要在党委的统一领导下,紧密围绕党委的中心任务,独立自主地开展工作。工会要在抓好全心全意依靠工人阶级实现职工当家做主上下功夫;在劳动竞赛的深层次发展上下功夫;在调查研究、参与改革上下功夫;在提高职工思想政治素质和科学文化素质上下功夫;在加强班组建设上下功夫;在进一步加强工会自身建设上下功夫。各级团组织要认真贯彻局第四次团代会精神,以社会主义教育为主线,以加强基层团支部建设为重点,全面落实团的思想建设、组织建设和建功立业三大任务。认真执行《团委工作实施细则》(讨论稿),逐步把共青团工作引向规范化、制度化的轨道。

八、把关心职工生活作为政治思想工作的一项重要任务来抓

各级党组织要牢记我党全心全意为人民服务的宗旨,千方百计把群众关心的一些问题解决好。要切实抓好食堂、幼儿园。浴室、宿舍、医务室的建设。要搞好房改

和房屋分配工作。各级领导对病号、老职工、困难户、鳏寡孤独职工要体贴入微,切实解决困难,把党组织的温暖送到他心坎上。

九、加强政工干部队伍建设

今年,政治工作在机构设置上,党委一级组、宣、纪要分设,组织科、宣传科和纪委不能只设一个科长,要根据需要配备相应的工作人员,直属总支要设办公室,配备组、宣、纪专职干部。基层党支部除党员和职工人数较少外(党员 3 人以下、职工 50 人以下),原则上都要设专职支部书记。要大力提高政工干部素质。首先,要认真学习马克思主义理论、毛泽东同志和邓小平同志著作,增加政治敏感性,善于从政治上观察和处理问题。其次,要学会和掌握调查研究的基本工作方法。第三,要讲党性、讲原则,严格组织纪律。第四、要振奋精神,解放思想,创造性地开展工作,努力创造第一流工作水平。

×××× 年 × 月 × 日

任务四　总结

一、总结的概念和基本特征

(一)总结的概念

总结是对过去一个时期的学习、工作等实践活动进行回顾、归纳分析之后,肯定所取得的成绩、获得实践经验,找出问题和不足,形成认识规律用于指导今后工作的一种文书。

总结的使用范围很广,党政机关、企事业单位、社会团体、个人,凡做工作的地方都需要工作总结。从时间上看,有年度总结、季度总结、月份总结、周总结等,有时做完一项工作也要总结一下。

(二)总结的基本特征

1. 概括性

总结的目的不单单是回顾过去的工作情况,更主要的是通过对各种零星、表面、个别的现象进行分析、归纳和研究,从中概括出事物的本质和规律。

2. 客观性

工作总结是通过综合分析大量材料进行再创造的成果,不允许任何虚构与夸张。总结注重以客观事实为前提和基础。因此,只有反映客观事物的本来面目,才能使总结出的经验体会具有实际指导意义。

3. 理论性

写总结时,不论是成功的经验还是失败的教训,都要提高到理论上加以认识,分析它的必然性,找出带有规律性的东西。通过总结,用来指导今后的工作,不能就事论事,要有一定的理论色彩。

4.条理性

即对所做的工作要分清层次、有条理地予以反映,不能把一些散乱的、复杂的甚至是支离破碎的材料,堆砌起来了事。

二、总结的种类和一般写作方法

(一)总结的种类

按时间划分,可分为年度总结、季度总结、月份总结、阶段总结等;按内容划分,有工作总结、学习总结、生产总结、思想总结等;按范围划分,可分为个人总结、单位总结、部门总结、地区总结等。但无论哪一种总结都可以写成综合性总结或专题性总结。

1.综合性总结

也叫全面性总结。它是一个单位和一个部门在一定时期内各方面工作的综合性反映,内容丰富、涉及面广、理论性强。综合性总结结构比较复杂,篇幅较长。通常用于向上级领导部门汇报和领导向群众作总结报告。

2.专题性总结

是对一定时期内所完成的某项工作或某一方面的工作进行专门总结,指导性较强,内容比较集中。专题总结一般比较细致和具体。

(二)总结的一般写作方法

1.结构类型

(1)总分式

开头概括地介绍前一时期的工作依据、指导思想和总的估价,然后转入主体部分。在主体部分里,把各方面工作按类别归纳成较大的、相对独立的层次,逐层展开,详细总结。每个层次又可分成若干小的层次段落,叙述做法、摆出成绩、总结经验、说明效果,同时也点出问题所在。这种形式较适合于综合性工作总结。

(2)二分式

二分式也叫因果式。就是把整个总结分为开头和主体两大部分来写。开头部分要概述主要成绩和效果;主体部分写取得成绩的主要原因,就是把成功的经验、做法和具有指导性的认识融于一体。也可以加上几个醒目的小标题进行分述。

二分式总结的写法要注意第一部分要小,即在开头对成绩的叙述要尽量扼要明了,多用数据和质的概念,不举事例。第二部分要大。这部分是总结的主体,因此要具体、详细地写出取得成绩的原因。即列做法、写经验、谈体会、讲效果。

(3)三分式

三分式也叫总分总式。即把正文分为三大部分:第一部分写基本情况(概述前一时期主要工作成绩、做法和效果)。第二部分重点写经验体会或做法,在这部分里如果是写经验一般采取夹叙夹议的表达手法。第三部分总述存在的问题和今后的意见。这种结构一般习惯叫做"三大块"。专题性总结经常采用这种结构方式。

(4)并列式

并列式也叫横式写法。就是把情况、做法、成绩、效果、经验、问题以及今后意见等归纳成若干条,逐一加以叙述议论,每条都冠以数字标明层次顺序。对每个问题都采用一贯到底的写作手法。

(5)递进式

递进式也叫纵式写法。即先写一个比较简短的开头,交代开展某项工作和主要活动的原委、背景;然后在主体部分里按这一项工作进行的过程,由始至终分作几个步骤和程序逐一加以介绍,步步深入,顺事成章。

2. 写作方法

(1)成文前的准备

成文前的准备工作主要有以下几方面:

①搜集材料。

写总结事先必须占有丰富的材料,因此,在动手之前就要通过多种形式(调查、座谈、阅读材料)大量搜集本系统、本单位或本部门一定时期内的主要工作、典型事例、经验教训和有关数据等。这是写好总结的基础与前提。

②确定观点。

确定观点即在占有材料的基础上进行分析研究,从中"去粗取精、去伪存真、由此及彼、由表及里"地进行加工提炼、确定观点。这个过程也是确立主题的过程。

③编写提纲。

编写提纲如同做书面,有了设计(即写作提纲),起草时才能做到心中有数,条理井然。拟提纲的过程也就是思维加工的过程,它既是总结成文的基础,也是感性认识到理性认识升华的过程。

(2)总结的基本内容

写总结,要求不同,因而总结的内容也不同。但总结是从工作中产生的,又要回到工作中去指导工作,从这一点讲,总结的内容既要有工作过程中的各种情况的反映,又要有对这些情况的归纳、评价,以便找出规律性的东西。因此,总结大多包括以下 5 个方面内容:

①基本情况

即简要交代在什么情况下,做了什么工作,取得了哪些成效等,给人一个总体印象。这一部分内容主要是使读者对工作的情况有个大致的了解,或引起对总结中涉及的主要问题的注意。

②工作成绩

这是总结的一个主要内容,占据的篇幅较多。要写明取得了哪些成绩,是经过怎样努力取得的,采取了哪些有效的办法与措施。

③经验体会

这是总结的重点和中心,也是总结的目的之所在。工作成绩部分是务实,这部分是务虚。它从基本事实出发,有的放矢地对所做工作进行理论性分析。写总结不能简单地就事论事,而要结合对主要做法的叙述,对工作作综合分析,提炼出带理论色彩的鲜明观点,找出工作中带规律性的东西。

④存在问题

总结工作,应持一分为二的观点,既要肯定成绩、经验,又要找出问题和教训。这部分内容应说明工作中还存在哪些应该解决的问题而暂时没有解决,应做的工作还没有做好或没有做扎实。当然,有一些经验总结是为了宣传先进的经验,因而只写经验,不写存在问题。

⑤今后工作的意见

这是总结的结尾部分,它是根据已经取得的经验,针对存在问题,提出切实可行的改进措施和工作打算,指出今后努力方向,起到表达决心和展望前景的作用。

(3)写作格式

总结的写作没有固定的格式,一般由标题、正文、落款三部分组成。

①标题

总结的标题较灵活,常见的有以下几种形式:

第一,直陈式标题,也叫公文式标题。这种标题由单位名称、时限、内容和文种四部分组成。如《××钢铁公司 2010 年安全生产工作总结》,有时也可以把单位省略,如《2010 年物资管理工作总结》。

第二,文章式标题,也叫单行标题。即把总结的标题写成一般文章式的标题。如《全面提高现场管理水平,努力开创企业管理新局面》。

第三,正副式标题,也叫双行标题。即正题揭示中心,可写成文章式标题,但不写"总结"或体现该文体特征(如回顾)的字样,而是在副标题中显示文体特征。如《雄关漫道真如铁,而今迈步从头越——××市建设发展 40 年回顾》。

②正文

总结的正文一般由开头、主体、结尾三部分组成。

开头。一般是概述基本情况。根据总结的内容和重点,或交代有关情况;或揭示主要精神内容;或介绍主要经验、做法;或概括成绩、展示效果等。总之,要提纲挈领,统领全文。

主体。这部分是总结的核心和灵魂,要着重于叙述做法、议论体会,总结出经验教训。

叙述做法要注意两点:选取经过调查研究,有典型意义,能揭示事物本质的事例;叙述事实准确无误。

议论体会,就是在叙述做法的基础上,揭示出客观事物的本质,从中概括出规律性的认识。这是总结的目的所在。如果说叙述做法是反映实践,那么议论体会则是发掘理论认识。总结的过程就是一个由实践到认识,再由认识指导实践这样一个认识过程,这个过程要由总结的主体来完成。

叙述做法和议论体会是相互联系的统一体。反映实践必须叙述;分析问题,总结经验必须议论。因此这种文体用的是夹叙夹议的表现手法。

主体部分在写作上可以灵活多样,常见的写法有以下几种:

一是分题式。把总结内容归纳成几个部分,从每部分提炼出一个概括性的小标题,以揭示中心内容。而各部分之间既存在一定的逻辑关系,又具有内容上的相对独立性。

二是分段式。就是把总结的全过程分成若干个阶段,再分别阐述每个阶段中的做法、经验或成绩,问题及认识等,每个阶段可采用数字序号或加小标题领起。

三是方面划分式。是把总结内容划分成若干个方面,如政治思想、组织建设、安全生产、设备管理、生活福利等方面。然后再分别谈每一方面工作中的做法、经验效果和问题等,每个方面还可以根据需要分成几个小的层次段落去写。大型的综合性总结宜采用这种形式。

结尾。总结的结尾要求简洁有力,不宜过长。一般的写法是,在揭示问题的基础上,提出具有指导性和方向性的改进意见。或在概括归纳全文主要内容的基础上,点明今后的努力方向或打算。

结尾是主体发展的自然结语,它可以另起一段,也可以放在主体的末尾。

③落款

在正文的右下角署单位名称和日期,日期排列在单位名称下方。如标题中有单位名称,落款中可省略,只写日期即可。

例文1:

大学学习总结

进入高等学府深造,成为一名跨世纪大学生,这是我儿时以来的愿望和梦想。在跨入国立华侨大学校门的那一刻,我儿时的理想终于实现了,也圆了我的大学梦。大学里浓厚的文化气息和广阔的自由天地让我有了更好的发展机会和空间。我就像一块渴水的海绵,贪婪地汲取着知识;就像一只久困的鸽子,在广阔的天空中自由飞翔。正是从那时起,我便立志要成为一名思想上进,政治合格,素质过硬,在德智体诸方面全面发展的合格大学生。四年来,我不断朝着这个目标努力学习,踏实工作,努力提高自身素质,争当一名德、智、体全面发展的合格大学生。

回顾大学生活,深感本人在各个方面都得到锻炼和发展,特别是在党团组织领导的帮助下,本人的学习成绩、政治理论水平等都有了进一步的提高。

一、思想政治方面

一个人无论成功与否,他首先必须是一个思想正派的人,一个爱国的人。我深深地意识到:要成为一名合格的大学生,必须从培养和提高自身思想素质开始。只有树立了正确的人生观、价值观,树立了为人民服务,为社会主义事业奋斗终身的远大志向,才能为大学四年以及今后的学习工作指明方向、提供动力。因此,我在刚入学不久的 2006 年 10 月便向敬爱的党组织郑重递交了入党申请书,并从那时起,我就以一名党员的标准严格要求自己,以党员的标准规范自己的学习和工作。针对自己思想政治素质和理论水平不高的问题,我在日常的学习工作中就不断认真学习党的各项方针政策,研读各种马列专著,领会和总结毛泽东思想、邓小平理论在实践中运用的原理,并通过参加华侨大学党校和系定期的党章学习小组的学习,使自己的政治理论水平有了显著提高,使自己从思想上逐步成熟起来。在 2007 年 5 月被评为"2006—2007 年度校优秀共青团员"以及 2007 年度系"优秀学生干部"荣誉称号。经党组织严格审查,我被批准于 2008 年 12 月 28 日光荣地加入中国共产党。入党后,我严格遵守党的章程,时刻记住自己是一名共产党员,更加严格要求自己。

按期交纳党费,定期向组织汇报思想。在同学当中,充分发挥党员的先锋模范作用,从课堂学习到课外生活再到社会工作,都努力做到严于律己、乐心助人、尽职尽责。经过不懈的努力,本人于2009年5月再次被评为"2008—2009年度校优秀共青团员"。

四年来,在党组织和党员同志的关心帮助下,通过自身努力,我于2009年12月28日被党组织批准转为中共正式党员。

二、专业理论学习方面

学生以学为本,大学时代的学习积累是一个极其重要的基础,它甚至会影响人们一生的学习与工作。因此,学习依然是大学生的首要任务,我清楚的意识到,作为一名合格的跨世纪大学生,必须具备丰富的科学文化知识和过硬的专业技能。因此,"刻苦"、"认真"、"努力"成为我学习上的座右铭。通过与同学进行经常性的学习经验交流,并虚心向老师和同学请教,不断改进了学习方法,使自己的成绩不断进步,顺利地通过了国家计算机二级和国家英语四级考试。由于学习成绩优秀,我曾三次获得校优秀学业奖学金。在加强自身理论学习的同时,我还注重自己动手能力的培养,坚持理论联系实际,积极参加课外科技竞赛,在2008年福建省第二届大学生点子设计竞赛中获得优秀奖。此外,本人还积极参加假期社会实践活动,并且荣获"华侨大学2009年度暑期社会实践积极分子"称号。

三、社会工作方面

四年来,我积极参加各项社会工作。作为一名学生干部,在我看来,如果不能实实在在为同学做些实事,则既是对同学也是对自己的不负责。因此,在工作中,我时刻不忘作为学生干部应为大家服务的思想,尽自己所能做好本职工作。

作为院系主要学生干部,在我先后担任班级团支部书记、系团总支组织部长、系学生党支部宣传委员、信息学院九七年段团总支部书记期间,除了处理好日常事务外,我还能尽自己所能,为同学办些实事。工作大胆而且有自己的思路。我组织郊游活动增进同学间的了解;组织迎新晚会欢迎新入学的同学;举办业余团校增强团员对团的认识;开展民主生活会促进同学间的思想交流。在我系承办的"象牙塔"杯乒乓球赛、"联通杯"排球赛、国庆五十周年游园等活动中出色完成任务。在我的倡导下,我们系列与华大附中结成共建单位,全系同学捐款资助附中两位生活上有困难的同学。本着服务社会的精神,我还定期组织系里学生干部到华大老人院维修电器以及打扫等义务劳动,受到系领导和老人院院长的好评。日常生活中,我也能关心同学、团结同学,主动帮助有困难的同学,利用课余时间为同学补课。我时刻注意自己的榜样作用,处处带头,发挥党员的先锋模范作用。

在处理班级事务方面,我始终认为"应和班委打成一片,和广大同学打成一片",在团结大家的同时,以自己的行动去影响周围的同学。在我和班委的组织带动下,不论是灾区募捐还是义务献血,不论是参加青年志愿者还是其他集体活动,我们班同学都是个个争先,踊跃参加。班委还时常帮助班里个别学习、生活上困难的同学,不使他们游离于班级这个大家庭之外。在全体班委的努力下和同学们的配合下,我班于2008年5月被评为校"先进班级"和"先进团支部"。我本人也被评为"07—08年度系优秀学生干部"。

在我校开展的创建"文明校园"活动中,作为一名党员,一名学生干部,同时也作为华侨大学的普通一员,我充分认识到了创建"文明校园"活动的意义重大。自己首先能从思想上给予充分重视,在活动中以实际行动,认真履行党员义务和学生干部的职责,起到模范带头作用。我所在的宿舍也被评为华大十佳宿舍,得到老师与同学的肯定。

我们作为跨世纪的一代大学生,应当摆正自己的位置,立志成才,肩负起跨世纪的重担,勇攀知识高峰,把报效祖国的远大志向作为发奋学习的强大动力,增强自己的时代感,光荣感,使命感,才能无愧于社会,无愧于人民,无愧于迎接我们的这个伟大时代。

二○一○年六月

(公文易文秘资源网)

例文2：

县人大办公室××年工作总结

××年的县人大办公室工作,在县人大常委会的领导下,按照务实高效的要求,围绕常委会"三项职权",努力发挥参谋服务,综合协调,行政管理等职能作用,各项工作都取得了一定的成效,概括起来,主要体现在三个方面。

一、当好领导参谋助手,做好"三个服务"

人大办公室作为人大常委会的综合办事机构,既是常委会的参谋部,又是常委会整个机关的服务部。在过去的工作中,我们认真履行职责,积极主动做好各项工作,力求参谋到点,服务到位,努力为常委会依法行使职权做好服务工作。

一是服务工作大局。围绕常委会工作部署,认真办文办会。经初步统计,今年人大常委会做出重大事项决定××个;完成述职评议××人次;开展执法检查××项;组织在××省××市人大代表开展县内集中视察××次;外出学习考察××次;交办、督办人大代表议案××件、建议、批评和意见××条;召开人大例会××次;常委会议××余次;主任会议××余次;其他会议××次。此外,还积极参与县委中心工作,完成了"生态立县"、"产业村开发建设"及"旅游产业开发"等等一系列工作。在做好这些工作的过程中,无论是文件起草、印刷、会场布置,还是资料整理归档,办公室绝大部分情况下都做到了严格程序,依法办事,符合优质高效的要求,确保了常委会顺利的依法行使职权。此外,办公室还围绕常委会工作大局,撰写人大理论研讨文章××篇,编印《人大工作》简报××期,报送人大工作信息××篇。档案整理工作被评为全县先进单位。服务工作大局中,我们注重发挥工作主观能动性,在按常委会要求完成"规定动作"、按人大工作程序把握好"习惯动作"的同时,积极主动的做好"自选动作",做到多动脑,勤动手,超前思维,争取工作主动权,从而提高了办公室工作效率。

二是服务领导。重点突出三个方面的工作:首先是切实开展调查研究,充分发挥办公室信息枢纽作用,及时的了解掌握全县人大工作动态,尤其是注意收集乡镇基层人民代表开展活动的情况,每月定期编辑印发人大常委会《人大工作》信息,为领导决策工作提供参考意见。其次是做好群众来信来访接待工作,使领导解脱于繁杂的信访事务,腾出更多的精力和时间考虑全局工作。在接待群众信访中,我们做到热情细致,说服疏导与帮助解决问题紧密结合,使来访者心悦诚服,满意而归。在此基础上,及时向领导汇报接待情况,请示处理意见并做好跟踪督办工作。据初略统计,全年共处理接待群众来信来访××余人次,办结情况均达到优质要求。第三是做好领导后勤保障服务,包括工作环境清扫整理,出行车辆服务等等方面。在这些工作中,做到了细致、快捷、高效,确保了常委会各项工作的顺利开展。

三是服务人大代表。凡是人大代表来到常委会,不管是公事私事,我们都给予热情接待,妥善安排食宿,有困难需要帮助时,我们尽力给予解决,提供服务。通过我们的工作,加强了与人大代表的联系,使基层人大代表增强了荣誉感和使命感。不少的基层人大代表都感慨的说:人大常委会是代表的娘家,来到这里感到亲切温暖。此外,我们还不断加强与人大代表的联系,注意发现和报道人大代表依法履行职责的情况以及他们在社会主义新农村建设、构建和谐社会等各项工作中所发挥的重要作用。

二、做好机关后勤保障,实现"三个突破"

一年来,办公室坚持开拓创新,锐意进取的精神,充分发挥工作的主观能动性,围绕高效、务实的要求做文章,下功夫,确保了常委会对机关建设的规划部署落到实处,使机关建设管理实现了"三个突破"。

一是硬件设施建设有新突破。在往年加大基础设施建设力度,工作条件逐步改善的基础上,今年又投资××余万元,进一步地加强和完善了人大常委会机关建设。先后粉刷翻新了人大机关办公大楼;改造装修了人大机关卫生设施;添置更换了部分办公桌椅;新建了门球场、文娱活动室等干部职工文化体育设施;新购置了××台公务用车,缓解了机关公务用车的紧张矛盾。在这一系列的工程建设项目中,办公室高效运转,周密安排,在工作多,时间紧,人员少的情况下,挤出专人管理,认真扎实的抓好采购手续办理、工程施工管理等各个工作环节,缩短了工期时间,保证了工程质量,实现了花钱少,办大事的预期目标。硬件设施建设的新突破,使我县人大机关面貌焕然一新,为人大各项工作的顺利开展,创造了有利的物质条件。

二是内部管理有新突破。根据常委会总体要求,办公室在不断总结过来工作的基础上,紧贴实际,积极探索,对机关环境卫生管理;来客接待;公务用车;节假日值班;财产登记管理等等各项内务管理工作起草了相关管理方案,改变了过去在内部管理上存在的随意松散状况,使得机关管理工作有章可循,逐步迈上规范化轨道。

三是制度建设有新突破。人大机关的制度建设有着十分重要的意义,其不仅仅是局限于对人的行为约束规则,而是社会主义民主法制建设的重要内容。因此,近年来,办公室按照常委会部署要求,广泛的开展调查研究,在总结过去工作,借鉴成功经验的基础上,与时俱进,开拓创新,按照社会主义民主法制建设的现实要求,年初起草了干部职工岗位责任制,明确了各自的工作职责范围。与此同时,还按照常委会要求,进一步完善修订了《常委会议事规则》、《常委会讨论决定重大事项的规定》、《常委会组成人员联系代表制度》、《常委会党组成员党风廉政建设和反腐败工作责任制度》、《首问责任制度》、《群众来信来访接待制度》等等近××个制度。这些制度草案起草后,经常委会集体讨论通过,印发到人大机关全体人员,严格执行。制度建设的新突破,使人大机关各项工作的程序化水平迈上了新的台阶,把发扬民主,依法办事,贯穿到了人大全部工作的各个环节之中,确保了过来工作没有出现过违背法律和程序的人和事。

三、加强自身素质建设，促进"三个提高"

人大机关肩负着推进社会主义民主政治和法制建设的重要使命，各项工作法律性、政策性强，程序化、规范化要求高。人大办公室作为人大机关的综合办事机构，要适应工作的需要，就必须与时俱进的提高综合素质。为此，我们强化管理，建立激励机制，从三个方面着手，狠抓了学习型机关建设。

一是积极参加常委会组织的各项学习活动。把政治学习列入重要的议事日程，提高认识，摆正位置，确保学习落到实处。今年××月份，全体办公室人员和常委会其他工作机构人员一起，在县委党校参加了人大工作业务知识和贯彻中共中央（××）××号文件精神专题培训班。今年××月份，《江泽民文选》发行后，全体办公室人员人手订阅一套，并认真开展了学习。××月××日参加了人大常委会举办的《监督法》学习培训。同时，还在县委党校参加了《公务员法》学习培训。

二是紧密结合工作实际开展学习。坚持能者为师，互帮互学，就工作中碰到的诸如公文写作，理论研讨，电脑操作等等具体问题开展学习交流。

三是鼓励自学成才。严格执行县委有关文件精神，对自学取得文凭的人员，请示常委会同意，实行以报代奖，报销一定比例的学习费用；对积极撰写人大工作信息报道和理论研讨文章的人员，年终给予一定的奖励。此外，还利用会议通报表扬，年终评先评优激励等方法，树立自学先进典型，营造良好的学习氛围。磨刀不误砍柴工。通过抓学习型机关建设，办公室全体人员综合素质有了明显的提高。

一是政治素质进一步提高。从政治、大局的高度思考、处理问题的能力明显增强，做到了政治上忠诚可靠，思想上同心同德，行动上齐心协力。在各项工作中都能够做到严格依法办事，牢牢把握围绕中心，服务大局的指导原则。政治敏锐性和洞察力不断增强，能够做到从日常细小繁杂的事务中，看到与全局工作的关系，感受到办公室工作的价值和意义，责任心和使命感不断增强。

二是业务能力进一步提高。我县人大办公室现有人员中，没有一个专业对口，学以所用的，可以说都是"半路出家"从事办公室工作。通过抓学习，强素质活动的开展，现在基本上都能胜任工作，确保了办公室各项工作的顺利开展。办公室配备电脑后，全体人员不管年龄大小，都各自买来电脑专业书籍，利用业余时间刻苦钻研，能者为师，相互学习，开展比、学、赶、帮，在没有进行专业培训的情况下，所有办公室人员，硬是攻克了难关，自学成才，在较短时间中学会了电脑操作应用，为实现办公现代化打下了基础。

三是作风意识进一步提高。办公室工作繁杂锁太碎。为了保证高效优质的完成各项工作任务，全体办公室人员，不断改进工作作风，增强服务意识，牢固树立和积极实践胡锦涛同志提出的"八荣八耻"为主要内容的社会主义荣辱观。坚持说实话，办实事，求实效。大兴调查研究之风，深入基层，认真倾听群众呼声，了解群众的愿望和要求。在此基础上编印出人大常委会机关工作简报《人大工作》××期，撰写了调研文章××篇，较好的为常委会提供了工作决策依据。对于常委会做出的决议、决定，代表提出的意见和建议，办公室加强了督查，狠抓了落实。此外，在过去的工作中，办公室始终注意发挥良好的团队精神，既各司其职，各负其责，又密切协作，和谐共事，形成了心往一处想，劲往一处使，高效快捷，雷厉风行，严谨有序，团结活泼的良好作风。

总之,办公室过来一年的工作取得了一定的成效,但与社会主义民主法制建设的形势发展要求和人民群众的殷切期望相比还存在很大的差距。诸如创新意识的进一步增强;办公室工作规范化的进一步探索;各种理论研讨文章水平层次的进一步提升等等方面都待于在今后的工作实践中不断完善与加强。我们将加倍努力,坚持党对人大工作的领导,不断提高法律水平,更好的履行法律赋予人大机关的职责,践行"三个代表"重要思想,发扬成绩,改进不足,进一步开创人大办公室工作的新局面。

××××年××月××日

任务五　简报

一、简报的概念及其基本特征

(一)简报的概念

简报是情况的简要报道。它是机关、单位、团体组织用来汇报工作、反映情况、传递信息、交流经验的一种机关应用文体。

简报对上不做请示,对下不做指示,只是通过报道新情况、新问题、新经验、新成绩来宣传现行的方针、政策,达到对上反映,平行交流,对下指导的目的。一般叫"××简报",也有的叫"××反映"、"××动态"、"内部参考"、"情况交流"。

(二)简报的基本特征

简报是一种综合性很强的文体,具有简、快、新、准的特点。简,是指一份简报一般只反映一件事,内容集中,叙述概括,分析也是以表态为主,不过多地具体剖析,用词讲究精当。快,是指简报反映情况、传递信息要迅速及时,以不失时机地指导工作,处理问题。新,是指选材观点要新,反映情况、交流经验,发现问题和动向要新。准,是指简报内容必须准确、真实。不能无中生有,添枝加叶。简报中的人名、地名、时间、情节、数字都必须真实可靠。

二、简报的种类

简报的种类很多,经常使用的有三种:

1. 综合性简报

是长期编发的定期或不定期的简报。综合地反映本部门、本系统、本单位工作进展情况。

2. 专题性简报

是临时性的针对某项中心工作进展情况专门编发的简报。这类简报有专门的内容,中心工作结束,简报也就停止。

3. 会议简报

是在会议期间临时编发的简报。它包括:会议进程、领导报告、讨论发言摘要、主持者的会议安排、与会者的意见、情况反映、动态等。会议结束,简报停止。

三、简报的一般写作方法

(一)标题

简报的标题要贴切、简明、醒目。其拟写方式有三种:

1. 概括式。要准确地概括出文章的中心内容或主题。如《××市实行厂长负责制初见成效》等。

2. 提问式。用提问方式唤起人们的注意。如《当代大学生想些什么?》。

3. 双标题式。正标题概括全文主题,副标题揭示事件和范围。如《没有梧桐树,也有凤凰来——广西区积极招商引资》。

(二)正文

简报的正文包括开头、主体、结尾三部分。

1. 开头。用简洁的语言准确地概括出正文的内容。

2. 主体。主体是简报反映的主要内容,要写得充实、具体,把主要情况写清楚。做到文字精当,内容单一。

3. 结尾。指出事物发展的规律,或得出结论,或提出希望与号召。篇幅短小的简报可不设结尾。

四、简报的文面格式

(一)报头。用横线与正文隔开。通常包括简报名称、编号、编印单位(全称)、印发日期和密级。

(二)报尾。在最后一页下部用横线与正文隔开。包括报送对象、印数,有的还注明打印、校对人员,以示负责。如:

【密级】

工作简报
第××期

××公司办公室编印　　　　　　　　　　　××××年××月××日

___

标题

正文

___

报:

送:　　　　　　　　　　　　　　　　　(共印××份)

例文1：

工作简报(第××期)

××月××日,××酒店公司服务质量年领导小组召开会议。会上,××宫酒店、××大都酒店和××城国际大酒店等单位的负责人汇报了本单位上半年提高服务质量所采取的主要措施和办法及下一步工作计划。

今年以来,各单位高度重视服务质量,认真找准本单位在服务质量中的主要问题;结合学习贯彻星级饭店服务质量标准,制定有效的改进措施;××大都、××宫等饭店重新修订了质量管理体系及《员工手册》和《管理人员手册》,并加强了培训和考核,××大都饭店实行了末位培训淘汰制,今年已有12名员工因服务质量问题参加了末位培训;××宫饭店在前厅和礼宾部实行了资格上岗制度,对连续3次考试不合格者实行待岗制,并明确规定了区域主管在分管区域督导培训员工的具体时间比例,保证走动式管理落实到位;各单位都建立了宾客呼声信息反馈机制,相应建立了客史档案,以利于更好为客人服务。

通过采取上述措施,各单位服务质量有了一定的提高,受到了宾客的好评,但仍存在着服务质量年工作在各单位发展不够平衡,一些改进服务的措施尚未到位,服务管理工作方面还不够扎实等问题,尤其是与行业内优秀企业相比存在了一定差距。会议强调,要将提升服务质量作为企业效益增长的空间,下大力量进一步推进服务质量年各项工作,既不能一蹴而就,期盼一下子解决所有问题,又不能消极观望等待软硬件条件都具备了再去解决问题。我们要把宾客作为第一关注对象,把客人的评价作为衡量饭店服务的第一尺度,以只争朝夕的精神,迅速提升服务质量。

下一步,要继续推进服务质量年各项工作,要把改进服务各项措施进一步细化,使之更具有针对性,能量化的尽量量化;要进一步加大检查力度,检查要到位,要更规范化,使下半年的服务质量年工作更加深入。

会议还对前厅部业务技能比赛的情况进行了总结,研究了即将在本月开展的客房部业务技能比赛方案。

酒店公司服务质量年工作领导小组办公室

任务六 调查报告

一、调查报告的概念及其基本特征

(一)调查报告的概念

调查报告是对客观事物进行调查研究后写成的书面报告。它能较为系统地阐述客观事物发生发展的过程,准确地反映出调查研究的结果,态度明朗地提出作者的看法。

(二)调查报告的基本特征

调查报告是使用频率最高的一种应用文体之一,其基本特征有:

1.极强的针对性。写调查报告要缘事而发,按既定的目的进行调查和写作。

2.明确的指导性。调查报告是"据事说理"的文章。它要使人们了解真相,辩明是非,提高认识,有着明显的指导性。

3.显著的时效性。调查报告要及时搞清真相,判断是非,广泛收集信息,为领导决策提供依据,因而要迅速及时。

4.观点材料的统一性。调查报告形成的观点是从材料中产生的,材料是说明观点的依据。二者的完美统一是调查报告的基本特征。

二、调查报告的种类

常见的调查报告有以下四种:

1. 典型经验的调查报告

这是通过对具有典型意义的先进经验的总结而写成的报告。其目的是以点带面、以典型推动一般。

2. 新生事物的调查报告

这是对新生事物的产生、发展、意义等调查而写成的报告。它要较为完整、全面地报道一个新生事物的成长过程,揭示规律,促使它和同类事物迅速成长。

3. 社会情况的调查报告

这是对社会的政治、经济、军事、文化等情况进行专题性的调查研究后写出的报告。这类报告为制定方针、政策提供了依据。

4. 揭露问题的调查报告

这是为了弄清事实真相进行调查后写出的报告。它以揭露问题实质,达到教育群众和解决问题为目的。

三、调查报告的一般写作方法

(一)调查报告的写作准备阶段

要写出一份成功的调查报告,必须首先做好以下几项准备工作:

1. 确定调查选题

无论是哪种类型的调查报告,在实地调查前都有一个为什么调查和调查什么的问题需要解决,即确定一个准确、鲜明的题目,以指导调查工作的进行。

2. 确定调查提纲

解决了为什么调查和调查什么的问题后,接下来要考虑的就是怎样调查的问题,即确定调查提纲。调查提纲可以用序码把要调查的问题和调查的方法、手段罗列出来,以指导调查工作的进行。

3. 确定写作提纲

写作提纲即是序码加文字所构成的逻辑图表,它应是调查报告写作的设计图。这份设计图要拟定出标题、主旨,搭出文章结构的基本框架,以指导写作的正常进行。

（二）成文阶段

1. 标题

调查报告的标题常见的有三种类型：

（1）文章式标题。这种标题写法灵活自如。可简要概括文章内容，也可揭示文章中心思想。如《改革给××乡镇企业注入活力》。

（2）公文式标题。这种标题由单位名称、事由和文种构成。如《关于××县××村农民负担情况的调查报告》。

（3）双行标题。这种标题的正标题要揭示出调查报告的基本观点，副标题概括报告内容并写明文种。如《他山之石，可以攻玉——关于××厂引进先进技术的调查报告》。

2. 正文

调查报告的正文一般由开头、主体、结尾三部分构成。

（1）开头。要简要地说明调查的基本情况并概括地介绍报告的基本内容。常见的开头方式有两种：

第一，交代调查的原因、目的、对象、时间、地点、范围、方式、方法等，并点明主题。

第二，介绍调查的主要内容，总领全文。

（2）主体。主体是调查报告的重点部分，是对开头部分提出的问题、主要事实、基本经验的具体阐述和说明。这部分的结构安排有两种形式：

第一，纵式结构。即按事物产生、发展、变化的过程或时间的先后顺序表述事实。调查某一事件的发展过程往往采用这种写法。写作时可以把事物发展过程分成几个阶段，逐段报告，最后从事物发展的前后对比中总结出带有共同性的规律。

第二，横式结构。即按事物的性质、特点把调查的经验、问题、情况等进行归类，一类为一小部分，每小部分围绕一个中心进行报告，并用小标题或序号标明。各部分的先后顺序可按事物内在逻辑关系安排。最后综合各部分，总结出规律。

调查报告的主体部分一般用第三人称叙述，采取以叙述为主，夹叙夹议的表现手法。在各部分中，可以先叙事实再发表议论；也可先发表议论，然后引出事实；还可以边叙事实边发表议论。但不论用哪种方式进行表达，都应以叙述为主，不可过多议论。而且这种议论也不必具备三要素，只是就事论事。

（3）结尾。结尾是正文部分分析问题、解决问题的必然结果，是调查的结论性意见。结尾部分可点明全篇主旨，可指出存在的问题，也可展望前景，指明方向。

3. 落款

在文末下方署单位名称和调查人姓名，日期。

四、调查报告的写作要求

1. 要深入调查，充分占有材料

材料是调查报告的写作依据，必须对调查的对象进行深入、细致的调查，才能获得充分的材料，写作的调查报告才能扎实、深刻。

2. 要研究材料，找出规律，概括观点

调查报告不是罗列大量的事实材料，而是要从对材料的分析研究中找出能反映事物本质的规律性的东西来，这样写出来的调查报告才具有一定的理论价值和指导意义。

3. 要点面结合，注意结构的层次性

调查报告要反映事物的一般规律，既要有一般材料，也要有典型的事例。这样内容既不会空泛，也不会是个例，写出的调查报告才能深度和广度都具备，这就要求处理好结构层次，要按照一定的层次把内容组织好、表现好。

4. 调查方法和结论要产生于调查研究之后

调查报告的写作应在认真调查之后，根据调查研究的结果提炼观点，进行写作，不能颠倒了主、客观关系，违背实事求是的精神。

例文1：

关于城市建设问题的考察报告

8月24日至27日，笔者随北海市"下岗职工'出中心'问题考察组"在考察市解决下岗职工"出中心"问题和政府采购工作情况的同时，顺便也实地考察了市城市建设工作的进展情况。现将有关考察情况报告如下：

一、明确的城市定位，使市的城市建设成为"有为之为"

早在"九五"中期，市委、市政府就从实际出发，认真分析形势，研究市情，总结经验，吸取教训，着眼于市的长远发展，提出了今后一个时期市经济和社会发展的基本思路，明确了"把建设成为风景秀丽、环境优美、经济发达、文化繁荣、社会安定、行居方便、市民文明的现代化国际旅游城市"的城市定位。围绕这一定位，按照建设现代化国际旅游城市的总体思路和目标要求，市集中力量加大投入加快新区建设和旧城改造，尽快改变城市建设落后面貌，把市区建设成为与美丽的自然风光相协调，具有完备的现代化城市功能、鲜明的山水特色和丰厚的文化内涵的现代化国际旅游城市。基于这样的战略考虑，市委、市政府按照保护山水城、建设园林城市、发展生态城的规划构想，以极大的决心、勇气和气魄，动员和组织全市广大干部群众，调动各方面的积极性，以启动一批重点项目为先导，全面推进城市建设工程，取得了令人瞩目的显著成绩。

以城市中心广场、解放桥、象山广场和正阳路步行街建设项目，中山中路等几条城市街道的综合改造项目，以及更大规模的环城水系建设项目为重点的城市建设工程，展示了市城市建设空前的力度和发展态势。经过精心策划和组织，1999年市城市建设和环境保护在奋力开拓中取得了突破性进展，全面开工重点项目33个，当年竣工13个——新文昌桥首创市城市桥梁比路宽、桥底雕刻、融交通与旅游于一体的桥梁建设新风格；翔武路二期改造有效地改变了四会路口至广西师大附中路口的交通瓶颈和该路段长期存在的脏、乱、差状况；中心广场的建成结束了没有大型城市广场的历史，人民终于拥有了一个集商业、集会、休闲等多功能于一体的城市"客厅"；民主路、中山北路、滨江路、南环路、七星路等路面拓宽，管线下地，立面改造，交通状况和街容街貌得到明显改善；桂阳公路雁山镇段改造完工，改善了旅游通道上交通阻塞的现象；城北防洪堤（11.92公里）建成，在当年防洪中发挥了重要作用；虞山公园建成使用，改善了城市公园布局；鸟语林公园当年投资、当年建成使用，开创了吸纳海内外发达地区资金建设旅游景点的先例。2000年完成续建重点工程项目24个，其中正阳路步行街，象山广场，中山中路快、慢车道等8项工程完工，继续建设项目16个，新开工重点项目18个。2001年1—6月份，已动工项目45个，新开工项目31个，续建项目14个，完成投资近30亿。

二、精心组织，市场运作，使城市建设做到了"事半功倍"

（一）团结高效的组织领导是先导。在广泛征求意见的基础上，市委、市政府按照已经确定的规划、设计以及总体构思，进一步强化了领导体制，做到了整个城建统一领导、统一指挥。市长是城市建设的总指挥长，各项工程都有相应的指挥长，建立了统一高效的指挥系统，强化了指挥长负责制。各部门、各单位在城建过程中，都服从指挥，听从安排，加强协调，密切配合，按照市政府的具体部署和要求，认真履行各自职责，方方面面形成合力，共同确保了各项工程顺利进行。

（二）确保工程质量是关键。在城市建设工作中，市委、市政府始终把"质量第一"放在首位，建立健全了工程建设质量责任制，切实建立工程质量行政领导人责任制、项目法人责任制、参建单位领导人责任制和工程质量终身负责制。为使每一项工程都经得起历史的检验和群众的评说，各指挥部都极端重视工程质量，绝不为赶工期，为节省一点儿建设资金而降低质量要求，更不允许出现"豆腐渣"工程。在各施工单位之间开展了工程质量竞赛活动，使每一项城市建设工程都成为让群众满意的优秀"作品"。

（三）文明施工是支撑。在市政建设中，市委、市政府采取了一切必要措施，把大规模城建施工造成对环境的污染和对市民工作、学习、生活的影响减到最低限度。要求各有关部门、各施工单位在思想上牢固树立全心全意为人民服务的观念，采取有效措施，切实加强施工管理。有关部门在整个大规模城市建设中，精心组织力量，打破常规，采用先进、实用技术手段，认真做好交通管制、疏导和城市环境卫生管理、维护等工作。在各项工程、各施工单位之间，组织开展了文明施工竞赛活动，绝不允许以重点工程为借口，以时间紧、任务重为借口，以经费紧缺、人力不足、条件有限为借口，污染环境、干扰市民。同时，严格遵守操作规程和工地安全规则，采取一切必要措施安全施工。

（四）坚持依法办事是保障。深入开展了整顿和规范建设市场工作，坚持和完善工程的招投标制度，严格按国家法律法规办事，绝不允许任何人、任何单位在这个问题上搞随意性，自作主张，另搞一套，更不允许以权谋私。特别是招投标严格按规定的原则、程序，公开、公正地进行，绝不允许暗箱作业，搞假招标、假投标。各级领导干部，尤其是市级领导干部和有关职能部门的领导干部带头坚持原则，带头遵守各项法律法规及工程建设的有关规定，不搞条子工程人情工程。纪检、监察、审计、建设等有关部门深入开展执法检查，一经发现工程项目中的违纪、违法行为，就及时认真地查处。

（五）全心全意依靠人民群众是前提。实施城市建设工程之所以进展顺利、成绩显著，是与广大人民群众理解、支持和参与是分不开的。发动群众、依靠群众，是搞好城市建设最基本的经验、最深切的体会。在施工过程中注意动员组织广大市民群众，特别是工地附近居民群众积极配合和参与工程建设。各部门、各单位在实施拆迁过程中，注意认真细致地做好思想教育工作，采取切实可行的政策措施，维护拆迁户的合法权益，妥善做好安置工作。

（六）加强协调、密切配合是重要条件。城市建设工程是市发展经济社会的重点工程，搞好这项工程，事关跨世纪发展的大局。城市建设工程政策性强、涉及面广、持续时间长，需要全市各级各部门的密切配合、协同作战。特别是有拆迁安置任务的单位，都以大局为重，做到个人利益、集体利益服从全局利益，"小家"服务"大家"，多做具体的艰苦的实际工作，教育群众，化解矛盾，多为重点工程着想，多为政府分忧，经受考验，交出一份合格的答卷。各部门、各单位都从实际出发，简化办事程序，提高办事效率，热心服务基层、服务群众、服务重点工程，为重点工程建设排忧解难。

三、关于城市建设经验的几点启发

（一）城市建设是一种经济行为。城建本身就有一个投入产出的问题，就是一个地地道道的经济行为。从经济方面考虑城市建设问题，也就是讲求城市建设的经济性（即在经济上是否可行，是否节约，是否有足够的回报与收益、从经济上分析是否是最优方案等等）。长期以来，许多城市包括北海市对城市功能、规模的界定和远景蓝图的描绘，面对城市建设的经济性考虑不多，导致了一些不良的建设后果。比如，城市《总体规划》与《国民经济发展计划》不相协调，目标脱节、措施各异，脱离经济能力贪大求洋，盲目铺摊子，出现了一些半拉子工程；有的不考虑长远发展，搞了一些低水平的重复建设，浪费了大量的建设资金；有的成本观念淡薄，一味地进行投入，致使城建投资效益严重流失等等。凡此种种，都与我们对城市建设的经济属性认识不足和经济论证不充分有直接关系。因此，有必要在城市建设中引入"经营"理念，并切实加强"经济论证"，包括城市建设在经济上的可行性论证、投入产出论证、投资来源与偿还能力论证、投资效益与回收期论证、建设成本论证等等。这不仅可以使城市建设的合理规模得以从经济上度量，也有助于提高城市规划的可操作性和城市建设的实际效果。

（二）城市建设需树立一种"经营理念"。市城市建设经验的核心之处，就在于他们建立了多元化的城市建设投融资机制，调动了方方面面的力量参与城市建设；同时建立和完善了城市设施的经营与市场运作机制，将城市资产纳入市场化经营轨道。目前我市城建工作要树立4个观念：一是树立产业观念。按照城市建设的经济属性和客观经济规律的要求，对城建经济进行科学的宏观调控，将城建经济纳入国民经济计划体系，并像搞工业经济、农业经济、商业经济那样精心地谋划项目、核算成本、计算盈亏，要特别注重运用经济政策和经济手段，引导和调动各方面的力量参与城建经济，真正将其发展成为一种实实在在的产业。二是树立市场观念。根据建立社会主义市场经济体制的总体要求，将所有可以推向市场的城建活动和城市设施推向市场，放开手脚让市场去优胜劣汰、调剂余缺。三是树立资产观念。将已经形成的城市资产（包括有型资产，如土地资产和各种城市设施等；无形资产，如历史文化遗产、城市特色文化以及路桥冠名权等）当作经营城市的资本，最大限度地发挥每一项城市资产在城建经济中的作用，同时要按照市场供求关系和城市发展需要不断地优化结构、增加总量，以求城市资产的滚动增值。四是树立效益观念。彻底改变那种视公用设施为福利产品的旧观念，通过建立和完善城市建设的市场规则（包括市场准入规则、竞争规划、交易规则）和政策措施，让城建投入能够获得相当于社会平均利润的经济回报，从而赋予城建经济真正的经济内涵，并使其得以发展壮大。

（三）经营城市必须处理好"三个关系"。

一是经济效益与社会效益的关系。毋庸置疑，社会效益是城市建设必须考虑的问题，城市建设必须以满足人的需要为天职，创造更加适宜的人居环境。但问题在于，城市建设是一个经济活动，不能也不可能凌驾于经济规律之上，因此，城市建设也要讲求经济效益，包括宏观效益和微观效益、直接效益和间接效益、眼前效益和长远效益等等。尤其在市场经济日趋完善的今天，要更加明确地阐明城建经济的合法性与寻求城建效益的合理性，并通过相关政策的宏观调控，确保城建投入的合理收益。同时要更多地运用经济手段和经济方法推进城市建设，要把城市建设纳入"大经济"的范畴，统筹考虑其经济效益和社会效益，不能顾此失彼、失之偏颇。

二是城建投入与发展经济的关系。经济是城市建设的基础，城建是经济发展的条件，二者相辅相成、互相制约，既对立统一，又互为因果。这就要求我们在进行城建投入时，要投入的恰如其分（包括动机的把握与"度"的控制）、投入的合情合理、投入的积极有效。总的原则应该是：既满足需要、适度超前，又厉行节约、讲求效益。现实中有几种倾向需要克服：安于现状，止步不前，囿于原有的城建投资渠道，满足于修修补补、维持现状，城市设施的缺口越来越大，状况越来越差，成为影响投资环境和经济发展的制约因素；目光短浅，缺乏远见，将城市建设建立在较低的起点上，结果使城市走上"建设——改造——再建设——再改造"的恶性循环，造成建设资金的严重浪费；脱离实际，好高骛远。有的行政首长过于追求任职期间的政绩，热衷于城市面貌的迅速改观，在经济地理、客观需要、投资回收期和经济发展的可能性缺乏论证的情况下，不惜举债建设工业城、商贸城、科技城等"面子工程"，使城建资金造成一种极大的人为浪费。

三是经济效益与环境效益的关系。城市建设要讲求经济效益，但不能为了经济效益而破坏生态环境，不能在环境上搞赤字。在防止污染的问题上，如果吝惜当前的一份投入，则日后将以 20 倍的代价偿还，而由此造成的污染损失更是无法估量。环境保护不仅是生态理智，而且也是经济理智的要求；城市发展必须考虑环境容量，并把资源的合理利用与保护视为城市经济持续增长的先决条件，真正做到经济、环境和城市建设同步规划、同步设施、同步实施。

"法变而日新"。我们相信，只要借鉴等地的经验，在立足北海实际的基础上，开动脑筋，发挥各方面的聪明才智，北海的城市建设就一定会实现再一次腾飞。

×××

××××年××月××日

（佚名，标准者写作网）

任务七　会议记录

一、会议记录的概念

会议记录是开会时当场把会议的基本情况和会上的报告、讨论的问题、发言、决议等内容记录下来的书面材料。

会议记录是会议情况和内容的实录,用于比较重要、正式的会议。会议记录是重要的工作记录材料,要指定专人负责,用专门的本子记录、保管。会后由主持人签阅,并归入档案保存。

二、会议记录的种类

1. 详细记录

把会议的内容详细地记录下来,对每个人的发言尽量记录完全,并记原话,做到有言必录。对一些特别重要的会议,重要人物的发言、报告,甚至连语气、语言风格、动作、表情和会议气氛,都要在记录中反映出来。

2. 摘要记录

只把会议讨论反映人的发言要点,讨论的问题及其结论,以及通过的决议等,用简明的文字记录下来。不必做到有言必录。

三、会议记录的一般写作方法

(一)标题

会议记录的标题要写明召开会议的机关或部门的名称,会议的年度、届次,会议的具体名称,后面加上文种"记录"即可。

(二)正文

1. 会议基本情况

这部分要依次写出会议的时间、地点、参加人数、主持人和记录人等。

(1)会议时间。要写明年、月、日及会议开始的具体时间。

(2)会议地点。写明召开会议的具体场所。

(3)与会人员。根据会议性质,按其职务、级别或所属机关部门依次排列。人数不多的会议可把出席人的职务及姓名都写上;人数较多的大型会议,可只标出主要的与会者,余者概述大体人数即可;因故缺席以及列席人员也要标明。

(4)会议主持人。写明主持召开会议的领导人的职务及姓名。

(5)会议记录人。为表示对所做记录负责,要标明记录人姓名。

上述内容均在会议开始前写好。它是会议的自然情况,是会议记录的重要组成部分,不容遗漏或忽视。但如在报刊公开发表,则可略去这一部分内容。

2. 会议基本内容

这部分是会议记录的主要部分。它包括议项、发言、议决三个方面。

(1)议项。即会议项目,也叫会议议题。如议项较多,每项前可以加序码,使之层次清楚分明。

(2)发言。指的是与会人的发言。记录时要写明发言人的姓名和职务。一般来说,在议项讨论前,先由会议主持人提出议项内容,然后再由与会人员发表看法进行讨论。

(3)议决。是指会议的决议,这是会议记录的核心所在。一般由主持人进行归纳,应逐字逐句记录。无异议应标明"一致同意"或"一致通过",有异议时应详细记录不同意见。

(三)落款

要另起一行,空两格,写"散会"或"几时几分散会"。如中途休会,须注明"休会"字样和时间。散会时主持人和记录人要在文后右下方签名,并注明"本会议记录共××页",以示负责。

四、会议记录的基本要求

(一)会议记录的书写要求

1. 内容准确。要真实而准确地反映会议的基本情况和内容,不可背离发言人的原话、原意、原语气。

2. 速度要快。记录速度是保证记录准确的前提。可采用以下几种简便方法:

(1)用符号或简称代替常用词语。如用"社——"代替"社会主义"。但会后整理时应及时补上全文,以防日后难以辨认。

(2)用同音字或汉语拼音代替生字、难词。会后要立即查明并及时更改。

(3)记录时如跟不上发言速度,可只记开头、中间、结尾的几句话或几个词语,留下空格,会后询问发言人并及时补上。

(二)会议记录的整理要求

当场写下的会议记录在内容和语言文字上难免会有贻误不当之处,因而在会后要进行必要的整理。

1. 对其中的错、漏、别字或字迹不清、表意不完整处,要进行更正补充。

2. 使用速记符号的,应在会后及时译出通畅的语言文字。如公开发表,要在符合原意的基础上,尽可能把口语变成书面语。

3. 内容重要的会议记录在整理加工时要征求发言人的意见,整理后要有主持人审阅签字,以保证会议记录的质量。

例文1:

××公司项目会议

时间:××年××月××日

地点:公司会议室

出席人:公司各部门主任

主持人:张三(公司副总经理)

记录:李四(办公室主任)

一、主持人讲话:今天主要讨论一下《中国办公室》软件是否投入开发以及如何开展前期工作的问题。

二、发言:

技术部朱总:类似的办公软件已经有不少,如微软公司的 WORD,金山公司的 WPS

系列,以及众多的财务、税务、管理方面的软件。我认为首要的问题是确定选题方向,如果没有特点,千万不能动手。

资料部李主任:应该看到的是,办公软件虽然很多,但从专业角度而言,大都不很规范。我指的是编辑方面的问题:如WORD中对于行政公文这一块就干脆忽略掉,而书信这一部份也大多是英文习惯,中国人使用起来很不方便。WPS是中国人开发的软件,在技术上很有特点,但中国运用文方面的编辑十分简陋,离专业水准很远。我认为我们定位在这一方面是很有市场的。

市场部唐主任:这是在众多航空母舰中间寻求突破,我认为有成功的希望,关键的问题就是必须小巧,并且速度极快。因为我们建造的不是航空母舰,这就必须考虑到兼容问题。

各部门都同意立项,初步的技术方案将在十天内完成,资料部预计需要三个月完成资料编辑工作,系统集成约需要二十天,该软件预定于元旦投放市场。

散会

(本次会议共×页)　　　　　　　　　　　　　　主持人签名:张三

记录人签名:李四

实训演练

一、名词解释题

1.计划

2.总结

3.简报

二、多项选择题

1.计划的特点有(　　　)

A.预定性　　　　　　B.目标性　　　　　　C.时间性　　　　　　D.实践性

2.简报按其内容可以分为(　　　)

A.工作简报　　　　　B.会议简报　　　　　C.动态简报　　　　　D.静态简报

3.市场调查报告的类别有(　　　)

A.综合调查报告　　　B.专项调查报告　　　C.政府调查报告　　　D.民众调查报告

三、问答题

简述调查报告的写作要求。

四、写作题

根据个人本专业的学习情况写一份800字左右的经验性总结。总结要求比较全面地概括学习的过程中心得体会和存在的问题及不足。

参考答案

一、名词解释题

1.计划是行政机关、企事业单位、社会团体或个人为完成学习、工作等任务,预先制定出具体内容、措施和步骤的应用文体。

2. 总结是对过去一个时期的学习、工作等实践活动进行回顾、归纳分析之后,肯定所取得的成绩、获得实践经验,找出问题和不足,形成认识规律用于指导今后工作的一种文书。

3. 简报是情况的简要报道。它是机关、单位、团体组织用来汇报工作、反映情况、传递信息、交流经验的一种机关应用文体。

二、多项选择题

1. AB　2. ABC　3. ABCD

三、问答题

答:调查报告的写作要求主要有四个方面。

1. 要深入调查,充分占有材料

材料是调查报告的写作依据,必须对调查的对象进行深入、细致的调查,才能获得充分的材料,写作的调查报告才能扎实、深刻。

2. 要研究材料,找出规律,概括观点

调查报告不是罗列大量的事实材料,而是要从对材料的分析研究中找出能反映事物本质的规律性的东西来,这样写出来的调查报告才具有一定的理论价值和指导意义。

3. 要点面结合,注意结构的层次性

调查报告要反映事物的一般规律,既要有一般材料,也要有典型的事例。这样内容既不会空泛,也不会是个例,写出的调查报告才能深度和广度都具备,这就要求处理好结构层次,要按照一定的层次把内容组织好、表现好。

4. 调查方法和结论要产生于调查研究之后

调查报告的写作应在认真调查之后,根据调查研究的结果提炼观点,进行写作,不能颠倒了主、客观关系,违背实事求是的精神。

四、写作题

参考例文:

大学学习经验总结

在大学学习了两年,时间如流水般逝去,我们逐渐走向成熟,对知识的掌握上比以前更为透彻,理解也更为深刻,学习能力都有所提高。在这期间,我本人也积累了一些经验,希望可以和大家分享,共同取得进步。具体内容如下:

1. 制定目标,规划大一

进入大学,根据自己的实际情况,制定目标就极为重要,了解自己真正想要的,更好的规划自己的大学生活。我的长期的目标是考研,有了目标,我知道应该认真学习,重视专业课、数学和英语的学习,为考研打下良好的基础。同时,为提高人际交往的能力,我参加社团、学生会,担任班干部,锻炼自己。

2. 学习时间,合理安排

大学的课程相对高中来说比较少,我把自己时间进行了合理的安排,利用课程较少的一天常去听一场讲座,参加一项集体活动,来丰富自己的生活。做到劳逸结合,能够快乐的学习和工作。

3. 独立思考,合作学习

大学的校园里,各种思想风潮涌动,我们很有可能会受到影响而失去自己的本色,因此,一定要学会独立思考,使自己的想法逐渐得到深入提高。多方面听取意见和建议,鉴定自己的想法,思维得到了完善,思考能力得到了增强,分析能力也得到了很大的提高。

4. 积极主动,勇敢创新

学生工作是大学生活中十分重要的部分。在学生工作方面,就是要积极主动,只有积极主动的表现自己,才能让更多的人认可你,发现你,了解你的能力和实力。工作还要大胆去做,去问,一步一步的磨砺自己。还要勇于创新,提出自己独特的思想和理念,使自己的能力能够在实践中得到肯定。

5. 投身实践,了解自我

投身实践,是我们迅速成长的试金石,在实践中,我们更加贴近社会,贴近生活,更加知道社会需要什么,我们要朝着哪些方面努力。参加实习活动,能更深刻的理解了自己所学专业的内容,在整个过程中学习到很多在书本上学习不到的东西,受益匪浅,收获颇丰。

总之,两年的大学学习,自己收获很多,也存在许多不足。大学学习生活是人生中最美好的阶段,我们要刻苦学习,无愧于这个伟大的时代。

总结人:×××

××××年×月×日

项目四　党政机关公文

1. 掌握党政机关公文的概念、格式，了解公文的特点。
2. 掌握党政机关公文的分类、行文规则及各文种的适用范围。
3. 熟悉各类党政机关公文的结构和写作要求，培养模拟写作公文的能力。

情景导入

党政机关、企事业单位和社会团体，在日常工作中都要处理公务，所撰写的文章均为公文，即公务文书。公务文书具有一定的法定效力和规范体式。广义的公文包括行政公文、规章文书、事务文书等，狭义的公文专指行政公文，它是依法行政和进行公务活动的重要工具。假设你是北京市某某建筑总公司总经理的秘书，公司在年终财务大检查中发现，有些部门仍存在铺张浪费现象，产生极坏影响。为加强廉政建设，维护企业利益，总公司研究决定，对这些部门要进行通报批评，那么你应该如何撰写这则通报呢?

知识清点

任务一　党政机关公文概述

一、党政机关公文的概念

2012 年 4 月 16 日发布的《党政机关公文处理工作条例》(以下简称《条例》)第三条给党政机关公文下的定义:党政机关公文是党政机关实施领导、履行职能、处理公务的具有特定效力和规范体式的文书，是传达贯彻党和国家的方针政策，公布法规和规章，指导、布置和商洽工作，请示和回复问题，报告和交流情况等的重要工具。

公务是指国家机关、社会组织和团体为办理社会公共事务而进行的有组织、有计划的活动。从事公务活动，是法律赋予党政机关的权利。党政机关公文就是依法开展行政工作和进行公务活动的重要工具。

二、党政机关公文的特点

1. 程序性

公文的制发具有程序性。在撰写、制发的过程中,要受公文处理程序的严格制约。公文拟制包括公文的起草、审核、签发等程序。收文的办理,一般包括签收、登记、初审、承办、传阅、催办、答复等程序;发文的办理主要包括复核、登记、印刷、核发等程序。这一系列的过程都是有序的,目的在于保证公文制发或办理的质量,以维护公文的法定效力和机关的权威性。

2. 规范性

公文格式具有规范性。公文具有法定的格式,是权威机关规定的,必须严格按照规定的格式写作。党政机关公文由最高权力机关及有关部门通过法规性公文规定了严格的格式。同时,公文的格式呈现出公文写作和办理的程序性。公文格式的规范性,是公文本质特性的发展,是公文写作和办理的需要。公文具有公众性和同一性,对社会组织成员产生一致的认可、制约和指挥,否则社会组织就不可能运作。与之相应地,反映和办理公务的公文,就形成了固定的格式和程式,这样可以提高公文写作和办理的效率。

3. 制约性

公文具有法定权利的制约性。公文只能有法定的作者制发。法定的作者即社会组织的机关及其部门都规定了隶属关系和职权范围。公文是这种隶属关系和职权范围的反映。拟制公文和办理公文都有一定的规定性。也就是说,公文具有法规给予社会组织职权所产生的制约性。制约性在不同的公文中有不同程度的表现。党政机关公文的命令,对于公文的接受者具有强制性。如果接受者不按命令办理,就会受到法律的制裁;发出命令的政府机关有权依照法律规定,动用军队或警察进行处罚。党政机关公文的决定,具有国家指挥性和约束力。党政机关公文的通知,具有规定性、指挥性和指导性。正因为有制约性,公文才能产生现实的管理作用。

4. 指定性

公文的写作者具有指定性,由法定的作者完成。法定作者是指依法成立并能以自己的名义行使职权和担负义务的机关或组织。公文的作者只能是法定的社会组织及其法人代表或者称为第一领导人。有权力进行公文写作的社会组织,必须依照法律在有关政府部门登记注册。这一社会组织及其第一领导人,就成为公文的法定作者。起草公文初稿的人,称为起草人,比如秘书,但不是法律上的作者。公文的读者是特定的。在格式上有专门规定,指的是"主送机关"、"抄送机关"、"传达(阅读)范围"。但有的告知性的公文,指定的读者应包括发出公文的社会组织之外的社会群众,比如通告这一文种。

三、党政机关公文的种类

1. 从行文关系和行文方向的角度看,公文可分为上行文、下行文和平行文三种。

上行文是指具有隶属关系的下级机关或业务部门呈报给上级机关或业务主管部门

的公文。下行文是指具有隶属关系的上级机关或业务主管部门发给下级机关或业务部门的公文。平行文是指同系统内的平级机关或者不相隶属的机关、部门之间来往的公文。所谓隶属关系是指上下级机关具有直接管理和被管理的关系。

2. 从紧急程度的角度来划分,公文可分为紧急公文和普通公文两大类。

紧急公文又分为"特急"和"加急"。"特急"文件在接到后应在 1 天内办理完毕;"加急"文件应在 3 天内办理完毕,普通公文不作时间上的严格要求,但也要尽快办理,提高文件处理效率。电报应当按照文件的"紧急程度",标注"特提"、"特急"、"加急"和"平急"字样。

3. 从有无保密要求和秘密等级的角度看,公文可分为有保密要求的保密文件、无保密要求的普通文件两大类。

保密文件又分为绝密文件、机密文件和秘密文件三类。绝密文件是指涉及党和国家最核心机密的文件;机密文件是指涉及党和国家最重要机密的文件;秘密文件是指涉及党和国家一般机密的文件。所有这些保密文件名一旦泄漏会使党和国家的安全和利益遭受损害,必须严肃对待,严格管理。

4. 从具体职能的不同的角度看,公文可分为指挥性公文、报请性公文、知照性公文、联系性公文等。

命令、决定等属于指挥性公文;报告、请示等属于报请性公文;通知、通报等属于知照性公文;函则属于联系性公文。

5.《党政机关公文处理工作条例》规定。公文有 15 种:决议、决定、命令(令)、公报、公告、通告、意见、通知、通报、报告、请示、批复、议案、函和纪要。

四、党政机关公文的行文规则

1. 上行文的行文规则

上行文的行文规则主要有如下几点:

(1)公文原则上主送一个上级机关,根据需要同时抄送其他相关上级机关和同级机关,不抄送下级机关。

(2)党委、政府的部门向上级主管部门请示、报告重大事项,应当经本级党委、政府同意或者授权,属于部门职权范围内的事项,应直接报送上级主管部门。

(3)下级机关的请示事项,如需以本机关的名义向上级机关请示,应当提出倾向性意见后上报。不得原文转报上级机关。

(4)除上级机关负责人直接交办事项外,不得以本机关名义向上级机关负责人报送公文,也不得以本机关负责人的名义向上级机关报送公文。

(5)请示应当一文一事,不得在报告等非请示性公文中夹带请示事项。

(6)受双重领导的机关向一个上级机关行文,必要时应当抄送另一个上级机关。

(7)不符合行文规则的上报公文,上级机关的文秘部门可退回下级呈报机关。

2. 下行文的行文规则

下行文的行文规则主要有以下几点:

（1）行文主送受理机关,根据需要抄送相关机关。重要行文应当同时抄送发文机关的直接上级机关。

（2）党委、政府的办公厅(室)根据本级党委、政府授权,可以向下级党委、政府行文,其他部门和单位不得向下级党委、政府发布指令性公文或者在公文中向下级党委、政府提出指令性要求。需经政府审批的具体事项,经政府同意可有政府职能部门行文,文中需注明已经政府同意。

（3）党委、政府的部门在各自职权范围内可以向下级党委、政府的相关部门行文。

（4）涉及多个部门职权范围内的事务,部门之间未协商一致的,不得向下行文;擅自行文的,上级机关应当责令其纠正或者撤销。

（5）上级机关向受双重领导的下级机关行文,必要时抄送该下级机关的另一个上级机关。

3. 联合行文的规则

联合行文的规则是,同级党政机关、党政机关与其他同级机关必要时可以联合行文,属于党委、政府各自职权范围内的工作,不得联合行文。

五、党政机关公文的格式

1. 党政机关公文书面格式

《党政机关公文处理工作条例》(中办发〔2012〕14 号)规定:"公文一般由份号、密级和保密期限、紧急程度、发文机关标志、发文字号、签发人、标题、主送机关、正文、附件说明、发文机关署名、成文日期、印章、附注、附件、抄送机关、印发机关和印发日期、页码等组成。"根据《党政机关公文格式》国家标准(GB/T9704-2012),将组成公文的各要素划分为版头、主体和版记三部分。公文首页红色分隔线以上的部分称为版头;公文首页红色分隔线(不含)以下、公文末页红色分隔线(不含)以上的部分称为主体;公文末页首条分隔线以下、末条分隔线以上的部分称为版记。

（1）版头部分

版头部分一般由份号、密级和保密期限、紧急程度、发文机关标志、发文字号、签发人、版头中的分隔线七个要素构成。

①份号

份号是指公文印制份数的顺序号。涉密公文应当标注份号。如需标注份号,一般用 6 位 3 号阿拉伯数字,顶格编排在版心左上角第一行。

②密级和保密期限

涉密公文应当根据涉密程度分别标注"绝密""机密""秘密"和保密期限。如需标注密级和保密期限,一般用 3 号黑体字,顶格编排在版心左上角第二行;保密期限中的数字用阿拉伯数字标注。

③紧急程度

紧急程度是指公文送达和办理的时限要求。根据紧急程度,紧急公文应当分别标注"特急""加急",电报应当分别标注"特提""特急"加急""平急"。如需标注紧急程度,一般用 3 号黑体字,顶格编排在版心左上角;如需同时标注份号、密级和保密期限、紧急程度,按照份号、密级和保密期限、紧急程度的顺序自上而下分行排列。

④发文机关标志

发文机关标志由发文机关全称或者规范化简称加"文件"二字组成,也可以使用发文机关全称或者规范化简称。

发文机关标志居中排布,上边缘至版心上边缘为 35mm,推荐使用小标宋体字,颜色为红色,以醒目、美观、庄重为原则。

联合行文时,如需同时标注联署发文机关名称,一般应当将主办机关名称排列在前;如有"文件"二字,应当置于发文机关名称右侧,以联署发文机关名称为准上下居中排布。

⑤发文字号

发文字号由发文机关代字、年份、发文顺序号组成。联合行文时,使用主办机关的发文字号。发文字号编排在发文机关标志下空二行位置,居中排布。年份、发文顺序号用阿拉伯数字标注;年份应标全称,用六角括号"〔〕"括入;发文顺序号不加"第"字,不编虚位(即 1 不编为 01),在阿拉伯数字后加"号"字。如"国办发〔2010〕6 号"中,"国办发"表示由国务院办公厅制发,〔2010〕表示文件是 2010 年制发的,"6 号"表示该文是当年所发的第 6 号文件。

上行文的发文字号居左空一字编排,与最后一个签发人姓名处在同一行。(见附录二图 4)

发文字号是引用和查找公文时的重要依据。正规公文一般都要有发文字号,其组合方式也要按《办法》和《条例》的规定执行。为了简便,本项目中有些例文省略了发文字号。

⑥签发人

上行文应当标注签发人姓名。由"签发人"三字加全角冒号和签发人姓名组成,居右空一字,编排在发文机关标志下空二行位置。"签发人"三字用 3 号仿宋体字,签发人姓名用 3 号楷体字。

如有多个签发人,签发人姓名按照发文机关的排列顺序从左到右、自上而下依次均匀编排,一般每行排两个姓名,回行时与上一行第一个签发人姓名对齐。

⑦版头中的分隔线

发文字号之下 4mm 处居中印一条与版心等宽的红色分隔线。

(2)主体部分

主体部分一般由标题、主送机关、正文、附件说明、发文机关署名、成文日期、印章、附注、附件等要素构成。

①标题

标题由发文机关名称、事由和文种组成。一般用 2 号小标宋体字,编排于红色分隔线下空二行位置,分一行或多行居中排布;回行时,要做到词意完整,排列对称,长短适宜,间距恰当,标题排列应当使用梯形或菱形。注意不要采用上下长度一致的长方形和上下长、中间短的沙漏型标题。

②主送机关

主送机关是指公文的主要受理机关。行文时应当使用机关全称、规范化简称或者同类型机关统称。编排于标题下空一行位置，居左顶格，回行时仍顶格，最后一个机关名称后标全角冒号。如主送机关名称过多导致公文首页不能显示正文时，应当将主送机关名称移至版记。

③正文

正文是公文的主体，用来表述公文的内容。公文首页必须显示正文。一般用3号仿宋体字，编排于主送机关名称下一行，每个自然段左空二字，回行顶格。文中结构层次序数依次可以用"一、""（一）""1.""（1）"标注；一般第一层用黑体字、第二层用楷体字、第三层和第四层用仿宋体字标注。

④附件说明

附件说明是指公文附件的顺序号和名称。如有附件，在正文下空一行左空二字编排"附件"二字，后标全角冒号和附件名称。如有多个附件，使用阿拉伯数字标注附件顺序号（如"附件：1.XXXXX"）；附件名称后不加标点符号。附件名称较长需回行时，应当与上一行附件名称的首字对齐。（可参见版式图9）

⑤文机关署名、成文日期和印章

发文机关署名是署发文机关全称或者规范化简称。成文日期署会议通过或者发文机关负责人签发的日期。联合行文时，署最后签发机关负责人签发的日期。公文中有发文机关署名的，应当加盖发文机关印章，并与署名机关相符。有特定发文机关标志的普发性公文和电报可以不加印章。

加盖印章的公文：成文日期一般右空四字编排，印章用红色，不得出现空白印章。单一机关行文时，一般在成文日期之上、以成文日期为准居中编排发文机关署名，印章端正、居中下压发文机关署名和成文日期，使发文机关署名和成文日期居印章中心偏下位置，印章顶端应当上距正文（附件说明）一行之内。联合行文时，一般将各发文机关署名按照发文机关顺序整齐排列在相应位置，并将印章一一对应、居中下压发文机关署名，最后一个印章端正、居中下压发文机关署名和成文日期，印章之间排列整齐，互不相交或相切，每排印章两端不得超出版心，首排印章顶端应当上距正文（附件说明）一行之内。

不加盖印章的公文（见附录图9）：单一机关行文时，在正文（或附件说明）下空一行右空二字编排发文机关署名，在发文机关署名下一行编排成文日期，首字比发文机关署名首字右移二字，如成文日期长于发文机关署名，应当使成文日期右空二字编排，并相应增加发文机关署名右空字数。联合行文时，应当先编排主办机关署名，其余发文机关署名依次向下编排。

加盖签发人签名章的公文：单一机关制发的公文加盖签发人签名章时，在正文（或附件说明）下空二行右空四字加盖签发人签名章，签名章左空二字标注签发人职务，以签名章为准上下居中排布。在签发人签名章下空一行右空四字编排成文日期。联合行文时，应当先编排主办机关签发人职务、签名章，其余机关签发人职务、签名章依次向下编排，与主办机关签发人职务、签名章上下对齐；每行只编排一个机关的签发人职务、签名章;签发人职务应当标注全称。

⑥附注

附注是公文印发传达范围等需要说明的事项。如有附注,居左空二字加圆括号编排在成文日期下一行。

⑦附件

附件是公文正文的说明、补充或者参考资料。公文如有附件应当另面编排,并在版记之前,与公文正文一起装订。"附件"二字及附件顺序号用3号黑体字顶格编排在版心左上角第一行。附件标题居中编排在版心第三行。附件顺序号和附件标题应当与附件说明的表述一致。附件格式要求同正文。

如附件与正文不能一起装订,应当在附件左上角第一行顶格编排公文的发文字号并在其后标注"附件"二字及附件顺序号。

(3)版记部分

版记部分由抄送机关、印发机关和印发日期、页码等组成。

①版记中的分隔线

版记中的分隔线与版心等宽,首条分隔线和末条分隔线用粗线(推荐高度为0.35mm),中间的分隔线用细线(推荐高度为0.25mm)。首条分隔线位于版记中第一个要素之上,末条分隔线与公文最后一面的版心下边缘重合。

②抄送机关

抄送机关是除主送机关外需要执行或者知晓公文内容的其他机关,应当使用机关全称、规范化简称或者同类型机关全称。如有抄送机关,一般用4号仿宋体字,在印发机关和印发日期之上一行、左右各空一字编排。"抄送"二字后加全角冒号和抄送机关名称,回行时与冒号后的首字对齐,最后一个抄送机关名称后标句号。如需把主送机关移至版记,除将"抄送"二字改为"主送"外,编排方法同抄送机关。既有主送机关又有抄送机关时,应当将主送机关置于抄送机关之上一行,之间不加分隔线。

③印发机关和印发日期

印发机关和印发日期一般用4号仿宋体字,编排在末条分隔线之上,印发机关左空一字,印发日期右空一字,用阿拉伯数字将年、月、日标全,年份应标全称,月、日不编虚位(即1不编为01),后加"印发"二字。版记中如有其他要素,应当将其与印发机关和印发日期用一条细分隔线隔开。

④页码

一般用4号半角宋体阿拉伯数字,编排在公文版心下边缘之下,数字左右各放一条一字线;一字线上距版心下边缘7mm。单页码居右空一字,双页码居左空一字。公文的版记页前有空白页的,空白页和版记页均不编排页码。公文的附件与正文一起装订时,页码应当连续编排。

2. 公文排版规格与印制装订要求

公文用纸采用GB/T148中规定的A4型纸,其成品幅面尺寸为:210mm×297mm。公文用纸天头(上白边)为37mm±1mm,公文用纸订口(左白边)为28mm±1mm,版心尺寸为156mm×225mm。如无特殊说明,公文格式各要素一般用3号仿宋体字。特定情况可以作适当调整。一般每面排 22 行,每行排 28 个字,并撑满版心。特定情况可以作适当调整。如无特殊说明,公文中文字的颜色均为黑色。公文应当双面印刷,左侧装订,不掉页。

3. 公文格式示意图

公文格式示意图详见附件二。

任务二　决定

一、决定的含义及其分类

(一)决定的含义

决定是党政机关、社会团体、企事业单位或某种会议就某项任务、工作,特别是重大行动阐明方针主张,具体处置办法时所使用的公文。一般来说,"对重要事项或重大行动作出安排",用决定。决定既可以经会议讨论通过而产生,也可以出领导机关直接行文,一旦成文下发,就要求下级机关和有关人员必须贯彻执行。所以,决定是一种重要的指令性下行文。

(二)决定的分类

根据用途和内容,决定可分为以下几类:

1. 知照性决定

又称"处置性决定",是一种处理、布置并告知具体事项的决定,常用的有表彰决定、处分决定、机构设置或调整的决定、人事安排的决定等。这类决定,内容单纯,行文简洁,将所决定的事项简要地传达给有关单位、部门或个人就行了。

2. 部署性决定

"部署性决定"就是对重大行动作出安排的决定。这些决定有的是由机关直接发出的,有的是由会议直接发出的,有些特别重大的事项或迫切需要解决的重大问题。如《全国人民代表大会常务委员会关于迅速审判严重的危害社会治安的犯罪分子的程序的决定》等。

3. 法规性决定

"法规性决定"是用来公布重大法规的决定。这类决定的结构一般比较简单,先简要地说明公布决定的目的,然后逐条列出法规的内容即可。

二、决定的特点及其使用范围

(一)决定的特点

1. 决断性

决定是对某些重大行动或重要问题作出决断,阐明方针、政策和主张,提出规划、安排、意见和结论的一种公文。行文郑重严肃,语气肯定果断,体现出权威的决断力量,具有必须坚决照办、不容质疑的特性。

2. 指令性

对上级机关已经作出的决定,所属下级机关和有关人员必须坚决贯彻执行,令行禁止,绝不允许阳奉阴违。如有违背和违反,将视其情节轻重,予以严肃处理。决定的这种指令性和行政约束力,近似乎命令,但与命令又有所不同。命令的行文,一般只作论断性的说明,而不作工作方针、政策、方法上的陈述。

3. 广泛性

决定的广泛性一方面是指应用范围的广泛,政治、经济、文化、科技、教育等部门都可运用,因而从总体上看,其内容范围涉及面广,具有多样性和丰富性。另一方面是指决定只注明印发或传出范围而不写主送机关。它是在规定的范围内广泛地进行指挥,而不是向具体对象发号施令。

4. 权威性

决定虽然没有命令那样浓的强制色彩,但也是一种权威性很强的下行文。决定是上级机关针对重要事项和重大行动,经重要会议或领导班子研究通过后,对所辖范围内的工作所做的安排。决定一经发布,就对受文单位具有很强的约束力,必须遵照执行。如《国务院关于全面推进依法行政的决定》,就要求:

各省、自治区、直辖市人民政府和国务院各部门要根据全国依法行政工作会议精神和本决定的要求,结合本地方、本部门的实际,全面、深入、扎实地推进依法行政进程,保证改革开放和社会主义现代化建设健康、顺利发展。各地方、各部门要将贯彻实施全国依法行政工作会议精神和本决定的情况于今年 12 月 31 日前送国务院法制办公室,由国务院法制办公室汇总后向国务院报告。

——《中华人民共和国国务院公报》,2000 年第 1 号

该例文从内容到语气,都坚定确凿,不容置疑,体现了决定的权威性特点。

(二)决定的适用范围

决定的适用范围比较广泛,发布政策法令,采取重大行动,处理特殊问题,安排调整机构,人事任免,表彰、惩戒有关部门、人员,部署工作,变更或者撤消下级机关不适当的决定事项等,都可以使用决定。

三、决定的写法

1. 标题

标题由发文机关、事由、文种三部分组成。

2. 成文日期

决定的成文日期的写法有两种:一是将成文日期年、月、日标写在落款之下,与发文机关错开并偏右下方;另一种是特殊的标写方法,即凡属会议集体讨论通过的决定,把会议通过的年、月、日用括号括入直接标写在标题之下居中的位置。

3. 正文

决定的正文一般由引语、主体、结尾三部分组成。引语写出决定的依据、原因、目

的,有时还要讲到所决定事项的具有情况和它的意义。主体包括决定的内容、落实决定的要求和措施。可视具体的情况而采用不同的写法。有的内容简单,可用一个自然段行文;有的内容复杂,可以分条列款表述;大型的决定可分成几个部分,列小标题,在部分之下又分条列款。大多数决定都有结束语,即在最后写上一段希望、号召、要求之类的文字。

例文1:

关于授予广州市迎"九运"城市基础设施建设
及环境综合整治特别奖的决定

广州市建委:

今年来,为迎接第九届全国体育运动会在穗举办,广州市建设了以内环路为代表的一大批市政基础设施项目,同时大力加强城市环境综合整治工作,为保障"九运会"的成功举办提供了良好的场馆、环境和设施,取得了显著成绩,也实现了"一年一小变、三年一中变"的城市建设和管理工作目标,受到中央领导和"九运会"组委会以及各体育代表团的肯定和赞扬,并被国际组织评为"国际花园城市"。为此,建设部决定,授予广州市迎"九运"城市基础设施建设及环境综合整治特别奖称号。希望你们再接再厉,发扬成绩,开拓创新,在加快推进城市化的进程中再创佳绩,为改善城市生态环境作出新的贡献!

中华人民共和国建设部(盖章)
××××年××月××日

任务三 公告

一、公告的含义及其分类

(一)公告的含义

公告是政府向国内外宣布重要事项、重大事件或者是机关单位、团体组织有公务事项需要告知社会和人民群众时所使用的一种下行公文。

(二)公告的分类

根据公告的内容和性质,公告大致可分为宣告重大事项的公告、知照办理事项的公告和发布政策法规的公告。

有一类公告是属于专业性的或向特定对象发布的,如经济上的招标公告,按国家专利法规定公布申请专利的公告,属专业性公告;也有按国家民事诉讼法规定,法院递交诉讼文书无法送本人或代收人时,可以发布公告间接送达,是向特定对象发布的,这些都不属行政机关公文。

二、公告的特点

1. 庄重性

公告一般由国家权力机关和行政管理部门制定并颁布,其内容又是关系到政治、经济、军事和国家领导人行动、或与人民群众利益密切相关的重大事情,其本身就是极其庄重严肃的事。

2. 慎重性

由于公告可以直接向国外宣布,如发射洲际导弹、进行军事演习等。这就涉及一个保卫国家机密的问题。因此,在撰写公告时,一定要审慎措辞,既要将意思表达清楚,又不能泄露国家机密。

3. 广泛性

公告是向国内外公布的文告,有的要求世界各国周知,是告知范围最广的一种公文。

4. 语言精练、通俗

公告内容的单一和它本身具有的庄重性、严肃性,决定了公告的语言应该十分精练,一般它只作客观叙述,少加议论。另外,公告的读者不仅有机关工作人员,而且还有普通群众。因而在撰写这类公文时必须做到语言通俗易懂。

5. 有特定的时限性

公告宣布的事项大都重要紧急,有特定的时限要求,一般都是通过广播、电视、报刊等新闻媒体发布。

三、公告的写法

公告由标题、编号、正文、落款等项组成。

1. 标题

公告的标题有两种构成形式:一种是完整结构形式,即由发布机关名称、事由、文种三部分组成;另一种是不完整结喉形式,这种构成形式又可分为两种:

(1)省略事由部分,而由发布机关名称与文种两个部分组成。如《中华人民共和国邮电部公告(2009 年 6 月 1 日)》。

(2)省略事由部分和发布机关名称,只由文种"公告"一个部分组成。公告标题的书写位置均标写在正文之上居中的位置。

2. 编号

公告的编号不同于普通公文的文号,它是发文机关专门编排的公告序号,即"第×× 号",写法与令号相同,都标写在标题之下居中的位置。

3. 正文

一般比较简短的正文,只直陈缘由和宣布事项,行文庄重,直叙事理,用词精当准确,不需议论,简洁明了。内容较多、篇幅较长的公告,其结构完整,可由开头、主体、结尾三个部分构成。

开头部分,就是发布公告的根据部分,即简明扼要地说明根据什么理由,或什么政策、法规发布公告,并用承启句"公告如下"导入正文主体内容。主体部分,就是公告发内容事项部分,多是分项列条叙述;结尾部分多用特定的结束语:"特此公布"、"现予公布",要求另行书写,现在也可省略。

公告的正文要力求简短,力求一段到底,力求用一两句话把公告依据、公告内容、公告结语等内容写尽。这只是就一般的情况而言。如果情况特殊,需要公告的内容过多(既要写明需要社会和群众广为知晓的公务事项,又要提出规定和要求),这时的公告就不能一味地强求一段到底,而应采取分条列举的行文方式:先写明发布公告的原因,再将所要公布的事项一条条地分列出来,以免文章在结构、内容上出现混乱。

4. 落款

包括署名和日期。如标题有发布机关名称,就不必署名;如签署领导人的名字,要加职衔。凡在标题之下列有关发布机关名称和日期的,此处可以省略。

四、公告的使用情况

目前,公告的使用比较混乱,主要有两种情况:一是把公告当作"启事"、"声明"、"广告"用,望文生义,以为"公告"就是公开告知有关事项,如声明某业务与本单位无关,揭露有人冒充某报记者行骗,也用"公告";二是"公告"代行"通告",凡是公布性事项,事无巨细都用"公告",甚至街道告知居民领取物价补贴也用"公告"。使用公告必须以"公告"适用于向国内外宣布重要事项或者法定事项的有关规定来衡量,避免公告滥用。

例文1:

国务院任免国家工作人员公告

任命童刚为国家广播电影电视总局副局长;

任命张建华为国家国防科技工业局副局长;

胡海岩继续担任北京理工大学校长;

任命汪劲松为西北工业大学校长(副部长级)。

免去尤权的国务院副秘书长职务;

免去王伟的监察部副部长和屈万祥的监察部副部长、国家预防腐败局副局长职务;

免去李荣灿的商务部部长助理职务;

免去姜澄宇的西北工业大学校长职务。

国务院

2013 年 1 月 22 日

任务四　通告

一、通告的概念及其分类

(一)通告的概念

通告是国家机关、企事业单位、人民团体在一定范围内向人民群众公告应当遵守或周知的政策法令、重大事项的一种公文。

通告是属于周知性的文种之一,是在一定的范围内,对人民群众、机关团体公布应当遵守和周知的事项的文件。通告与布告、公告都同属于周知性公文,但它们之间相比还有其特点。通告所宣告的事项多属于专业性或业务性的,多涉及公安、交通、金融方面,而布告内容广泛得多,涉及面较广;公告为重大事项的发布。通告适用的范围,不仅仅限于上级对下级,不相隶属的单位也可使用。它有具体范围和时限性。通告发布的形式较多,可登报,可广播,可张贴。布告以张贴为主,公告多广播、登报。

(二)通告的分类

按其内容划分,通告可分为内容复杂的通告、按惯例执行的通告和向人民群众沟通情况的通告。内容复杂的通告并不常见,其内容需要详细叙述,具有一定的全局性、复杂性,因此要尤为重视。按惯例执行的通告较常见,而且有一定的惯例可循。向人民群众通报情况的通告,主要是让一定的机关、团体、人民群众了解其应知道或遵守的事项、情况和规定。

按其重要程度划分,通告可分为重大法规问题的通告和针对某工作或专题的通告。前者往往涉及行政机关用来发布法律、法规、规定,缉拿逃犯等重要问题,政策性、法律性较强。后者对某特定的工作和专门的问题提出要求和解决办法,要下级机关、一定社团、人员办理。

按其性质划分,通告可分为告知性通告,办理性通告和行止性通告,本书将从这一角度分别阐述。

1. 告知性通告

即让一定机关、社团、人群知道某事项规定及情况的通告。

2. 办理性通告

要求被通告单位、人员按通告事项进行办理或完成任务的通告。

3. 行止性通告

要求一定范围的机关、社团、人员开始或停止某状态、行为等的通告。

二、通告的特点

1. 法令性

通告一般是国家机关根据自己职权范围发布的,兼有通知和约束的性质,一旦形成文字,就要求机关、团体、人民群众了解遵守,具有直接生效的法律作用、执行作用和教育作用,既要晓谕作用又有一定约束力。它常常就某些事项作出规定或限制,成为被告知范围内的单位和个人行动的准则,不得随意违反。

2. 广泛性

通告的广泛具体表现在两方面:首先是内容广泛,日常工作中无论重大问题或一般问题都可以用通告;其次是对象广泛,须张贴出来,可以利用各种宣传工具,如在报纸杂志、电台、电视台等各种新闻媒体公开发表出来。

3. 专业性

通告的内容通常具有专门性和专业性,或由职能部门专门问题而通告,或职能部门为特定的专门业务而通告。

4. 政策性

通告常常体现着党和国家各项方针、政策。也可以说,它是党和国家各项方针、政策在一定范围内和某些事项上的具体化。

三、通告的写法

通告的结构包括标题、正文、落款。

1. 标题

通告的标题可分为四种形式:

(1)由发文机关、事由、文种三者组成标准标题写法,如《国务院关于保障民用航空安全的通告》;

(2)由发文机关、文种组成的标题写法,如《上海铁路新客站工程指挥部通告》;

(3)由事由、文种组成的标题写法,如《通车通告》、《关于禁止在公共场所吸烟的通告》;

(4)只有文种的标题写法,如《通告》。

2. 正文

通告的正文一般由开头、主体、结尾构成,根据正文内容类型不同,通告格式也有差异,但大部分通告均由开头——事由和根据、主体——通告的事项、结尾——希望三部分组成。

正文开头:一般要写出发通告的缘由、依据或目的、意义。要求写得简括。通告的事由和根据要写明通告事项的理由和为什么要发通告,即阐明发此通告的原因、目的和意义,常常是简单明了的几句话,写明发通告的根据。通告的事由和根据后面的承启用语常用"通告如下"、"为此,特作如下通告"等,紧跟冒号。

正文主体:即通告事项,应紧接事由另段展开。它包括具体的规定和要求等,是一定范围内有关单位和有关人员应周知或遵守的,要写得具体、简明,利于领会、掌握和遵守。事项不多的,可以一气哈成,不分段落;事项较多的,可以分段写或分条列项写。要注意条理性和严密性。

正文结尾:即通告希望,多半是对通告内容的强调或要求,一般带有强制性,有时指明执行时间。一般以"特此通告"的惯用尾语作结,也可以正文写完了就结束,即没有结尾。

3. 发文机关及日期

通告的发文机关及日期应写在通告正文的右下方,发通告的单位为两个以上时需用文字写明机关或单位名称并加以盖章,如果发通告的单位为一个或两个,则只需加盖公章。

例文 1:

国务院关于同意设立陕西西咸新区的批复

国函〔2014〕2 号

陕西省人民政府你省关于设立陕西西咸新区的请示收悉,现批复如下:

一、同意设立陕西西咸新区。西咸新区位于陕西省西安市和咸阳市建成区之间,区域范围涉及西安、咸阳两市所辖 7 县(区)23 个乡镇和街道办事处,规划控制面积 882 平方公里。西咸新区是关中—天水经济区的核心区域,区位优势明显、经济基础良好、教育科技人才汇集、历史文化底蕴深厚、自然生态环境较好,具备加快发展的条件和实力。要把建设西咸新区作为深入实施西部大开发战略的重要举措,探索和实践以人为核心的中国特色新型城镇化道路,推进西安、咸阳一体化进程,为把西安建设成为富有历史文化特色的现代化城市、拓展我国向西开放的深度和广度发挥积极作用。

二、西咸新区建设要高举中国特色社会主义伟大旗帜,以邓小平理论、"三个代表"重要思想、科学发展观为指导,紧紧围绕创新城市发展方式,走资源集约、产业集聚、人才集中、生态文明的发展道路,促进工业化、信息化、城镇化、农业现代化同步发展,着力建设丝绸之路经济带重要支点,着力统筹科技资源,着力发展高新技术产业,着力健全城乡发展一体化体制机制,着力保护生态环境和历史文化,着力创新体制机制,努力把西咸新区建设成为我国向西开放的重要枢纽、西部大开发的新引擎和中国特色新型城镇化的范例。

三、陕西省人民政府要切实加强对西咸新区建设的组织领导,完善工作机制,明确工作责任,积极稳妥扎实推进西咸新区建设发展。要认真做好西咸新区发展总体规划以及土地利用总体规划、城市和镇总体规划、环境保护规划、水资源供求中长期规划等专项规划的编制工作,做好与国家及本省相关规划的衔接。要着力优化空间布局,切实节约集约利用土地,严格保护耕地和基本农田。要抓紧开展环境影响评价,切实保护和节约水资源。要加强历史遗址保护和非物质文化遗产传承,增强文化软实力。要进一步明确发展思路,突出发展重点,创新发展方式,统筹推进西咸新区发展,涉及的重要政策和重大建设项目要按规定程序报批。

四、国务院有关部门要按照职能分工,加强对西咸新区建设发展的支持和指导,在有关规划编制、政策实施、项目布局、资金安排、体制创新、对外开放等方面给予积极支持,为西咸新区发展营造良好的政策环境。要加强沟通协调,建立由国务院有关部门和陕西省人民政府参与的部省际联席会议制度。国家发展改革委要会同有关部门做好有关重大发展政策的落实工作,帮助协调解决西咸新区建设过程中遇到的困难和问题。

建设西咸新区,对于创新城市发展方式、深入实施西部大开发战略、引领和带动西部地区发展、扩大向西开放具有重要意义。各有关方面要统一思想、密切配合,开拓创新、真抓实干,共同推动西咸新区持续健康发展,努力开创陕西经济社会发展新局面。

国务院

2014 年 1 月 6 日

(此件公开发布)

例文 2:

国务院关于同意福州市科技园区更名为

福州高新技术产业开发区的批复

国函〔2014〕31 号

福建省人民政府:

你省《关于恳请将福州市科技园区更名为福州高新技术产业开发区的请示》(闽政文〔2013〕233 号)收悉。现批复如下:

同意福州市科技园区更名为福州高新技术产业开发区。

国务院

2014 年 3 月 5 日

(此件公开发布)

任务五　通知

一、通知的概念

通知是行政机关、企事业单位、社会团体用于批转下级机关的知照性公文。通知,可用来转发上级机关和不相隶属机关的公文,可传达要求下级完成的工作任务,可传达需要有关单位周知或者执行的事项,可用作任免人员而使用的书面性文件。

二、通知的分类

从时间上来看,通知有紧急和一般之分。与一般通知相比较,紧急通知有时间的迫切性。但通知往来本身需要一定的时间,时间的紧迫感只能是相对的。除了范围不大的单纯事务的公务活动以外,如果事态确属紧急,最好电话通知或专人通知,以免延误。

按性质不同,通知可划分为一般性通知、指示性通知、批示性通知、任免性通知和会议性通知五大类。

(一)一般性通知

用于告知和需要有关或人员知道或办理的事项。如庆祝某个节目,成立、调整、合并、撤消机构,启用印章,更正文件差错,报送有关材料等。又可分为两类:

1.布置性通知,也叫部署工作的通知或事项通知。用于安排活动、部署某项工作、公文机关各部门工作人员应执行的事项。

2.告谕性通知,也叫通报情况的通知或知照性通知。用于沟通情况、交流信息或公布机关内部门人员应该知道的而不需办理和执行的事项。

(二)指示性通知

上级机关对要求下级机关办理的一般性工作有所指示和安排或传达布置任务时,根据公文的内容不必用"命令"或"指示"的用这种通知。

(三)批示性通知

用于发布某些行政法规,印发领导同志讲话,批转下级机关报告,转发上级机关或不相隶属机关文件。包括:

1.转发性通知。用以转发上级机关,平行机关,不相隶属机关的文件。

2.批转性通知。用于批转下级机关的公文。上级机关根据某个下级机关的来文内容加上批语转发的通知,与被批转或转发的文件一起构成一个新文件,不仅答复来机关,而且要求所属其他机关借鉴、参照或遵照执行。

3.批准性通知。上级机关同意下级机关意见、建议、请求时用此种通知。

(四)任免性通知

用于将人员任免情况知照有关机关。

(五)会议性通知

上级领导机关要召开比较重要的会议,一般都要提前通知所属有关单位,这就是会议性通知。它是机关日常工作中常用的通知类型,以通告召开一个会议的有关事项为主要内容。

三、通知的特点及其使用范围

(一)通知的特点

1.范围广

无论哪一级党政机关、社团、企事业单位都可使用该种公文。其内容上至国家政令,下至百姓生活,均可涉及。

2.时效性

通知担负着传达信息、布置工作、处理日常事务的重要任务,时间性特别强。发文机关在通知里对受文机关通常都有时间要求,长则数年,短则几个小时。通知要及时写、及时发、及时处理,超过规定时间,许多通知就成了一纸空文。

较为灵活的通知正文可以按各自的需要采取不同的写法。这一点在本节"写法"部分将会详细介绍。

3.多样性

在下行文中,通知的功能是最为丰富的。它可以用来布置工作、传达指示、晓谕事项、发布规章、批转和转发文件、任免干部等等,总之,下行文的主要功能,它几乎都具备。

但通知在下行文中的规格,要低于命令、决议、决定、指示等文体。用它发布的规章,多是基层的,或是局部性的、非要害性的;用它布置工作、传达指示的时候,文种的级别和行文的郑重程度,明显不如决定、指示。

4. 指导性

通知这一文体名称,从字面上看不显示指导的姿态,但事实上,多数通知都具有一定程度的指导性。用通知来发布规章、布置工作、传达指示、转发文件,都在实现着通知的指导功能,受文单位对通知的内容要认真学习,并在规定时间内完成通知布置的任务。

(二)通知的适用范围

通知,是用来传达指示,部署工作,告知事项以及批转和转发公文的一种正式公文,使用范围非常广泛,不受发文机关的级别和发文内容、重要程度的限制,既可以用做下行文,也可以用做上行文。

一般来说通知可在以下范围内使用:

1.上级机关用来印发领导同志讲话。

2.用于批转下级机关公文,转发上级机关,平行机关和不相隶属机关的公文。

3.用于召集有关单位、人员参加会议,机关日常工作中常用通知体公文。

4.用于公布下级机关人事变动或上级机关人员任免情况。

5.用于安排活动,部署工作。

6.用于沟通情况,交流信息或公布机关内部人员应该知道的事项。

7.上级机关对下级机关的工作进行指示和安排或传达布置任务。

四、通知的格式及其写法

(一)通知的写法

通知虽类型众多,但总的说来其形式通常由标题、受文机关(或个人)、正文、签署、日期等五部分组成。

1. 标题

公文标题、分完全式和非完全式两类。完全式标题由发文机关、事由、文种组成,用于内容复杂、庄重的通知。如《国家税务总局关于农村信用社管理机构提取管理费问题的通知》;非完全式标题用于一般性通知和内容简单的通知,可以直接写成"通知"或"紧急通知"、"重要通知",但应注意的是通知的标题一般都应符合"三要素"(发文机关、事由、文种),使人一看标题就知道是通知什么事情或要求做什么事情。近年来,通知使用日益广泛,很多机关文件的标题就简单地标个"通知"二字,由于其不确切性,应在撰写通知时尽量避免。

2. 受文机关(或个人)

通知的标题之后,正文之前,要写明被通知的单位(主送机关)。被通知的单位可以是一个,也可以是几个,也可以是所有下属单位。有些通知往往不写被通知的单位(无主送机关)或直接称"有关单位",这是不妥的。

3. 正文

如果通知内容较多,可分条写,一般每条一段。通知正文类型不同格式也有一定差别。

(1)一般性通知的正文要包括通知的目的、通知的事项,执行要求三部分,通知目的说明为什么要发通知,是通知正文的导语,一般比较简明扼要,通过承启用语,很快转入通知事项的拟写。目的与事项之间的承启用语有"特作如下通知"、"现通知如下"、"紧急通知如下"、"望按以下通知执行"、"现将有关事项通知如下"等,其后一般用冒号,也可用句号。通知事项是通知正文的主体,一般分段或分条叙述,因为是要求办理的,所以务必分明、具体,便于迅速理解和执行。执行要求要另起一行。一般多用"以上通知望认真执行"、"特此通知,望认真执行"、"本通知自下发之日起实行"等语。有的要求比较具体,带有强调督促和号召性质。

(2)会议通知,一般直陈事项,最后一般用"特此通知"、"此通知"结尾,另起一行不用标点。

4. 发文机关和发文日期

写在正文的右下方。以公文方式下发的通知,要加盖公章,发文、机关为两个以上单位时必须写清单位名称。通知如果有附件,就应在正文之后和发文机关之上另起一行空两格注明。

(二)会议通知的基本写法

会议通知是上级机关或发起单位发给与会单位和人员的书面通知。

1. 标题

重要会议通知属正式公文,标题要写明单位名称、会议名称和文种,标题下要编发文号。一般会议通知属日常事务文书,标题可只写文种或事由加文种,不编发文号。

2. 主送机关

一般有两种写法:一是在一定范围内普法性的会议通知,主送机关笼统地写,如"各区、县、局"等。二是专请、专送的单位和个人,主送机关必须写明机关全称或具体部门及人员职务姓名。

3. 正文

开头。写召开会议的理由、目的。

主体。通常采用分条列项写法。写明会议名称、会议议题、起止时间、会议地点、参加人员、报到时间、地点、有关注意事项等。

结尾。如无特殊安排,可不加结尾,或写上"望准时到会"、"届时敬请参加"之类用语。

4. 落款

写明发文机关的全称,署明日期、加盖公章。标题已标出发文机关的,只写年月日后加盖公章。

例文1：

北京市教育委员会关于举办
2013年北京市大学生人文知识竞赛
等三项学科竞赛的通知

各普通高等学校：

为落实市教委《关于进一步提高北京高等学校人才培养质量的意见》（京教高〔2012〕26号）精神，激发大学生的学习兴趣与潜能，培养大学生的创新精神和团队协作意识，进一步推进教育教学改革，今年我委继续开展北京市大学生学科竞赛。现将人文知识竞赛等3项学科竞赛方案印发给你们，请根据学校实际情况，按照各单项竞赛要求积极组织学生报名参加。（各竞赛详细说明及相关表格可登陆 http://gjc.bjedu.gov.cn 下载）。

附件：

1. 2013年北京市大学生人文知识竞赛方案
2. 2013年北京市大学生计算机应用竞赛方案
3. 2013年北京市大学生机器人竞赛方案

北京市教育委员会
2013年7月15日

任务六　通报

一、通报的概念

通报是表彰先进，转达重要精神和情况时所使用的文种。

通报的应用也比较广泛，可以用于表扬好人好事、新风尚；也可以用于批评错误，总结教训，告诫人们警惕类似问题的发生；还可以用来互通情况，传达重要精神，沟通交流信息，指导推动工作。

二、通报特点

1. 典型性

不是任何的人和事都可以作为通报的对象来写的。通报的人和事总是具备一定的典型性，能够反映、揭示事物的本质规律，具有广泛的代表性和鲜明的个性。这样的通报发出后，才能使人受到启迪，得到教益。

2. 引导性

无论表扬性通报，批评性通报，还是情况通报，其目的都在于通过典型的人和事引导人们辨别是非，总结经验，吸取教训，弘扬正气，树立新风。

3. 严肃性

通报的内容和形式都是严肃的。由于通报是正式公文，是领导机关为了指导面上的工作，针对真人、真事和真实情况制发的，无论是表扬、批评或通报情况，都代表着一级组织的意见，具有表彰鼓励或惩戒、警示的作用，因而其使用十分慎重、严肃。

4. 时效性

通报针对当前工作中出现的情况和问题而发。它的典型性、引导性都是就特定的社会背景而言的。随着客观情况的变化，一件在当时看来具有典型意义的事实，时过境迁，未必仍具有典型性。因此，通报作用的发挥，与抓住时机适时通报是分不开的。

三、通报的分类及其写作方法

通报按内容和作用分，有表彰性通报、批评性通报和情况通报三种。

（一）表彰性通报。是用来表彰先进单位和个人，介绍先进经验或事迹，树立典型，号召大家学习的通报。

表彰性通报的写作方法

1. 标题

通常采用发文机关＋事由＋文种的完全式公文标题。有的由事由和文种组成，如《关于表彰计划生育工作先进集体和先进个人的通报》。

2. 正文

（1）开头。写通报的缘由和依据。概括介绍先进事迹或经验。时间、地点、（集体或个人）的主要事迹或经验要写得翔实、简洁。常用"……特予通报表扬"等惯用语过渡。

（2）主体。写评价及表彰决定。先写明对先进事迹及典型经验的看法，予以简略的分析评价，揭示实质，指明其意义和影响；然后在此基础上写明表彰决定，包括哪些人受哪一级别授予的什么荣誉称号或奖励。这是表扬性通报不可缺少的关键部分。

（3）结尾。提出希望和要求。向表彰对象提出希望，并号召人们向受表彰者学习。

3. 落款

如果标题中已写明发文机关名称的，文后就不要再一次落款署名，而只写发文时间即可。有的如已把日期写在标题下，那么全文就不必再落款了。

（二）批评性通报。是用来批评、处分错误，以示警戒，要求被通报者和大家吸取教训的通报。

批评性通报的写作方法

1. 标题

标题写法基本与表彰性通报相同。

2. 正文

（1）开头。写清楚所批评的错误事实，包括谁犯了错误，犯了什么错误，犯了什么错误，主要情节和结果怎样。

（2）主体。分析概括错误性质和危害。针对事实进行入情入理的分析，既要态度鲜明又要掌握分寸，划清政策界限，注意提法准确，同时要写明处分决定。

（3）结尾。就所通报的错误对有关单位和个人予以告诫。

3. 落款

日期可写于正文后,也可写在标题下。

(三)情况通报。是在一定范围内传达重要情况和动向,以指导面上工作为目的的通报。

情况通报的写法方法

这种通报是通过传达重要情况和精神,指出当前某项工作中出现的带有倾向性的重要问题,引起有关方面注意,并阐明领导机关的意见。

1. 标题

一般都采用发文机关＋事由＋文种的完全式公文标题,有的也采用省略式公文标题。

2. 正文

(1)开头。一般写明通报依据或缘由。常用"现将有关情况通报如下"等惯用语引出情况介绍。

(2)主体。介绍有关情况,或是工作中出现的新情况、新苗头、新形势,或是发现带有全局性、倾向性的问题;并可以加简要的分析评价。指出情况的性质,申明领导机关的态度。内容复杂的可分条列项地指出。

(3)结尾。针对这些情况提出工作意见和要求,指导下级工作或发出号召等。

标题中没有写明发文单位的,在落款处写在落款处要写明发文单位全称或规范化简称。日期有的写在标题下,有的写在落款处发文单位名称下。

例文 1:表扬性通报

关于表彰王××同志不畏强暴勇斗走私犯罪分子
先进事迹的通报

全县各级党组织:

共产党员王××同志是我县工商管理局一名青年检查员。××××年 2 月 21 日清晨,他在对一辆长途客车例行检查任务时,查获走私犯罪分子张××走私黄金×××克,在押送途中,张先以人民币×千元妄图贿赂王××同志,被王××同志严词拒绝后,就凶相毕露拔刀行凶,刺伤王××同志脸部、胸部。王××同志身负重伤,但临危不惧,英勇地与张犯搏斗,在群众协助下,终于将张犯扭获。

王××同志今年 26 岁,参加工作 4 年来,机智地战斗在缉私岗位上,先后破获各种走私案件 10 余起,连续四年被评为县先进工作者。

鉴于王××同志一贯表现突出,在关键时刻又经受住了严峻考验,特予以通报表扬。

希望各级党组织发动党团员和广大青年,学习王××同志为维护党和人民的利益,不畏强暴,坚决同违法犯罪分子作斗争的英勇事迹,学习他热爱本职工作,出色地完成党交给的艰巨任务的崇高品质,在党和政府的领导下,为我县的各项事业做出更大的贡献。

中共××县委员会

××××年×月×日

例文2：批评性通报

××市食品酿造工业公司关于××食品厂司机
×××私自开车去北戴河游玩的通报

公司所属各单位：

今年×月×日晚，××食品厂司机×××以磨合汽车为借口，私自做主开"630"食品防尘车带着五人从××分厂去北戴河游玩。于××日早八点左右到达北戴河，第二天夜间十二点多钟返回。往返行程六百多公里。

×××此次私自开车去北戴河游玩，目无组织纪律，错误实属严重。车队负责人在问题发生后未及时向公司汇报，这种做法也是错误的。为了严肃纪律，维护公司利益，教育本人和广大职工，经公司研究决定：对司机×××予以通报批评，扣发三个月奖金，并补交去北戴河全程所用汽油费。

望各厂接此通知后，组织车队同志学习、讨论，从中吸取教训。各厂必须加强对车辆的管理，建立健全各项规章制度。今后磨合车，要指定时间、路线、人员，同时可以结合送货进行磨合；车辆存放要指定地点，严格限制去外省市。努力使车辆管理工作提高一步。

××市食品酿造工业公司
××××年月×日×

例文3：情况通报

国务院办公厅关于部分地区违反国家棉花购销政策的通报

各省、自治区、直辖市人民政府，国务院各部委、各直属机构：

今年新棉上市以来，各地认真贯彻国务院棉花政策，采取坚决措施整顿棉花流通秩序，棉花收购大局是稳定的。但是，仍有一些地方、单位和个人置国家政策和法纪于不顾，私自收购棉花，公然扰乱棉花流通秩序，经核查，国务院决定予以通报。

一、一些乡（镇）政府和村办轧花厂非法从事棉花收购、加工、经营活动。

安徽省涡阳县曹市镇政府自办轧花厂，在全国棉花工作会议后，仍然明文规定，严禁将棉花卖给镇政府以外的经济单位，对将棉花卖给供销社的不算交售任务，否则，镇政府要一律没收。

江西省万年县珠山乡政府自办轧花厂……（略）

二、有的棉纺厂非法收购棉花，扰乱棉花收购秩序。

河南省辉县太阳石棉纺厂在全国棉花工作会议后，仍高价抢购棉花。在有关部门对该厂进行检查处理的过程中，该厂负责人拒绝检查，实击组织倒运藏匿，并私自动用封存的棉花。

河南省太康县棉纺厂以解决生产用棉为由，要求每个职工必须向厂里交售"爱厂棉"，通过职工非法高价收购的棉花。

三、有的国营农场扰乱正常的购销秩序，高价抢购，非法经营棉花。（略）

四、有的县政府支持非棉花经营部门假借良种棉加工厂名义非法收购棉花。（略）

五、个体棉贩非法收购、加工棉花,扰乱市场秩序。(略)

对上述违反国家棉花购销政策的问题,有关省人民政府的态度是明确的,已责成市、县政府采取措施,予以查处纠正。但从了解的情况看,有的市、县政府已经采取措施纠正,有的尚未处理。请有关省人民政府按国务院〔1994〕52号文件精神继续严肃查处,将结果报国务院。同时,各地都要引以为戒,要毫不放松地加强对棉花市场的管理,密切注视收购动态,严肃查处棉花购销活动中的违法违纪案件。各地凡是过去制定的与国务院文件不符的规定或政策应一律纠正,要坚决地始终如一地贯彻国务院制定的棉花政策,维护正常的棉花流通秩序,确保今年棉花购销工作顺利进行。

国务院办公厅(盖章)

××××年×月×日

任务七　报告

一、报告的概念

报告是行政机关、企事业单位、社会团体向上级机关或者部门汇报工作,反映情况,答复上级机关的询问时使用的一种陈述性公文。报告属于上行文,也是公文中使用频率较高的文种之一。报告行文的目的是让领导机关了解本单位的工作情况,为领导机关制定政策、指导工作提供依据。

二、报告的基本特征

1. 内容上的汇报性

报告主要是下级机关向上级领导机关或业务主管部门汇报一定时期内的工作或某项具体工作主要概况、存在问题等,以便上级机关了解情况、掌握信息,作为决策时参考。

2. 表述上的陈述性

报告多用陈述的语气行文,主要通过直陈其事,来叙述有关情况、汇报工作。

3. 材料的客观性

报告所汇报的情况和问题,为上级主管部门及时了解情况并进行有效的科学决策提供了重要的依据。因此,撰写报告绝不能凭空想象,更不允许有丝毫的夸张或虚假的成分存在,而是要依据客观事实进行撰写。

三、报告的分类及其一般写法

(一)报告的分类

报告的种类很多,可以从不同的角度将之划分为不同的类型。根据性质的不同,报告可分为综合报告和专题报告;根据时间期限不同,可分为定期报告和不定期报告;根据内容不同,课分为工作报告、情况报告、建议报告、答复报告、报送报告等。

1. 综合报告

是指把一个阶段几个方面的工作综合在一起向上级机关全面汇报的报告。如《2009 年工作情况综合报告》。

2. 专题报告

它是一个机关就某项一项工作或某个问题、某一件事情向上级写的报告。如《关于加强群众渔港建设的报告》。

3. 工作报告

是党政机关、社会团体、企事业单位主要领导人,在代表大会、全面委员会议等重要会议上,代表领导机关作的关于工作总结和任务部署的讲话。它既不同于下级组织向上级机关汇报工作、反映情况的书面报告;也不同于一般性质的领导讲话。它往往反映了领导机关对过去工作的全面总结和评价,对今后工作的全面部署,以及对将要采取的重大决策和方针政策的阐述。它还具有常设机构、执行机关在代表大会或全体委员会议上汇报工作、接受监督的性质。工作报告一经会议审议通过,就将成为所在领导机关的指导性文件。因此,"工作报告"是会议材料中最重要的文件,整个会议都要围绕它进行。

工作报告的基本内容包括:(1)总结过去工作。工作报告要对过去工作进行全面总结,提纲挈领地叙述主要工作任务的完成情况,取得了哪些成绩,还存在哪些问题。(2)概括基本经验。工作报告通常要对过去工作中的基本经验进行提炼概括,阐述带有规律性的东西,以达到统一思想、统一认识的作用。(3)明确今后目标。工作报告要明确提出今后工作的奋斗目标和主要任务、必须遵循的指导思想和基本方针,以及完成工作任务所采取的重大决策、政策措施和方法途径。要通过对奋斗目标和工作任务的阐述,使人们坚定信心,振奋精神,鼓足干劲,继续奋斗。

4. 情况报告

是指一个机关把遇到的新情况、新问题,或将上级交办的事项办理的结果向上级汇报所写的。如《××市关于节约粮食、反对浪费周活动的报告》。

5. 报送报告

是指向上级机关报送文件、物品时随同写的报告。其写法简单,只写清报送的文件或物品的名称、数量即可。

(二)报告的一般写法

写作报告前的准备:

报告的写作通常是在报告人的主持下,组织专门起草小组进行撰写的。在报告写作前,要做三方面的工作:

首先,调查研究。报告人和起草小组人员要对报告所涉及领域的历史和现状进行比较全面深入的调查研究,分析研究形势,提炼概括基本经验,探讨今后的奋斗目标和工作思路。其次,撰写提纲。起草小组要把撰写提纲作为起草工作报告的重要前提,研究提出报告的总体构思和结构框架,部分之间的逻辑联系、内部层次和基本观点,草拟总标题和分标题。第三,研究论证。将报告提纲交与领导和专家进行讨论咨询,修改充实提纲的框架和内容。重要的报告提纲必须交领导集体讨论,统一思想,取得共识,以免起草工作出现较大的反复。

报告一般由标题、主送机关、正文、落款和日期构成。

1. 标题

标题有两种写法:一种由发文机关、事由、文种构成,如《××市××局关于 2008 年工作报告》;另一种只由事由和文种构成,如《关于组建××物业集团的报告》。如果报告的内容紧急,则在"报告"前加上"紧急"字样。

2. 主送机关

在标题下文前顶格书写受文对象,一般是上级机关或业务主管部门。

3. 正文

不管哪类报告,开头简要说明报告的原因、目的或依据,即为什么而写报告,之后,常以"现将有关情况报告如下"之类惯用语过渡到报告事项。

事项部分(报告内容),是全文的核心,包括主要情况、存在问题、经验教训、今后打算等,要根据不同报告有所侧重。

结束语可根据不同内容而定,如无需上级指示的报告,可写"特此报告";如报告内容需要转发,可写"以上报告,如无不妥,请批转执行"。

4. 落款和日期

在正文后右下方先写发文机关后写日期。

四、报告与请示的区别

报告和请示虽同属上行文,但二者是两个不同文件,有着明显区别:

第一,行文目的不同:请示是为了解决具体问题而请求上级指示或批准的,上级必须回复;报告是向上级汇报工作、反映情况,一般不要求上级批复或表态,所以报告中不能带请示项目。

第二,行文时限不同:请示必须在事前行文,而报告在事前、事中、事后均可行文。

第三,内容含量和结构不同:请示的内容单一,结构固定,必须一文一事,不能一文多事;报告内容广泛,可一文反映多方面情况,行文较长。

第四,概念的含义与结束语不同:请示属于请求性公文,结束语常用"妥否,请指示"、"当否,请批复"等词语;报告属陈述性公文,结束语常用"特此报告"、"以上报告,请申阅"等词语。

第五,行文单位不同:请示只能主送一个上级机关,报告可以同时主送几个上级机关。

因此,一定不能把报告与请示混用,勿写成"请示报告"。

例文 1:

司法局结对帮扶工作情况报告

今年上半年,我局在对陶村的结对帮扶过程中,以发展壮大村级集体经济,增加农民收入为目标,采取多元化帮扶措施,不断加大帮扶工作力度,有力地促进了结对村村级经济的发展和村容村貌的改变,尤其是通过"一人走百户、送法进万家"和"七·一"党员联合活动的开展,进一步促进了我局党风建设,密切了党群、干群关系。现将我局半年来结对帮扶工作主要情况汇报如下:

一、领导重视,广泛动员,层层分解落实帮扶任务

今年初,县委农工部关于结对帮扶工作的通知下发后,我局及时召开了全系统人员动员大会,统一思想认识。局领导要求大家从维护社会稳定的大局出发,从帮助结对村农业增产、农民增收、经济增效的实际出发,从密切党群关系、干群关系的高度出发努力做好这项工作。在进行广泛动员的基础上,多次深入联系点村调查研究,与结对村共同制定了帮扶计划,采取"三层结对帮扶"新举措,层层建立责任制,把帮扶任务分解落实到每一个科室,每一个党员,每一个干部,确保帮扶目标任务落到实处。与此同时,我们还对每一位帮扶对象(共12户)建立了帮扶档案,记载被帮扶对象的家庭情况、家庭地址、具体特点,供各位党员干部在落实帮扶措施时参考。

二、紧密结合司法行政工作,积极开展普法专题教育活动

为了认真贯彻"三个代表"重要思想和中央1号文件精神,为农民增收致富提供良好的法律保障,我局从今年3月1日至4月15日,组织全体干警、公证员、律师、法律服务工作者,在全县范围内,开展了"一人走百户,送法进万家"活动。尤其是在结对帮扶村,着重开展了"六个一"的活动。即对农民法律知识的需求进行一次问卷调查;送一本县局自己编印的《农民常用法律知识100问》一书;举行一次家庭法律知识咨询活动;举办一次以村、组为单位的农民法律知识讲座;进行一次法律援助、公证、诉讼代理服务;撰写一篇走百户的调查报告和体会文章。通过开展"走百户、进万家"的活动,我们先后走访了结对村近千户农民,向他们送阅法律书籍1000余册,举办法律知识讲座2场次,投入资金3千余元。经过一个半月的扎实工作,使广大农民兄弟较全面地了解掌握了中央1号文件的主要精神,提高了依法维权意识,深化了农村普法依法治理工作。

三、针对结对村的实际情况,切实有效地开展结对帮扶工作。

(一)拓宽发展思路,因地制宜地发展村级特色产业

多年来,我局领导班子把"联户带村"作为践行"三个代表"重要思想的载体,千方百计地扶持村民致富项目。利用本村山地资源丰富,大力发展以国外松为主导的经济林果种植业,做好"山上文章"。今年先后投资3万元,栽种人工林面积达476亩、5万多株。其中有3户在原有基础上形成百亩林园规模,2户拥有20亩林园,使"摇钱树"成为该村支柱产业。利用集镇土地资源,通过参与小城镇的开发和建设,挖掘传统工业潜力,兴办了三产项目——皮鞋厂。依托村区位优势,努力与周边厂协调关系,主动与一些企业进行思想沟通,尽量争取一些投资小、见效快的经营项目,开办了铝锭加工厂,努力壮大村级经济。

(二)加强基础设施建设,改善农村条件

由于地理位置影响,陶村往往夏季都要忙于抗旱。我局在去年基础上,又投资近1.

5 万元,帮助陶村开挖 2 个当家塘;拟新修水泥路 1 公里,开通窑塘冲至集镇的道路,逐步使农村道路"水泥化";帮助实现了杨柳塘村的自来水联网,使农民吃上了干净卫生的水;帮助整治村旁的河道,增加塘坝贮水量等。从而,在一定程度上改善了农民的生产生活条件,为农民增产、增效发挥了积极作用。

(三)实行多元化帮扶,努力为帮扶户排忧解难

根据被帮扶对象的具体情况,我们分别研究落实了具体帮扶措施。1. 针对就业无门的、思想上存有依赖心理的帮扶户,我们不仅扶贫,更重要的是扶志。重点从思想上帮扶,帮助他们转变就业观念,树立自强、自立意识,并力所能及地给他们提供就业服务。2. 有劳力、无技术想致富的帮扶户,我们深入帮扶户家中,体察民情,了解民意,发挥各人优势,帮助联系技术部门,提供技术帮助,拓展产品销售渠道。积极努力帮助陶村培殖种瓜、种粮大户。陶村刘坤六,在我局和村干部的支持下,上了致富项目,向银行贷款,种植西瓜 45 亩,种植粮食 150 亩,经济效益明显,正由"温饱型"向"小康型"迈进。3. 因疾病缠身或失去双亲无劳力无经济来源的帮扶户,我们党员干部捐资捐物。今年 1 月,为了能让帮扶对象过好春节,我们党员干部又一次捐资 8000 余元,赠物折合人民币 1000 多元,由局领导亲手送到帮扶户手中。同时,对因贫困面临失学问题的陈红同学,每年寒暑假,我局两位党员同志都要自掏腰包捐款资助她上学,找学校领导帮助减免相关费用,并从生活上给予关心和爱护,有效地解决了孩子上学难问题。

四、结合县委县政府的重大活动,加强与结对村的联系沟通,促进"双联双带"工作的发展

1. 我县 2 月下旬以来,进入禽流感防治工作的关键时期,我局在抓好全系统禽流感防治工作的同时,积极赴结对村开展《中华人民共和国传染病防治法》及相关知识的宣传,精心制作了有关《动物防疫法》及禽流感知识问答的 20 平方米的展板,编印了禽流感防治的法律和科技知识 2000 余份,出动宣传车深入结对村各村进行巡回宣传。通过宣传,提高了农民对禽流感疾病的理性认识,增强了自我预防能力,有力的促进了结对村禽流感防治工作的深入开展,维护了一方稳定。

2. "七·一"党日,我局党总支以帮扶活动为载体,结合纪念建党 83 周年,组织 17 名机关党员同志与陶村 70 多名党员和村、组干部庆祝了"党日"活动。活动中,请县委党校教员辅导了胡锦涛总书记的科学发展观精神及有关"三农"政策等有关法律法规方面的内容;播放了《溧水县改革开放成果》及《为民尽瘁的村支部书记李元龙》等两部电教片;向全村党员发放《双带之星》、《农民常用法律知识 100 问》两本书;以宣传"四大"服务平台内容为契机,向陶村党员群众发放法律法规宣传资料 200 余份;组织机关党员走访了帮扶户。通过组织机关党员到联系点过"党日"活动,进一步加强了对党员干部的教育工作。一是让党员同志了解了国情、民情,增强了社会责任感;二是在活动中让党员同志不断深化对"三个代表"思想的认识,增强了党员的使命感;三是党员进入帮扶户家中,体察民情,了解民意,密切了党群干群关系,促进了党员干部作风的转变,提升了为基层服务、为群众服务的水平,促进和推动了"双联双带"工作的广泛深入开展。

从半年来帮扶工作的实际情况看,由于局领导高度重视,广大党员干部积极参与,我局较好地完成了半年帮扶工作任务。同时也总结出一点帮扶工作经验:授之以鱼,不如授之以渔,只有扶志、扶技、扶资相结合,才能从根本上解决帮扶户的实际困难,让他们早日摘掉"贫困户"的帽子,让"光棍唐"早日飞进"金凤凰"。

司法局

××××年×月×日

(新晨范文网 www. xchen. com. cn)

例文2:

政府工作报告(节选)

——2009 年 3 月 5 日在第十一届全国人民代表大会第二次会议上

国务院总理 温家宝

各位代表:

现在,我代表国务院,向大会作政府工作报告,请予审议,并请全国政协各位委员提出意见。

一、2008 年工作回顾

2008 年是极不平凡的一年。我国经济社会发展经受住了历史罕见的重大挑战和考验。在中国共产党领导下,全国各族人民迎难而上,奋力拼搏,战胜各种艰难险阻,改革开放和社会主义现代化建设取得新的重大成就。

——国民经济继续保持平稳较快增长。国内生产总值超过 30 万亿元,比上年增长 9%;物价总水平涨幅得到控制;财政收入 6.13 万亿元,增长 19.5%;粮食连续五年增产,总产量 52850 万吨,创历史最高水平。

——改革开放深入推进。财税、金融、价格、行政管理等重点领域和关键环节的改革取得新突破。进出口贸易总额 2.56 万亿美元,增长 17.8%。实际利用外商直接投资 924 亿美元。

——社会事业加快发展,人民生活进一步改善。城镇新增就业 1113 万人;城镇居民人均可支配收入 15781 元,农村居民人均纯收入 4761 元,实际增长 8.4%和 8%。

——全面夺取抗击特大自然灾害的重大胜利。成功举办北京奥运会、残奥会。圆满完成神舟七号载人航天飞行。

这些成就,标志着我们在中国特色社会主义道路上迈出新的坚实步伐,极大地增强了全国各族人民战胜困难的勇气和力量,必将激励我们在新的历史征程上继续奋勇前进。

一年来,我们做了以下主要工作:

(一)及时果断调整宏观经济政策,全力保持经济平稳较快发展

我们正确把握宏观调控的方向、重点、力度和节奏,采取一系列促进经济平稳较快发展的政策措施,在复杂多变的形势下,积极应对国际金融危机的严重冲击,努力增强调控的预见性、针对性和有效性。年中,在国际能源和粮食价格处于高位、世界经济增长放缓的情况下,针对沿海地区出现出口和经济增速下滑苗头,及时把宏观调控的首要任务调整为"保持经济平稳较快发展,控制物价过快上涨",并采取了一些有针对性的财

税金融措施。9月份后，国际经济形势急转直下，对我国的不利影响明显加重，我们又果断地把宏观调控的着力点转到防止经济增速过快下滑上来，实施积极的财政政策和适度宽松的货币政策，三次提高出口退税率，五次下调金融机构存贷款基准利率，四次下调存款准备金率，暂免储蓄存款利息个人所得税，下调证券交易印花税，降低住房交易税费，加大对中小企业信贷支持。按照出手要快、出拳要重、措施要准、工作要实的要求，迅速推出进一步扩大内需、促进经济增长的十项措施，争分夺秒地加以落实；接连出台金融支持经济发展、促进轻纺工业健康发展、促进房地产市场健康发展、搞活流通扩大消费和保持对外贸易稳定增长、稳定就业等政策措施，加快制定重点产业调整振兴规划。这些措施对缓解经济运行中的突出矛盾、增强信心、稳定预期、保持经济平稳较快发展，发挥了至关重要的作用。

毫不放松地加强"三农"工作。全年中央财政用于"三农"的投入5955亿元，比上年增加1637亿元，增长37.9%，其中粮食直补、农资综合补贴、良种补贴、农机具购置补贴资金达1030亿元，比上年增长一倍。三次较大幅度提高粮食最低收购价，提价幅度超过20%。实施主要农产品临时收储政策。加强耕地保护和农田水利建设，提高农业综合生产能力。扶持生猪、油料、奶业发展。这些政策措施在保护和调动农民积极性、保障重要农产品供给、增加农民收入方面发挥了重要作用，为稳定经济社会发展全局提供了有力支撑。

坚定不移地推进自主创新和经济结构调整。实施16个国家重大科技专项。在信息、生物、环保等领域新建一批国家工程中心、重点实验室和企业技术中心。成功研发支线飞机、新能源汽车、高速铁路等一批关键技术和重大装备。中央财政科技投入1163亿元，增长16.4%。电信、航空等行业重组迈出重要步伐。继续淘汰落后产能，全年关停小火电1669万千瓦，关闭小煤矿1054处。加大基础设施和基础产业投资力度，在能源、交通、水利等方面建成和开工一批重大项目。扎实推进区域发展总体战略，区域经济发展协调性增强。

坚持不懈地推动节能减排和生态环境保护。中央财政安排423亿元资金，支持十大重点节能工程和环保设施等项目建设。全国新增城市污水日处理能力1149万吨，新增燃煤脱硫机组容量9712万千瓦。单位国内生产总值能耗比上年下降4.59%，化学需氧量、二氧化硫排放量分别减少4.42%和5.95%。近三年累计，单位国内生产总值能耗下降10.08%，化学需氧量、二氧化硫排放量分别减少6.61%和8.95%。巩固退耕还林还草成果，推进天然林、青海三江源等生态保护和建设工程。实施重点流域、区域水污染防治规划。发布了《中国应对气候变化的政策与行动》白皮书。

（二）统筹经济社会发展，全面加强以改善民生为重点的社会建设

就业和社会保障工作进一步加强。完善促进就业、以创业带动就业的政策，落实最低工资制度。各项社会保险覆盖面继续扩大，城镇职工基本养老保险、基本医疗保险参保人数分别增加1753万和2028万，失业、工伤、生育保险参保人数继续增加。企业退休人员养老金人均每月新增110元。启动事业单位基本养老保险制度改革试点。积极探索建立新型农村社会养老保险制度，农民工、被征地农民社会保障工作稳步推进。全面加强城乡居民最低生活保障制度建设，救助人数达到6619万人。及时增加对低收入

群体和大学生的生活补贴。大幅度提高重点优抚对象的抚恤优待标准。加大保障性住房建设和棚户区改造力度,低收入群众住房困难问题得到一定程度缓解。解决 4800 多万农村人口的饮水安全问题。

促进教育公平取得新进展。全面实行城乡免费义务教育,对所有农村义务教育阶段学生免费提供教科书。提高中西部地区校舍维修标准,国家财政安排 32.5 亿元帮助解决北方农村中小学取暖问题。职业教育加快发展。国家助学制度进一步完善,中央财政投入 223 亿元,地方财政也加大投入,资助学生超过 2000 万人;向中等职业学校中来自城市经济困难家庭和农村的学生提供助学金,每人每年 1500 元,惠及 90% 的在校生。

医药卫生改革发展稳步推进。参加新型农村合作医疗的人口 8.14 亿,参合率 91.5%。城镇居民基本医疗保险试点城市由上年的 88 个增加到 317 个,参保人数增加 7359 万,总计达到 1.17 亿。城市社区卫生服务体系建设取得重大进展。农村计划生育家庭奖励扶助制度和少生快富工程实施范围继续扩大。

文化体育事业加快发展。公共文化基础设施建设得到加强,文化产业快速发展,文化体制改革不断深化。全力举办了有特色、高水平的北京奥运会、残奥会,实现了中华民族的百年梦想;中国运动员顽强拼搏,取得优异成绩,这极大地激发了全国人民的爱国热情,增强了民族凝聚力。

民主法制建设继续加强。基层民主制度进一步健全。依法行政深入推进。国务院提请全国人大常委会审议了社会保险法、防震减灾法等 8 件法律议案,制定或修订了 30 件行政法规。全面实施政府信息公开条例。加强社会治安防控体系建设,开展反分裂、反恐怖斗争,维护了国家安全和社会稳定。民族、宗教、侨务工作进一步加强。

(三)积极推进改革开放,为经济社会发展注入新的活力和动力

国务院机构改革基本完成,地方机构改革稳步推进。农村综合改革继续深化,集体林权制度改革全面推开。国有企业改革不断深化。中国农业银行和国家开发银行股份制改革顺利进行。实施新的企业所得税法,统一内外资企业和个人房地产税收制度。酝酿多年的成品油价格和税费改革顺利推出。制定医药卫生体制改革方案并公开征求意见。体制机制创新为长远发展奠定了坚实基础。

对外开放水平继续提高。大力实施以质取胜和出口市场多元化战略。加强科技兴贸创新基地和服务外包基地建设,支持自主品牌和自主知识产权产品出口。完善加工贸易政策体系。稳步扩大服务业对外开放,加强对外商投资方向的引导。整合建立新的对外经济技术合作专项资金,发布对外承包工程管理条例,理顺对外劳务合作管理体制。积极推进境外能源资源合作,企业"走出去"步伐加快,对外援助进一步扩大。自由贸易区建设、与主要经贸伙伴的经济对话、同发展中国家的互利合作取得新进展。

各位代表!

去年 5 月 12 日,我国发生震惊世界的汶川特大地震。在党中央、国务院坚强领导下,全国各族人民特别是灾区人民万众一心、众志成城,人民子弟兵舍生忘死、冲锋在前,展开了我国历史上救援速度最快、动员范围最广、投入力量最大的抗震救灾斗争。我们坚持把抢救人的生命放在第一位,从废墟中抢救生还者 8.4 万人。迅速抢修基础

设施,果断处置唐家山堰塞湖,避免严重次生灾害发生;全力开展防疫工作,实现了大灾之后无大疫。中央财政安排384亿元救灾款和740亿元恢复重建资金,迅速出台一系列支援灾区的政策措施。积极开展对口支援。社会各界踊跃捐助款物,广大香港同胞、澳门同胞、台湾同胞以及海外华侨华人奉献爱心,国际社会伸出援手,汇成了齐心协力抗击灾害的磅礴力量。这场艰苦卓绝的抗震救灾斗争,涌现出无数感天动地、可歌可泣的英雄事迹,充分展现了中国人民不屈不挠、自强不息的伟大民族精神,谱写了气壮山河的壮丽篇章。

过去一年的成就来之不易。这是以胡锦涛同志为总书记的党中央统揽全局、正确领导的结果,是全党全军全国各族人民同心同德、团结奋斗的结果。在这里,我代表国务院,向全国各族人民,向各民主党派、各人民团体和各界人士,表示诚挚的感谢!向香港特别行政区同胞、澳门特别行政区同胞、台湾同胞和海外侨胞,表示诚挚的感谢!向关心和支持中国现代化建设的各国政府、国际组织和各国朋友,表示诚挚的感谢!

在肯定成绩的同时,也要清醒地看到,我们正面临前所未有的困难和挑战。一是国际金融危机还在蔓延、仍未见底。国际市场需求继续萎缩,全球通货紧缩趋势明显,贸易保护主义抬头,外部经济环境更加严峻,不确定因素显著增多。二是受国际金融危机影响,经济增速持续下滑,已成为影响全局的主要矛盾。一些行业产能过剩,部分企业经营困难,就业形势十分严峻,财政减收增支因素增多,农业稳定发展、农民持续增收难度加大。三是长期制约我国经济健康发展的体制性、结构性矛盾依然存在,有的还很突出。消费需求不足,第三产业发展滞后,自主创新能力不强,能源资源消耗多,环境污染重,城乡、区域发展差距仍在扩大。四是一些涉及人民群众切身利益的问题没有根本缓解,社会保障、教育、医疗、收入分配、社会治安等方面存在不少亟待解决的问题。五是市场秩序不规范,市场监管和执法不到位,社会诚信体系不健全。食品安全事件和安全生产重特大事故接连发生,给人民群众生命财产造成重大损失,教训十分深刻。

我们一定要深刻认识国际国内经济形势的严峻性和复杂性,增强危机意识和忧患意识,充分利用有利条件,积极应对各种挑战,努力做好各项工作,绝不辜负人民的期望和重托。

二、2009 年工作总体部署

今年是实施"十一五"规划的关键之年,也是进入新世纪以来我国经济发展最为困难的一年,改革发展稳定的任务十分繁重。

综观国际国内形势,我国仍处于重要战略机遇期。挑战与机遇并存,困难与希望同在。我国经济社会发展的基本面和长期向好的趋势没有改变。我们完全有信心、有条件、有能力克服困难,战胜挑战。我们的信心和力量,来自中央对形势的科学判断和准确把握;来自已经制定并实施的应对挑战、着眼长远的一系列政策举措;来自工业化、城镇化快速推进中的基础设施建设、产业结构和消费结构升级、环境保护、生态建设和社会事业发展等方面的巨大需求;来自充裕的资金、丰富的劳动力资源等要素支撑;来自运行稳健的金融体系、活力增强的各类企业和富于弹性的宏观调控政策;来自改革开放30 年建立的物质、科技基础和体制条件;来自集中力量办大事的政治和制度优势、和谐安定的社会环境以及全国上下促进科学发展的积极性、创造性;来自中华民族坚忍不拔、发愤图强的伟大精神力量。只要我们紧紧依靠党的领导和全国各族人民，就没有克服不了的困难，就一定能够把国际金融危机的不利影响降到最低程度，就一定能够推动经济社会又好又快发展。

做好今年的政府工作，要高举中国特色社会主义伟大旗帜，以邓小平理论和"三个代表"重要思想为指导，深入贯彻落实科学发展观，把保持经济平稳较快发展作为经济工作的首要任务，加强和改善宏观调控，着力扩大国内需求特别是消费需求，着力转变发展方式、加快经济结构战略性调整，着力深化改革、提高对外开放水平，着力改善民生促进社会和谐，全面推进社会主义经济建设、政治建设、文化建设、社会建设以及生态文明建设。

今年国民经济和社会发展的主要预期目标是：国内生产总值增长 8％左右，经济结构进一步优化；城镇新增就业 900 万人以上，城镇登记失业率 4.6％以内；城乡居民收入稳定增长；居民消费价格总水平涨幅 4％左右；国际收支状况继续改善。这里要着重说明，提出 8％左右的国内生产总值增长目标，综合考虑了发展的需要和可能。在我们这样一个 13 亿人口的发展中国家，要扩大城乡就业，增加居民收入，维护社会稳定，就必须保持一定的经济增长速度。只要政策对头，措施得当，落实有力，就有可能实现这一目标。

做好今年政府工作，必须把握好以下原则：一是扩内需、保增长。坚持把扭转经济增速下滑趋势作为宏观调控最重要的目标，把扩大国内需求作为促进经济增长的长期战略方针和根本着力点，增加有效需求，加强薄弱环节，充分发挥内需特别是消费需求拉动经济增长的主导作用。二是调结构、上水平。坚持把推进经济结构调整和自主创新作为转变发展方式的主攻方向，变压力为动力，坚定不移地保护和发展先进生产力，淘汰落后产能，整合生产要素，拓展发展空间，实现保增长和调结构、增效益相统一，增强国民经济整体素质和发展后劲。三是抓改革、增活力。坚持把深化改革开放作为促进科学发展的根本动力，进一步解放思想，加大重点领域和关键环节改革力度，消除体制机制障碍，激发创造活力。四是重民生、促和谐。越是困难的时候，越要关注民生，越要促进社会和谐稳定。坚持把保障和改善民生作为经济工作的出发点和落脚点，实行更加积极的就业政策，把促进增长与扩大就业、改善民生紧密结合起来，让人民群众共享改革发展的成果。

任务八　请示

一、请示的概念

请示是行政机关、企事业单位、社会团体向上级机关请示指示、批复时使用的公文。请示属上行文。请示的作用在于请示工作要求上级批复。请示产生于事前，不可"先斩后奏"，这是请示区别于报告的主要特征之一。

请示的使用，有以下几种情况：涉及方针、政策等方面的重大问题，请示上级给予明确指示：本单位工作职权范围内不能解决的问题，请求上级批准；工作中发生的重大问题或原无规定难以处理的问题，请求上级给予指示；因本单位情况特殊，执行统一规定需要变通处理的问题，请示上级批准；工作中遇到了困难，请示上级帮助解决；本单位意见分歧，无法执行的问题，请示上级决策。

二、请示的基本特征

1. 请示性

从行文的目的看，请示写作带有迫切性的并需要上级机关批示、批准的事项，要求上级机关批复。

2. 单一性

从行文的内容看，请示要严格遵循一文一事原则。

3. 超前性

请示的事项，都是要求上级明确表态、核准、解释和答复的，在没有得到应允之前，不能执行。因此，请示是事前行文，而不能事后行文。

4. 针对性

只有本机关单位权限范围内无法决定的重大事项，如机构设置、人事安排、重要决定、重大决策、项目安排等问题，以及在工作中遇到新问题、新情况或克服不了的困难，才可以用"请示"行文。请示上级机关给予指示、决断或答复、批准。所以请示的行文具有很强的针对性。

5. 时效性

请示是针对本单位当前工作中出现的情况和问题，求得上级机关指示、批准的公文，如能够及时发出，就会使问题得到及时解决。

三、请示的种类及其一般写法

(一)请示的种类

按照请示的内容和目的，请示可分为请求指示和请求批准两大类。

1. 请求指示

这类请示多涉及政策上和认识上的问题。是指下级机关对有些方针、政策、规定在理解上有分歧或者不能准确理解，对工作中发生的重大问题或一些新情况、新问题依据原先规定难以处理，需要上级给予解释或指示时使用此类请示。

2. 请求批准

这类请示多涉及人事、财务、机构等方面的具体问题。往往是指下级机关在办理某一件事项时，遇到某些困难和问题，或者按规定自己单位无权决定和处理的事项，需要请求批准后才能办理时，使用此类请示。

(二)请示的一般写法

请示由标题、发文字号、主送机关、正文、发文机关和成文日期组成。发文字号、发文机关、成文日期的写作要求与其他通用公文相同,此处不赘述。

1. 标题

请示的标题可以有两种写法:一种是写明发文机关、发文事由和文种,即写出完整的、标准式的公文标题。另一种是写明发文事由和文种,省去发文机关,需要特别注意的是请示的标题不能把发文机关和事由都省略,只写文种"请示"二字。

2. 主送机关

请示一般只写一个主送机关。如果必须报送两个以上的机关,应在分清主次,把一个直接上级主管单位和其他上级单位用"并"字分开。除领导直接交办的事项外,"请示"不得直接送领导者个人。

3. 正文

请示的正文,一般由请示缘由、请示事项、请示要求组成。

①请示缘由:

是请示正文的开头,简要概括地写清请示原因、目的或依据。缘由部分可能因内容涉及宽、问题复杂而占用较大篇幅,三要尽可能写得简括。一份请示能否得到上级机关的同意或批准,关键在于请示是否充足,是否言之有据,是否时间紧迫,因此应尽量写清请示事项的重要性和必要性,给上级留下鲜明、突出、深刻的印象,给上级造成一种紧迫感,引起上级的重视和关切,以便及时得到批复。

②请示事项:

是请示正文的主体,是要求上级机关给予指示、审核、批准的具体问题或所要求的具体事项。由于请示事项是上级机关给予答复和审核的直接依据,因此,请示什么事项,请上级具体办什么和怎么办,都要写得具体明白,使上级机关一目了然,以便上级机关更好地作出判断,给予迅速批复。

③请示要求:

是请示正文的结尾,是向上级提出肯定性要求。一般用"当否,请批复"、"以上请示是否妥当,请批复"作结尾。需要注意的是,结语要尽可能根据请示的目的要求、请示类型的不同分别使用,使之更加贴切。请求上级明确指示的,用"请指示"作结;请求上级表态的,用"请批准"作结;请求上级审核的,用"请审批"作结;请求上级批转的,如"如无不妥,请批转×××执行"作结。这样的写法,更为准确,使请示通篇和谐完美,浑然一体。

4. 落款和日期

在正文后右下方写上发文机关及日期。

四、请示写作应注意的事项

请示写作,要注意以下几点:

(一)请示的问题,必须是工作中亟待解决的重要问题。

理由必须充足,不要把一般化问题或矛盾上交,不要给上级领导出难题。

(二)坚持一文一事

一般来说,一份请示只能把一般提出一件请示指示、批准的事项,或提出一个请求解决的问题,要避免一文数事,以免需要批复的事项因涉及多个机关分别辗转办理而延时误事。

(三)明确主送机关

请示要根据隶属关系主送一个直属上级机关,不要多头请示。多头请示容易因职责不明而相互推矮,无法及时批复;或因多头批复意见不一,造成失效现象,耽误了工作。所以,应当写明主送机关和抄送机关,由主送机关负责批复。

(四)要逐级请示

请示一般不得超级行文,如遇非常特殊的情况,涉及重大紧急事项,不越级就会延误工作;或被直接上级机关搁置而又急于处理是事项,确需越级行文时,应将请示同时抄送给越过的上级机关。

例文1:

关于中国公民自费出国旅游管理暂行办法的请示

国务院:

随着对外改革开放的不断扩大,人民生活水平不断提高,近年来,中国公民自费出国旅游不断增加,为适应改革开放形势,加强中国公民自费出国旅游的管理,特制定了《中国公民自费出国旅游管暂行办法》。

附:中国公民自费出国旅游管理暂行办法

以上暂行办法如无不妥,请批转发布执行。

国家旅游局(盖章)

××××年×月×日

任务九 批复

一、批复的概念及其分类

(一)批复的概念

批复是行政机关、企事业单位、社会团体中的上级机关对下级机关、单位的请示事项给予答复时所使用的公文。它的行文对象是提出请示的机关,属下行文。

批复的制作和应用一般以下级的"请示"为条件。当下级机关的工作涉及到方针、政策等方面的重大问题,报请上级机关审核批准时;当下级机关在工作中遇到新情况、新问题,无章可循,报请上级机关给予明确指示时;当下级机关遇到无法解决的具体困难,报请上级机关给予指导帮助时;当下级机关对现行方针政策、法规等有疑问,报请上级机关予以解答说明时;以及当下级机关因重大问题有意见分歧,报请上级机关裁决时,上级机关都应该用"批复"予以答复。除此之外,有时"批复"还被用来授权政府职能部门发布或修改行政法规和规章。

(二)批复的分类

1. 根据请示的内容不同,批复可分为相应的种类:

(1)对请示帮助解决问题的批复

这类批复,是针对请示事项提出具体意见和执行方式与要求,表明鲜明的态度。

(2)对请求批复事项的批复

这类批复,是主要针对下级机关请求批准的事项,进行认可和审批,带有表态性和手续性。

(3)对不明确问题作出回答的批复

这类批复,主要批复,主要针对下级机关对请示事项的不明确问题,进行明确回答。

另外,有一种例行手续性的批复,只要设计成表格,一一填写就可以了。如城市规划部门对征地和报请建房的批复等等。

2. 根据其适用范围,批复可分为两种:

(1)指示性批复。是指对下级机关要求解答、裁定和指导的问题的批复。

(2)审批性批复。是指对下级机关为了获得人、财、物等支持而请求上级机关审批事项的问题的批复。

二、批复的特点及其适用范围

(一)批复的特点

1. 针对性

批复总是针对下级机关呈报的请示行文,针对下级来文的请示事项作出答复的。因此,内容单纯,针对性强。有的甚至标题就体现出这种针对性。例如。《国务院关于同意四川省兴文县人民政府驻地迁移给四川省人民政府的批复》,标题中就写明了受文单位。

2. 被动性

上级单位写批复,是因为有下级机关的请示在前。上级机关不会主动发出批复,是因为有下级有所批复,因此它属于被动性行文。

批复是用来答复下级请求事项的,下级有请示,上级才会有批复。下级有多少份请示呈报上来,上级就有多少份批复回转下去。批复不是主动的行文,是公文中惟一的纯粹被动性文种。另有两种公文也可以是被动性的,就是报告和函。不过,报告只有在答复上级机关询问时才是被动的,函只有复函才是被动的,所以说,纯粹的被动性公文只有批复。

3. 权威性

批复发自领导机关,反映着全国或地区范围内的利益和要求,代表着不同级别的政府的权力和意志。而且上级机关对于下级机关,职权上具有法定的管理与被管辖、服从与被服从的关系。所以,体现上级机关意图的批复,当然对下级机关具有权威性。它总是针对下级请示的某项工作发表指示、提出处理办法,对受文单位有明显的约束力。

4. 集中性和鲜明性

由于下级的请示是一事一报,请示内容十分集中,相应的批复也是一文一批,答复的内容也十分集中。因此批复的篇幅一般都不长。

批复的态度和观点必须十分明确。对于请求指示的请示,批复要给以明确的指示;对于请求批准的请示,批复或者同意、批准,或者不同意、不批准。有时,由于情况的复杂性,原则同意,但对某些个别环节提出不同的意见和要求,这是允许的,不违背态度明确的原则。批复中对下级请示事项的答复,旗帜应鲜明,观点应明确、语言应简练,而不能模棱两可,含糊其辞,态度暧昧,使下级无所适从。

5. 实践性

批复的目的是指导下级机关的工作。,因此,除了内容单纯外,一般批复在表明态度以后,还应当概括地说明方针、政策以及执行中的注意事项。

6. 政策性和依据性

对于撰写批复的上级机关而言,不管是发出指示还是批准事项,都必须有政策依据,不能随意为之。对于发出请示的下级机关而言,批复一旦到达,就是行动的依据,不得违背。在这些方面,批复和指示的特点是一致的。

(二)批复的适用范围

1. 发文机关范围

批复是上级机关对下级机关所请示事项的一种回复。因而,从理论上来讲,凡是机关单位有下属单位或部门的,都可以使用批复行文。然而,在实际应用中,使用批复较多的是省市以上级别较高的领导机关。而中、下层领导机关则较少使用批复,一般用"复函"代替。

2. 内容适用范围

(1)对下级机关请求审批事项的答复。下级机关通过对审批事项的请求,为了达到一定的目的,如希望获得某个项目或人、财、物的支持,但由于审批事项不在自己的职权范围之内,需要向上级机关请示批准,上级机关对其认可或拒绝等表态时,就可用批复体公文进行回复。

(2)对下级机关请求解答、裁定和指示问题的答复。下级机关在工作执行中遇到要求解答的疑难问题,要求裁定的不一致意见,或者是在政策执行中遇到要求,指示或指导的政策性答复时,上级机关都可以采用批复这一文体进行回复。

三、批复的写法

批复一般有标题、正文、主送机关、落款及时间等四部分组成。

(一)标题

批复由于具有通知和指示性质,所以其标题(除非发文机关名称较长可以不写以外)一般都是规范的"三要素"写法,即由"发文机关名称、事由和文种"三部分组成。也即标题应包括批复是由哪个机关发的,发给哪个机关,回答什么样的请示等等。但其中"事由"一项又有三种写法:

1."关于"或"关于同意"＋请示的主要内容,如《国务院关于给予广东省南澳岛优惠政策的批复》、《关于徐村乡人民政府申报兴建砖瓦厂问题的批复》。

2."对"或"关于同意"＋请示的名称,如《××省教委对〈关于开办乡镇企业大专班的请示〉的批复》、《对〈关于进一步开展学习宣传张海迪活动的报告〉的批复》。

3."关于同意"＋请示主要内容＋"给"＋请示机关名称,如《国务院关于同意安徽省设立滁州市、巢湖市给安徽省人民政府的批复》。

"事由"的写法需要注意的是,一般批复标题的事由部分应写明回复的态度、回复的内容和回复的对象。

(二)正文

批复的正文一般都很简短,因为它不必像通知和谐指示那样详细阐述意义或道理,也不必像请示那样充分说明理由,而只是答复内容。一般由批复对象、批复内容和批复结语三部分组成:

批复对象,指批复所针对的请示事项,也是向受文单位告知情况。批复对象作为批复正文的开头语,必须在正文引述来文的标题、文号,有的还极其简要地直接引述来文所请示的事项。其表述形式一般有三种:

1.你单位××年××月××日来文收悉。如"2010 年 3 月 10 日请示悉。"

2."你单位××字〔2012〕××号文收悉。"

3."你单位《关于××的请示》收悉。"

以上三种形式可选择其中两者结合起来使用,如"你单位《关于××的请示》(××字〔20××〕××号文)收悉。"、"你单位××年××月××日《关于××的请示》收悉"。

批复内容,即对请示来文所作的答复或具体指示,是批复的主要部分。一般多为同意的意见,也很简短。如果答复意见稍多需分项来写的话,批复对象之后一般再写一句"经研究答复如下"或"现作如下答复"等,用冒号引起下文。批复内容是同意意见时,也不只是写同意的意见,必要时还可加上几点指示和说明;是不同意意见时,也不只写不同意的意见,常常还要说明不同意的理由,以使下级明白并易于接受,好及时做出安排。若以有关法令、法规、文件规定为依据答复问题时,应写明依据出处,注明发文时间、文号、标题,以备执行中查考,不能答非所问,复非所求。

批复结语,即一般在正文末尾写上"此批"或"此复(特此批复)"等词语,接正文之后另起,不用标点。若开头已有"批复如下",结尾也就不用写这类结语。

(三)主送机关

批复的主送机关也同请示一样:只有一个。而且与请示的主送机关互为相反,即只写请示的机关名称;若带有普遍指导意义,需要发送给下级机关,则用"抄送"形式。此外,如果标题采用第三种写法,即标题中已有请示机关名称,则不必再写主送机关。

(四)落款及时间

如果标题中有发文机关名称,落款只写成文的具体时间,但都要加盖公章。

例文 1：

国务院关于加快发展对外文化贸易的意见

国发〔2014〕13 号

各省、自治区、直辖市人民政府，国务院各部委、各直属机构：

近年来，随着改革开放的推进，我国对外文化贸易的规模不断扩大、结构逐步优化，但核心文化产品和服务贸易逆差仍然存在，对外文化贸易占对外贸易总额的比重还较低，有待进一步加强。加快发展对外文化贸易，对于拓展我国文化发展空间、提高对外贸易发展质量，对于继续扩大改革开放、转变经济发展方式，对于稳增长促就业惠民生、提升国家软实力、全面建成小康社会具有重要意义。为进一步做好有关工作，现提出以下意见：

一、总体要求

（一）指导思想。

立足当前，着眼长远，改革创新，完善机制，统筹国际国内两个市场、两种资源，加强政策引导，优化市场环境，壮大市场主体，改善贸易结构，加快发展对外文化贸易，在更大范围、更广领域和更高层次上参与国际文化合作和竞争，把更多具有中国特色的优秀文化产品推向世界。

（二）基本原则。

坚持统筹发展。将发展文化产业、推动对外文化贸易与促进经济结构调整、产业结构优化升级相结合，与扩大国内需求、改善人民群众生活相结合，促进服务业发展、拉动消费和投资增长。

坚持政策引导。切实转变政府职能，依法监管，减少行政干预，加大政策支持力度，营造对外文化贸易发展的良好环境。

坚持企业主体。着力培育外向型文化企业，鼓励各类文化企业从事对外文化贸易业务，到境外开拓市场，形成各种所有制文化企业积极参与的文化出口格局。

坚持市场运作。进一步发挥市场在文化资源配置中的积极作用，激发社会活力，创新文化内容和文化走出去模式，努力打造我国文化出口竞争新优势。

（三）发展目标。

加快发展传统文化产业和新兴文化产业，扩大文化产品和服务出口，加大文化领域对外投资，力争到 2020 年，培育一批具有国际竞争力的外向型文化企业，形成一批具有核心竞争力的文化产品，打造一批具有国际影响力的文化品牌，搭建若干具有较强辐射力的国际文化交易平台，使核心文化产品和服务贸易逆差状况得以扭转，对外文化贸易额在对外贸易总额中的比重大幅提高，我国文化产品和服务在国际市场的份额进一步扩大，我国文化整体实力和竞争力显著提升。

二、政策措施

（一）明确支持重点。

1.鼓励和支持国有、民营、外资等各种所有制文化企业从事国家法律法规允许经营的对外文化贸易业务，并享有同等待遇。进一步完善《文化产品和服务出口指导目录》，定期发布《国家文化出口重点企业目录》和《国家文化出口重点项目目录》，加大对入选企业和项目的扶持力度。

2. 鼓励和引导文化企业加大内容创新力度，创作开发体现中华优秀文化、展示当代中国形象、面向国际市场的文化产品和服务，在编创、设计、翻译、配音、市场推广等方面予以重点支持。

3. 支持文化企业拓展文化出口平台和渠道，鼓励各类企业通过新设、收购、合作等方式，在境外开展文化领域投资合作，建设国际营销网络，扩大境外优质文化资产规模。推动文化产品和服务出口交易平台建设，支持文化企业参加境内外重要国际性文化展会。鼓励文化企业借助电子商务等新型交易模式拓展国际业务。

4. 支持文化和科技融合发展，鼓励企业开展技术创新，增加对文化出口产品和服务的研发投入，开发具有自主知识产权的关键技术和核心技术。支持文化企业积极利用国际先进技术，提升消化、吸收和再创新能力。

（二）加大财税支持。

1. 充分发挥财政资金的杠杆作用，加大文化产业发展专项资金等支持力度，综合运用多种政策手段，对文化服务出口、境外投资、营销渠道建设、市场开拓、公共服务平台建设、文化贸易人才培养等方面给予支持。中央和地方有关文化发展的财政专项资金和基金，要加大对文化出口的支持力度。

2. 对国家重点鼓励的文化产品出口实行增值税零税率。对国家重点鼓励的文化服务出口实行营业税免税。结合营业税改征增值税改革试点，逐步将文化服务行业纳入"营改增"试点范围，对纳入增值税征收范围的文化服务出口实行增值税零税率或免税。享受税收优惠政策的国家重点鼓励的文化产品和服务的具体范围由财政部、税务总局会同有关部门确定。

3. 在国务院批准的服务外包示范城市从事服务外包业务的文化企业，符合现行税收优惠政策规定的技术先进型服务企业相关条件的，经认定可享受减按15％的税率征收企业所得税和职工教育经费不超过工资薪金总额8％的部分税前扣除政策。

（三）强化金融服务。

1. 鼓励金融机构按照风险可控、商业可持续原则探索适合对外文化贸易特点的信贷产品和贷款模式，开展供应链融资、海外并购融资、应收账款质押贷款、仓单质押贷款、融资租赁、银团贷款、联保联贷等业务。积极探索扩大文化企业收益权质押贷款的适用范围。鼓励金融机构对符合信贷条件的国家文化出口重点企业和项目提供优质金融服务。

2. 支持符合条件的国家文化出口重点企业通过发行企业债券、公司债券、非金融企业债务融资工具等方式融资。积极发挥专业增信机构作用，为中小文化企业发行中期票据、短期融资券、中小企业集合票据、中小企业私募债券等债务融资工具提供便利。支持符合条件的文化出口项目发行非金融企业资产支持票据和证券公司资产证券化产品。鼓励有跨境投资需求的文化企业在境内发行外币债券。支持文化出口企业在国务院批准的额度内，赴香港等境外人民币市场发行债券。

3. 鼓励保险机构创新保险品种和保险业务，开展知识产权侵权险，演艺、会展、动漫游戏、出版物印刷复制发行和广播影视产品完工险和损失险，团体意外伤害保险、特定演职人员人身意外伤害保险等新型险种和业务。对国家文化出口重点企业和项目,鼓励保险机构提供出口信用保险服务,在风险可控的前提下可采取灵活承保政策,优化投保手续。

4. 鼓励融资性担保机构和其他各类信用中介机构开发符合文化企业特点的信用评级和信用评价方法,通过直接担保、再担保、联合担保、担保与保险相结合等方式为文化企业提供融资担保服务,多渠道分散风险。利用中小企业发展专项资金等对符合条件的融资性担保机构和担保业务予以支持。

5. 推进文化贸易投资的外汇管理便利化,确保文化出口相关跨境收付与汇兑顺畅,满足文化企业跨境投资的用汇需求。支持文化企业采用出口收入存放境外等方式提高外汇资金使用效率。简化跨境人民币结算手续和审核流程,提升结算便利,降低汇率风险。鼓励境内金融机构开展境外项目人民币贷款业务,支持文化企业从事境外投资。

(四)完善服务保障。

1. 尽快培育国家文化出口重点企业成为海关高信用企业,享受海关便捷通关措施。对图书、报纸、期刊等品种多、时效性强、出口次数频繁的文化产品,经海关批准,实行集中申报管理。为文化产品出口提供 24 小时预约通关服务等便利措施。对文化企业出境演出、展览、进行影视节目摄制和后期加工等所需暂时进出境货物,按照规定加速验放。对暂时出境货物使用暂准免税进口单证册(ATA 单证册)向海关申报的,免于向海关提供其他担保。

2. 减少对文化出口的行政审批事项,简化手续,缩短时限。对国有文化企业从事文化出口业务的编创、演职、营销人员等,不设出国(境)指标,简化因公出国(境)审批手续,出国一次审批、全年有效。对面向境外市场生产销售外语出版物的民营文化企业,经批准可以配置专项出版权。

3. 加强相关知识产权保护,研究开展文化知识产权价值评估,及时提供海外知识产权、法律体系及适用等方面咨询,支持文化企业开展涉外知识产权维权工作。加强对外文化贸易公共信息服务,及时发布国际文化市场动态和国际文化产业政策信息。着力培养对外文化贸易复合型人才,积极引进各类优秀人才。建立健全行业中介组织,发挥其在出口促进、行业自律、国际交流等方面的作用。

三、组织领导

建立健全由商务、宣传文化、外交、财税、金融、海关、统计等部门组成的对外文化贸易工作联系机制,加强统筹协调,整合资源,推动相关政策措施的落实,依法规范对外文化贸易工作。加强对外文化贸易统计工作,完善文化领域对外投资统计,统一发布对外文化贸易和对外投资统计数据。结合《文化及相关产业分类(2012)》,修订完善文化产品和服务进出口统计目录。

各地区、各有关部门要按照本意见的要求,切实加强对外文化贸易工作的组织领导,明确任务落实责任,尽快制定具体实施方案,完善和细化相关政策措施,扎实做好相关工作,确保取得实效。

国务院

2014 年 3 月 3 日

任务十　意见

一、意见的含义及其分类

(一)意见的含义

意见是行政机关、企事业单位、社会团体对重要问题提出见解和处理办法的一种公文。在 2001 年 1 月 1 日事实的新《公文处理办法》中规定,"意见适用于对重要问题提出见解和处理办法"。

(二)意见的分类

按其性质作用,"意见"可分为指示性意见、实施性意见、建议性意见三类:

1. 指示性意见

它是指上级部门为开展某项工作,解决某个重要问题而提出的以指导思想、工作原则、执行要求为内容的"意见"。

2. 实施性意见

它是指机关或部门为贯彻落实上级有关指使决定和通知精神,结合本地区本单位实际而提出的让所属下级机关贯彻执行的"意见"。

3. 建议性意见

它是指下级或上级业务主管部门提出改进、推动某项工作或解决某个问题的思路、设想、建议,供上级或主管部门决策时参考的"意见"。

二、意见的特点及其适用范围

(一)意见的特点

1. 针对性

意见有着较强的针对性。它总是根据现实的需要,针对某一重要的问题提出见解或处理意见,例如,我国在提倡开展素质教育以来,中小学的现有教育技术装备显得不能适应素质教育的需要,教育部就及时对加强这一工作提出了意见。党内的民主生活会质量有待提高,中组部就及时下发了《关于提高县以上党和国家机关党员领导干部民主生活会质量的意见》。这些意见对于解决目前存在的问题,都起了积极的作用。

意见要针对不同工作或不同问题提出见解和具体处理办法,不能笼统言之,泛泛而谈。针对性强,对问题有深刻的见解,所提出的处理办法才管用。

2. 指导性

意见既要符合党的路线、方针、政策,又要结合具体实际情况,理论和实际相结合,意见正确、办法具体,才能发挥指导工作的作用。

意见虽然在文种的字面含义上没有指示、批复那样明显的指导色彩,似乎只是对某一工作提出些意见供参考,可实际上它也是指导性很强的一种文体。只所以不采用指

示等指导色彩强的文种行文,主要有下列一些原因:

一是为体现党政分开的原则,党的机关在涉及政务时不宜采用指示等文种。

二是有关部门虽然对下级同类部门有业务指导权,但并没有行政领导权,采用指示显然没有采用意见更合适。

三是意见的内容业务性强、规划性强、组织性强,而这些内容采用较生硬的文种不如采用意见这样较委婉的文种更合适。

尽管如此,意见对受文机关来说,仍然有较强的约束性,下级机关要遵照执行。

3. 明确性

不管何种意见都要非常明确,不能含糊其辞。意见表述要严谨周全,不能有歧义,使人产生误解。

4. 可操作性

意见中提出的办法,应有法可依,有据可查,界限清楚,并且具有较强的可操作性。要求处置与办理,必须遵照执行,不能模棱两可。

(二)意见的适用范围

意见既可用于向上行文,又可用于向下行文,既有报请性又有指挥性。意见作为上行文,类似于请示,可向上级汇报提出对某个重要问题的见解和处理意见,如上级机关认可,则批复下发贯彻执行,但适用范围没有请示广泛,只限于对重要问题提出见解和处理明确处理问题的办法。但指示只提出原则和要求,具有方向性,而意见要提出具体的处理办法,具有可操作性。意见的使用主要有三种情况:

1. 对重要事项提出指导性的见解。如《中共中央关于进一步繁荣文艺的若干意见》。

2. 对一个阶层的工作提出原则性要求。如《中共中央国务院关于做好 2000 年农业和农村工作的意见》。

3. 对带有全局性问题提出处理的办法和政策性措施。如《关于清理检查"小金库"的意见》。

三、意见的写法

意见通常由公文标题、主送机关、正文、发文机关、发文日期组成。这里主要谈谈意见的三个主体部分:标题、主送机关、正文。

1. 标题

标题提示全文中心思想,是行文的目的。一般由发文机关名称、事由、文种三部分组成。如《国家税务总局关于调整国家税务局、地方税务局税收征管范围的意见》。在标题里,事由是核心要素,要标准、简要地概括公文的主要内容。并用"关于"组成介词结构形式。有的公文加以限定,组成"若干意见"。如《中共中央关于进一步做好文艺工作的若干意见》。

2. 主送机关(受文单位)

呈报性意见的受文单位受理意见的上级机关,一般只写一个。指示性意见,受文单位可以多个,对于那些面向全国全省,内容不属保密范围的意见,则没有必要一一开列受文单位。

3.正文

这是"意见"这种公文的核心,是发文机关对重大问题提出意见和处理办法的所在,也是拟稿时考虑的重点,内容不同写法各异。但在写法上也有共同之处。要虚实结合:既要务虚,又要务实。务虚部分要注意思想性、政策性,务实部分要办法具体,切实可行。正文一般由开头、主体、结尾三部分组成。

（1）开头

一般说明行文缘由,多用简单的语句说明实际情况和存在的问题,或阐述解决问题的重要性、必要性;或引出上级的决定指示精神,阐述处理办法的依据。同时概括地交代情况和存在指示精神,阐述处理办法的依据。同时概括地交代情况,说明行文目的。还常用过渡语句,承上启下,转入主体文。也有的"意见"开头不用过渡语句,由主体文小标题序码承接上文起过渡作用。

（2）主体

这是"意见"的中心部分。主要提出解决问题的办法。既要认真贯彻和国家的方针、政策,遵守法律、法规,又要符合实际情况。态度要明确,语气要肯定,所提意见要中肯。意见的主体部分要表明观点、见解、态度,提出处理办法。一般说来,文字量大,层次多。多用小标题提示问题、划分层次,分段、分条列项叙述,分档使用序码。具体安排有两种形式:①分段式。用标题划分层次,分条叙述,有的段中使用序码列项说明。②条连式。用标题划分层次,分条叙述,层断条连,以标题为目统领各条,按题旨分别表述。

（3）结尾

提出要求、号召,对应强化开头。分两种情况:呈报性意见的结尾写"以上意见如无不妥,建议批转各地贯彻执行"。指示性意见的结尾语,一般提出希望和要求,也可不写结尾语。

例文1:

国务院关于建立统一的城乡居民
基本养老保险制度的意见

国发〔2014〕8 号

各省、自治区、直辖市人民政府,国务院各部委、各直属机构:

按照党的十八大精神和十八届三中全会关于整合城乡居民基本养老保险制度的要求,依据《中华人民共和国社会保险法》有关规定,在总结新型农村社会养老保险(以下简称新农保)和城镇居民社会养老保险(以下简称城居保)试点经验的基础上,国务院决定,将新农保和城居保两项制度合并实施,在全国范围内建立统一的城乡居民基本养老保险(以下简称城乡居民养老保险)制度。现提出以下意见:

一、指导思想

高举中国特色社会主义伟大旗帜,以邓小平理论、"三个代表"重要思想、科学发展观为指导,贯彻落实党中央和国务院的各项决策部署,按照全覆盖、保基本、有弹性、可持续的方针,以增强公平性、适应流动性、保证可持续性为重点,全面推进和不断完善覆盖全体城乡居民的基本养老保险制度,充分发挥社会保险对保障人民基本生活、调节社会收入分配、促进城乡经济社会协调发展的重要作用。

二、任务目标

坚持和完善社会统筹与个人账户相结合的制度模式,巩固和拓宽个人缴费、集体补助、政府补贴相结合的资金筹集渠道,完善基础养老金和个人账户养老金相结合的待遇支付政策,强化长缴多得、多缴多得等制度的激励机制,建立基础养老金正常调整机制,健全服务网络,提高管理水平,为参保居民提供方便快捷的服务。"十二五"末,在全国基本实现新农保和城居保制度合并实施,并与职工基本养老保险制度相衔接。2020年前,全面建成公平、统一、规范的城乡居民养老保险制度,与社会救助、社会福利等其他社会保障政策相配套,充分发挥家庭养老等传统保障方式的积极作用,更好保障参保城乡居民的老年基本生活。

三、参保范围

年满16周岁(不含在校学生),非国家机关和事业单位工作人员及不属于职工基本养老保险制度覆盖范围的城乡居民,可以在户籍地参加城乡居民养老保险。

四、基金筹集

城乡居民养老保险基金由个人缴费、集体补助、政府补贴构成。

(一)个人缴费。

参加城乡居民养老保险的人员应当按规定缴纳养老保险费。缴费标准目前设为每年100元、200元、300元、400元、500元、600元、700元、800元、900元、1000元、1500元、2000元12个档次,省(区、市)人民政府可以根据实际情况增设缴费档次,最高缴费档次标准原则上不超过当地灵活就业人员参加职工基本养老保险的年缴费额,并报人力资源社会保障部备案。人力资源社会保障部会同财政部依据城乡居民收入增长等情况适时调整缴费档次标准。参保人自主选择档次缴费,多缴多得。

(二)集体补助。

有条件的村集体经济组织应当对参保人缴费给予补助,补助标准由村民委员会召开村民会议民主确定,鼓励有条件的社区将集体补助纳入社区公益事业资金筹集范围。鼓励其他社会经济组织、公益慈善组织、个人为参保人缴费提供资助。补助、资助金额不超过当地设定的最高缴费档次标准。

(三)政府补贴。

政府对符合领取城乡居民养老保险待遇条件的参保人全额支付基础养老金,其中,中央财政对中西部地区按中央确定的基础养老金标准给予全额补助,对东部地区给予50%的补助。

地方人民政府应当对参保人缴费给予补贴,对选择最低档次标准缴费的,补贴标准不低于每人每年30元;对选择较高档次标准缴费的,适当增加补贴金额;对选择500元及以上档次标准缴费的,补贴标准不低于每人每年60元,具体标准和办法由省(区、市)人民政府确定。对重度残疾人等缴费困难群体,地方人民政府为其代缴部分或全部最低标准的养老保险费。

五、建立个人账户

国家为每个参保人员建立终身记录的养老保险个人账户,个人缴费、地方人民政府对参保人的缴费补贴、集体补助及其他社会经济组织、公益慈善组织、个人对参保人的缴费资助,全部记入个人账户。个人账户储存额按国家规定计息。

六、养老保险待遇及调整

城乡居民养老保险待遇由基础养老金和个人账户养老金构成,支付终身。

(一)基础养老金。中央确定基础养老金最低标准,建立基础养老金最低标准正常调整机制,根据经济发展和物价变动等情况,适时调整全国基础养老金最低标准。地方人民政府可以根据实际情况适当提高基础养老金标准;对长期缴费的,可适当加发基础养老金,提高和加发部分的资金由地方人民政府支出,具体办法由省(区、市)人民政府规定,并报人力资源社会保障部备案。

(二)个人账户养老金。个人账户养老金的月计发标准,目前为个人账户全部储存额除以139(与现行职工基本养老保险个人账户养老金计发系数相同)。参保人死亡,个人账户资金余额可以依法继承。

七、养老保险待遇领取条件

参加城乡居民养老保险的个人,年满60周岁、累计缴费满15年,且未领取国家规定的基本养老保障待遇的,可以按月领取城乡居民养老保险待遇。新农保或城居保制度实施时已年满60周岁,在本意见印发之日前未领取国家规定的基本养老保障待遇的,不用缴费,自本意见实施之月起,可以按月领取城乡居民养老保险基础养老金;距规定领取年龄不足15年的,应逐年缴费,也允许补缴,累计缴费不超过15年;距规定领取年龄超过15年的,应按年缴费,累计缴费不少于15年。

城乡居民养老保险待遇领取人员死亡的,从次月起停止支付其养老金。有条件的地方人民政府可以结合本地实际探索建立丧葬补助金制度。社会保险经办机构应每年对城乡居民养老保险待遇领取人员进行核对;村(居)民委员会要协助社会保险经办机构开展工作,在行政村(社区)范围内对参保人待遇领取资格进行公示,并与职工基本养老保险待遇等领取记录进行比对,确保不重、不漏、不错。

八、转移接续与制度衔接

参加城乡居民养老保险的人员,在缴费期间户籍迁移、需要跨地区转移城乡居民养老保险关系的,可在迁入地申请转移养老保险关系,一次性转移个人账户全部储存额,并按迁入地规定继续参保缴费,缴费年限累计计算;已经按规定领取城乡居民养老保险待遇的,无论户籍是否迁移,其养老保险关系不转移。

城乡居民养老保险制度与职工基本养老保险、优抚安置、城乡居民最低生活保障、农村五保供养等社会保障制度以及农村部分计划生育家庭奖励扶助制度的衔接,按有关规定执行。

九、基金管理和运营

将新农保基金和城居保基金合并为城乡居民养老保险基金,完善城乡居民养老保险基金财务会计制度和各项业务管理规章制度。城乡居民养老保险基金纳入社会保障基金财政专户,实行收支两条线管理,单独记账、独立核算,任何地区、部门、单位和个人均不得挤占挪用、虚报冒领。各地要在整合城乡居民养老保险制度的基础上,逐步推进城乡居民养老保险基金省级管理。

城乡居民养老保险基金按照国家统一规定投资运营,实现保值增值。

十、基金监督

各级人力资源社会保障部门要会同有关部门认真履行监管职责,建立健全内控制度和基金稽核监督制度,对基金的筹集、上解、划拨、发放、存储、管理等进行监控和检查,并按规定披露信息,接受社会监督。财政部门、审计部门按各自职责,对基金的收支、管理和投资运营情况实施监督。对虚报冒领、挤占挪用、贪污浪费等违纪违法行为,有关部门按国家有关法律法规严肃处理。要积极探索有村(居)民代表参加的社会监督的有效方式,做到基金公开透明,制度在阳光下运行。

十一、经办管理服务与信息化建设

省(区、市)人民政府要切实加强城乡居民养老保险经办能力建设,结合本地实际,科学整合现有公共服务资源和社会保险经办管理资源,充实加强基层经办力量,做到精确管理、便捷服务。要注重运用现代管理方式和政府购买服务方式,降低行政成本,提高工作效率。要加强城乡居民养老保险工作人员专业培训,不断提高公共服务水平。社会保险经办机构要认真记录参保人缴费和领取待遇情况,建立参保档案,按规定妥善保存。地方人民政府要为经办机构提供必要的工作场地、设施设备、经费保障。城乡居民养老保险工作经费纳入同级财政预算,不得从城乡居民养老保险基金中开支。基层财政确有困难的地区,省市级财政可给予适当补助。

各地要在现有新农保和城居保业务管理系统基础上,整合形成省级集中的城乡居民养老保险信息管理系统,纳入"金保工程"建设,并与其他公民信息管理系统实现信息资源共享;要将信息网络向基层延伸,实现省、市、县、乡镇(街道)、社区实时联网,有条件的地区可延伸到行政村;要大力推行全国统一的社会保障卡,方便参保人持卡缴费、领取待遇和查询本人参保信息。

十二、加强组织领导和政策宣传

地方各级人民政府要充分认识建立城乡居民养老保险制度的重要性,将其列入当地经济社会发展规划和年度目标管理考核体系,切实加强组织领导;要优化财政支出结构,加大财政投入,为城乡居民养老保险制度建设提供必要的财力保障。各级人力资源社会保障部门要切实履行主管部门职责,会同有关部门做好城乡居民养老保险工作的统筹规划和政策制定、统一管理、综合协调、监督检查等工作。

各地区和有关部门要认真做好城乡居民养老保险政策宣传工作,全面准确地宣传解读政策,正确把握舆论导向,注重运用通俗易懂的语言和群众易于接受的方式,深入基层开展宣传活动,引导城乡居民踊跃参保、持续缴费、增加积累,保障参保人的合法权益。

各省(区、市)人民政府要根据本意见,结合本地区实际情况,制定具体实施办法,并报人力资源社会保障部备案。

本意见自印发之日起实施,已有规定与本意见不一致的,按本意见执行。

国务院

2014 年 2 月 21 日

(此件公开发布)

例文 2：

关于 2014 年"清明节"期间调整本市机动车和非本市

进京载客汽车交通管理措施的公告

根据国务院办公厅关于 2014 年部分节假日的安排，2014 年 4 月 5 日至 4 月 7 日期间，对本市机动车和非本市进京载客汽车交通管理措施进行以下调整：

一、上述时间内，本市机动车不受《北京市人民政府关于工作日高峰时段区域限行交通管理措施的通告》规定的工作日高峰时段区域限行交通管理措施的限制。

二、非本市进京载客汽车不受《北京市公安局关于对非本市进京载客汽车采取交通管理措施的通告》规定的 7 时至 9 时、17 时至 20 时禁止在五环路（含）以内道路行驶和 9 时至 17 时按车牌尾号区域限行交通管理措施的限制。

特此通告。

北京市市公安局公安交管局

2014 年 3 月 24 日

任务十一　函

一、函的含义及其分类

（一）函的含义

函是行政机关、企事业单位、社会团体中平行机关或不相隶属的机关、单位之间互相商洽和联系工作，询问和答复问题，请求批准和答复审批事项时使用的一种公文。它是以平行机关或不相隶属机关为主送单位的"平行文"。函是机关之间的往来公文，而不是如上行文或下行文那样的单行公文。

（二）函的分类

依据的标准不同，函有不同的类别。

1. 按照内容和用途，函可以分为以下五类：

（1）商洽函

指用于平行机关之间和不相隶属机关之间商洽工作、联系有关事宜的函。例如商调干部、联系参加学习、查询或了解有关人和事、洽谈业务工作等。它与合同或协议书是有区别的，前者的内容范围比后者广泛得多，而且即使是协作的事，函也是在未达成协议之前的商洽信。

（2）请求批准函

指向平级的或不相隶属的有关业务主管部门请求批准的函。它与请示是不相同的，请求批准函是除下级向上级请示之外的其他机关间的请求批准事项时所用的。有关机关单位涉及部门业务工作，需向平级的或不相隶属的业务主管部门（例如人事局、财政局、税务局等）请求批准，但又因互相之间不是上下级隶属关系而不宜用请求行文，就应用函。同理，有关主管部门向平级的或不相隶属的机关单位批准、批复某些业务事项(例如干部录用、调动、经费拨付、税收减免等),应无上下级的隶属关系而不宜用批复行文,也就应用复函。

(3)询问与答复函

指用于上下级机关之间互相询问答复有关具体问题的函。询问函与请示并不相同,前者的适用范围比后者广得多,而且即使是下级向上级询问,其询问的问题也不是请求指示的,而只是请求解答的;答复函与批复并不相同,前者的适用范围比后者宽得多,即使是上级对下级答复问题的,也不只是"答复请示事项"的。上下级机关之间问答某个问题,联系、报告、请示等文件时,则可使用函。

(4)知照函

指告知或通知不相隶属单位某一事项或某一活动的函。

(5)答复审批函

指对下级机关为了获得人、财、物等支持而请求上级机关审批事项的问题的复函。如《国务院办公厅关于香港特别行政区政府在北京设立办事处的复函》。

2. 按照行为方向,函可分为:

(1)去函

也叫来函,即主动发出的函。想要向对方商洽工作、请求批准、询问问题、告知事项等等,都可以主动给对方发出去函。其格式由"标题、受文单位、正文、落款及时间"四部分组成。

(2)复函

是回答来函、来文所提出的问题或事情,被动出的函件。一般说来,凡接到对方来函(除只是告知事项不需要答复的函以外),无论对来函内容同意与否,都应该给予复函。有时一些上级机关对下级机关不太重要的请求指示的请示,也用复函作答,而不用批复。但如果是上级来函,下级必须予以答复时,则不能用复函的形式,而应该用"报告"以示尊重。复函的格式也是由"标题、受文单位、正文、落款及时间"四个部分组成,只是具体写法与去函有所区别。

3. 按照文面规格,函还可分为:

(1)公函

其格式较为正规,是正式公文。它按一般公文格式写上标题、主送机关、正文、落款,还要编上发文号,签署、加盖机关印章。其发文号既可由机关办文部门按发文统一编号,也可用小版头形式按函件单独编号。常用于商洽、询问和答复的问题比较重要,用正式公文纸写。

(2)便函

其内容多涉及事务性的或程序性的具体事项,是非正式公文。格式更为简便、灵活;写法较为自由,可不写标题、不编文号,只盖办公室公章。常用于商洽一般事情,用公用笺写,便函也常不列入正式文件处理。

二、函的特点

1. 简便、灵活

函不受公文规定的严格限制,比如正式文件头可以不用,文件号也可以不用,文件号也可以不用编,有时标题还可以不拟,因此用起来特别简便。为了精简文件,提高效率,改进工作,反对文牍主义,凡是用"函"这种公文就可以解决的问题,就不必用必须有固定规格的正式文件。

2. 针对性

凡是函,都必须有鲜明的针对性。主要表现在三个方面:

(1)紧紧围绕函中所提出的问题和具体事项。

(2)函中所提出的问题和具体事项不仅是应当解决的,而且是函往来机关有可能解决的,即应在其职权范围之内。

(3)除极个别的特殊情况外,应坚持一事一议、一函一复。

3. 多向性

适用于不相隶属机关之间的函,行文以平行为主,但有时也可用上行或下行。

4. 多样性

函的功用具有多样性,故函的适用范围较广。既可用于不相隶属单位之间商洽工作,询问、答复问题,告知事项,又可用于向有关业务主管部门请求批准有关事项和答复审批事项。此外,还可用于上下级之间的公务联系。

5. 平和性

函更多的用于无须领导或指挥关系的、不相隶属单位之间办理公务。所以,在语言方面一般不像法规性公文的语言,而是显得尊重平和,恳切真诚。

三、函的写法

函一般由标题、主送机关、正文、发文机关和日期四部分组成。

(一)标题

可以按照公文的一般要求来写。如果是去函,标题中文种只写"函";如果是复函,则应写明"复函"。一般有两种写法:

1.发文机关+事由+文种。如《国家档案局办公室、轻工业部办公厅关于推荐两种圆珠笔油墨用于书写文件的函》。

2.事由+文种。如《关于成立高峰贸易公司的函》。

(二)主送机关

如是去函,其主送机关一般只有一个;如是复函,其主送机关就是来函的单位,哪个单位来的函,就写哪个单位。函的主送机关应写全称或规范化简称,一般不写单位或部门领导人。

(三)正文

这是函的主要部分。若是商洽函、询问与答复函的去函,一般包括:事项情况,因此应把商洽的原委、询问的问题、告知的情况等等，写得清楚明白简明；还包括希望和要求，一般在写希望和要求前都要说原因、讲道理，以便得到对方的支持、理解或回答。若是复函，因为它是给对方机关答复问题的。因此，应首先在开头写明对方来文（包括函、电）是否收悉的情况。一般有三种表达方式：

1.引述来函日期，如"你单位××年××月××日来文收悉"；

2.引述函件名称，如"你单位《关于××的函》收悉"；

3.引述发文字号，如"你单位××字〔20××〕××号文收悉"。

而在使用过程中，常常是三种形式的混合使用，如"你单位××年××月××日《关于××的函》收悉"或"你单位《关于××的函》（××字〔20××〕×号）收悉"。然后对来件询问的问题、商洽的工作有针对性地给予明确的答复，以示互相支持或认真负责。如果要回答的问题较多，则可以列出条款，分条回答。

通常在正文的末尾要写尾语。即结束语，要根据不同的情况写不同的尾语。正文结尾处要恰当运用习惯用语。若是去函，如果是告知对方的，可用"特此函告"；如果是要求对方答复的可用"即请函复"、"请研究复函"等等；也可以用"请予支持（协助）"，并紧接着写"为感"、"为荷"、"为盼"等等语言。若是复函，如果是答复对方的，其尾语可写"特此函复"、"此复"之类的结束语，其后都应加句号。

（四）发文机关和日期

即落款。去函的落款，写发文机关和日期，并加盖公章；复函写复函机关名称、日期，加盖公章。还有的函写明抄送单位机关名称。

例文：商洽事宜函

中国科学院××研究所关于建立全面协作关系的函

××大学：

近年来，我所与你校双方在一些科学研究项目上互相支持，取得了一定的成绩，建立了良好的协作基础。为了巩固成果，建议我们双方今后能进一步在学术思想、科学研究、人员培训、仪器设备等方面建立全面的交流协作关系，特提出如下意见：

一、定期举行所、校之间学术讨论与学术交流。（略）

二、根据所、校各自的科研发展方向和特点，对双方共同感兴趣的课题进行协作。（略）

三、根据所、校各自人员配备情况，校方在可能的条件下对所方研究生、科研人员的培训予以帮助。（略）

四、双方科研教学所需要高、精、尖仪器设备，在可能的条件下，予对方提供利用。（略）

五、加强图书资料和情报的交流。

以上各项，如蒙同意，建议互派科研主管人员就有关内容进一步磋商，达成协议，以利工作。特此函达，务希研究见复。

中国科学院××研究所（盖章）

××××年××月××日

任务十二　纪要

一、纪要的概念及作用

纪要是"用于记载会议主要情况和议定事项"的公文。纪要的"纪"与"记"相同,就是记录;"要"就是要点,连起来就是记录要点。综合会议的目的、议程、活动经过、基本精神和主要结论的文件,叫会议纪要。

从总体上看,纪要是一种指导性文件。从分流传递中看,纪要的作用又各有侧重:

1. 对上级机关,纪要起着汇报情况的作用。这是由于纪要全面而系统地反映了工作情况、经验体会与讨论意见,以及会议所议定的事项和主要精神。

2. 对下级机关和所属部门,纪要起着指导工作的作用。这是由于纪要对实际问题提出了解决的办法,或针对一些带政策性的问题提出了明确的界限,作出了具体的规定。即使是研讨性的会议纪要,由于综合了多种意见,概括出倾向性意见或某种看法、做法的依据、理由和必要性,实质上也起到了统一认识和思想动员的作用。

3. 对与会单位和人员,纪要是汇报和传达的依据。会议内容的交流总是多项的、交叉重叠的,有的明确、充分、肯定,而有的则模糊、含混,再加上与会者自身的某些原因,如个人记录不够准确、完整,理解不一致等等,都可能导致汇报传达的不统一。纪要是对会议内容的明确肯定,使之系统化、条理化,并上升为理论。这样,便成为会议的纪实性文件,起到依据的作用。

4. 对其他有关单位,纪要起着互通情报、相互交流的作用。会议上,工作情况、意见的汇集,扩大到发文的范围内,即形成了一种有效的交流。

二、纪要的分类

(一)按会议类型划分

按会议类型来分,则有多少类型会议,就有多少类型的会议纪要。具有行政管理和研讨性的会议主要有工作会议和座谈会议两类,则相应地就有工作会议纪要和座谈会议纪要。

1. 工作会议纪要

工作会议指研究中心工作或业务性工作的会议。会议通常较为集中地研究一些重大的理论问题或实际问题,部署中心工作或带全局性的工作。记载、传达工作会议情况和议定事项的纪要叫做工作会议纪要。工作会议纪要按会议的性质,又可分为专题工作会议纪要和例行工作会议纪要。

(1)专题工作会议纪要,是专门为研究和解决某一项或某一方面工作,内容比较集中,议程比较单一的工作会议纪要,一般只把会议概况、会议宗旨、讨论和决议事项加以概括和说明,如《××市计生工作会议纪要》。

(2)例行工作会议纪要,是内容较复杂、议程较多的工作会议纪要,如各级机关、企事业单位领导同志的办公会议、例会，讨论日常行政事务，议题较多，《局长办公会议纪要》属于此类。

2. 座谈会议纪要

座谈会议指召集或邀请专家、学者、实际工作者，就某一学术问题或实际问题进行讨论、研究、协商，以探讨对策的会议。记载、传达座谈会讨论情况和基本精神的纪要，叫座谈会议纪要。

(二)按会议纪要内容性质划分

按会议纪要内容性质，纪要可分为决议性会议纪要和研讨性会议纪要。

1. 决议性会议纪要

决议性纪要多为记载和传达政府机关、社会团体、企事业单位领导人办公会议，或由政府组织的工作会议讨论情况与议定事项的纪要。

2. 研讨性会议纪要

研讨性会议纪要是会议纪要中使用最多的一类，各种形式的座谈会和学术性会议尤其多用。它侧重于反映涉及重大方针、政策、原则性问题的探讨，或对工作中的具体问题提出研究和讨论的意见，或侧重于汇集、交流情况和经验等等，都有着研究探索的性质，所起的作用是参谋性、参考性、交流性的，本身不具有决定、决议那样的行政权威。

(三)按纪要主体结构的特点划分

按纪要主体结构的特点划分，会议可分为综述式、分项式和发言式三类。

1. 综述式纪要

综述式纪要即把会议反映的情况、研究的问题、议定的事项、提出的任务等内容综合归纳后分别表述。议题单一、意见集中的纪要通常一气呵成，只用"会议认为"、"会议指出"、"会议强调"、"会议决定"、"会议要求"等惯用语引领段落，以显示纪要的行文层次。

2. 分项式纪要

分项式纪要是按会议议题列项或划分层次，每一项或每一层次里分别陈述其讨论的意见、形成的决议、提出的任务等。

3. 发言式纪要

发言式纪要直接表述发言内容，并标明发言人姓名。具体写法有两种：一种是按发言先后次序记载发言内容，将每个人的多处发言集中在一起表述；另一种是将会议讨论的内容归纳为几个问题，亦即划分为几个层次，在每一层次里写出各位发言者的发言内容。

三、纪要的特点

1. 适用对象的确定性

首先，会议纪要作为一种处理公务的工具，并不是普遍适用的，而是仅限于会议，属于会议文件。其次，会议纪要在会议文件中，也只是一个组成部分，只有当需要与会单位共同遵守和执行会议议定的事项和主要精神时，才使用会议纪要。

2. 内容的纪实性

会议纪要是对会议情况、讨论的问题和议定事项的记录和反映。这种反映是一种真实、准确的反映。

3. 表述方式的提要性

所谓纪要，就是要求对会议情况和议定事项作集中、概括、简要的反映。撰文者要善于分析、综合会议讨论的各种意见，大胆地剔除那些远离会议中心和要点的琐碎意见和枝节问题，按照一定的逻辑顺序编排要点，提纲挈领地反映会议的基本精神和主要成果。

4. 作用范围的特定性

会议纪要只对与会单位、与会人员有约束力，要求共同遵守执行。若需在范围以外的更大范围内发挥作用，就要请上级领导机关批转。

5. 对作用客体的指导性

会议纪要记载的内容，包括对某些重要问题进行讨论后形成的一致看法和解决问题的方案，针对某些重大事项所作出的政策规定和提出的原则意见，都是参加会议的单位必须遵守的规范和必须执行的政策。如果发给各下属机关与单位，其纪要则具有行政约束力和指导性，成为有关机关与单位的工作指导、行动指南和办事依据。

6. 行文用语的典范性

写会议纪要通常采用第三人称，段首用语常为"会议认为"、"会议指出"、"会议决定"、"会议要求"、"会议号召"等。

四、纪要的写法

纪要的基本构成是标题、正文和落款三部分。有的需要在标题下面写上发文日期，如研讨会会议纪要；决议性会议纪要还要编列发文字号。

(一)标题

标题由会议名称加文种构成。如《中国内地、台湾、香港、澳门应用文研讨会会议纪要》。

有的时候，会议纪要的内容被作为新闻编发出去，为了醒目，吸引读者，常常编撰新闻式标题，如《进一步贯彻〈关于党内政治生活的若干准则〉坚决纠正不正之风——中央纪委召开第三次贯彻〈准则〉座谈会纪要》，正题揭示会议的基本精神，副标题由会议名称和文种组成。还有的新闻式标题不出现会议纪要的文种名称，如：《××县农村工作座谈会强调树立依靠科技进步振兴农业的观念要把农业科技纳入政府工作的议事日程》，引题写明会议名称，正题揭示座谈会意见，副题则是会议提出的要求。

(二)正文

纪要的正文一般可分为三个部分，一是会议概况，二是会议事项，三是结尾。

1. 会议概况

首先，要写明的是会议议题、宗旨。有时还可写明会议召开的依据，有关背景以及会议的过程，对会议的评价等。

其次,是会议召集的单位;会议时间、地点;会议主持人、与会人等。对决议性会议纪要来说,记录会议组织情况是必不可少的,一是为了说明会议的真实性,并对真实性负责,二是为了表明会议本身的权威和法律效力。

会议概况的撰写,与会议新闻报道的导语差不多,要写得简明概括,不必写的项目可以省略。

2. 会议事项

又可分为两个小部分,一是对议题的研究讨论,二是作出的决议或决定。这一部分是会议纪要的核心,反映会议议定的事项和主要精神,这是"要"之所在,也是撰写的关键。

一个会议的议题要么一个,要么几个。反映会议决定的事项和主要精神,第一个要领是提炼会议的内容,即从会议宗旨着眼,对材料进行一番选择、取舍、分类、归纳,使之获得高度的概括性和条理性。

写好会议事项的另一个要领,是撰写人必须要有充分的准备:

(1)自始至终参加会议,听取、熟悉会议的各项议程。对关键性观点、词语、数据加以注意。

(2)组织做好会议记录、会议简报。

(3)对有关情况作周密细致的调查研究。

(4)将初稿交与会人员讨论、修改;请会议领导过目,以纠正失误、补充遗漏。

另外,会议事项部分在表述称谓及意见上有一个特点:总是要用一些承启性的称谓用语,如"与会同志认为"、"有的同志提出"、"少数同志认为"、"××同志说"、"会议强调"、"会议要求"等等。这些称谓用语的作用是多方面的,它使会议纪要除了陈述性语言外,另增加了具体描述的意味,使内容更为真实具体;它作为段落开头,很自然地承启上下文,使眉目清楚,行文活泼;用在段落中间,则起到突出、强调的作用。

3. 结尾

一般是号召、希望与会人员为实现会议的目的和任务而奋斗。

有的则概括会议的内容和纪要的要求,对贯彻落实会议精神的关键问题予以强调,或对会议作出评价,或交代会议的有关事项,或向对会议的召开作出贡献的单位和个人表示感谢等等。

(三)落款

落款由署名和日期组成,其位置在会议纪要正文的右下方。署名应签署会议的主办单位名称,用全称;其下边签上发文时间,一般以会议的结束日期为准,公开发表的会议纪要,其发文日期都写在标题之下。

例文1:行政例会纪要

全国现代物流工作部际联席会议办公室第五次会议纪要

全国现代物流工作部际联席会议办公室第五次会议,2006年9月26日在北京召开。联席会议办公室成员单位共40名成员和联络员参加了会议。会议由联席会议办公室主任、国家发展改革委经济运行局局长李扬主持。现将会议主要内容纪要如下：

一、各成员单位通报了 2006 年以来为推动现代物流业发展所做的主要工作和部际联席会议第二次会议议定的各项工作进展情况。会议认为，2006 年以来，特别是今年 5 月部际联席会议第二次会议以后，各成员单位按照工作职能和联席会议分工，为推动我国现代物流业发展做了大量工作。联席会议成员单位出台的政策措施，有的已收到明显成效，我国现代物流业发展的体制和政策环境进一步改善，工作合力逐步形成，现代物流综合协调机制正日趋完善。

二、通报了第二批物流企业税收改革试点工作的有关情况。2005 年 12 月 29 日，国家税务总局根据九部门联合印发的《关于促进我国现代物流业发展的意见》（发改运行〔2004〕1617 号）精神，以国税发〔2005〕208 号文发布了《关于试点物流企业有关税收政策问题的通知》。从 2006 年 1 月 1 日起，对国家发展改革委和税务总局联合确认的 37 家试点物流企业，进行有关物流企业营业税差额纳税的试点工作。试点工作开展以来，解决了物流企业长期存在的营业税重复纳税问题，受到业内普遍欢迎。部际联席会议第二次会议确定，继续开展第二批试点工作。国家发展改革委、国家税务总局和其他成员单位为第二批试点做了必要的前期准备工作。会后，将按照有关程序，进一步核实确认试点名单，尽快开始第二批试点工作。

三、通报了关于建立物流工作重点联系企业制度的情况。为了解我国物流企业运行情况，及时发现物流企业经营和发展中存在的问题，更有针对性地制定和实施物流产业政策，拟定在原有重点物流企业联系制度的基础上，扩大联系企业范围，增加各类物流企业代表性，进一步建立和完善这项制度。会后，将按照有关的程序和办法，提出列入重点联系企业名单。

四、讨论了信息产业部提出的《全国性、区域性现代物流公共信息平台建设的指导意见》（修改稿）。经过部际联席会议第二次会议讨论后，《指导意见》的起草单位做了较大修改。各部门在充分肯定的同时，结合各部门职能，提出了进一步修改意见。会议认为，建立全国性、区域性现代物流公共信息平台是必要的，制定《指导意见》很有意义。但对全国性和区域性公共信息平台的市场化运作模式，政府如何发挥作用等问题还需深入研究。会后，起草单位收集相关部门的意见，进一步修改完善。

五、讨论了由中国物流与采购联合会提出的解决轿车运输车正常通行的问题。全国汽车物流行业近年来蓬勃发展，现有运输车辆约 1.5 万辆，是我国目前汽车物流运输的主要方式。2004 年 4 月 1 日由国家质检总局、国家标准化管理委员会颁布的国家强制性标准 GB1589－2004《道路车辆外廓尺寸、轴荷及质量限值》执行后，全国 95％在用的轿车运输车都超过了标准规定的长度，整个汽车物流行业难以正常运行。虽然去年 4 月 30 日，交通部以明传电报的形式提出了临时解决办法，但仍未从根本上解决问题，严重制约了行业的发展。应在确保公路基础设施和道路交通安全的前提下，寻求适当的解决办法。会后，由中国物流与采购联合会收集有关部门的意见，部际联席会议办公室将召开专题会议研究。

会议要求，各成员单位要进一步加强协调配合，充分发挥联席会议及其办公室的联络协调机制，努力解决我国现代物流业发展中带有普遍性的实际问题，营造有利于现代物流业发展的良好环境。

×××

××××年×月××日

（国家发改委网站）

例文 2：座谈会议纪要

全国建设系统抗震办公室主任座谈会会议纪要

为了贯彻《国务院关于加强防震减灾工作的通知》（国发〔2004〕25 号）精神，加强建设系统的抗震防灾管理工作，建设部工程质量安全监督与行业发展司于 2005 年 7 月 28 日至 29 日在云南省昆明市召开了"全国建设系统抗震办公室主任座谈会"。建设部总工程师王铁宏同志，工程质量安全监督与行业发展司副司长徐波、尚春明同志出席了会议。各省、自治区、直辖市抗震办公室主任（处长），以及全国超限高层建筑抗震设防审查专家委员会、中国建筑科学研究院和北京工业大学的专家参加了会议。现将会议主要内容纪要如下：

王铁宏同志在会上总结了近年来全国建设系统在工程抗震领域所做的主要工作，通报了今后抗震防灾工作的主要思路，结合目前抗震防灾面临的新形势，从八个方面调整未来抗震防灾工作的思路从八个方面对各地抗震防灾工作提出了要求。尚春明同志介绍了下一步抗震防灾法律法规建设的设想，通报了《房屋建筑工程抗震设防管理规定（草案）》的修改情况，对《建设系统破坏性地震应急预案》颁布后的实施工作提出了要求。徐波同志作了会议总结，强调要充分发挥现行工程监管机制的作用，不断寻求工作对象、工作内容、工作方式上的突破，全面提高城乡建设抗震防灾工作能力和水平。

会上，云南、江苏、新疆、福建、甘肃省（自治区）建设厅抗震办的负责同志分别介绍了各自的抗震工作情况和主要经验。与会代表围绕如何贯彻《国务院关于加强防震减灾工作的通知》精神，进一步搞好抗震防灾工作进行了深入的讨论，对建设部《房屋建筑工程抗震设防管理规定（草案）》提出了修改意见和建议。

会议提出各地要认真学习和贯彻落实党中央国务院领导的指示精神，从践行"三个代表"重要思想和构建和谐社会的高度来认识防震减灾工作，坚持预防为主、平震结合、城乡并举、突出重点、依法监管、常备不懈的工作方针，以对人民群众生命财产高度负责的精神，加强领导，落实责任，采取措施，保证灾时最大限度地避免和减少人员伤亡，尽量降低国家和人民群众的生命财产损失，尽快恢复市政公用设施的功能，保障人民群众的基本生活条件，近年来，各级建设行政主管部门按照《中华人民共和国减灾规划（1998—2010 年）》，认真履行工程抗震职责，在加大依法行政管理力度、完善法律法规体系、建立标准规范体系、编制抗震防灾规划、制订建设系统破坏性地震应急预案、强化监督检查、支持科学研究与技术创新、开展对既有建筑的抗震加固和强化教育培训与交流合作等方面取得了成效，为我国抗震防灾事业打下坚实基础。

会议强调，当前要注意做好以下工作：一是重视分析当前面临的形势，明确新形势下抗震工作的战略目标；二是调整思路，积极探索投资主体多元化形势下抗震工作的新模式；三是充分发挥现行工程监管机制作用，将抗震设防贯穿于工程质量监管全过程；

四是突出工作重点,提高新建工程特别是大型公共建筑的抗震设防能力;五是抓住机遇打造新的工作平台,关注社区抗震防灾能力建设、指挥体系建设,充分发挥抗震防灾对整个城市建设综合防灾减灾的平台作用;六是加强与相关部门的合作,形成合力。

会议经过讨论,提出以下意见:

一、从房屋建筑设防为主转向提高市政设施的抗震能力。随着城市人口和建构筑物密集度的增加,对城市生命线系统的抗震防灾要求越来越高,要落实国务院应对突发事件对应急预案的要求,保证市政设施的抗震能力至关重要。今后抗震防灾工作的重点要将房屋建筑单体设防与提高市政设施抗震能力并重,全面提高城市的综合防灾能力。

二、继续强化超限高层建筑工程的抗震审查,特别注意大型公共建筑的抗震设防。随着一大批大型工程和基础设施项目的建设,很多大型公共建筑的结构承重体系复杂,潜在技术风险加大。今后,超限高层建筑工程抗震设防专项审查要本着对人民负责的态度,特别重视对大型公共建筑的抗震设防审查。

三、加强村镇建设抗震防灾工作。我国工程抗震工作基础薄弱的地区主要是一些经济欠发达地区、城乡结合部、县级以下的乡镇,特别是农村地区。因此,要加大重点抗震设防地区村镇建设防灾工作的管理力度,促进抗震防灾工作的城乡并举。

四、注重日常演练和救援措施的落实。最近建设部颁布了《建设系统破坏性地震应急预案》,各地要加强演练,促进预案中各项措施的落实,抓好以社区为重点的全民防灾意识普及和教育。

五、要重视基础资料收集,重点抓好在役建筑的抗震能力普查。抗震加固工作的基础是摸清家底。对在役建筑进行抗震能力的鉴定和评估是一项技术性很强的工作,要在现有技术队伍的基础上,借助完善的鉴定标准和评估方法,取得确切的数据。并依据这些资料制定工作计划,通过建立专项基础、开展防灾保险等手段,增加投入,为抗震加固工作提供人力物力保障。

六、注重在使用过程中维持设计抗震能力。建设系统工程抗震防灾的实践证明,凡是严格遵守法律法规,按照建设工程标准设计、建造或加固的工程设施都经受住了地震灾害的考验。但也有一些在役建筑在全寿命周期内不具备相应的抗震能力,一些建筑主体结构和使用用途的改变可能引起抗震能力的变化;随着工作的深入,工作重心要同时做好新建工程的抗震设防和维持在役建筑抗震能力。

七、重视抗震防灾规划的编制工作,注意留有足够的庇护空间。编制和实施城市抗震防灾规划是指导城市抗震防灾工作从源头上减轻地震灾害的有效措施,也是提高现代化城市综合抗震能力的有效手段。编制规划时要充分考虑开敞空间和避难建筑的防灾庇护功能,对现有的抗震、防洪、消防、防风、人防等设施加以整合,形成城市整体综合防御能力。

八、高度重视新技术在抗震防灾中的应用。随着科学技术的进步,科研和勘察设计单位开展了大量科技创新活动,在新结构体系抗震性能研究、高层建筑抗震设计、抗震加固的新技术、新方法、新材料、隔震减震技术等方面,取得了一批具有国际先进水平的科研成果,要充分利用新技术、新方法、新产品,支撑我们的抗震防灾工作实践,并与其他防灾措施有机结合起来,提高我国城乡建设的综合防灾能力。

×××

××××年×月××日

实训演练

一、填空题

1.完整的公文标题一般由发文机关、事由、_____三部分组成。

2.按国家有关规定,公文秘密等级可分为 3 个等级:绝密、_____、秘密。

3._____不得夹带请示事项。

4._____适用于记载会议主要情况和议定事项。

5._____适用于公布社会各方面应当遵守或者周知的事项。

二、单项选择题

1.公文区别于其他文章的主要之点是(　　)

A.公文形成的主体是国家机关及其他社会组织

B.公文形成的条件是行使职权和实施管理

C.公文是具有法定效用与规范格式的文件

D.公文是办理公务的重要工具之一

2.《关于××厂进口 BA2000 型自动车床的请示》,作者是(　　)

A.××厂　　　　　　　　　　B.××厂的负责人

C.起草文件的刘秘书　　　　　　D.签发文件的董厂长

3.不相隶属的机关之间联系工作,应当用(　　)

A.通报　　　　B.通知　　　　C.函　　　　D.请示

4.答复上级机关的询问,使用(　　)

A.通报　　　　B.请示　　　　C.报告　　　　D.通知

5.根据事由"××公司发行重点钢铁企业债券"行文,应使用的文种是(　　)

A.通报　　　　B.通知　　　　C.通告　　　　D.决定

6.下面几种说法中,不正确的是(　　)。

A.接受抄送的机关不可以向其他机关抄送

B.在公文中,完全句是主要的,只有在为使语言简洁且又不会对语义造成损伤的情况下才使用省略句

C.向上级机关请求批示或批准宜用"请示"而不用"报告"

D.主送机关必须是受文机关中级别层次高的机关,抄送机关则必须是级别层次低的机关

三、问答题

1.决定的特点有哪些?

2.通报的书写方面应当注意什么问题?

3.批复的特点有哪些?

参考答案

一、填空题

1. 文种

2. 机密

3. 报告

4. 纪要

5. 通告

二、单项选择题

1. C　2. A　3. C　4. C　5. C　6. D

三、问答题

1. 答：决定的特点有决断性、指令性、广泛性、权威性。

决定是对某些重大行动或重要问题做出决断，体现出权威的决断力量，具有必须坚决照办、不容质疑的特性。上级机关已经做出的决定，所属下级机关和有关人员必须坚决贯彻执行，令行禁止。如有违背和违反，将予以严肃处理。

决定在政治、经济、文化、科技、教育等部门都可运用，其内容范围涉及面广，具有多样性和丰富性。决定是上级机关针对重要事项和重大行动，经重要会议或领导班子研究通过之后，对所辖范围内的工作所做的安排。决定一经发布，就对受文单位具有很强的约束力，必须遵照执行。

2. 答：通报在书写方面应当注意四个方面的问题：典型性、引导性、严肃性和时效性。

通报的人和事要具备一定的典型性，能够反映、揭示事物的本质规律，具有广泛的代表性和鲜明的个性。这样才能使人受到启迪，得到教益。无论表扬性通报，批评性通报，还是情况通报，其目的在于通过典型的人和事，引导人们辨别是非，总结经验，吸取教训，弘扬正气，树立新风。通报的内容和形式都应是严肃的。应当是领导机关针对真人、真事和真实情况制发的，无论是表扬、批评或通报情况，都代表着一级组织的意见，具有表彰、鼓励或惩戒、警示的作用，使用时要十分慎重、严肃。通报是就特定的社会背景而言的。时过境迁，一件在当时看来具有典型意义的事实，随着客观情况的变化，未必一直具有典型性。因此，要充分发挥通报作用，就要抓住时机，适时通报。

3. 答：批复的特点有针对性、被动性、权威性、集中性和鲜明性、实践性、政策性和依据性。

批复总是针对下级机关呈报的请示行文，针对下级来文的请示事项做出答复的。因而内容单纯，针对性强。有的甚至标题就体现出这种针对性。批复是用来答复下级请求事项的，下级有请示，上级才会有批复。批复发自领导机关，代表着不同级别的政府的权力和意志。上级机关对于下级机关，职权上具有法定的管理与被管辖、服从与被服从的关系。所以，体现上级机关意图的批复，对下级机关具有权威性。批复总是针对下级请示的某项工作发表指示、提出处理办法，对受文单位有明显的约束力。下级的请示是一事一报,请示内容十分集中,相应的批复也是一文一批,答复的内容也十分集中。

批复的态度和观点必须十分明确。对于请求指示的请示,批复要给以明确的指示;对于请求批准的请示,批复或者同意、批准,或者不同意、不批准。有时,由于情况的复杂性,原则同意,但对某些个别环节提出不同的意见和要求,这是允许的,不违背态度明确的原则。批复中对下级请示事项的答复,旗帜应鲜明,观点应明确、语言应简练。批复的目的是指导下级机关的工作。因此,除了内容单纯外,一般批复在表明态度以后,还应当概括地说明方针、政策以及执行中的注意事项。对于撰写批复的上级机关而言,不管是发出指示还是批准事项,都必须有政策依据。对于发出请示的下级机关而言,批复一旦到达,就是行动的依据,不得违背。

项目五 规章制度类应用文写作

学习目标

1.掌握规章制度类应用文的概念,了解其特点和分类。

2.掌握规定、章程、制度、条例和办法的概念、特征、分类和写法。

3.参照例文模拟写作相关文种,培养撰写规章制度类应用文的能力。

情景导入

"没有规矩不成方圆。"任何一个单位、组织和部门都有其明确的规章制度,只有人人遵守相关制度,才能构建有序、和谐的管理体系,提高工作效率,提升社会责任意识,促进社会文明进步。"立德"是为人之根本。大学教育德育应放在首位。各项规章制度具有较强的约束力,在塑造大学生健全的人格、培养乐观向上的品德、自我管理、自觉意识等方面,规章制度起着非常重要的作用。当代大学生不仅要熟悉相关制度的内容,还要掌握其写法,提高撰写规章制度的能力。某职业技术学院学生处广泛发动全院学生开展了一次大型的活动"魅力校园,从我做起",目的在于培养学生尊重自己、爱护校园的意识,推广校园文明行为。要求每个学生制定一个自己认为的合理的校园文明公约,按规定时间,以专业班级为单位上交教学生处。如果你是其中的一员,该怎样撰写这个《大学校园文明公约》呢?

知识清点

任务一 规章制度类应用文概述

一、概念

规章制度类应用文,是条例、规定、办法、细则、制度、规则、守则、公约、须知等的总称,是指国家机关、社会团体、企事业单位为了建立正常的工作、劳动、学习、生活秩序,依照法律、法规、政策而制定的,具有规范性、指导性和约束力的应用文。

二、分类

各种不同的规章制度类应用文,因适用范围的不同、需要的不同,起着不同的作用。

总体上看,规章制度类应用文可分为四类:行政法规类、章程类、制度类和公约类。行政法规类代表性的文种有条例、规定、办法、和细则;章程类代表性的文种是章程;制度类代表性的文种是制度、规程、规则、守则;公约类代表性的文种是公约。

各种不同的规章制度类应用文的内容、作用不同,制发者也不一样。条例的制发者是国务院和地方人大、人大常委会,例如《中华人民共和国居民身份证条例》;规定、办法的制发者是国务院、国务院各部门、地方人民政府,例如《关于出版物上数字用法的暂行规定》、《进口家用电器检验管理暂行办法》;细则的制发者是国务院各部门、地方人民政府;章程的制发者是政党、社会团体、企事业单位,例如《中国共产党章程》、《中华全国总工会章程》;制度、规程、规则、守则的制发者,是机关团体、企事业单位及其部门,例如《办公室工作制度》、《电子计算机操作规程》、《图书馆借书规则》、《大学生守则》等;公约的制发者是人民群众、团体,例如《首都人民文明公约》。

三、特点

规章制度类应用文是为了保障各项工作顺利进行规范人们的行为而制定的,其主要特点主要有:

1. 内容的强制性

制定规章制度类应用文的目的就在于控制、管理、指导有关单位或个人的道德规范、言语行为、工作职责、学习生活秩序,如果没有强制性内容要求,制定规章制度类应用文就会失去了制定的意义。

2. 形式的条文性

规章制度类应用文的正文大都采用条目表达方式,层次有 7 级:编、章、节、目、条、款、项。

3. 行文的严密性

规章制度类应用文是人们行动的准则,它所涉及的方方面面,都必须做出全面的要求、具体的规定,其内容备而不繁,具有逻辑的严密性。

4. 表述的准确性

规章制度类应用文具有较强的约束力,文字表达字斟句酌,准确严密,经得起推敲。

四、写作格式

规章制度类应用文由标题、正文、落款三部分组成。

1. 标题

标题的拟定有四种:(1)单位(地域)+内容+文种,例如《某某职业技术学院学生公寓管理规定》,有些规章制度类应用文在标题下面有题注,用括号注明发布机关、时间、会议名称,对标题进行注释;(2)内容+文种,例如《出版物汉字使用管理规定》,这种标题的拟定,在标题前可加介词"关于";(3)单位+文种,例如《青岛毛巾厂厂规》;(4)人员+文种,例如《高等学校学生行为规则》,如果是"试行"或"暂行",应在标题中标明,位置是在文种之后,用括号括上。

2. 正文

规章制度类应用文种类很多,各个文体的写法也有不同。从正文来看,其基本的结构方式主要有两大类:章条式和条款式。

(1)章条式

章条式就是将规章制度类应用文内容分成若干章,每章又分若干条,根据需要,条下有时又分若干项。第一章是总则,中间各章叫分则,最后一章叫做附则。总则主要写制定依据制定目的(宗旨)和任务、基本原则、适用范围、有关定义、主管部门(该项有时也可使具体情况置于分则或附则中)等情况,类似于文章的前言,对全文其统领作用;分则是全文的主体部分,通常按事物间的逻辑顺序,或按各部分内容的联系,或按工作活动程序以及惯例分条列项,集中编排(表述奖惩办法的条文也可单独构成罚则或奖励则,作为分则的最后条文);附则通常是全文的最后一章,一般说明该规约文案的实行程序与方式、生效日期、与有关文件的关系及其他未尽事宜的处置办法、有解释权的单位名称等内容,只设一章,根据需要,下分若干条,也有附在最后不单独成章的。

(2)条款式

条款式写法不分章,是分条列项阐述。适用于内容比较简单的规章制度类应用文,如守则、公约、须知等。条款式有两种形式:一是前言条款式,二是条款到底式。前言条款式的构成形式是前言加主体;条款到底式的全文都用条款来表述,一贯到底。

3. 落款

落款在正文结尾后右下方,写的是制定制发者的单位名称,在名称的下方写发文时间。如果标题已反映出这一部分的内容,末尾便不必再写。

五、写作要求

规章制度类应用文的写作要求归纳概括为以下三点:

1. 依照国家政策、结合实际情况,注意内容的切实可行性。
2. 语言表述要具体简明,语言文字要准确、严谨。
3. 应定期总结修订,不断完善。

任务二 规 定

一、规定的概念

规定是党政机关、企事业单位和社会团体为实施某一项管理工作而制定的具有强制约束力的规范性文书。它既可以是法规或行政规章,又可作为一般的管理制度。由于其制发机关不同、制发程序不同、发布形式不同,其性质和效力也不同。

二、规定的写作特征

1. 使用比较广泛

在规章性文书中,规定的应用是比较广范的。国家机关可以用,基层单位也可以用;可以用于宏观上的政策规定,也可以用于具体的管理规定;可以作为国家的法规,也可以作为一般性的工作规则。

2. 带有明确的限定性

它主要是明确行为的规范和管理的准则,明确"应该如何"和"不应该如何"的界限问题,特别是要明确禁止或限制的行为、事项,以及如果违反了规定的处理方法,以起到制约和依据作用。这是规定有别于其他规章性公文的主要特点。

三、规定的分类

1. 政策性规定

主要是根据上级机关的指示精神和要求,依据法律法规的有关规定制定的具体的行为准则和政策要求,作为开展工作的主要依据。如《××省城市建设征用土地拆迁房屋的规定》。

2. 管理性规定

主要是社会组织为加强管理,规范行为,维护正常的社会和工作运行秩序,按照其职责权限制定的某方面工作的管理规则。如《关于实行专业技术职务聘任制度的规定》。

以上是按照规定的内容进行分类的。此外,按照规定的制发主体,还可以分为政府及政府部门的法规性规定和社会团体、企事业单位的规章性规定;按照规定的时效,可分为正式规定和暂行(试行)规定,有的在正式规定之后还有补充规定等。

四、规定的作用

1. 准绳作用

作为行政法规或党委、政府部门的规章,规定是党和国家意志的重要体现,是对社会实施有效管理的重要工具,具有很强的政策性和约束性,是工作中必须遵循的准绳和依据。

2. 规范作用

规定作为实施管理的规则,是纪律的重要体现。主要是规范人们行为和活动,限制某些不规范、不正常、不合理的行为,明确禁止的事项,提出管理的要求,以建立良好的工作运行秩序。

五、规定的写作方法

规定的写作,大体由标题、正文、签署三部分组成。

（一）标题

规定的标题主要有两种写法：

1. 全称式标题，即由发文机关名称、事由和文种组成。如《国务院关于在对外公务活动中赠送和接受礼品的规定》。

2. 由规范范围、规范内容和文种组成。如《广西区城镇园林绿化管理规定》。

如果规定的内容尚欠成熟和完善，或属临时性规定，则在文种前加"暂行"或"试行"字样；如果是对以前的规定做补充，则应在文种前加"补充"字样。

（二）正文

规定正文的写法大体有三种：

1. 由开头、主体、结语组成。开头写制定本规定的原因、依据，并以"特作如下规定"、"特规定如下"等惯用语承上启下。主体部分写规定的具体内容，一般分条行文。结语写实施说明，如适用范围、实行日期、解释权等。

2. 是条目法。即整个规定从头到尾以条目反映，可分为总则、分则、附则三部分。总则一般写制定本规定的原因、依据、目的以及指导思想和原则等；分则部分是主体，写规定的具体内容；附则写实施说明。

3. 由序言、小标题、结语组成。开头以序言的形式写，主要写形势、目的、依据等。中间部分列出若干小标题，起到明确章节的作用，小标题下用序码排列条目的内容。结尾处写实施的有关事项。

（三）签署

规定的签署方式应视内容的重要程度和形式的规范程度而定。按照《立法法》的规定，凡是行政法规、部门和地方政府规章，均应由行政首长以令的形式发布；而其他重要的规章性规定，则应在标题下用括号标明其在什么时间、什么会议通过；一般性规定，则可在正文之后标明时间。

例文1：

中华人民共和国海关进出口货物商品归类管理规定
2007 年 5 月 1 日施行

第一条　为了规范进出口货物的商品归类，保证商品归类结果的准确性和统一性，根据《中华人民共和国海关法》（以下简称《海关法》）、《中华人民共和国进出口关税条例》（以下简称《关税条例》）及其他有关法律、行政法规的规定，制定本规定。

第二条　本规定所称的商品归类是指在《商品名称及编码协调制度公约》商品分类目录体系下，以《中华人民共和国进出口税则》为基础，按照《进出口税则商品及品目注释》、《中华人民共和国进出口税则本国子目注释》以及海关总署发布的关于商品归类的行政裁定、商品归类决定的要求，确定进出口货物商品编码的活动。

第三条　进出口货物收发货人或者其代理人（以下简称收发货人或者其代理人）对进出口货物进行商品归类，以及海关依法审核确定商品归类，适用本规定。

第四条　进出口货物的商品归类应当遵循客观、准确、统一的原则。

第五条 进出口货物的商品归类应当按照收发货人或者其代理人向海关申报时货物的实际状态确定。以提前申报方式进出口的货物,商品归类应当按照货物运抵海关监管场所时的实际状态确定。法律、行政法规和海关总署规章另有规定的,按照有关规定办理。

第六条 收发货人或者其代理人应当按照法律、行政法规规定以及海关要求如实、准确申报其进出口货物的商品名称、规格型号等,并且对其申报的进出口货物进行商品归类,确定相应的商品编码。

第七条 由同一运输工具同时运抵同一口岸并且属于同一收货人、使用同一提单的多种进口货物,按照商品归类规则应当归入同一商品编码的,该收货人或者其代理人应当将有关商品一并归入该商品编码向海关申报。法律、行政法规和海关总署规章另有规定的,按照有关规定办理。

第八条 收发货人或者其代理人向海关提供的资料涉及商业秘密,要求海关予以保密的,应当事前向海关提出书面申请,并且具体列明需要保密的内容,海关应当依法为其保密。

收发货人或者其代理人不得以商业秘密为理由拒绝向海关提供有关资料。

第九条 海关应当依法对收发货人或者其代理人申报的进出口货物商品名称、规格型号、商品编码等进行审核。

第十条 海关在审核收发货人或者其代理人申报的商品归类事项时,可以依照《海关法》和《关税条例》的规定行使下列权力,收发货人或者其代理人应当予以配合:

(一)查阅、复制有关单证、资料;

(二)要求收发货人或者其代理人提供必要的样品及相关商品资料;

(三)组织对进出口货物实施化验、检验,并且根据海关认定的化验、检验结果进行商品归类。

第十一条 海关可以要求收发货人或者其代理人提供确定商品归类所需的资料,必要时可以要求收发货人或者其代理人补充申报。

收发货人或者其代理人隐瞒有关情况,或者拖延、拒绝提供有关单证、资料的,海关可以根据其申报的内容依法审核确定进出口货物的商品归类。

第十二条 海关经审核认为收发货人或者其代理人申报的商品编码不正确的,可以根据《中华人民共和国海关进出口货物征税管理办法》有关规定,按照商品归类的有关规则和规定予以重新确定,并且根据《中华人民共和国海关进出口货物报关单修改和撤销管理办法》等有关规定通知收发货人或者其代理人对报关单进行修改、删除。

第十三条 收发货人或者其代理人申报的商品编码需要修改的,应当按照《中华人民共和国海关进出口货物报关单修改和撤销管理办法》等规定向海关提出申请。

第十四条 海关对货物的商品归类审核完毕前,收发货人或者其代理人要求放行货物的,应当按照海关事务担保的有关规定提供担保。

国家对进出境货物有限制性规定,应当提供许可证件而不能提供的,以及法律、行政法规规定不得担保的其他情形,海关不得办理担保放行。

第十五条 在海关注册登记的进出口货物经营单位(以下简称申请人),可以在货物实际进出口的 45 日前,向直属海关申请就其拟进出口的货物预先进行商品归类(以下简称预归类)。

第十六条 申请人申请预归类的,应当填写并且提交《中华人民共和国海关商品预归类申请表》(格式文本见附件 1)。

预归类申请应当向拟实际进出口货物所在地的直属海关提出。

第十七条 直属海关经审核认为申请预归类的商品归类事项属于《中华人民共和国进出口税则》、《进出口税则商品及品目注释》、《中华人民共和国进出口税则本国子目注释》以及海关总署发布的关于商品归类的行政裁定、商品归类决定有明确规定的,应当在接受申请之日起 15 个工作日内制发《中华人民共和国海关商品预归类决定书》(以下简称《预归类决定书》,格式文本见附件 2),并且告知申请人。

第十八条 申请人在制发《预归类决定书》的直属海关所辖关区进出口《预归类决定书》所述商品时,应当主动向海关提交《预归类决定书》。

申请人实际进出口《预归类决定书》所述商品,并且按照《预归类决定书》申报的,海关按照《预归类决定书》所确定的归类意见审核放行。

第十九条 《预归类决定书》内容存在错误的,作出《预归类决定书》的直属海关应当立即制发《中华人民共和国海关商品预归类决定书撤销通知单》(以下简称《通知单》),通知申请人停止使用该《预归类决定书》。

作出《预归类决定书》所依据的有关规定发生变化导致有关的《预归类决定书》不再适用的,作出《预归类决定书》的直属海关应当制发《通知单》,或者发布公告,通知申请人停止使用有关的《预归类决定书》。

第二十条 直属海关经审核认为申请预归类的商品归类事项属于《中华人民共和国进出口税则》、《进出口税则商品及品目注释》、《中华人民共和国进出口税则本国子目注释》以及海关总署发布的关于商品归类的行政裁定、商品归类决定没有明确规定的,应当在接受申请之日起 7 个工作日内告知申请人按照规定申请行政裁定。

第二十一条 海关总署可以依据有关法律、行政法规规定,对进出口货物作出具有普遍约束力的商品归类决定。

进出口相同货物,应当适用相同的商品归类决定。

第二十二条 商品归类决定由海关总署对外公布。

第二十三条 作出商品归类决定所依据的法律、行政法规以及其他相关规定发生变化的,商品归类决定同时失效。

商品归类决定失效的,应当由海关总署对外公布。

第二十四条 海关总署发现商品归类决定存在错误的,应当及时予以撤销。

撤销商品归类决定的,应当由海关总署对外公布。被撤销的商品归类决定自撤销之日起失效。

第二十五条 因商品归类引起退税或者补征、追征税款以及征收滞纳金的,按照有关法律、行政法规以及海关总署规章的规定办理。

第二十六条 违反本规定,构成走私行为、违反海关监管规定行为或者其他违反《海关法》行为的,由海关依照《海关法》和《中华人民共和国海关行政处罚实施条例》的有关规定予以处理;构成犯罪的,依法追究刑事责任。

第二十七条　本规定由海关总署负责解释。

第二十八条　本规定自 2007 年 5 月 1 日起施行。2000 年 2 月 24 日海关总署令第 80 号发布的《中华人民共和国海关进出口商品预归类暂行办法》同时废止。

任务三　章　程

一、章程的含义

章程是党政机关、企事业单位、社会团体为保证其组织活动的正常运行,规定本组织的性质、宗旨、任务、结构、活动规则以及成员的权利、义务、纪律等的纲领性文书。

章程是制定单位的一种内部文件,对组织内部是非常重要的。一个正规的政党、社会团体、学术组织、公司企业,都应该有自己的章程。

二、章程的特点

1. 共识性

章程反映了一个组织全体成员共同的理想、愿望、意志,体现了全体成员的共同利益,必须在全体成员达成共识的基础上才能建立起来。因此,章程的制定和修改必须经过充分的讨论,并且要在代表大会上表决通过。没有达成共识、多数人抱有质疑态度的内容,不能写进章程中去。

2. 稳定性

章程一经规定,就具有长期的稳定性,不能朝令夕改。一个成熟的章程,应该实行数年、十数年、甚至数十年而不过时。当然,随着时代的发展,对章程作一些补充和修改也是必要的,但这些修改必须经充分讨论和表决通过,而且只作局部调整,不作大面积改动。

3. 准则性

章程具有约束力,是这个组织所有成员的思想准则和行动规范,每个成员都应该遵章办事。

三、章程的作用

章程是一个组织进行自身管理的基本规则,它有以下四个方面的基本作用。

1. 保证组织的思想统一

这是章程最主要的作用之一。每个组织都有自己的性质、宗旨、指导思想和基本任务,它的成员必须就这些内容达成共识,才能保证这个组织的思想统一性。

2. 建立组织的管理机制

章程要明确组织内部的管理机制,要对领导岗位的设置、领导者的产生办法和任期、下设部门和分支机构等一一进行确定,以保证组织内部的管理功能正常运行。

3. 保障成员权利

参加任何一个组织、团体,都要承担这个组织交给的工作和义务,但同时也都享有这个组织所规定的权力。章程必须明确其成员的权力和义务,并对其成员的权力起到保障作用。

4. 规定组织纪律

章程还要对成员的行为提出种种规范,凡违背章程中规定的组织纪律,都应受到处理或制裁。

四、章程的写法

(一)标题和日期

1. 标题

章程的标题,由组织名称和文种构成,如《中国共产党章程》、《中国写作学会章程》。如果尚未得到通过和批准,可在标题后加括号注明"草案"。如:《中国写作学会青年写作理论家协会章程(草案)》。

2. 日期

在标题下方正中加括号标明日期和通过依据。有三种写法:

第一种是由会议名称、通过日期组成,如:"中国共产党第十七次全国代表大会 2007 年 10 月 21 日通过"。

第二种是由通过日期、会议名称组成,如:"2007 年 10 月 21 日中国共产党第七次全国代表大会部分修改通过"。

第三种是只写明通过日期,如:"2007 年 10 月 21 日通过"。

(二)正文

1. 分章式写法

内容丰富的章程采用分章式写法。这种写法是篇下分章、章下分条,条下分款。通常第一章是总纲(或总则),以下各章是分则,最后一章是附则。如《中国科学技术协会章程》,第一章为"总则",共三条,分述了组织的名称、性质和任务。第二、三、四、五章为分则,共十一条,分述了会员的条件、权利和义务、组织结构、经费来源等内容。第六章为附则,共二条,是一些补充说明。

2. 分条式写法

内容简单的章程直接分条撰写,如《××基金会章程》,共有六条。第一条是性质;第二条是宗旨;第三条是基金的使用;第四条是组织结构及职责,其中又分为三款;第五条是注册;第六条是办事处的设置及各自的职责。

撰写章程要注意符合政策规定,内容系统周密,条理明确清晰,语言精当质朴。

例文 1：

中国共产党章程(节选)

（中国共产党第十七次全国代表大会部分修改,2007 年 10 月 21 日通过）

总　纲

中国共产党是中国工人阶级的先锋队,同时是中国人民和中华民族的先锋队,是中国特色社会主义事业的领导核心,代表中国先进生产力的发展要求,代表中国先进文化的前进方向,代表中国最广大人民的根本利益。党的最高理想和最终目标是实现共产主义。

中国共产党以马克思列宁主义、毛泽东思想、邓小平理论和"三个代表"重要思想作为自己的行动指南。

马克思列宁主义揭示了人类社会历史发展的规律,它的基本原理是正确的,具有强大的生命力。中国共产党人追求的共产主义最高理想,只有在社会主义社会充分发展和高度发达的基础上才能实现。社会主义制度的发展和完善是一个长期的历史过程。坚持马克思列宁主义的基本原理,走中国人民自愿选择的适合中国国情的道路,中国的社会主义事业必将取得最终的胜利。

　　……

第一章　党　员

第一条　年满十八岁的中国工人、农民、军人、知识分子和其他社会阶层的先进分子,承认党的纲领和章程,愿意参加党的一个组织并在其中积极工作、执行党的决议和按期交纳党费的,可以申请加入中国共产党。

第二条　中国共产党党员是中国工人阶级的有共产主义觉悟的先锋战士。

中国共产党党员必须全心全意为人民服务,不惜牺牲个人的一切,为实现共产主义奋斗终身。

中国共产党党员永远是劳动人民的普通一员。除了法律和政策规定范围内的个人利益和工作职权以外,所有共产党员都不得谋求任何私利和特权。

第三条　党员必须履行下列义务:

(一)认真学习马克思列宁主义、毛泽东思想、邓小平理论和"三个代表"重要思想,学习科学发展观,学习党的路线、方针、政策和决议,学习党的基本知识,学习科学、文化、法律和业务知识,努力提高为人民服务的本领。

(二)贯彻执行党的基本路线和各项方针、政策,带头参加改革开放和社会主义现代化建设,带动群众为经济发展和社会进步艰苦奋斗,在生产、工作、学习和社会生活中起先锋模范作用。

(三)坚持党和人民的利益高于一切,个人利益服从党和人民的利益,吃苦在前,享受在后,克己奉公,多做贡献。

(四)自觉遵守党的纪律,模范遵守国家的法律法规,严格保守党和国家的秘密,执行党的决定,服从组织分配,积极完成党的任务。

(五)维护党的团结和统一,对党忠诚老实,言行一致,坚决反对一切派别组织和小集团活动,反对阳奉阴违的两面派行为和一切阴谋诡计。

(六)切实开展批评和自我批评,勇于揭露和纠正工作中的缺点、错误,坚决同消极腐败现象作斗争。

(七)密切联系群众,向群众宣传党的主张,遇事同群众商量,及时向党反映群众的意见和要求,维护群众的正当利益。

(八)发扬社会主义新风尚,带头实践社会主义荣辱观,提倡共产主义道德,为了保护国家和人民的利益,在一切困难和危险的时刻挺身而出,英勇斗争,不怕牺牲。

第四条 党员享有下列权利:

(一)参加党的有关会议,阅读党的有关文件,接受党的教育和培训。

(二)在党的会议上和党报党刊上,参加关于党的政策问题的讨论。

(三)对党的工作提出建议和倡议。

(四)在党的会议上有根据地批评党的任何组织和任何党员,向党负责地揭发、检举党的任何组织和任何党员违法乱纪的事实,要求处分违法乱纪的党员,要求罢免或撤换不称职的干部。

(五)行使表决权、选举权,有被选举权。

(六)在党组织讨论决定对党员的党纪处分或作出鉴定时,本人有权参加和进行申辩,其他党员可以为他作证和辩护。

(七)对党的决议和政策如有不同意见,在坚决执行的前提下,可以声明保留,并且可以把自己的意见向党的上级组织直至中央提出。

(八)向党的上级组织直至中央提出请求、申诉和控告,并要求有关组织给以负责的答复。

党的任何一级组织直至中央都无权剥夺党员的上述权利。

第五条 发展党员,必须经过党的支部,坚持个别吸收的原则。

申请入党的人,要填写入党志愿书,要有两名正式党员作介绍人,要经过支部大会通过和上级党组织批准,并且经过预备期的考察,才能成为正式党员。

介绍人要认真了解申请人的思想、品质、经历和工作表现,向他解释党的纲领和党的章程,说明党员的条件、义务和权利,并向党组织作出负责的报告。

党的支部委员会对申请入党的人,要注意征求党内外有关群众的意见,进行严格的审查,认为合格后再提交支部大会讨论。

上级党组织在批准申请人入党以前,要派人同他谈话,作进一步的了解,并帮助他提高对党的认识。

在特殊情况下,党的中央和省、自治区、直辖市委员会可以直接接收党员。

第六条 预备党员必须面向党旗进行入党宣誓。誓词如下:我志愿加入中国共产党,拥护党的纲领,遵守党的章程,履行党员义务,执行党的决定,严守党的纪律,保守党的秘密,对党忠诚,积极工作,为共产主义奋斗终身,随时准备为党和人民牺牲一切,永不叛党。

第七条 预备党员的预备期为一年。党组织对预备党员应当认真教育和考察。

预备党员的义务同正式党员一样。预备党员的权利,除了没有表决权、选举权和被选举权以外,也同正式党员一样。

预备党员预备期满,党的支部应当及时讨论他能否转为正式党员。认真履行党员义务,具备党员条件的,应当按期转为正式党员;需要继续考察和教育的,可以延长预备期,但不能超过一年;不履行党员义务,不具备党员条件的,应当取消预备党员资格。预备党员转为正式党员,或延长预备期,或取消预备党员资格,都应当经支部大会讨论通过和上级党组织批准。

预备党员的预备期,从支部大会通过他为预备党员之日算起。党员的党龄,从预备期满转为正式党员之日算起。

第八条 每个党员,不论职务高低,都必须编入党的一个支部、小组或其他特定组织,参加党的组织生活,接受党内外群众的监督。党员领导干部还必须参加党委、党组的民主生活会。不允许有任何不参加党的组织生活、不接受党内外群众监督的特殊党员。

第九条 党员有退党的自由。党员要求退党,应当经支部大会讨论后宣布除名,并报上级党组织备案。

党员缺乏革命意志,不履行党员义务,不符合党员条件,党的支部应当对他进行教育,要求他限期改正;经教育仍无转变的,应当劝他退党。劝党员退党,应当经支部大会讨论决定,并报上级党组织批准。如被劝告退党的党员坚持不退,应当提交支部大会讨论,决定把他除名,并报上级党组织批准。

党员如果没有正当理由,连续六个月不参加党的组织生活,或不交纳党费,或不做党所分配的工作,就被认为是自行脱党。支部大会应当决定把这样的党员除名,并报上级党组织批准。

第十条 党是根据自己的纲领和章程,按照民主集中制组织起来的统一整体。党的民主集中制的基本原则是:

(一)党员个人服从党的组织,少数服从多数,下级组织服从上级组织,全党各个组织和全体党员服从党的全国代表大会和中央委员会。

(二)党的各级领导机关,除它们派出的代表机关和在非党组织中的党组外,都由选举产生。

(三)党的最高领导机关,是党的全国代表大会和它所产生的中央委员会。党的地方各级领导机关,是党的地方各级代表大会和它们所产生的委员会。党的各级委员会向同级的代表大会负责并报告工作。

(四)党的上级组织要经常听取下级组织和党员群众的意见,及时解决他们提出的问题。党的下级组织既要向上级组织请示和报告工作,又要独立负责地解决自己职责范围内的问题。上下级组织之间要互通情报、互相支持和互相监督。党的各级组织要按规定实行党务公开,使党员对党内事务有更多的了解和参与。

(五)党的各级委员会实行集体领导和个人分工负责相结合的制度。凡属重大问题都要按照集体领导、民主集中、个别酝酿、会议决定的原则,由党的委员会集体讨论,作出决定;委员会成员要根据集体的决定和分工,切实履行自己的职责。

(六)党禁止任何形式的个人崇拜。要保证党的领导人的活动处于党和人民的监督之下，同时维护一切代表党和人民利益的领导人的威信。

第十一条　党的各级代表大会的代表和委员会的产生，要体现选举人的意志。选举采用无记名投票的方式。候选人名单要由党组织和选举人充分酝酿讨论。可以直接采用候选人数多于应选人数的差额选举办法进行正式选举。也可以先采用差额选举办法进行预选，产生候选人名单，然后进行正式选举。选举人有了解候选人情况、要求改变候选人、不选任何一个候选人和另选他人的权利。任何组织和个人不得以任何方式强迫选举人选举或不选举某个人。

党的地方各级代表大会和基层代表大会的选举，如果发生违反党章的情况，上一级党的委员会在调查核实后，应作出选举无效和采取相应措施的决定，并报再上一级党的委员会审查批准，正式宣布执行。

党的各级代表大会代表实行任期制。

第十二条　党的中央和地方各级委员会在必要时召集代表会议，讨论和决定需要及时解决的重大问题。代表会议代表的名额和产生办法，由召集代表会议的委员会决定。

第十三条　凡是成立党的新组织，或是撤销党的原有组织，必须由上级党组织决定。

在党的地方各级代表大会和基层代表大会闭会期间，上级党的组织认为有必要时，可以调动或者指派下级党组织的负责人。

党的中央和地方各级委员会可以派出代表机关。

党的中央和省、自治区、直辖市委员会实行巡视制度。

第十四条　党的各级领导机关，对同下级组织有关的重要问题作出决定时，在通常情况下，要征求下级组织的意见。要保证下级组织能够正常行使他们的职权。凡属应由下级组织处理的问题，如无特殊情况，上级领导机关不要干预。

第十五条　有关全国性的重大政策问题，只有党中央有权作出决定，各部门、各地方的党组织可以向中央提出建议，但不得擅自作出决定和对外发表主张。

党的下级组织必须坚决执行上级组织的决定。下级组织如果认为上级组织的决定不符合本地区、本部门的实际情况，可以请求改变；如果上级组织坚持原决定，下级组织必须执行，并不得公开发表不同意见，但有权向再上一级组织报告。

党的各级组织的报刊和其他宣传工具，必须宣传党的路线、方针、政策和决议。

第十六条　党组织讨论决定问题，必须执行少数服从多数的原则。决定重要问题，要进行表决。对于少数人的不同意见，应当认真考虑。如对重要问题发生争论，双方人数接近，除了在紧急情况下必须按多数意见执行外，应当暂缓作出决定，进一步调查研究，交换意见，下次再表决；在特殊情况下，也可将争论情况向上级组织报告，请求裁决。

党员个人代表党组织发表重要主张，如果超出党组织已有决定的范围，必须提交所在的党组织讨论决定，或向上级党组织请示。任何党员不论职务高低，都不能个人决定重大问题；如遇紧急情况，必须由个人作出决定时，事后要迅速向党组织报告。不允许任何领导人实行个人专断和把个人凌驾于组织之上。

第十七条　党的中央、地方和基层组织，都必须重视党的建设，经常讨论和检查党的宣传工作、教育工作、组织工作、纪律检查工作、群众工作、统一战线工作等,注意研究党内外的思想政治状况。

第二章 党的组织制度(略)

第三章 党的中央组织(略)

第四章 党的地方组织(略)

第五章 党的基层组织(略)

第六章 党的干部(略)

第七章 党的纪律(略)

第八章 党的纪律检查机关(略)

第九章 党 组(略)

第十章 党和共产主义青年团的关系(略)

第十一章 党徽党旗(略)

任务四 制 度

一、制度的概念

制度是党政机关、企事业单位和社会团体制订的要求所属人员共同遵守的准则以及对某项具体工作、事项制订的必须遵守的行为规范。

二、制度的写作特征

1. 强制性

制定制度的目的是为了加强管理,统一规范所属人众的行为,因此,制度的最大特点就是带有极大的强制性。制度是组织内部的法规,一旦制定实行即要求该组织的所有成员必须严格遵守,如有违反,则要给以相应的追究或处罚,以维护制度的严肃性。

2. 广泛性

作为一个现代组织,制度是实现管理科学化、职责明晰化、程序规范化、效率最优化的重要保证。某种程度上来说,没有制度就没有管理。因此,任何一个高效率的组织,都要实现制度的全覆盖、网络化。从横的方面说,它体现在该组织的各个团队、工作的各个方面;从纵的方面说,它贯穿于管理工作运行的各个程序、各个环节。

3. 严谨性

所谓严谨性,一是指制度的制定,上要符合党和国家的政策、法令,下要符合本单位的实际情况,必须把两者很好地结合起来;二是指制度的内容要周延,不能有空间和缝隙,不能有弹性,语意的表达不能有歧义,必须把可能发生的问题都涵盖在制度之中,尽可能做到完备周详。

三、制度的分类

制度一般分为两类：

一是政策性制度，主要是指用于调动组织成员积极性的各种政策规定，如人才培养、提拔制度，各类奖励制度等；

二是管理性制度，主要是指用于加强各方面管理而制定的一些规定，这类制度占绝大多数。

四、制度的作用

从传统的人治社会建立起来了的是法治社会，而法治社会最重要的体现就是制度建设。加强制度建设，一是可以约束成员的行为，避免随意性；二是明确工作职责和规范，维系正常运转，避免无序状态；三是能够不断提升管理的科学化水平，是实施组织战略、实现奋斗目标的重要保证。因此，大至一个国家、一个地区，小到一个组织、一个团队，无论其性质如何，规模大小，都必须十分重视制度建设，把它作为一项基础性、长远性、经常性的工作来抓。

五、制度的写作方法

制度都是适用于组织内部成员的。因此，语言要简洁明了，要求要切实可行，具体明确，有操作性，以便于贯彻实施和检查监督。制度的写作大体由标题、正文和落款三部分组成。标题一般由事由和文种构成即可，如《理论学习制度》；正文一般采取条目贯通的方式，有多少内容就写几条；落款处标明制发机关和日期。

例文1：

公司档案管理制度

第一章　档案归档制度

一、文件材料的归档要求：

1. 公司在筹备、成立、经营、管理及产权变动过程中形成的具有保存价值的文件材料均列入归档范围。

2. 公司各部门负责归档文件材料的收集和整理，并定期交档案室集中管理，任何人不得拒绝归档。

3. 归档文件材料必须齐全、完整、准确

4. 归档文件材料必须准确地反映企业生产、科研、基建和经营管理等各项活动的真实内容和历史面貌。

5. 归档文件材料必须层次分明，符合其形成规律，保持同一案卷内文件材料的有机联系。

6. 归档的文件材料主要包括纸质、光盘、磁带、照片及底片、胶片、实物等各种载体形式。

7.归档的文件材料必须为正本,本企业编制的文件应附发文底稿。

8.归档的具有永久、长期保存价值的电子文件应有相应的纸质文件材料一并归档保存。

9.非纸质文件材料应与其文字说明一并归档。

10.外文(或少数民族文字)材料若有汉译文的应与汉译文一并归档,无译文的要译出标题后归档。

11.为便于保管和利用,归档的文件材料用的纸张必须优良,纸面清洁,书写文件材料应用碳素墨水或蓝黑墨水,禁用圆珠笔、铅笔、红墨水、纯蓝墨水及复写纸等不牢固的书写材料。书写工整、图像、字迹清晰。

二、归档范围及保管期限(参照企业档案归档范围及保管期限表)

三、归档时间:

1.管理性文件材料一般应在办理完毕后的第二年第1季度连同收发簿一同移交档案室归档。

2.凡专项工程、专题项目、科研课题等由发生部门将文件材料整理后经部门领导及项目负责人审定后向档案室移交归档。周期长的可分阶段、单项归档。

3.外购设备仪器或引进项目的文件材料在开箱验收或接收后即时登记,安装调试后归档。

4.工程项目在竣工验收后三个月内接收归档。

5.每年形成的会计档案,由财务部及有关部门保存一年,在下一年的第一季度内向档案室移交归档。

6.电子文件逻辑归档实时进行,物理归档应与纸质文件归档时间一致。

7.荣誉档案由行政部收集整理后于次年统一归档。

8.声像档案在每次活动结束后整理归档。

9.相关会议(技术会议、专题会议、年度工作会议),在会议结束后归档。

10.外出、出差考察材料由当事人在回来后一个月内整理归档。

11.变更、修改、补充的文件材料随进归档。

12.公司内部机构变动和职工调动、离岗时留在部门或个人手中的文件材料随时归档。

13.公司产权变动过程中形成的文件材料随时归档。

第二章　档案查(借)阅制度

档案借阅是档案室的日常业务工作,是档案更好地为生产提供利用服务的基本形式,为做好档案管理工作,特制订如下制度:

1.凡本公司有关人员,因工作需要借阅档案者,一般只允许在档案室阅档室查阅。查阅内容根据档案密级程度,取得相关领导签字,同时做登记。

2.本公司有关人员如有实际情况必须借出者,须办理相关手续,超过两天以上归还者,须经领导批准签字。但要如期归还。

3.借阅档案者应爱护档案,确保档案的完整性,不得擅自涂改、勾画、剪裁、抽取、拆散或损毁。借阅档案交还时,须当面查看清楚,如发现遗失或损坏,应及时反映给主管领导。

4.外单位借阅档案者,须持单位介绍信,且经总经理批准后方可借阅,只限在本室查阅,一律不外借,且抄摘内容也须经总理同意审核后方能带出。

5.凡属不成熟的现行技术资料及保密文件一律不外借。

第三章　档案的保密制度

1.凡属密级档案,必须正确地标明密级,并妥善存放。

2.非综合档案室人员不得随便进入档案库房,库房门窗及箱柜应随关锁。

3.全体职工对密级档案、文件、资料均须严格执行企业保密规定,不失密。否则应追究责任。

4.凡查阅密级档案,均须办理审批和借阅手续,一般只允许在阅档室查阅,不得带出或复制,确属需要者须办理相关手续。

5.查阅人员对档案内容承担保密义务,违反规定造成后果者必须追究责任。

6.档案人员要忠于职守,认真执行各项保密制度。

7.定期对保密档案保管情况进行检查,发现问题及时处

第四章　档案库房管理制度

一、档案入库检查:

1.档案出入库房要清点、登记。定期对库藏档案进行清理、核对,做到账、物相符。对破损或载体变质的档案,及时进行修补和复制。

2.入库底图应批边分类装袋,照片、磁带等声像档案应存放入专用

3.定期对档案保管状况进行全面检查,做好记录,发现问题要采取积极有效措施,保证档案的安全。

二、档案库房管理:

1.档案库房未经许可,外来人员不得擅自进入。

2.档案柜、卷排列科学、合理、整齐、美观,便于调卷。

3.库房门窗须安装窗帘,库房内采用白炽灯且照度不超过100勒克期。

4.避免光线直射档案,更不能在烈日下曝晒档案。防止有害生物对档案的危害。

5.库房内应有空气调节和温湿度计等设施,及时做好温湿度记录,温度应控制在14度——24度,相对湿度控制在45——60%。

6.库内及库外应科学地安设温湿度记录仪表,库房应专门安装空调设备。

7.库房必须配备适合档案用的消防器材并禁止吸烟,定期检查,杜绝一切发生火灾的可能。

8.档案库房要做到八防:防火、防盗、防光、防有害气体、防潮、防湿、防虫、防尘。

9.对库藏档案应经常进行检查,发现问题,及时报告并采取措施予以处理。

10.每年9月定期对库藏档案进行一次抽样检查,掌握档案管理情况,为科学管理积累资料。

第五章　档案鉴定、销毁制度

1.根据《档案法》及《江苏省档案管理条例》中的相关规定,编制本企业的档案保管期限表。其中会计档案见会计档案保存期限表。

2.保管期限分永久、长期、短期三种。介于两种保管期限,保管期限从长。

3.从档案的内容、来源、时间、可靠程度、名称等方面鉴别档案的价值。

4.档案通过鉴定,要求保管期准确,案卷质量达到规定标准。如果鉴定中发现档案不准确,不完整,应及时责成有关部门修改、补充。

5.销毁档案必须严格掌握,慎重从事。销毁前要造具清册、提出销毁报告、会同总工办核查、总经理审批。销毁档时要严格执行保密规定,由鉴定小组指定人员会同保密、保卫人员销毁或监销,防止失密。

档案销毁时要有二人以上监销,并在清册上签字

第六章 档案保管统计制度

1.档案库房须与办公室、阅档室分开,并有防火、防光、防潮、防虫防尘、防霉、防盗和防高温等"八防"设施,以确保档案的安全与完整。

2.档案库房严禁堆放食品和易燃易爆物,严禁吸烟和使用明火。

3.建立健全档案的接收、移交、库藏、保管、利用和鉴定销毁等统计台帐。

4.做好档案接收、移交、保管、鉴定、利用各档案构成情况的准确、及时、科学的统计工作。

第七章 综合档案室主任职责

1.认真学习《档案法》,深刻领会上级档案部门关于档案工作的方针、政策,不断提高自身的业务水平和管理水平。

2.努力学习业务,钻研各类档案理论基础知识,充分掌握综合档案室库存档案的各种情况,做到心中有数,操作自如。

3.检查督促专、兼职档案人员的档案管理工作,对收集管理的文件材料和立卷归档的诸多环节应严格把关。

4.组织档案网络成员进行业务学习,交流档案管理经验与体会,开展档案工作的检查评比,不断促进档案工作的健康发展。

5.定期向分管领导汇报档案工作,争取领导支持,做好档案工作计划的制订和落实。

6.组织制定综合档案室档案管理工作目标和发展规划。

7.负责综合档案与各部门分公司的工作协调。

第八章 档案工作人员岗位职责

1.认真学习贯彻执行《档案法》和档案工作的方针、政策,坚持以法治档,忠于职守,全心全意为本部门各项工作做好服务。

2.负责管理本部门的档案,做好各门类、各种载体档案的接收、收集、登记、整理、编目、保管、借阅。

3.积极做好档案的服务利用工作,编制必要的检索工具和参考资料,及时准确地提供利用。

4.做好档案的"八防"工作,确保档案的完整与安全。

5.严格遵守"保密制度"工作,未经批准,不得擅自扩大档案的借阅范围,不得泄露档案的保密内容。

6. 负责对本部门档案工作进行监督、检查和指导。

（文秘 114 网）

任务五　条　例

一、条例的概念

条例是党政机关、权力机关，就有关全局性政治、经济、文化和社会等领域某一方面的重要事项，依照政策和法律制定并发布实施的、全面而系统的法规性文书。

二、条例的写作特征

1. 权威性

条例作为党的机关公文，是由中央组织制定的；作为行政公文，是由国家和省一级权力机关及国务院制定的，其他机关不得制定条例。因此，具有很高的权威性和很强的行政约束力。就其法定效力而言，仅次于法律，是法规的最高形式。

2. 稳定性

条例的内容一般都关系到全国或一个大的行政区政治、经济、文化和社会等领域的重大事项，是国家为调整社会生活中某一方面的关系而使用的立法手段。有的条例经过一个阶段的实施后，待条件成熟即上升为国家法律。因此，一旦制定并发布，一般不轻易修改或废止。

3. 严谨性

条例的严谨性不仅表现在文字表述和内容的严谨上，也表现在使用范围和制发程序的严谨上。按照《立法法》的规定，条例作为行政法规，由国务院总理签署国务院令的形式发布；作为地方性法规，由省级人民代表大会主席团或人民代表大会常务委员会以公告的形式发布。

三、条例的分类

1. 实行法律的条例

有些条例是为了贯彻实施法律而制定的具体规则，是与法律配套使用的。

2. 实施管理的条例

国家为了加强对某一方面工作的管理，往往先行制定条例，明确管理的内容、原则、责任、要求等。有的经过实施，条件成熟即上升为国家法律。

3. 明确职责权限的条例

条例还用于规定某类组织或人员的权力、义务、职责、权限等。

四、条例的作用

1.有助于法律的贯彻实施

有些法律的规定只是原则性的,需要用条例的形式将其具体化、程序化;而有些条例则需要从各省、市(区)的实际情况出发,作出具体的规定,以便于法律的施行。这类条例,一般都作为法律的补充形式。

2.助于法律的完善与稳定

法律是调节社会关系的最高准则,具有不可动摇的权威性。为了保证法律的正确施行,国家往往先通过制定条例的形式,对相关的社会关系进行调节,待条件成熟时再上升为法律。这类条例,往往是法律的过渡形式。

五、条例的写作方法

条例的写作,一般由标题、正文、签署三个部分组成。

(一)标题

标题大体有三种写法:

1.规范范围、规范对象加文种,如《中华人民共和国审计条例》;

2.规范对象加文种,如《矿山安全监督条例》;

3.规范对象、施行限定加文种,《物价管理暂行条例》。

(二)正文

一般有两种写法:

1.“章断条连式”:往往用于内容比较复杂、篇幅比较长的条例,一般由总则、分则、附则三部分组成,有的还有罚则。

2.“条目贯通式”:一般用于内容相对简单、篇幅较短的条例,不分章节,开头即是第一条,后面继之。

无论是哪种写法,开头都要简要交代清楚制定条例的目的、意义、依据、立法原则及其所规范的对象等,作为下文正式规定的依据。结尾一般都要写清实施要求、生效日期、解释与修改权限、与原来有关文件的关系等事宜。主体部分应根据条例所规定的具体内容而有所不同,一般应先原则后具体,先总述后分说,先重要后次要,先正面后反面。

(三)签署

作为行政法规,条例由国务院总理签署,以国务院令的形式发布;作为地方性法规,条例由省级人民代表大会主席团或常务委员会的名义,以公告的形式发布。

例文1：

中华人民共和国劳动合同法实施条例
（国务院 2008 年 9 月 18 日发布）

第一章 总 则

第一条 为了贯彻实施《中华人民共和国劳动合同法》（以下简称劳动合同法），制定本条例。

第二条 各级人民政府和县级以上人民政府劳动行政等有关部门以及工会等组织，应当采取措施，推动劳动合同法的贯彻实施，促进劳动关系的和谐。

第三条 依法成立的会计师事务所、律师事务所等合伙组织和基金会，属于劳动合同法规定的用人单位。

第二章 劳动合同的订立

第四条 劳动合同法规定的用人单位设立的分支机构，依法取得营业执照或者登记证书的，可以作为用人单位与劳动者订立劳动合同；未依法取得营业执照或者登记证书的，受用人单位委托可以与劳动者订立劳动合同。

第五条 自用工之日起一个月内，经用人单位书面通知后，劳动者不与用人单位订立书面劳动合同的，用人单位应当书面通知劳动者终止劳动关系，无需向劳动者支付经济补偿，但是应当依法向劳动者支付其实际工作时间的劳动报酬。

第六条 用人单位自用工之日起超过一个月不满一年未与劳动者订立书面劳动合同的，应当依照劳动合同法第八十二条的规定向劳动者每月支付两倍的工资，并与劳动者补订书面劳动合同；劳动者不与用人单位订立书面劳动合同的，用人单位应当书面通知劳动者终止劳动关系，并依照劳动合同法第四十七条的规定支付经济补偿。

前款规定的用人单位向劳动者每月支付两倍工资的起算时间为用工之日起满一个月的次日，截止时间为补订书面劳动合同的前一日。

第七条 用人单位自用工之日起满一年未与劳动者订立书面劳动合同的，自用工之日起满一个月的次日至满一年的前一日应当依照劳动合同法第八十二条的规定向劳动者每月支付两倍的工资，并视为自用工之日起满一年的当日已经与劳动者订立无固定期限劳动合同，应当立即与劳动者补订书面劳动合同。

第八条 劳动合同法第七条规定的职工名册，应当包括劳动者姓名、性别、公民身份号码、户籍地址及现住址、联系方式、用工形式、用工起始时间、劳动合同期限等内容。

第九条 劳动合同法第十四条第二款规定的连续工作满 10 年的起始时间，应当自用人单位用工之日起计算，包括劳动合同法施行前的工作年限。

第十条 劳动者非因本人原因从原用人单位被安排到新用人单位工作的，劳动者在原用人单位的工作年限合并计算为新用人单位的工作年限。原用人单位已经向劳动者支付经济补偿的，新用人单位在依法解除、终止劳动合同计算支付经济补偿的工作年限时，不再计算劳动者在原用人单位的工作年限。

第十一条 除劳动者与用人单位协商一致的情形外，劳动者依照劳动合同法第十四条第二款的规定，提出订立无固定期限劳动合同的，用人单位应当与其订立无固定期限劳动合同。对劳动合同的内容,双方应当按照合法、公平、平等自愿、协商一致、诚实信用的原则协商确定;对协商不一致的内容,依照劳动合同法第十八条的规定执行。

第十二条 地方各级人民政府及县级以上地方人民政府有关部门为安置就业困难人员提供的给予岗位补贴和社会保险补贴的公益性岗位,其劳动合同不适用劳动合同法有关无固定期限劳动合同的规定以及支付经济补偿的规定。

第十三条 用人单位与劳动者不得在劳动合同法第四十四条规定的劳动合同终止情形之外约定其他的劳动合同终止条件。

第十四条 劳动合同履行地与用人单位注册地不一致的,有关劳动者的最低工资标准、劳动保护、劳动条件、职业危害防护和本地区上年度职工月平均工资标准等事项,按照劳动合同履行地的有关规定执行;用人单位注册地的有关标准高于劳动合同履行地的有关标准,且用人单位与劳动者约定按照用人单位注册地的有关规定执行的,从其约定。

第十五条 劳动者在试用期的工资不得低于本单位相同岗位最低档工资的80%或者不得低于劳动合同约定工资的80%,并不得低于用人单位所在地的最低工资标准。

第十六条 劳动合同法第二十二条第二款规定的培训费用,包括用人单位为了对劳动者进行专业技术培训而支付的有凭证的培训费用、培训期间的差旅费用以及因培训产生的用于该劳动者的其他直接费用。

第十七条 劳动合同期满,但是用人单位与劳动者依照劳动合同法第二十二条的规定约定的服务期尚未到期的,劳动合同应当续延至服务期满;双方另有约定的,从其约定。

第三章 劳动合同的解除和终止

第十八条 有下列情形之一的,依照劳动合同法规定的条件、程序,劳动者可以与用人单位解除固定期限劳动合同、无固定期限劳动合同或者以完成一定工作任务为期限的劳动合同:

(一)劳动者与用人单位协商一致的;

(二)劳动者提前30日以书面形式通知用人单位的;

(三)劳动者在试用期内提前3日通知用人单位的;

(四)用人单位未按照劳动合同约定提供劳动保护或者劳动条件的;

(五)用人单位未及时足额支付劳动报酬的;

(六)用人单位未依法为劳动者缴纳社会保险费的;

(七)用人单位的规章制度违反法律、法规的规定,损害劳动者权益的;

(八)用人单位以欺诈、胁迫的手段或者乘人之危,使劳动者在违背真实意思的情况下订立或者变更劳动合同的;

(九)用人单位在劳动合同中免除自己的法定责任、排除劳动者权利的;

(十)用人单位违反法律、行政法规强制性规定的;

(十一)用人单位以暴力、威胁或者非法限制人身自由的手段强迫劳动者劳动的;

(十二)用人单位违章指挥、强令冒险作业危及劳动者人身安全的;

(十三)法律、行政法规规定劳动者可以解除劳动合同的其他情形。

第十九条　有下列情形之一的,依照劳动合同法规定的条件、程序,用人单位可以与劳动者解除固定期限劳动合同、无固定期限劳动合同或者以完成一定工作任务为期限的劳动合同:

(一)用人单位与劳动者协商一致的;

(二)劳动者在试用期间被证明不符合录用条件的;

(三)劳动者严重违反用人单位的规章制度的;

(四)劳动者严重失职,营私舞弊,给用人单位造成重大损害的;

(五)劳动者同时与其他用人单位建立劳动关系,对完成本单位的工作任务造成严重影响,或者经用人单位提出,拒不改正的;

(六)劳动者以欺诈、胁迫的手段或者乘人之危,使用人单位在违背真实意思的情况下订立或者变更劳动合同的;

(七)劳动者被依法追究刑事责任的;

(八)劳动者患病或者非因工负伤,在规定的医疗期满后不能从事原工作,也不能从事由用人单位另行安排的工作的;

(九)劳动者不能胜任工作,经过培训或者调整工作岗位,仍不能胜任工作的;

(十)劳动合同订立时所依据的客观情况发生重大变化,致使劳动合同无法履行,经用人单位与劳动者协商,未能就变更劳动合同内容达成协议的;

(十一)用人单位依照企业破产法规定进行重整的;

(十二)用人单位生产经营发生严重困难的;

(十三)企业转产、重大技术革新或者经营方式调整,经变更劳动合同后,仍需裁减人员的;

(十四)其他因劳动合同订立时所依据的客观经济情况发生重大变化,致使劳动合同无法履行的。

第二十条　用人单位依照劳动合同法第四十条的规定,选择额外支付劳动者一个月工资解除劳动合同的,其额外支付的工资应当按照该劳动者上一个月的工资标准确定。

第二十一条　劳动者达到法定退休年龄的,劳动合同终止。

第二十二条　以完成一定工作任务为期限的劳动合同因任务完成而终止的,用人单位应当依照劳动合同法第四十七条的规定向劳动者支付经济补偿。

第二十三条　用人单位依法终止工伤职工的劳动合同的,除依照劳动合同法第四十七条的规定支付经济补偿外,还应当依照国家有关工伤保险的规定支付一次性工伤医疗补助金和伤残就业补助金。

第二十四条　用人单位出具的解除、终止劳动合同的证明,应当写明劳动合同期限、解除或者终止劳动合同的日期、工作岗位、在本单位的工作年限。

第二十五条　用人单位违反劳动合同法的规定解除或者终止劳动合同,依照劳动合同法第八十七条的规定支付了赔偿金的,不再支付经济补偿。赔偿金的计算年限自用工之日起计算。

第二十六条　用人单位与劳动者约定了服务期,劳动者依照劳动合同法第三十八条的规定解除劳动合同的,不属于违反服务期的约定,用人单位不得要求劳动者支付违约金。

有下列情形之一,用人单位与劳动者解除约定服务期的劳动合同的,劳动者应当按照劳动合同的约定向用人单位支付违约金:

(一)劳动者严重违反用人单位的规章制度的;

(二)劳动者严重失职,营私舞弊,给用人单位造成重大损害的;

(三)劳动者同时与其他用人单位建立劳动关系,对完成本单位的工作任务造成严重影响,或者经用人单位提出,拒不改正的;

(四)劳动者以欺诈、胁迫的手段或者乘人之危,使人单位在违背真实意思的情况下订立或者变更劳动合同的;

(五)劳动者被依法追究刑事责任的。

第二十七条 劳动合同法第四十七条规定的经济补偿的月工资按照劳动者应得工资计算,包括计时工资或者计件工资以及奖金、津贴和补贴等货币性收入。劳动者在劳动合同解除或者终止前 12 个月的平均工资低于当地最低工资标准的,按照当地最低工资标准计算。劳动者工作不满 12 个月的,按照实际工作的月数计算平均工资。

第四章 劳务派遣特别规定

第二十八条 用人单位或者其所属单位出资或者合伙设立的劳务派遣单位,向本单位或者所属单位派遣劳动者的,属于劳动合同法第六十七条规定的不得设立的劳务派遣单位。

第二十九条 用工单位应当履行劳动合同法第六十二条规定的义务,维护被派遣劳动者的合法权益。

第三十条 劳务派遣单位不得以非全日制用工形式招用被派遣劳动者。

第三十一条 劳务派遣单位或者被派遣劳动者依法解除、终止劳动合同的经济补偿,依照劳动合同法第四十六条、第四十七条的规定执行。

第三十二条 劳务派遣单位违法解除或者终止被派遣劳动者的劳动合同的,依照劳动合同法第四十八条的规定执行。

第五章 法津责任

第三十三条 用人单位违反劳动合同法有关建立职工名册规定的,由劳动行政部门责令限期改正;逾期不改正的,由劳动行政部门处 2000 元以上 2 万元以下的罚款。

第三十四条 用人单位依照劳动合同法的规定应当向劳动者每月支付两倍的工资或者应当向劳动者支付赔偿金而未支付的,劳动行政部门应当责令用人单位支付。

第三十五条 用工单位违反劳动合同法和本条例有关劳务派遣规定的,由劳动行政部门和其他有关主管部门责令改正;情节严重的,以每位被派遣劳动者 1000 元以上 5000 元以下的标准处以罚款;给被派遣劳动者造成损害的,劳务派遣单位和用工单位承担连带赔偿责任。

第六章 附 则

第三十六条 对违反劳动合同法和本条例的行为的投诉、举报,县级以上地方人民政府劳动行政部门依照《劳动保障监察条例》的规定处理。

第三十七条　劳动者与用人单位因订立、履行、变更、解除或者终止劳动合同发生争议的,依照《中华人民共和国劳动争议调解仲裁法》的规定处理。

第三十八条　本条例自公布之日起施行。

任务六　办　法

一、办法的概念

办法是党政机关、企事业单位、社会团体制定具体管理和工作规则的规范性文书。它既可以作为行政法规和政府、部门的规章,也可以作为一般的管理性文件。

二、办法的写作特征

1. 依附性

实施性办法往往是为贯彻党和国家的政策法律而制定的,它以实施对象作为成文的主要依据,是根据原件的基本精神和基本要求所制定的符合本地区、本单位实际情况的具体的操作性意见,是对原件基本精神和基本要求的具体化,是上情与下情、理论与实践相结合的产物。

2. 具体性

制定办法的目的是让人们知道工作该怎样进行管理、事情该怎样进行办理,让人们知道具体的操作程序和要求。因此,无论是实施性办法还是管理性办法,都要写明具体的方法、步骤、程序、要求、标准等,使之成为办事或管理的指南。这是办法有别于其他规章性公文的重要一点。

三、办法的分类

办法的使用主要有两种情况:

一是为实施国家的法律法规及上级的有关文件精神而制定的具体实施意见,可称为"实施办法"。如《××省〈中华人民共和国土地法〉实施办法》,就是某省为实施土地法而制定的具体的实施意见。

二是为加强对日常性工作的管理,提高工作质量和办事效率,建立科学有序的工作秩序,从实际需要出发而制定的工作规则,可称为"管理办法"。如《国家行政机关公文处理办法》。

四、办法的作用

1. 有助于党的方针政策和国家法律法规的落实

党的方针政策和国家的法律法规,是针对全国的情况而制定的,具有普遍的指导意义。但全国的情况差异很大,有些并不具备直接的操作性。只有从各地区的实际情况出发,制定出具体的实施办法,才能创造性地把党和国家的部署要求落实到位。

2. 有助于管理的科学化

办法作为管理性规章,是根据管理工作的实际需要而制定的。它明确工作的责任、目标、程序、措施和方法等,是实施管理的"操作手册",是指导办事的"路线图",可以有效地避免管理的无序状态,提高工作效率。

五、办法的写作方法

办法由标题、正文两部分组成。

1. 标题

办法的标题一般有三种写法:一由实施范围、管理对象和办法或实施办法组成,如《国家行政机关公文处理办法》、《××省家畜屠宰管理实施办法》;二由管理对象、办法或实施办法组成,如《农村土地经营权流转管理办法》;三由发文机关、管理对象和办法组成,如《国家计划生育委员会关于废钢铁回收管理暂行办法》。

2. 正文

办法的正文结构与条例相似,一般有两种结构方式:

一是条目贯通式,即按照先总后分的顺序依次排列。如国家科学技术部发布的《国家高新技术产业开发区高新技术企业认定办法》。其中,前两条写制定本办法的目的、依据和实施范围;之后是认定范围、认定条件、认定管理等具体的管理内容;最后是办法的施行日期。这种写法比较常用。

二是按照总则、分则、附则的方式安排结构。如《国家行政机关公文处理办法》全文共分为九章,其中第一章为总则,第九章为附则,中间的七章分为公文种类、公文格式、行文规则、发文办理、收文办理、公文归档、公文管理。这种结构方式一般用于制定比较重要、比较规范、内容比较多的办法。

例文1:

个体工商户税收定期定额征收管理办法

国家税务总局

第一条 为规范和加强个体工商户税收定期定额征收(以下简称定期定额征收)管理,公平税负,保护个体工商户合法权益,促进个体经济的健康发展,根据《中华人民共和国税收征收管理法》及其实施细则,制定本办法。

第二条 本办法所称个体工商户税收定期定额征收,是指税务机关依照法律、行政法规及本办法的规定,对个体工商户在一定经营地点、一定经营时期、一定经营范围内的应纳税经营额(包括经营数量)或所得额(以下简称定额)进行核定,并以此为计税依据,确定其应纳税额的一种征收方式。

第三条 本办法适用于经主管税务机关认定和县以上税务机关(含县级,下同)批准的生产、经营规模小,达不到《个体工商户建账管理暂行办法》规定设置账簿标准的个体工商户(以下简称定期定额户)的税收征收管理。

第四条　税务机关负责组织定额的核定工作。国家税务局、地方税务局按照国务院规定的征管范围，分别核定其所管辖税种的定额。国家税务局和地方税务局应当加强协调、配合，共同制定联系制度，保证信息渠道畅通。

第五条　主管税务机关应当将定期定额户进行分类，在年度内按行业、区域选择一定数量并具有代表性的定期定额户，对其经营、所得情况进行典型调查，做出调查分析，填制有关表格。典型调查户数应当占该行业、区域总户数的5％以上。具体比例由省级税务机关确定。

第六条　定额执行期的具体期限由省级税务机关确定，但最长不得超过一年。定额执行期是指税务机关核定后执行的第一个纳税期至最后一个纳税期。

第七条　税务机关应当根据定期定额户的经营规模、经营区域、经营内容、行业特点、管理水平等因素核定定额，可以采用下列一种或两种以上的方法核定：

（一）按照耗用的原材料、燃料、动力等推算或者测算核定；

（二）按照成本加合理的费用和利润的方法核定；

（三）按照盘点库存情况推算或者测算核定；

（四）按照发票和相关凭据核定；

（五）按照银行经营账户资金往来情况测算核定；

（六）参照同类行业或类似行业中同规模、同区域纳税人的生产、经营情况核定；

（七）按照其他合理方法核定。

税务机关应当运用现代信息技术手段核定定额，增强核定工作的规范性和合理性。

第八条　税务机关核定定额程序：

（一）自行申报。定期定额户要按照税务机关规定的申报期限、申报内容向主管税务机关申报，填写有关申报文书。申报内容应包括经营行业、营业面积、雇佣人数和每月经营额、所得额以及税务机关需要的其他申报项目。本项所称经营额、所得额为预估数。

（二）核定定额。主管税务机关根据定期定额户自行申报情况，参考典型调查结果，采取本办法第七条规定的核定方法核定定额，并计算应纳税额。

（三）定额公示。主管税务机关应当将核定定额的初步结果进行公示，公示期限为五个工作日。公示地点、范围、形式应当按照便于定期定额户及社会各界了解、监督的原则，由主管税务机关确定。

（四）上级核准。主管税务机关根据公示意见结果修改定额，并将核定情况报经县以上税务机关审核批准后，填制《核定定额通知书》。

（五）下达定额。将《核定定额通知书》送达定期定额户执行。

（六）公布定额。主管税务机关将最终确定的定额和应纳税额情况在原公示范围内进行公布。

第九条　定期定额户应当建立收支凭证粘贴簿、进销货登记簿，完整保存有关纳税资料，并接受税务机关的检查。

第十条　依照法律、行政法规的规定，定期定额户负有纳税申报义务。

实行简易申报的定期定额户，应当在税务机关规定的期限内按照法律、行政法规规定缴清应纳税款,当期(指纳税期,下同)可以不办理申报手续。

第十一条 采用数据电文申报、邮寄申报、简易申报等方式的,经税务机关认可后方可执行。经确定的纳税申报方式在定额执行期内不予更改。

第十二条 定期定额户可以委托经税务机关认定的银行或其他金融机构办理税款划缴。

凡委托银行或其他金融机构办理税款划缴的定期定额户,应当向税务机关书面报告开户银行及账号。其账户内存款应当足以按期缴纳当期税款。其存款余额低于当期应纳税款,致使当期税款不能按期入库的,税务机关按逾期缴纳税款处理;对实行简易申报的,按逾期办理纳税申报和逾期缴纳税款处理。

第十三条 定期定额户发生下列情形,应当向税务机关办理相关纳税事宜:

(一)定额与发票开具金额或税控收款机记录数据比对后,超过定额的经营额、所得额所应缴纳的税款;

(二)在税务机关核定定额的经营地点以外从事经营活动所应缴纳的税款。

第十四条 税务机关可以根据保证国家税款及时足额入库、方便纳税人、降低税收成本的原则,采用简化的税款征收方式,具体方式由省级税务机关确定。

第十五条 县以上税务机关可以根据当地实际情况,依法委托有关单位代征税款。税务机关与代征单位必须签订委托代征协议,明确双方的权利、义务和应当承担的责任,并向代征单位颁发委托代征证书。

第十六条 定期定额户经营地点偏远、缴纳税款数额较小,或者税务机关征收税款有困难的,税务机关可以按照法律、行政法规的规定简并征期。但简并征期最长不得超过一个定额执行期。简并征期的税款征收时间为最后一个纳税期。

第十七条 通过银行或其他金融机构划缴税款的,其完税凭证可以到税务机关领取,或到税务机关委托的银行或其他金融机构领取;税务机关也可以根据当地实际情况采取邮寄送达,或委托有关单位送达。

第十八条 定期定额户在定额执行期结束后,应当以该期每月实际发生的经营额、所得额向税务机关申报,申报额超过定额的,按申报额缴纳税款;申报额低于定额的,按定额缴纳税款。具体申报期限由省级税务机关确定。定期定额户当期发生的经营额、所得额超过定额一定幅度的,应当在法律、行政法规规定的申报期限内向税务机关进行申报并缴清税款。具体幅度由省级税务机关确定。

第十九条 定期定额户的经营额、所得额连续纳税期超过或低于税务机关核定的定额,应当提请税务机关重新核定定额,税务机关应当根据本办法规定的核定方法和程序重新核定定额。具体期限由省级税务机关确定。

第二十条 经税务机关检查发现定期定额户在以前定额执行期发生的经营额、所得额超过定额,或者当期发生的经营额、所得额超过定额一定幅度而未向税务机关进行纳税申报及结清应纳税款的,税务机关应当追缴税款、加收滞纳金,并按照法律、行政法规规定予以处理。其经营额、所得额连续纳税期超过定额,税务机关应当按照本办法第十九条的规定重新核定其定额。

第二十一条 定期定额户发生停业的,应当在停业前向税务机关书面提出停业报告;提前恢复经营的,应当在恢复经营前向税务机关书面提出复业报告;需延长停业时间的,应当在停业期满前向税务机关提出书面的延长停业报告。

第二十二条　税务机关停止定期定额户实行定期定额征收方式,应当书面通知定期定额户。

第二十三条　定期定额户对税务机关核定的定额有争议的,可以在接到《核定定额通知书》之日起30日内向主管税务机关提出重新核定定额申请,并提供足以说明其生产、经营真实情况的证据,主管税务机关应当自接到申请之日起30日内书面答复。定期定额户也可以按照法律、行政法规的规定直接向上一级税务机关申请行政复议;对行政复议决定不服的,可以依法向人民法院提起行政诉讼。定期定额户在未接到重新核定定额通知、行政复议决定书或人民法院判决书前,仍按原定额缴纳税款。

第二十四条　税务机关应当严格执行核定定额程序,遵守回避制度。税务人员个人不得擅自确定或更改定额。税务人员徇私舞弊或者玩忽职守,致使国家税收遭受重大损失,构成犯罪的,依法追究刑事责任;尚不构成犯罪的,依法给予行政处分。

第二十五条　对违反本办法规定的行为,按照《中华人民共和国税收征收管理法》及其实施细则有关规定处理。

第二十六条　个人独资企业的税款征收管理比照本办法执行。

第二十七条　各省、自治区、直辖市国家税务局、地方税务局根据本办法制定具体实施办法,并报国家税务总局备案。

第二十八条　本办法自2007年1月1日起施行。1997年6月19日国家税务总局发布的《个体工商户定期定额管理暂行办法》同时废止。

实训演练

一、填空题

1.＿＿＿＿＿＿＿＿可以以国家法规的形式来制定,也能够企事业单位的管理规章制度来制定,不管是何种形式,都有相当的效力。

2.某一电脑公司为了加强内部员工的工作行为而制定的规定,属于＿＿＿＿＿规定。

3.章程是制定单位的一种内部文件,对组织内部是非常重要的。而作为体现单位全体成员共同的愿望和意志,制定的章程就必须突出＿＿＿＿＿＿＿的特点。

4.与其他法规相比,＿＿＿＿＿＿＿条例的法定效力是最高的,仅次于法律。

二、问答题

1.规定的作用主要体现在哪些方面?

2.简述章程对一个组织所起到的作用。

3.办法的正文结构主要有哪些结构方式?

三、写作题

在小组讨论的基础上,制定班级规章制度。

参考答案

一、填空题

1. 规定
2. 管理性
3. 共识性
4. 条例

二、问答题

1. 答：规定的作用主要体现两个方面：准绳作用和规范作用。

作为行政法规或党委、政府部门的规章，规定是党和国家意志的重要体现，是对社会实施有效管理的重要工具，具有很强的政策性和约束性，是工作中必须遵循的准绳和依据。

规定作为实施管理的规则，是纪律的重要体现。主要是规范人们行为和活动，限制某些不规范、不正常、不合理的行为，明确禁止的事项，提出管理的要求，以建立良好的工作运行秩序。

2. 答：章程对一个组织所起到的作用：章程是一个组织进行自身管理的基本规则，它有以下四个方面的基本作用。

（1）保证组织的思想统一。每个组织都有自己的性质、宗旨、指导思想和基本任务，它的成员必须就这些内容达成共识，才能保证这个组织的思想统一性。

（2）建立组织的管理机制。章程要明确组织内部的管理机制，要对领导岗位的设置、领导者的产生办法和任期、下设部门和分支机构等一一进行确定，以保证组织内部的管理功能正常运行。

（3）保障成员权利。参加任何一个组织、团体，都要承担这个组织交给的工作和义务，但同时也都享有这个组织所规定的权力。章程必须明确其成员的权力和义务，并对其成员的权力起到保障作用。

（4）规定组织纪律。章程还要对成员的行为提出种种规范，凡违背章程中规定的组织纪律，都应受到处理或制裁。

3. 答：办法的正文结构主要有有两种结构方式：条目贯通式和按照总则、分则、附则的方式安排结构。

条目贯通式，即按照先总后分的顺序依次排列。如国家科学技术部发布的《国家高新技术产业开发区高新技术企业认定办法》。其中，前两条写制定本办法的目的、依据和实施范围；之后是认定范围、认定条件、认定管理等具体的管理内容；最后是办法的施行日期。这种写法比较常用。

按照总则、分则、附则的方式安排结构。如《国家行政机关公文处理办法》全文共分为九章，其中第一章为总则，第九章为附则，中间的七章分为公文种类、公文格式、行文规则、发文办理、收文办理、公文归档、公文管理。这种结构方式一般用于制定比较重要、比较规范、内容比较多的办法。

三、写作题

班级规章制度写作参考例文：

大学班级管理制度

为了给同学们创造一个愉快的学习和生活环境,使班级工作能够正常有序进行,使班级成为一个团结优秀的集体,特建立此班级管理制度。具体内容如下:

一、班级日常管理制度

1.学习:

(1)按时上课,不迟到,不早退,不逃课。(2)有事不能上课要按照有关程序请假,获得批准方可。(3)积极配合相应科代表的工作,认真完成作业,按时上交。(4)遵守课堂纪律,尊重老师,体现出大学生应有的风度。

2.卫生:

(1)宿舍内部要制定相应的卫生制度,必须保持整洁,实行责任到人制,宿舍长及班干部负责监督。(2)宿舍卫生每日打扫,值日生要尽职尽责,认真对待,为同学们创造整洁舒适的生活环境。(3)切实执行宿舍管理中心的各项规定,做好卫生打扫工作,认真对待卫生检查。(4)注重个人卫生。

3.活动:

(1)对于班级组织的各项活动,同学们要热心关注,积极参与,共建一个团结界奋进的班级体。(2)对于院、校组织的活动,同学们也应认真对待,敢于挑战自我,为班级和个人的荣誉拼搏。(3)同学们要积极的为班级发展献计献策,使本班的活动搞得有特色,有意义。

二、班级奖惩制度

1.评优、评先依据《大学学生手册》进行评选。

2.推荐党校学员采取民主与集中相结合的原则进行评选。

3.在校为班级争得荣誉或在集体活动中表现突出的个人或团体,将推荐学院予以表彰,或予一定的物质奖励。

4.因个人原因使班级受到院级以上(包括院级)通报批评的个人或团队,取消其本学期评优、评先及参选资格。

5.凡考试中有舞弊行为的,经查证属实,取消本学期评优、评先及参选资格。

6.在班会及其他须到的班级活动中迟到、早退的同学将给予批评并根据实际情况进行惩罚。

7.班会无故缺席三次以上的同学,将予以批评,并影响其本学期考核成绩。如果请假,需出请假条及相关证明,经班级辅导员或班长批准方可请假。

8.对有重大错误,影响班级荣誉的同学可考虑取消其助学金等各项资格。

9.每周由副班长对课堂的出勤情况进行检查,每周抽查一次,对是否旷课迟到将做记录并作为期末评优参考。

10.课堂会议上应把自己的手机调成振动或关机。

三、班委管理制度

1. 班干部由民主选举产生，并每学期总评换届选举。

2. 班干部职责：

班长：负责班级全面工作，及班级对外事宜；召集班委会、班会的召开，制订工作计划草案；做好班委会会议记录；协调各班委之间工作；做好和团学联的交流工作；定期检查其他班委记录。

副班长：协助班长做好工作，在班长不在时，代理负责全面工作，做好课堂考勤工作，做好班会会议记录。做好干部与同学间的交流工作和定期的卫生检查制度，做好班级工作总结和学年计划。

生活委员：负责班费的保管，每学期或大型活动后向同学公布班费收支情况，为同学做好日常生活服务。了解班级学生的总体情况，便于展开工作。负责卫生评比、卫生大检查、寝室设计大赛等活动。

学习委员：营造全班学习气氛，带动大家共同进步；负责沟通师生之间的信息交流，向教学管理部门反映学生对教学的意见，组织班级学生开展各类学习活动和基本技能训练；按照学术部的要求定期开展学术交流活动。负责期末成绩登记、总分、平均分计算、排名等工作；负责收取学习方面的费用。

体育委员：负责开展经常性的体育活动及组织参加各种体育比赛；组建并管理各体育队；尤其注意多开展女生体育活动；做好体育活动的后勤保障工作。

文艺委员：负责开展班级的文艺活动，丰富课余生活，指导参加校内院内文艺活动。每学期必须组织一次班级文艺活动，注意发现文艺人才。

团支书：负责团员的思想政治工作，全面负责团员教育、评议、推优工作，鼓励同学向党组织靠拢；负责团日志的记录；构思、筹划、举办每学期的团日活动；负责每月的党章学习活动。监管班级帐目。

宣传委员：做好班级活动及班委宣传的工作，并及时宣传时事信息。负责张贴海报及向团学联上交班级自行组织的各类活动报告书。

组织委员：负责租借教室，组织班级同学参加各种活动，班级信息处理工作，协助班长，团支书开展各项活动；配合学院组织部工作。

本规定经班委会讨论通过，自 2012 年 9 月 11 日起施行。

机电系电子专业 2012 级 1 班
二〇一二年九月十日

项目六　经济类应用文写作

1. 了解经济类应用文的概念、特点和分类。
2. 掌握意向书、协议书、合同的相关知识及其写法。
3. 熟悉市场预测报告、可行性研究报告和经济活动分析报告的相关知识,掌握写法。

🖊情景导入

　　随着社会经济的发展,单位与单位之间、单位与个人之间等的经济往来越来越频繁,为了明确双方的权利和义务,需要各项相关法规的健全,需要法律的保护。因此,意向书、协议书、合同等成为各种经济活动中不可缺少的书面材料,特别是合同,它明确规定在一定的经济活动中各方的责任义务,及承担这些责任义务的时间限制等。合同对各方具有法律的约束力,是将来诉诸法律时最重要的证据之一。掌握简单的合同知识是现代生活的需要。经济活动分析报告、市场预测报告、可行性研究报告,均需要明确目的和研究对象,经过市场调研,进行系统科学的分析,撰写出有利于问题解决的文章,完成调研任务,为经济决策提供强有力的支持。如果你即将步入社会,在走上工作岗位之前,要与用人单位签订《劳动合同》,那么在签订这份合同时,你应当注意些什么问题呢?

🖊知识清点

任务一　经济类应用文概述

一、经济类应用文的概念

　　经济类应用文是指人们为了适应经济活动中及时记录、交流、沟通、总结经济信息和处理经济事务的需要而产生、发展的,为实际经济生活服务的,具有特定惯用体式的应用文体。经济类应用文有广义和狭义之分。广义的经济应用文是指包括在经济活动中使用的公务文书、事务文书、经济论文等,狭义的经济应用文仅指本项目中所述的各种文体。

二、经济类应用文的种类

经济类应用文在经历领域的应用非常广泛,常见的种类有:

1. 契约类

用于确定经济活动中当事人双方的关系,明确彼此的权利与义务。如,合作意向书、协议书、经济合同等。

2. 报告类

用于总结或分析经济工作的现状或发展趋势,包括市场调查报告、经济工作总结、经济活动分析报告等。

3. 方案类

用于为决策者提供决策依据。包括市场预测报告、经济工作计划、经济决策方案、可行性研究报告等。

三、经济类应用文的特点

1. 政策性

经济工作是一项政策性很强的工作。我国的经济活动是在党和国家的财经方针、政策的指导下进行的,所以作为反映社会经济活动的经济应用文,必须具有鲜明的政策性。

2. 真实性

经济应用文是促进经济工作顺利开展的工具。其内容要真实、准确地反映客观的经济情况。只有这样,才能真正发挥其作用。

3. 时效性

现代经济管理强调的是时间,提高经济效率。经济类应用文反映经济管理和经济活动时,必须迅速、及时,否则就会贻误工作,造成不必要的经济损失。

4. 规范性

经济类应用文有比较固定的格式,有的文种往往都有印刷好的格式,写作者只要填充适当内容即可。合同就具有代表性。经济类应用文语言注重实用,有的文种侧重于准确的数字说明、精辟透彻的经济规律的分析和研究,例如经济活动分析报告,要求文字严密,表述精确。

四、经济类应用文的写作要求

1. 掌握真实准确的材料

撰写经济类应用文必须坚持实事求是的原则,所用的材料、事例、数据都要经过核实,准确可靠,不得主观猜测,也不能随意编造。

2. 具有相关的业务知识

经济应用文的写作有很强的专业性,撰写者应该熟悉有关经济业务,既懂得理论又有实践经验,既了解宏观经济政策,又熟悉具体工作,这样才能写出有实践指导价值的经济应用文。

3. 熟悉经济文书的格式

经济应用文涉及经济领域各学科的专门知识,内容上具有专业性。不仅如此,在写作规范和形式上也有其专业性。我国国家标准化管理委员会和国际标准化组织的相关部门,对各种经济应用文的写作格式及名词、术语、图式、符号、计量单位的使用,甚至用纸规格、装订方法等都作了规范化、通用化、标准化的明文规定。写作时必须严格遵守相关规定,不能随心所欲。

4. 具备较强的分析能力

经济应用文的撰写者一定要具备较强的分析能力。因为在掌握了大量的真实可靠的材料、准确无误的材料和各种数据之后,还要进行归纳、整理,分析经济现象,预测发展态势,使写出来的文章,具有较强的参照价值,提供决策依据。

5. 能得体地运用语言

经济应用文的语言注重实用,因此要做到平实、准确。签订合同是为了明确双方的权利和义务,事关法律,所以要求文字严密。

任务二　意向书

一、意向书的概念

意向书是企事业或其他经济组织之间用来表达合作意图和目的的一种经济应用文。是当事双方后几方之间,在拟签协议书或合同之前,因洽谈所涉及条件暂不成熟,而临时签订的非正式文书。它在经贸洽谈、商品展销等活动中广为使用,是进一步开展经济合作活动,谈判协商、签订协议或合同的前期准备。

二、意向书的特点

意向书的特点主要有以下几点:

1. 概要性

意向书是企业或其他经济组织之间用来表达合作的意图和目的的文书,所以它只能拟写出初步的概要性的意见,不可能像协议和合同那样详细具体。

2. 设想性

意向书是合作双方今后的具体合作提出计划或安排,因而具有设想性的特点,至于计划或安排能否实现,还要看双方的进一步接触、谈判、协商如何。

3. 信誉性

意向书一般不具有像合同或协议一样的法律效力,但是有一定的信誉约束力。信誉是经商之本,是商家成功获利的重要法宝。所以,意向书的信誉性是不可忽视的。

三、意向书的作用

1. 在经济技术贸易活动中,初次发生经济关系的当事人,或者当事人双方初次洽谈某个项目时,往往用意向书表达当事人双方合作的意愿,为进一步洽谈取得成功奠定基础。

2. 签订意向书后,当事人双方可以按此继续谈判,保证业务朝着健康有利的方向发展,所以它有着过渡和桥梁的作用。

3. 意向书可以为合作双方加强联系,协商谈判,以至最后签订协议或合同铺平道路,所以它对签订合同或协议起着前提或先导作用。

四、意向书的种类

从使用方面看,有单方向对方发出的表示愿与其合作的意图和目的的意向书;有双方经过接触协商签订的表达双方进一步合作的一致意见的意向书。

从签订时间看,有在接触谈判协商之前向对方发出的表达合作意愿的意向书;有在经过协商谈判之后签订的意向书。

从涉及内容看,有商品销售意向书,金融投资意向书,项目开发意向书,合作经营意向书,联合生产意向书,合资经营意向书等等。

从写作实践看,意向书种类往往是交叉的,比如一份意向书从内容看是商品销售意向书,从时间看又是协商谈判之后签订的,从使用方面看,又是双方签订的。

五、意向书的基本写法

意向书的写法,从结构上看一般由四部分组成:

1. 标题

可以直接写成《意向书》;也可以由意向书的主要内容或称"事由"和文种构成,如《合作经营电子厂意向书》;还可以由双方单位名称、事由和文种组成,如《××厂与××公司商品销售意向书》;也有由双方单位名称和文种构成的,如《××厂与××公司意向书》。

2. 前言

前言主要写明双方单位名称、代表人姓名和签订意向书的原因、目的。为了行文方便,要在双方单位代表人后面注明一方是甲方,另一方是乙方。并且要简叙签订意向书的原因、目的;如果是经过协商谈判后签订的,要写出其时间、地点等内容。

3. 正文

这是主体部分,要写出合作的具体事项。如双方的权利和义务,一方为另一方提供的条件,彼此需要做的工作,进一步协商谈判的事情、时间、地点、方式等,以及意向书份数,使用的文字、效力等等。

4. 落款

在正文下方写上双方单位名称和代表姓名,并签字盖章。在署名之下写上签订意向书的时间,也有将时间作为一个条款写在正文里的。

六、签订意向书的注意事项

1. 要做好调研。在选择合作对象时，要认真进行调查研究，对方实力、能力、历史、现状、信誉、背景以及国内国际环境、政策、国际惯例等等，都要搞清楚，做到知己知彼。

2. 要严肃慎重。意向书虽然不具有法律效力，但是具有信誉性特点，一经签订，应尽量履行，否则，会对自己的信誉造成影响。因此签订时要严肃慎重，不可草率从事。

3. 要考虑周密。重要内容不能遗漏，具体条款要尽量明确，要尽量为以后签订合同或者协议做好必要的准备。

例文 1：

意向书

××厂（甲方）　　　　　　　　　　　　　　　××公司（乙方）

双方于××年××月××日在××地，对建立合资企业事宜进行了初步协商，达成意向如下：

一、甲、乙两方愿以合资或合作的形式建立合资企业，暂定名为××有限公司。建设期为××年，即从××年—××年全部建成。双方意向书签订后，即向各方有关上级申请批准，批准的时限为××个月，即××年××月××日—××年××月××日完成。然后由××厂办理合资企业开业申请。

二、总投资××万（人民币），折××万（美元）。××部分投资××万（折××万）；××部分投资××万（折××万）。

甲方投资××万（以工厂现有厂房、水电设施现有设备等折款投入）；

乙方投资××万（以折美元投入，购买设备）。

三、利润分配：各方按投资比例或协商比例分配。

四、合资企业生产能力：……

五、合资企业自营出口或委托有关进出口公司代理出口，价格由合资企业定。

六、合资年限为××年，即××年××月—××年××月。

七、合资企业其他事宜按《中外合资法》有关规定执行。

八、双方将在各方上级批准后，再行具体协商有关合资事宜。

本意向书一式两份。作为备忘录，各执一份备查。

××厂（甲方）　　　　　　　　　　　　　　　××公司（乙方）
代表：　　　　　　　　　　　　　　　　　　　代表：
××××年×月×日　　　　　　　　　　　　　××××年×月×日

任务三 协议书

一、协议书的概念

协议书,简称协议,是在公关活动中社会组织或个人之间就某一问题或某些事项进行协商所签订的具有法律效力的应用文。

大范围来讲,国家与国家之间,政党与政党之间,就某一重大问题经过谈判、协商取得了一致意见,并用书面文字表达出来,这叫协议书;就小范围讲,企业与企业之间,团体与团体之间,个人与个人之间,就某一重要问题进行协商,对彼此的权利、义务有了一致的看法,并把它用书面文字表达出来,也叫协议书。有时,某些国际条约、公约,也使用协议、协定或协议书、议定书的名称,但是从内容实质上说,它们与这里所介绍的"协议书"完全是两回事。

二、协议书的作用

协议书与契约书、合同书一样,可以依法成立,也具有相同的法律效力。但是比较而言,协议书的作用更加广泛,凡是经济、政治、文化、军事等社会各方面的权利和义务关系,均可以用协议书来加以确认和调整。

协议书能够取代契约书,用以确立、变更或撤销某些民事关系、经济关系或行政关系。一般说来,契约书多用于民众个人之间,涉及社会组织之间的以使用协议书为更普遍。

协议书能够与合同尤其是经济合同、技术合同相配合,用来表明协议各方面的物质利益关系。用于正式合同签订之前,协议书是合同的"前导",把已经取得一致的意见用文字形式确定下来,成为日后签订合同的基础。

在实践中,有些协议书相当周密、严谨,已经具备了合同所应具备的基本条款,而且当事人双方也不打算再另签合同,直接按照协议书履行权利与义务——这种协议书,其本身就是"合同",只不过换了一个名称而已。

三、协议书与合同的区别

通常人们把合同也叫做协议书,其实它们之间还是有区别的,协议书与合同书的区别,可从三个方面体现出来:

1. 范围不相同

协议书的适用范围较广,人们从事生产建设、文化教育、科技、社会治安等各领域的管理工作,都可以用协议书。合同涉及的范围比较窄,常用于买卖、借贷、基建、运输等经济事务方面。

2. 内容不相同

协议书的条款是比较原则的,内容是比较简明概括的。它一般只是当事人共同合同的基本原则的阐述,缺乏实施合作的具体条款和有关量化指标,易于形成条文,制作程序简单,使用比较方便。而合同的内容比较具体,条款比较详细,措辞比较严密,当事人双方的责任、权利和义务关系明确,比较重要的合同还须有关部门的签证和公证。

3. 违约责任情况不相同

协议书不一定非得设立违约责任条款,有的可能有违约责任条款,有的可能没有,特别需要指出的是,用于非经济领域的协议书,一般只规定各自应当履行的权利义务,而不设立违约责任条款。合同则不然,它必须有违约责任条款,无论哪一方,只要不按合同规定履行自己的义务,就得承担违约责任,还要接受经济制裁,向另一方支付违约金或赔偿违约所造成的经济损失。

4. 时效不同

一般来说,合同的时效都是比较固定的,不会太长,合同的事项完成其时效就随之结束了;相比之下,协议书的时效就灵活多了,可长可短,长的可达几十年,甚至一生,如"赡养协议"、"收养协议"等,短的几天,甚至几个小时,如"赔偿协议书"。

四、协议书的种类

从涉及内容方面看,有经济、政治、文化、科学技术等方面的协议书。

从使用对象方面看,有跨国社会组织之间使用的协议书;有国内社会组织之间使用的协议书;有民间组织和个人之间使用的协议书等等。

从功能作用方面看,有用以确立、变更或终止某些民事关系、行政关系等的协议书;有作为合同"引子"的协议书;有明确权利和义务等关系的协议书;有修改、终止合同的协议书等等。

五、协议书的基本写法

协议书应用范围广,所涉及的情况也比较复杂,因而其内容难以固定。就其结构格式而言,一般包括标题、开头、主体、落款四个部分。

1. 标题

标题,就是协议书的题目,要写明协议书的具体名称,以突出协议书的中心内容,如《关于联合办厂协议书》、《商品包销协议书》。也有的不涉及具体内容,简称《协议书》。

2. 开头

交代签订协议的目的、原因、签订本协议书的双方或多方单位的名称。为了下文便于陈述,要在双方单位名称后面加括号注明一方是甲方,另一方是乙方。协议开头末了可用程式化的语言转入协议主体部分,如"经过洽谈,达成协议如下"。

3. 主体

这部分要就协议的有关事项,作出明确、具体、全面的陈述,尤其要着力写好协议双方的权利和义务。这是协议书的关键部分,通常要用条款把协议的全部内容一一列出,且要注意其内部的逻辑关系。

4.落款

签署协议双方单位名称、双方代表姓名,并签字加盖印章。必要时还要写上签证单位或公证单位的名称及其代表姓名,也要加盖印章。最后写明签订协议书的日期。

制作协议书,要注意内容和程序的合法性,必要时经国家公证机关予以注明;书面形式要符合规范要求,其语言表达、文字标点、行款笔迹以至签名用印,都要规范化,经得起推敲。如果协议书的内容已接近合同的完备程度,并且有可能不再另签合同,则其写法上就要符合合同的标准和要求,以免出现错漏而造成不应有的纠纷和损失。

例文1:

合作协议书

甲方:(合作企业)

乙方:中国铁人三项运动协会

本着支持中国体育运动事业及铁人三项运动发展,更好地充分利用体育资源,树立(企业××产品)良好的品牌形象和品牌的推广,互利互惠,就甲方与乙方国家铁人三项队合作事宜,达成以下协议:

一、甲方义务:

1.向乙方每年提供××万元人民币用作赞助或冠名费用。

2.向乙方提供价值××元人民币的××产品,数量为××(根据实际需要确定),用于乙方队员在比赛或训练中使用。

3.有义务向乙方提供最新的产品。

4.向乙方提供用于宣传的广告光盘、照片、宣传册等相关资料。

5.甲方可享有乙方主办比赛的赞助优先权。

二、乙方义务:

1.授予甲方××产品为"20××—20××年度中国国家铁人三项队专用(指定)××产品"称号,并颁发证书。允许甲方在授权产品的外包装上及在该产品的各种宣传图片、文字、活动、音像、国际互联网上使用"中国国家铁人三项队专用(指定)××产品"的字样,用于甲方的品牌推广。

2.在合作协议期间不再接受同类产品的合作及授予其它产品为"中国国家铁人三项队专用(指定)××产品"称号。

3.每年度向甲方提供中国国家铁人三项队运动员将参加国内、国外比赛的赛事文字资料(包括赛事名称、时间地点、方式、参赛队员具体名称资料及合作企业产品的使用情况)。

4.提供中国国家铁人三项队运动员参赛(训练)使用合作企业产品的照片或(录像)。

5.在乙方主办的国内各类比赛上(已签订协议的比赛和独家赞助的比赛除外):

(1)为甲方制作和放置合作产品的宣传广告牌1块(规格6×1米,广告牌清样由甲方提供),并于赛后15日内提供赛事广告牌照片。

(2)为运动员提供产品的宣传资料。

6.授权甲方在协议期内有权使用国家铁人三项队运动员的照片或资料用于甲方的品牌推广(不包括电视广告的使用,如需使用另行商议)。

7.中国国家铁人三项队对同类产品需另外采购时,乙方应优先选购甲方的产品,但甲方须提供优惠价格(不得高于一级代理价格)。

8.在中国铁人三项运动协会官方国际互联网站上提供合作产品的介绍和链接(如需网上售卖,合作方式另行商议)。

三、双方应遵守上述约定,任何一方如有违约,守约方享有每次向违约方索赔赞助总额 2 倍以上的罚款,并保留法律诉讼的权利。

四、协议自××年××月××日至××年××月××日。协议期满后,双方可酌情续签协议,甲方享有优先权。

五、本协议一式六份,双方各执三份。

六、未尽事宜,双方协商解决。

甲方代表签章: 乙方代表签章:
年 月 日   年 月 日

任务四　合　同

一、合同的概念

合同,是平等主体的自然人、法人、其他组织之间设立、变更、终止民事权利义务关系的协议。合同一经签订,就具有了法律效力。签订合同的双方或多方可以享受自己的权利,能够依法保障自己的权益;同时,也必须履行对应的义务和担当相关的责任,彼此相互监督,配合执行合同的全部内容。

二、合同的特点

1. 很强的政策性
撰写和签订合同,必须符合党和国家的路线、方针、政策、法规和计划,任何单位和个人不得利用合同进行违法活动。政策性是合同的灵魂,是经济合同的主要特点之一。

2. 法律的强制性
签订合同的双方,一经签署生效,即产生法律效力,合同双方都负有法律责任,任何一方不得擅自变更或解除合同。合同的变更,必须由签订合同的双方共同协商同意。违背合同中规定的条款,要依法追究责任。

3. 平等自愿性
签订合同的基本原则,是双方当事人要在平等协商,自愿签订的基础上,达成协议,坚持平等互利,不可一方强加于另一方。合同中的条款是双方协商一致的结果。任何一方单独提出异议,都不能成立。

4. 语言的准确鲜明性

合同的语言,不能含糊其辞、模棱两可,也不可拖沓繁杂,更不能产生歧义,而应该十分明确、精练、准确无误,因此制定经济合同对其语言的表达,要认真推敲、反复斟酌,尤其对标的、权利、义务、违约责任的表述,不可含混不清;对数量、质量、时间、地点、方式、方法、规格、标准等,都必须明确、具体。否则,会对经济合同的执行带来不必要的麻烦。

三、合同的种类

《合同法》从内容和性质上,将合同分为15类。具体有买卖合同、供用电、水、气、热合同、赠与合同、借款合同、租赁合同、融资租赁合同、承揽合同、建设工程合同、运输合同、技术合同、保管合同、仓储合同、委托合同、行纪合同、居间合同等。

如果从其他角度来划分,将有不同的种类:

按照订立合同双方的关系划分,有纵向合同和横向合同。所谓纵向合同,是一个部门上下级组织之间,或者单位与所属成员之间所签订的合同,主要用于落实经济责任制。所谓横向合同,是指平级单位、不相隶属的单位或个人之间所签订的经济合同。

按照经济合同有效时限划分,有长期合同、中期合同、短期合同。

按照经济合同的形式划分,有条款式、表格式、条款表格结合式合同。

此外,还有一类实施管理的合同,如工业企业承包经营合同、工业企业租赁经营合同、商业企业承包经营合同、农业承包经营合同等。

四、合同的基本写法

合同虽然种类繁多,形式多样,但其基本结构都差不多,都是由标题、当事人、开头、主体、落款等组成。以经济合同为例,主要有以下的内容安排:

1. 标题

经济合同的名称,要标明合同的性质、种类,由事由和文种构成。写在合同用纸的上部正中。如《购销合同》《加工合同》等。有的冠以单位名称,如《知识出版社图书出版合同》。

2. 当事人

要在标题之下写明签订合同的双方(或多方)单位或个人的名称,并注明"甲方"(一般以付款方为甲方)、"乙方"(一般以收款方为乙方),或者"供方"、"需方"、"买方"、"卖方"。必须写得具体明白,要写全称或规范化简称。

3. 开头

一般写明签订合同的缘由、根据、目的或意义。要写得简明扼要。大体格式是"为了……,根据……,经双方协商,签订本合同,共同遵照执行"等。简单的写法是"甲乙双方经过协商,签订合同如下"。

4. 主体

写明双方协商同意的内容,即合同的主要条款:标的,数量和质量,价款或酬金,履行的期限、地点和方式,违约责任和双方议定的其他条款。

（1）标的。指合同当事人的权利义务所公同指向的对象，有的表现为物，有的表现为钱，也有的是指劳务。如购销合同中的贷物，借款合同中的货币等。任何合同都必须有明确的标的，没有标的或者标的不明确的合同是无法履行的，也是不能成立的。所以，标的是合同必备的最基本的条款。

（2）数量和质量。即标的的具体化。经济合同的标的，无论是财产还是劳务，都要表现为一定的数量和质量，它们决定着当事人权利和义务的标准。标的数量是某些条件的量化指标，计量单位和计量方法要明确，数字要准确（允许出现或必然出现的误差须作出具体的规定）。标的质量包括标的名称、种类、规格、型号和等级等等。工业产品的质量标准，尤其要有确定的说法，如标准的级别（国家标准、部频标准、地方标准、企业标准或双方仪定的标准）和颁布的时间、编号等。

（3）价款或酬金。即取得标的的一方当事人付给对方的实践或劳动代价。以物为标的的合同，其代价叫价款；以劳务为标的的合同，其代价叫酬金。它们都以货币数量表示，并以人民计算和支付。其计算标准、结算方式、结算日期及程度必须在经济合同明确规定。

（4）履行的期限、地点和方式。期限即指经济合同履行的时间范围，包括合同签订期限、有效期限和履行的地点和方式，即交送货和付款的地点和方式、仓库等；是送货还是自提；是分期付款，还是一次性付货、付款；是交付现金，还是银行转帐等。这些都要在经济合同中有明确的规定。

（5）违约责任。即不履行合同规定应负的责任。违约责任的规定一般由违约处置两部分构成。就是说，违背规定达到什么程度，应当给予什么处罚。如有的违约条件定为：交货推迟一天将处罚多少等。不可抗力影响经济合同的履行，可以免负责任。

（6）其他条款。即除了以上诸条款之外，当事人双方认为应当明确规定的一些条款。如本合同的份数、执存、生效时间、附件等，也应在合同中写明。

5. 落款

要写明签订合同的单位名称、代表人姓名（由代理人签订的合同要写明代理人姓名）、加盖公章及私章。有的还要写明签约单位的开户银行、帐号、地址、电话等。最后写上签订合同的年、月、日。

五、合同写作的注意事项

签订经济合同，必须遵守国家法律，执行国家计划，坚持自愿平等、协商一致、诚实信用和互利有偿的原则，确保合同双方的法律地位真正平等。同时，还要充分注意以下几点：

1. 签订合同者须具有相关资格

法人或者是自然人，或者是个体工商户等经济组织，要审查其是否具有合法的资格。现在社会上有些人趁搞活经济的机会浑水摸鱼，买空卖空，开"皮包公司"，签订"口袋合同"，甚至进行诈骗，走私、贩私等犯罪活动。因此，在签订紧急合同之前，必须弄清对方是否具有合法资格，以免上当受骗，蒙受经济损失。

2. 合同条款要齐全完整

合同的构成项目要完整、齐全，应有条款不可残缺遗漏，尤其是反映合同内容的主要条款必须完整具体。值得特别注意的是,违约责任条款必须写明、写详细、写准确、写周全。否则,容易引起纠纷,难以处理,造成损失。

3. 合同文字要准确无误

合同直接关系到当事人的利益,所以合同文字要特别仔细推敲,每一个字、词、句以及标点符号都要准确、规范,不允许模糊笼统产生歧义。条款中的关键数字要用汉字大写。书写或缮印要整洁清楚,无论一式几份,内容都要完全相同,必要时可将几份合同并列在一起,盖上骑缝章或骑缝写上"××合同"字样,以备查验。

4. 合同自签订时起不得随意修改或终止

合同一经签订,就不能随便改动,合同的变更和终止必须经各方协商同意,并签订变更或终止合同的协议书,加盖公章报鉴证机关备案方可有效。

例文1:

市场场地租赁合同

出租人(甲方):　　　　　　　　　　　　承租人(乙方):

根据《中华人民共和国合同法》等有关法律、法规的规定,双方就租赁场地从事经营的事宜经协商达成协议如下:

第一条 租赁场地

乙方承租甲方＿＿＿＿＿＿(层/厅)＿＿＿＿＿＿＿＿＿号场地,面积＿＿＿＿＿＿平方米,用途以营业执照核准的经营范围为准;库房＿＿＿＿＿＿平方米,库房位置为＿＿＿＿＿。

第二条 租赁期限

自＿＿＿＿＿年＿＿＿＿月＿＿＿＿日起至＿＿＿＿＿年＿＿＿月＿＿＿＿日止,共计＿＿＿＿年＿＿＿＿个月;其中免租期为自＿＿＿＿＿年＿＿＿月＿＿＿日起至＿＿＿＿＿年＿＿＿月＿＿＿日。

第三条 租金

本合同租金实行(一年/半年/季/月)支付制,租金标准为＿＿＿＿＿＿;租金支付方式为(现金/支票/汇票/＿＿＿＿＿＿);第一次租金的支付时间为＿＿＿＿＿年＿＿＿月＿＿＿日,第二次租金的支付时间为＿＿＿＿年＿＿＿月＿＿＿日至＿＿＿＿＿年＿＿＿月＿＿＿日,＿＿＿＿。

第四条 保证金

保证金属于双方约定事项。自本合同签订之日起＿＿＿＿＿日内,乙方(是/否)应支付本合同约定租金总额＿＿＿＿＿%计＿＿＿＿＿元的保证金,作为履行合同和提供商品服务质量的担保。乙方支付保证金的,甲方则以市场当年租金总额的2—5%作为市场整体性的对应保证金,作为履行合同的担保。保证金的交付、保管、支取、返还等事宜见合同附件。

第五条 保险

甲方负责投保的范围为:公共责任险、火灾险、＿＿＿＿＿。

乙方自行投保的范围为：＿＿＿＿＿＿。

第六条　甲方权利义务

1.依法制订有关治安、消防、卫生、用电、营业时间等内容的各项规章制度并负责监督实施。

2.协助各级行政管理机关对违反有关规定的乙方进行监督、教育、整顿,直至单方解除合同。

3.应按约定为乙方提供场地及相关配套设施和经营条件,保障乙方正常经营。

4.除有明确约定外,不得干涉乙方正常的经营活动。

5.应对市场进行商业管理,维护并改善市场的整体形象,包括:对商品品种的规划和控制、功能区域的划分、商品档次的定位、商品经营的管理及质量管理;服务质量管理;营销管理;形象设计;市场调研;公共关系协调;纠纷调解;人员培训;＿＿＿＿＿＿。

6.应对市场进行物业管理,并负责市场内的安全防范和经营设施的建设及维护,包括:建筑物(包括公共区域及租赁场地)的管理及维修保养;对乙方装修的审查和监督;水、电、气、空调、电梯、扶梯等设备、管道、线路、设施及系统的管理、维修及保养;清洁管理;保安管理并负责市场的公共安全;消防管理;内外各种通道、道路、停车场的管理;＿＿＿＿＿＿。

7.做好市场的整体广告宣传,并保证全年广告宣传费用不低于市场全年租金总额的＿＿＿＿＿%。＿＿＿＿＿＿。

第七条　乙方权利义务

1.有权监督甲方履行合同约定的各项义务。

2.应具备合法的经营资格,并按照工商行政管理部门核准的经营范围亮证照经营。

3.应按照约定的用途开展经营活动,自觉遵守甲方依法制订的各项规章制度及索票索证制度,服从甲方的监督管理。

4.应按期支付租金并承担因经营产生的各项税费。

5.应爱护并合理使用市场内的各项设施,如需改动应先征得甲方同意,造成损坏的还应承担修复或赔偿责任。

6.应按照各级行政管理部门的规定,本着公平合理、诚实信用的原则合法经营,不得损害国家利益及其他经营者和消费者的合法权益,并承担因违法经营造成的一切后果。

7.将场地转让给第三人或和其他租户交换场地的,应先征得甲方的书面同意,按规定办理相关手续,并不得出租、转让、转借、出卖营业执照。

8.应按照甲方的要求提供有关本人或本企业的备案资料。

9.建筑物外立面及建筑物内部非乙方承租场地范围内的广告发布权归甲方所有,未经甲方同意,乙方不得以任何形式进行广告宣传。

第八条　合同的解除

乙方有下列情形之一的,甲方有权解除合同,乙方应按照＿＿＿＿＿＿的标准支付违约金:

1.不具有合法经营资格的,包括因违法经营被有关行政管理部门吊销、收回经营证照的。

2.未按照约定的用途使用场地,经甲方_____次书面通知未改正的。

3.利用场地加工、销售假冒伪劣商品的。

4.进行其他违法活动累计达_____次或被新闻媒体曝光造成恶劣影响的。

5.将场地擅自转租、转让、转借给第三人,或和其他租户交换场地的。

6.逾期_____日未支付租金的。

7.违反保证金协议的有关约定的。

8.未经甲方同意连续_____日未开展经营活动的。

9.违反甲方依法制订的规章制度情节严重或拒不服从甲方管理的。

_____。

甲方或乙方因自身原因需提前解除合同的,应提前_____日书面通知对方,经协商一致后办理解除租赁手续,按照_____的标准向对方支付违约金,其他手续由乙方自行办理。因甲方自身原因提前解除合同的,除按约定支付违约金外,还应减收相应的租金,并退还保证金及利息。

第九条 其他违约责任

1.甲方未按约定提供场地或用水、用电等市场内的经营设施致使乙方不能正常经营的,应减收相应租金,乙方有权要求甲方继续履行或解除合同,并要求甲方赔偿相应的损失。

2.甲方未按约定投保致使乙方相应的损失无法得到赔偿的,甲方应承担赔偿责任。

3.乙方未按照约定支付租金的,应每日向甲方支付迟延租金_____％的违约金。_____。

第十条 免责条款

因不可抗力或其他不可归责于双方的原因,使场地不适于使用或租用时,甲方应减收相应的租金。

如果场地无法复原的,本合同自动解除,应退还保证金及利息,双方互不承担违约责任。

第十一条 续租本合同

续租适用以下第_____种方式:

1.乙方有意在租赁期满后续租的,应提前_____日书面通知甲方,甲方应在租赁期满前对是否同意续租进行书面答复。甲方同意续租的,双方应重新签订租赁合同。

租赁期满前甲方未做出书面答复的,视为甲方同意续租,租期为不定期,租金标准同本合同。

2.租赁期满乙方如无违约行为的,则享有在同等条件下对场地的优先租赁权,如乙方无意续租的,应在租赁期满前_____日内书面通知甲方;乙方有违约行为的,是否续租由甲方决定。

第十二条 租赁场地的交还

租赁期满未能续约或合同因解除等原因提前终止的,乙方应于租赁期满或合同终止后_____日内将租赁的场地及甲方提供的配套设施以良好、适租的状态交还甲方。

乙方未按照约定交还的,甲方有权采取必要措施予以收回,由此造成的损失由乙方承担。

第十三条 争议解决方式

本合同项下发生的争议,由双方协商解决或申请有关部门调解解决,协商或调解解决不成的,按下列第_____种方式解决(只能选择一种):

1. 提交北京仲裁委员会仲裁;

2. 依法向_____人民法院起诉。

第十四条 其他约定事项

1. 场地在租赁期限内所有权发生变动的,不影响本合同的效力。_____。

第十五条 本合同自双方签字盖章之日起生效。本合同一式_____份,甲方_____份,乙方_____份,_____。

第十六条 双方对合同内容的变更或补充

双方对合同内容的变更或补充应采用书面形式,并由双方签字盖章作为合同附件,附件与本合同具有同等的法律效力。

甲方单方制订的规章制度也作为本合同的附件,规章制度的内容与合同约定相冲突的,以本合同为准,但国家法律、政策另有规定的除外。

甲方(签字盖章) 乙方(签字盖章)

签约日期: 签约日期:

例文2:

委托贷款合同

甲方:河南省平顶山市城市信用社×××

乙方:河南省××县农村信用合作社联合社

甲乙双方就委托贷款事宜,经过协商一致,达成如下协议:

一、甲方委托乙方就其委托款项,对外发放短期贷款。

二、甲方必须在乙方开立基本帐户,委托款项存入该帐户。

三、乙方就为委托款项可以发放下列形式贷款:

1. 存单质押贷款;

2. 银行承兑汇票贴现贷款;

3. 城区房地产抵押贷款;

4. 经甲方书面同意的其他贷款。

四、乙方利用甲方委托款项可直接发放存单质押贷款和银行承兑汇票贴现贷款;发放城区房地产抵押贷款必须甲方书面确认;甲方可直接指定借款人,书面通知乙方对其发放贷款。

五、委托贷款利率

1. 委托贷款利率范围为银行同期贷款基准利率的1—1.5倍。

2. 逾期、挤占挪用贷款,按照国家逾期、挤占挪用利率计付利息。

3.国家贷款利率调整,委托款项贷款利率作相应调整。

六、甲方按照贷款利息收入的25%—30%向乙方支付委托贷款手续费。

七、利用委托款项发放贷款,乙方应严格审查借款人资格及借款资料,确保贷款发放合法。

八、对委托款项贷款,乙方应尽力清收。对借款人信用状况变化威胁款项安全的,乙方应向人民法院提起诉讼。法律文书生效后,乙方应在法定期间内申请执行。

九、甲乙双方按月对帐,乙方应按甲方要求提供帐户资金变动的对帐单等资料。

十、乙方每季扣除委托贷款手续费后,将利息剩余款项直接转入甲方基本帐户。

十一、本合同有效期内,甲乙任何一方不经对方同意,不得单方变更或解除本合同。

十二、委托款项贷款到期,借款人申请展期的,经乙方同意,可以展期一次,展期期限不超过贷款期限。

十三、本合同未尽事宜,由甲乙双方协商予以补充,补充协议视为本合同组成部分。

十四、因本合同发生纠纷,由甲乙双方协商予以解决,协商不成或不愿协商,任何一方均可向乙方住所地人民法院提起诉讼。

十五、本合同期限为三年,期满经甲乙双方同意可以续期。

十六、本合同自双方当事人或其受权委托人签字盖章之日起生效。

十七、本合同一式两份,甲乙双方各持一份,两份具有同等法律效力。

「特别提示」乙方已提请甲方详细阅读本合同全部条款,并对甲方就本合同条款提出的疑问予以详细解释,乙方已经理解甲方对合同条款所作的解释及对疑问的解释,甲乙双方就本合同全部条款及特别提示理解一致。

甲方:河南省平顶山市城市信用社×××
乙方:河南省××县农村信用合作社联合社
受权委托人:

年　月　日

例文3:

劳动合同

_____公司(以下简称甲方)系中外合资经营企业,现聘用_____先生/女士(以下简称乙方)为甲方合同制职工,于_____年_____月_____日签订本合同。

第一条　乙方工作部门_____职位(工种):

第二条　试用期:乙方被录用后,须经过_____个月的试用期。在试用期内,任何一方均有权提出终止合同,但需提前一个月通知对方。如甲方提出终止合同,须付给乙方半个月以上的平均实得工资,作为辞退补偿金。试用期满时,若双方无异议,本合同即正式生效,乙方成为甲方的正式合同制职工。

第三条　工作安排:甲方有权根据生产和工作需要及乙方的能力、表现,安排调整乙方的工作,乙方须服从甲方的管理和安排,在规定的工作时间内,按质按量完成甲方指派的任务。

第四条 教育培训:在乙方被聘用期间,甲方负责对乙方进行职业道德、业务技术、安全生产及各种规章制度的教育和训练。

第五条 生产、工作条件:甲方须为乙方提供符合国家规定的安全卫生的工作环境,否则乙方有权拒绝工作或终止合同。

第六条 工作时间:乙方每周工作不超过 6 天,每日工作不超过 8 小时(不含进餐时间)。如因工作需要加班加点,甲方应为乙方安排同等时间的倒休或按国家规定的标准向乙方支付加班加点费。

第七条 劳动报酬:甲方每月按本公司规定的工资形式和考核办法确定乙方的劳动所得,以现金人民币向乙方支付工资、奖金,并按国家有关规定向乙方支付各种补贴及福利费用。

第八条 劳动保险待遇:甲方按照国家劳动保险条例的规定为乙方支付医疗费用、病假工资、伤残抚恤费、退休养老金及其他劳保福利费用。

乙方享受元旦、春节、"五一"、"十一"等共 7 天国家法定有薪假日。乙方家属在外地的,乙方实行计划生育的,分别按国家规定享受探亲假待遇和计划生育假待遇。乙方符合公司休假条件的,享受年休假待遇。

第九条 劳动保护:甲方根据生产和工作的需要,按国家规定向乙方提供劳动保护用品和保健食品。

甲方按国家规定在女职工经期、孕期、产褥期、哺乳期对其提供相应的劳动保护。

第十条 劳动纪律:乙方应遵守国家的各项法律规定、《职工守则》及甲方的各项规章制度。

第十一条 奖惩:甲方将根据乙方的工作态度、劳动表现、贡献大小,按照本公司奖惩条例给予乙方物质和精神奖励。乙方如违反《职工守则》和甲方的其他规章制度,甲方有权给予乙方处分。乙方如触犯刑律受到法律制裁,甲方将予开除,本合同自行解除。

第十二条 合同期限:本合同自签订之日起生效,有限期为_____年,于_____年_____月_____日到期。

第十三条 本公司《职工守则》(略)为本合同的附件,是本合同的有效组成部分。

甲方:_____ 　　　　　乙方:_____
公司总经理(或其代表)签章_____ 　　职工个人签章_____
____年____月____日 　　　　____年____月____日

任务五 经济活动分析报告

一、经济活动分析报告的概念

经济活动分析报告是以马列主义经济理论为指导,以国家的经济方针、政策为依据,对企业或部门的计划、指标、会计核算、统计报表资料和调查得来的材料进行全面系统的分析对比,对经济活动的过程和结果进行分析、研究和评价后形成的书面材料。

二、经济活动分析报告的特点

1. 分析的科学性

经济活动分析报告的主要特点在"分析"二字,分析要正确,要科学。这就一要在正确理论指导下进行;二要运用一定的分析方法,如对比分析法、因素分析法、动态分析法、综合分析法等。通过这些科学分析方法的运用,得出科学的结论。

2. 时间的定期性

经济活动分析报告是对一定时期里已进行过的生产经营活动的各个环节的检查与总结,除了部分专题经济分析是不定期的,一般的经济活动分析都在年终或一个生产周期、一个经营环节告一段落之后进行。因此,它作为年度、季度、月份报表资料的文字说明部分,在时间上具有定期性。

3. 资料的客观性

分析要依据各种统计资料和调查资料,这些资料是搞好经济活动分析的基础,必须真实、准确、如实反映经济活动的客观情况,即具有客观真实性,否则经济活动分析就失去了基本依据和坚实的基础。

三、经济活动分析报告的种类

经济活动分析报告,就其内容而言,不同的经营单位是有区别的,即使同一个单位,在各个不同时期,经济活动的出发点和角度也是不同的。但在经济活动分析形式上大致可以分为三类:

1. 综合分析报告

也称全面分析报告。它是对某一部门或单位在某一时期的经济指标进行全面而系统的分析,从中抓住关键性问题,以考核其经济活动的结果。通过综合分析,可以全面地揭示出生产经营过程中各方面的问题和可能发掘的潜力,为全面改进企业管理指明方向。

2. 专题分析报告

也称单项分析、专项分析报告。它是对某项专门问题进行深入分析后,撰写的一种书面报告。一般是结合中心工作或经济活动中的薄弱环节、新情况、新问题进行的单项分析。

3. 简单分析报告

也称部门分析报告。它是一般基层单位(如车间)在一定时期内,对本单位经济指标完成情况所作的分析。简要报告多数是利用表格填写附以文字说明的形式,能说明问题即可。

四、经济活动分析的方法

1. 对比分析法

这种方法就是把同一类型的两项或两项以上的资料、数据进行对比,通过分析,得出一定的结论。如把当前一定时期的实际指标和历史上同期的指标进行对比,可以找出差距,发现问题,发现有关经济活动的发展变化趋势。

2. 因素分析法

这种方法是对决定某一经济现象的各个因素进行分析。如某项商品滞销,可能有商品质量上的因素、价格因素、广告宣传因素、消费心理因素、同类产品竞争因素等。分析滞销原因,要抓住各个因素进行分析。

此外,还有动态分析法、平衡法等,随着科技的不断发展,分析的方法将不断出现。目前主要是运用上述两种方法。

五、经济活动分析报告的基本写法

经济活动分析报告由于种类不同,其写法也没有固定不变的模式,内容安排上也不固定,主要由目的需要决定。一般常见的写法,由以下四部分组成:

(一)标题

一般有三种:一是由单位名称、时限、内容和文种构成,如《辽宁省××局 2009 年上半年经济活动分析报告》。二是省略单位名称或时间,如《2000 年上半年产品质量分析报告》《流动资金周转情况分析报告》。这种标题常见于单位内部使用。三是在报刊上发表的,有时可把"报告"换成"建议"或"意见",如《关于加强资金周转的建议》。

(二)前言

一般概括介绍经济活动分析的范围、时间、过程或概括分析的意义。有的分析报告没有前言,开头就是正文,前言部分的内容融汇在正文的分析说明之中。

(三)正文

正文是经济活动分析报告的主体。其写法要根据报告的内容而定。一般由概况介绍、分析评价、建议措施三部分组成。

1. 概况介绍。概括介绍被分析时期内经济活动的基本情况,既要有反映基本情况的文字说明,又要有反映基本情况的各项经济技术指标和数据。文字说明和指标数据都必须真实可靠。

2. 分析评价。这部分是经济活动分析报告的核心。要用辩证的观点,科学的方法,计算或剖析各项经济指标的成绩或问题,作出客观的评价,以便发扬成绩,克服缺点,修正错误。

3. 建议措施。这是经济活动分析报告的重要目的之一。在分析评价的基础上,针对存在的差距或问题,提出具体改进意见或应急措施,为今后的经济活动指明方向,以达到改善经营管理,提高经济效益的目的。

(四)落款

写明撰写经济活动分析报告的单位名称(有的还要标上作者姓名)和日期。署名可以在标题之下,也可以在文末落款处。

六、经济活动分析报告的写作要求

1. 观点要明确

成绩是什么,缺点是什么,都要明白准确,一针见血。要站在经济理论和政策的高度上,旗帜鲜明,是非清楚。

2. 原因要准确

对成绩或缺点的原因的分析要准确,合情合理,实事求是,以便扬长避短,兴利除弊,改进工作。

3. 建议要可行

建议要符合实际,切实可行。某些重要问题,还要经过可行性研究,以保证建议取得实效。

4. 文字要简练

分析报告要抓住关键,突出中心,详略得当,文字简练,图表简明易懂,使人一目了然。

例文 1:

农村信用社改革的成功探索
——江阴市农村商业银行运营情况初析
2003 年 1 月

江阴市农村商业银行是去年底在农村信用联社基础上组建起来的股份制商业银行,作为全国第一批农村信用社改革试点单位,半年多来的运营情况是许多金融界人士所关心并迫切希望了解的。近日,我们对该行的运营和发展情况进行了调查。

一、组建农村商业银行是经济发达地区农村信用社改革的较好模式

1. 农村商业银行的成立为农村信用社的业务发展创造了有利条件

农村商业银行的成立使原来农村信用社的形象迅速提升,业务迅猛发展。江阴市农村商业银行于 2001 年 12 月 6 日正式挂牌运营,半年多来各项业务得到了长足发展,多项经营指标创出了历史最好水平。至今年 6 月末存款总额达 70.8 亿元,比年初增 9.6 亿元,增幅为 15.7%,各项贷款达 42.3 亿元,比年初增 6.9 亿元,增幅为 19.5%,存贷款增长幅度大大高于农村信用社历年的增长情况。与此同时,贷款结构进一步优化,信贷资产质量明显提高,不良贷款绝对额比年初减少 1.3 亿元,不良率下降了 7.2 个百分点,上半年实际实现利润 5000 多万元。所有这些良好业绩的取得同改制成农村商业银行后社会形象的改善。社会知名度的提高、地方政府的支持、市场竞争能力的增强有着直接的关系。

2.初步建立起了现代金融企业制度框架

根据人民银行总行对农村商业银行组建的要求,资本金1亿元全部向民营企业和自然人募集,建立了股东大会、董事会、监事会制度,股东大会是农村商业银行的最高权力机构,董事会向股东大会负责,行长由董事会聘任,并实行了董事长和行长分设,初步形成了现代金融企业法人治理结构的框架。半年多的实践证明,董事会的决策作用和工作情况是原农村信用社理事会所无法比拟的,半年多来共召开了四次董事会,对农村商业银行的经营目标、工作计划、重大决策等进行了认真研究,充分讨论,慎重决策。成为小股东的银行职工对银行的管理、发展也表现了前所未有的关心,工作热情、工作主动性、责任感明显增强,几乎人人参与了提改革建议,主人翁意识大大增强。

3.金融竞争实力和竞争意识增强

江阴市的经济主要以乡镇工业企业为主,经过改革开放二十多年来的快速发展,已形成了一批具有相当规模的重点骨干企业。销售额超亿元企业有80多家,其中有10多家企业销售额超过了10亿元。过去农村信用社在企业发展起步初始阶段给予了乡镇企业大力的支持,但随着这些企业的迅速壮大,信用社由于规模小、资金实力弱,已无法满足企业发展对融资、开证、票据、结算等多方面的金融服务需求。成立农村商业银行后资金实力大大增强,服务手段多样化,非常有利于在经济发达地区农村金融机构在新一轮经济发展中发挥作用。与此同时,农村商业银行并未放弃对广大农民和农业的支持,江阴市农业仅占国内生产总值的4%,但农商行发挥了网点多、联系面广、同农民关系密切的优势,在支持全市农业产业结构调整,为创办特色农副业、出口创汇农业和生态农业方面发挥作用,上半年农户贷款余额达到了4.2亿元,增长15.5%,对农户创办的民营中小型企业支持力度也大大加强,6月末对中小企业贷款增加了2.7亿元,余额达22.4亿元,对个体工商户贷款增加1.06亿元,余额达6亿元。农村商业银行竞争实力迅速增强,在国有商业银行、股份制商业银行普遍将贷款向重点大企业集中的时候,农商行发挥自身的优势,加大了对中小企业、个体工商业和农业的支持力度,同其有信贷关系的企业达到3200多户,占全市贷款企业总数的一半以上。在金融竞争日趋激烈的形势下,充分发挥自身的优势,在竞争中定准了自己的位子,发展潜力很大,上半年,其资金实力增长速度列全市各家银行之首;存、贷款总额已超过市内其他8家商业银行。

4.加速压降不良资产,不断拓展服务领域

由于历史原因,江阴市农村信用社资产质量状况较差,近几年每年均有所下降,但由于各信用社独立核算,各社间经营效益差异很大,全市有近三分之一的社常年处于亏损状态,解决这个历史包袱成效不明显,且少数信用社亏损数额巨大,扭亏难度很大,经营风险很高。在江阴市农村商业银行组建时,通过对原农村信用社的清产核资,确认了不良贷款笔数和数额,提足了呆帐准备金。与此同时,调动全行力量加大了对不良贷款的清收力度,今年上半年盘活、清收、核销不良贷款达1.93亿元,不良率下降了7个百分点。农村商业银行的成立也为其开拓金融业务提供了条件,在人民银行支持下,该行已先后开办了外汇业务、银行承兑汇票业务。代理直通IP卡业务,银联卡业务也已进入实施阶段。利用其新兴民营银行的品牌和知名度,该行与美国花旗银行上海分行达

成协议,使用花旗银行的国际电子银行美元汇付系统,从而使该行的外汇汇兑服务水平,处于全市领先地位。江阴市农村商业银行还利用其作为地方性商业银行同地方政府关系密切和网点多,分布面广的有利条件,大力开展各种代理业务和中介服务,努力扩大收益渠道,提高其金融服务能力和质量。

5.增强了对职工的培养、调度、使用,初步建立了人才竞争和激励机制

金融业的改革,其核心就是要最大限度地调动起职工的积极性,吸引和留住优秀人才,并激发其工作热情和创造精神,让金融企业充满竞争的活力。向社会提供优质的金融服务,发挥其合理配置资源的中介职能,实现经济的良性、快速发展。江阴市农村商业银行在董事会领导下,抓住改革契机,合理调度、使用经营管理人才,以较大的力度调整了支行级干部,其调整支行行长、副行长、主办会计人数达67人。实行能者上、庸者下,使银行各级的管理能力得到了加强,劳动组合进一步优化,工作效率不断提高。

同时加强在职员工的培训,同南京大学协作,办了金融专业学历函授班;加强了人才引进工作,在吸纳一般管理和操作人才的同时,还准备聘请高级金融管理人才担任行长、副行长职务。在人员任用上,打破大锅饭,实行聘任制、合同制,竞争上岗、优胜劣汰,增强了员工的危机意识和责任心。在收入分配上,增强以效益为中心的成本意识和风险意识,强化竞争、激励机制,拉大分配差距,以此来推动农村商业银行不断强化内部管理,提高员工的素质,实现由农村信用社向现代商业银行的转变。

二、农村商业银行运行中急需解决的几个问题

1.法人治理结构需要进一步完善

在形式上农村商业银行建立了股东大会、董事会、监事会等制度,实现了董事长同行长的分设,对其加强经营管理产生了重大作用,但由于长期以来传统管理模式的影响,"三会"的作用还未完全发挥到位,在实践和履行各自的作用和职责方面,做得还不够,尤其是监事会的作用不够明显。经营权力和责任的承担主体还未真正明确,地方政府对其主要管理人员的人选,经营中重大问题的决策有着重大的影响力,由于董事会成员中相当成员本身持股较少,经营决策还不能充分体现股东利益,在日常经营管理中董事长和行长的职责不清,容易产生多头领导而降低管理效率,对行长等经营管理人员业绩优劣也缺少激励或惩罚机制。信用社的牌子换成了股份制银行,但经营管理体制,管理层人员的经营意识和内部运行机制要达到现代金融企业的要求,还需要经历一段较长时间的磨合。

2.不良资产占比过高,历史包袱过重,需要较长的化解过程

1995年农村信用社与农业银行分设时,承担了大量绕规模、飞过海、乱拆借、乱担保等违规经营造成的不良资产,当时,不少农村信用社存、贷比例倒挂,亏损严重,已濒临倒闭边缘。尽管在前几年通过努力使不良资款总额和占比均有降压,但至去年底组建农村商业银行时仍比较高,今年上半年加大了清收和核销力度,但农村商业银行不享受国有商业银行的剥离政策,要靠自身的积累逐步压降消化,任务非常艰巨,在清收过程中获得的大量抵贷资产,处置难度大,在变现过程中损失严重。不良资产占比过高,是农村商业银行经营中的最大风险,也是制约农村商业银行健康快速发展的重要障碍。

3. 资金成本较高和结算手段的制约，影响了农村商业银行的盈利能力

储蓄存款是农村商业银行吸收资金的主要来源，占其总存款的60％以上，是全市各家商业银行中占比最高的，其中以定期储蓄存款为主。存款比较稳定但资金成本相对较高，江阴市经济比较发达，社会信用环境也比较好，当地和外地的商业银行竞相下浮利率向一些重点骨干企业放贷，农商行只能利用其人员多、网点广的特点，将目标转向中小企业、个体、民营企业，这些企业实力小，产品竞争力低，受市场变化影响大，银行贷款额度小，次数多，风险大，经营成本高。农村商业银行的跨地区结算需依靠其他大银行，汇票保证金要全额移存，其重要客户的资料也不可避免地要泄漏给其他行，在商业竞争中处于不利地位，同时也影响了农商行自身的盈利能力。

4. 员工整体素质与现代商业银行的要求相比还有较大差距

原农村信用社职工的整体素质相对较差，农、社分设时具备大专以上学历者仅30人，占职工总数的3.4％，具备计算机、外语等专业特长的人才很少，管理人员的创新和管理能力相对较弱，高素质决策人才和金融高级管理人才的缺乏，影响了农村商业银行向现代商业银行转化，而高素质专业技术人才的缺乏也影响了农村商业银行市场竞争力和业务开拓能力的提高。由于社会上对原农村信用社老印象的影响，也由于农村商业银行的经营范围、经营对象基本上都处于农村，在同其他商业银行争夺人才方面，农村商业银行不具备优势。

三、必须加大对农村商业银行指导、扶持、监管和服务力度，促使其健康、快速发展

在经济较发达地区将农村信用社改组为农村商业银行，对支持地方经济发展，化解信用社自身风险，促进商业银行的改革和竞争，都是一种较好的选择，但由于历史形成的包袱和农村商业银行规模小，抗风险能力差，其自身又有一些难以克服的弱点，所以必须对其进行指导、扶持、强化监管和服务，才能促进其健康、快速成长。

1. 加强理论研究和指导

农村商业银行作为农村信用社改革的一种新思路、新探索，目前尚无一套成熟、完整的理论来指导、规范它的发展，因此，当务之急是不断总结其实践经验，加强理论研究，形成较完整的适合农村商业银行实际的运营。管理理论体系，以此来规范和指导农村商业银行发展。

2. 政府应给予农村商业银行一定的优惠政策，帮助其尽快丢掉历史包袱

农村信用社在长期发展过程中承担了部分政策性贷款，另外也由于少数管理人员的违规经营，造成了较多的不良贷款，而它又不可能像国有商业银行一样实施剥离，只能依靠本身的努力来逐步化解。政府应采取减免营业税、所得税。提足呆帐准备金等优惠政策来帮助其尽快解决这个问题。否则，农村商业银行在同其他商业银行展开竞争时很难轻装上阵。笔者建议农村商业银行的营业税在其资产不良率未达7％以下时，可给予只收2％或3％的优惠，待其将资产不良率压降到一定程度（7％以下）时再取消优惠政策。商业银行追求利润最大化是其主要的经营目标，而目前为支持农村和农业的发展，农村商业银行仍担负着部分政策性业务，对此政府应给予适当的补偿。

3. 人民银行应加强对农村商业银行的监管和服务，预防金融风险的产生

农村商业银行是独立法人金融机构，规模小，抗风险能力弱，为保护存款人的利大，

人民银行应认真做好监管工作。首先是资本充足率监管,要通过增资扩股和增强盈利能力不断充实资本实力,要确保其资本充足率不低于 8％;其次是加强对农村商业银行不良贷款的监管,督促其完善内控制度,防止新的不良贷款和金融案件的产生,同时大力压降不良资产总额和占比,降低经营风险,试行存款保险制度,最大限度地维护存款安全。再次要严格监督其业务经营的合法性、合规性,防止违法违规情况的发生。与此同时要积极支持农村商业银行发展业务,扩大市场份额实现利润最大化。人民银行要加强金融服务,帮助农村商业银行克服结算不畅、业务面窄等问题,目前农村商业银以的业务范围是严格限制在行政辖区内的,为拓展其业务发展空间,在一定条件下,应逐步允许其跨地区经营,以利于根据农村商业银行自身的特点和优势向周边地区渗透发展。

任务六　市场预测报告

一、市场预测报告的概念

市场预测报告是运用科学的方法对市场趋势作出正确预测的一种经济应用文。市场预测是一门关于市场需求变化动态的科学,是现代经济信息科学的重要组成部分。它是由已知推论未知,利用市场规律对市场前景进行推断,对未来市场的发展趋势作出科学、正确预测的一种手段。将对市场预测的结果用书面文字表达出来,就是市场预测报告。

二、市场预测报告的特点

市场预测报告具有科学性、经济性和预见性的特点。

1. 科学性

市场预测报告一般分为定性分析预测报告和定量分析报告。前者是对未来市场发展性质的预测,靠预测者的经验和综合分析能力即能完成。后者是对未来市场发展程度和数量的预测,需要根据历史和现实的资料或数据,按照一定的统计方法或数学模型进行分析研究,具有很强的科学性。绝大多数市场预测报告属于定量分析预测报告。

2. 市场性

一般预测报告的应用范围很广,几乎无论什么领域都能调查预测,写出报告,内容当然就更复杂了。而市场预测报告只限于市场,对影响市场发展趋势的因素进行调查研究,分析预测。

3. 预见性

市场预测报告的重点是反映未来,透过历史和现状发现市场发展的趋势或前景。未来总是在过去和现在的基础上向前发展的,要努力找出影响发展的各种因素,作出准确的预测。

三、市场预测报告的分类

1. 按预测的范围,可分为宏观预测报告和微观预测报告。前者是指对某一类商品在国际国内市场上的发展变化、供需动态的预测,如汽车行业的发展趋势。后者是指对某一种商品的预测,如汽车中轿车产供销趋势等。

2. 按预测的内容,可分为生产资料市场预测报告和生活资料市场预测报告。如钢材、水泥、化肥等属于生产资料,对它们进行预测作出的报告称生产资料生产预测报告;如食品、粮食、衣物等属于生活资料,对其进行预测作出的报告称为生活资料市场预测报告。

3. 按预测的方法,可分为定性预测和定量预测。

4. 按预测的时间,可分为短期预测、中期预测、长期预测。

四、市场预测的方法

从大的方面讲,预测方法可分为定性预测法和定量预测法。两相比较,定性预测法具有主观、直观的特点,适合复杂而综合程度高、难以量化的事物的预测;定量预测法则具有抽象、缜密的特点,由于其需要充足的数据和复杂的计算,适合于对变化有规则、可量化、精度要求高的事物的预测。

定性预测法里又有多种预测方法:

1. 购买意向调查法。又叫"顾客意见法",就是预测者直接了解顾客或可能顾客的看法,征求其意见并从中得出结论的方法。

2. 企业内部评估法。即根据企业内部有关人员如业务员、经理等人的意见、判断,进行评估,汇总得出相关结论的一种方法。有人又称为"业务人员估计法"、"企业人员意见法"等。

3. 德尔菲法。这种方法就是向一定数量的专家寄送有关材料和调查表,反复征询专家意见,逐步得出一致和统一预测结果。由于参与者大都是极具权威性的专家,因此又称为"专家意见法"。

定量预测法也称为统计分析法、数学预测法。它是运用数学方法对市场未来发展趋势进行统计、分析和计算,其中也有多种方法,如概率预测法、模拟预测法、因果分析法等。

每种方法都有优点也各有不足,因此,一般情况下多种方法结合使用,互为补充,这样就能比较准确地预测出预测对象发展变化的趋势。

五、市场预测报告的基本写法

市场预测报告从结构上看,包括标题、正文、落款三部分。

(一)标题

市场预测报告的标题,一般由预测时限、预测范围、预测对象、预测内容等项加上文种组成。如《2005年春夏服装流行趋势》、《市2005年农机产品发展预测》。也可采用正、副式标题,正标题概括预测的主要内容、主旨等,副标题说明预测的时限、对象等,如《柳暗花明又一村——2004年国家家用电器市场销售预测》。

(二)正文

一般包括概况、预测、建议三部分。

1. 概况

概况是预测的基础。主要利用资料和数据,对市场的现状和历史作简要的说明。在具体写法上可以灵活多样,可写基本情况和有关问题,由远及近地逐层交代;可分产、销,依次叙述;也可从各方面概括特点,反映趋势;还可以在开头部分把预测结果开门见山地揭示出来。

2. 预测

预测是报告的核心。它集中反映预测的结果、过程和结论,是最有价值的部分。它通过对历史和现实的情况与数据,运用科学的方法进行分析和计算。但是在报告的字面上并不表述分析、计算的过程,往往只把分析、计算的结果或结论,用文字表述在报告里。

3. 建议

建议是预测部分的合理延伸,是预测报告的落脚点。其目的在于剔除市场发展中的不确定因素,利用有利因素,提出切合实际的建议和设想。建议和设想要有针对性,措施要可行,以便有关部门采纳,发挥预测报告的作用。

(三)落款

写明撰写预测报告的单位或个人及年、月、日。

以上说的是比较规范的市场预测报告的基本写法。但在实际写作中,往往有所侧重或省略。有的无概况部分;有的把历史回顾和现状写得很简略,或者干脆不写,只把预测结果告诉人们;有的不写建议。但是无论哪种写法,预测部分是不可缺少的。因为它是文章的核心和灵魂。

六、市场预测报告的写作要求

市场预测报告的生命在于准确性,然而达到百分之百的准确又是很难的,因此就要尽量提高精确度,做好以下几方面的工作:

1. 要确保原始数据资料的完整性和可靠性

这是对预测提出的必须保证的要求。没有、可靠的数据和资料,预测是不可能进行的。

2. 要合理地选择预测的期限

要根据预测对象和目标,合理地选择预测的期限。一般说来,预测期限愈短,其结果愈精确。中、长期预测,应充分考虑到偶然变动因素的发生。

3. 要实事求是,不能文过饰非

这是针对报告撰写提出的要求。不论预测结果好坏,都要如实反映,实事求是,不可弄虚作假。预测的结果往往出乎某些人或撰写者自己的想象,这就要有求实精神,准确无误地反映出预测的真实结果。

4. 讲究时效,尽量超前

预测报告,作为制定计划进行决策的前提,必须及时,尽量超前作出报告,否则预测报告就没有太大的意义了。

例文1:

2008 年生猪市场预测及应对预案

2007 年全国生猪市场经历了历史上价格上涨速度最快、幅度最大的涨价。尤其是 5 月份以后,全国各地活猪价格屡创新高,不仅带动养殖盈利水平不断上升,而且由于生猪短缺,导致禽蛋、禽肉、牛羊肉、蔬菜等需求增加,从而带动了整个食品体系的价格上涨。CPI 指数屡创新高,给宏观经济的运行带来了巨大压力。

随着猪价上涨带来的影响逐步扩大,经济学界、各大媒体甚至整个社会都将关注的目光转向养猪业。国务院、农业部、商务部、财政部等有关部门纷纷出台包括"补贴、保险、贷款"等各个方面的政策措施,推动养猪生产,希望通过宏观调控平抑居高不下的猪价,然而猪价仍保持高位运行。

在政策和市场的双重影响下,2007 年母猪存栏快速恢复,母猪存栏的拐点在 2007 年 5 月份前后,但由于 5 月份开始的猪价狂飙导致价格屡创新高,以及政策的极大支持,使得农户养殖的积极性快速增强。因此,母猪存栏增长速度比生猪存栏增长速度快,幅度大。2007 年下半年母猪的补栏将为判断 2008 年甚至 2009 年生猪存栏结构的变化提供重要参考。

母猪存栏变化预测:后市生猪存栏的变化形势直接受前期母猪的补栏情况影响。从补充后备母猪到母猪所产第一窝猪育肥上市,至少需要 4 个月体成熟+妊娠期 114 天+150 天出栏,共 12 个多月的时间。因此,2008 年生猪存栏的变化主要取决于 2007 年母猪的补栏、存栏变化情况。

根据对母猪、生猪补栏积极性及存栏结构变化的分析验证,母猪存栏的最低谷、拐点在 2007 年的 5~8 月份,最低点母猪存栏水平远低于正常水平。5 月份过后,母猪补栏积极开始快速恢复,但由于前期母猪存栏下降幅度较大,2007 年底母猪存栏虽有恢复,但恢复至正常水平仍需一定时间。假如母猪补栏保持 2007 年底的势头,预计母猪存栏量将在 2008 年 5 月份前后恢复至正常水平。

其原因主要有:

一、社会经济的快速发展,使得外出打工与养猪相比更具有诱惑力。目前,超高盈利下仅有不到 30% 的散养户重新回来养猪,已经充分说明了这一点。这与过去相比,补栏增加的根本动力减少了许多。

二、外界投资更加理性。2005 年猪价高峰时,大量的外界资本进入养猪业,但经过了 2006 年上半年的亏损和病疫之后,"前车之鉴"使得愿意投资养猪的外界资本减少。

三、现有规模养殖户(场)扩大规模较为谨慎,而散养户退出所留下的空缺,恰恰需要规模养殖户(场)来补,这就使得补栏需经历一个漫长的过程。

生猪存栏变化预测：通过母猪存栏的变化分析，既然母猪存栏的拐点在 2007 年的 5～8 月份，那么根据生产周期推算，2008 年 5～8 月份前，生猪的供应都难以有实质性的增长。2008 年下半年生猪供应将会有一定幅度的增加，但由于母猪存栏预计 2008 年 5 月份才能达到正常水平，那么生猪供应的"饱和状态"预计应该在 2009 年初之后才会出现。

生猪需求形势预测：由于 2008 年上半年生猪的供应很难有实质性的增长，那么这期间猪肉的需求达到全年的最高峰，较 2007 年 8 月份增加 1/3，而生猪供应很难增加。因此，2008 年一二月份，各省"抢猪"的现象普遍增多，猪价创新高。广东部分地区活猪收购价 18 元/千克的价位就说明了这一点。

2008 年春节过后，需求的回落有效缓解了生猪供应压力，猪价开始逐渐回落。但由于 2008 年 6 月份前生猪存栏难有实质性的增长，而多数地区蔬菜、水果等农产品并未到上市时间，因此，需求回落幅度有限，猪价仍保持在一定的高位震荡。

2008 年五六月份前后全国各地进入夏季，大量农产品开始上市，同时，前期的母猪补栏将在此时首次反映到生猪出栏上，供应将开始有较大的增加，猪价将保持下降势头。

2008 年 9 月份前后，生猪出栏的持续增加将同时迎来需求的反弹，此时供应和需求的博弈结果将继续显示为"供应"决定价格，猪价在需求旺季持续回落。

2008 年底，随着春节的临近，供应和需求的博弈将呈现胶着的状态。猪价可能保持在较高价位震荡，距离均衡价位已经不远。

2009 年生猪的供球形势现在预测虽然为时尚早，但根据存栏的变化分析，预计 2009 年第二季度猪价有可能接近成本线。2007 年下半年开始的母猪大量补栏将真正反映到 2009 年的生猪市场，形势不容乐观。2006 年上半年的亏损在时隔 2007 年、2008 年两年多后，将再次面临考验，这同时也昭示新一轮的盈亏周期拉开了序幕。

此轮盈利周期自 2006 年 8 月份开始，至 2007 年 12 月份已历经 16 个月，最高峰在 2008 年 1 月份出现，此半个盈利期为 17 个月，由此保守估计，仅半个盈利期就有望突破 30 个月，2009 年上半年才有可能进入微利平衡期。当然，随着其他成本的上涨，正常区间有可能前移，微利在 2008 年底到来的可能性也存在。

应对预案 2008 年生猪市场预计还将以"红色"为主，根据"红色"警戒区预警应对方案，普通散养户不可盲目大量补栏，后市存在一定风险，生产的关键点在于控制成本及疫病。广大养殖户需谨慎扩栏，随时调整存栏结构，尤其需要控制好 2008 年底、2009 年初母猪的存栏数量。尽量避免亏损期到来前妊娠母猪、哺乳子猪、育肥猪存栏量过大，导致亏损期间损失过重。争取亏损期间存栏结构以后备母猪、再繁母猪为主，这样可最大限度地降低亏损期的损失，成功度过 2009 年的亏损期，迎来新一轮的盈利期。

××××公司

二〇××年十二月三十日

任务七　可行性研究报告

一、可行性研究报告的概念

可行性研究报告是对新开发项目或新开办企业进行可行性研究之后，呈报给有关领导部门或主管部门的表述其研究结果的文书。可行性研究工作是一种咨询事业，它是社会化大生产过程中专业化社会分工的产物。可行性研究所咨询的范围已经扩大到涉及国内和国外的经济经营、管理、金融、法律、财务会计、工程技术等专业领域。

可行性研究，专指在新项目开发或新企业开办决策之前，所做的技术、经济、社会因素的调查、研究、论证工作。在可行性研究报告撰写过程中，可行性研究是关键的一环。美国许多公司的设立费用90%以上都用在可行性研究上。可行性研究有法律条件及程序上的问题，也有技巧性问题，如项目的选择要考虑到是否为法律所允许，是否有发展前途，其生产能力是否具有市场竞争性，应该确定多大规模，等等。还要对难以预见的情况进行预测、分析，如国家金融、信贷政策，利率的变化，通货膨胀，物价变化，股票指数的变化等。

二、可行性研究报告的特点

1. 科学性
既指可行性报告的内容是在对历史、现实的客观存在进行实事求是的研究基础上写出的，又指其研究方法也是采用科学的、先进的现代管理技术和方法，而不是陈旧的经验主义的方法。

2. 可行性
即是可行性研究报告的结论意见，是在科学研究的基础上得出的，并且在现实条件下可以实行。可行性是可行性研究报告的主要特点。

3. 预测性
即是说可行性研究报告是在新开发项目或新开办企业尚未决定是否该上、该办的决策前提出的，是属于预测性的研究报告。它不仅是决策的重要前提，也是以后制定计划进行实施的直接指导。

三、可行性研究报告的作用

1. 为开发新项目或开办新企业的决策提供科学依据。
2. 为把新项目开发或新企业开办纳入国家计划提供充足的理由。
3. 为保证新项目开发或新企业开办的资金来源提供条件。简而言之，就是为新项目开发或新企业开办是否可行，是否有利，利有多少等提供预测性的理论根据，从而保证决策科学、正确、有效益。

四、可行性研究报告的种类

从研究人员情况看,有自我咨询可行性研究报告和委托咨询可行性研究报告。所谓自我咨询可行性研究报告,即由发起人组织本单位的专家进行研究写出的可行性研究报告;所谓委托咨询可行性研究报告,是指由发起人委托专业咨询公司、咨询部门进行研究写出的可行性研究报告。

从研究的对象看,可分为新项目开发可行性研究报告和新企业开办可行性研究报告。

从研究的专业领域看,可分为政治、经济、军事、文化、金融、司法、财会、工程技术等可行性研究报告。

五、可行性研究报告的基本写法

可行性研究报告的基本写法,从结构上看一般包括标题、正文、落款三部分。

(一)标题

一般有两种拟法:一是由开发的新项目(或新企业)名称和文种构成,如《组建中国汽车股份有限公司可行性研究报告》。二是公文式标题法,即由单位名称、事由、文种三部分组成,事由用一个"关于××的"介宾结构来表述,如《保定第二机床厂关于开发新产品 Y 系列电机壳流水线的可行性研究报告》。

(二)正文

正文大致包括七方面内容:

1. 自然情况

主要写明项目名称、项目主办单位及负责人、可行性研究工作单位和负责人及参加人员等。

2. 总体说明

主要包括:(1)可行性研究工作的动因和依据;(2)承办企业的概况;(3)可行性研究的结论;(4)存在的问题与建议。

3. 拟开发项目的基本情况

主要包括:新项目设计图样及其技术文件的来源;新项目的设计水平;调查预测新项目的市场前景;销售和价格预测分析;介绍并推荐生产经营规模方案;编制新项目生产经营计划等。

4. 生产经营技术和设备方案与有关的生产经营条件设计方案

主要包括:制造技术和设备方案,项目的各项生产经营条件和设施。

5. 新项目开发计划实施进度

主要包括:开发工作的具体实施步骤安排及实施进度表等。

6. 投资估算、资金筹措和产品成本估算

主要包括:(1)新开发项目总投资的估算;(2)资金筹措;(3)固定资产折旧预测;

(4)新项目生产经营成本估算;(5)固定成本和可变成本等。

7.经济评价

主要包括:数据的准备;经济评价;综合评述。

(三)落款

如果是自我咨询研究,落款为发起人的名称和时间;如果是委托咨询研究,落款为被委托咨询研究单位的名称和时间。

例文1:

森林公园老年公寓开发可行性研究报告

森林公园东邻天中大道,北邻练江路,交通位置便利。始建于1994年的森林公园,经过园林部门的全面规划,十年建设,如今已形成706亩林地和108亩水面,森林覆盖率达90%,仅乔木就有银杏、雪松、水杉等30多个品种,有效地改善了局部小气候,形成了良好的生态环境。经过市场调查和有关部门协商,根据森林公园的地理环境和森林资源,按有关方面的意见,在森林公园院内西北侧建设一个老年公寓,具有广泛的现实意义。开辟了第一个人和自然充分和谐的老年居住、养老场所。

第一章 项目立项社会背景

1.人口老龄化和老年人问题日益突出

在80年代末就已经步入老龄化社会,90年代以来,人口老龄化程度不断加剧,人口老化形势日益严峻,老年人口无论是在数量上还是在总人口中的比重都在不断提高。随着人口老龄化程度的加剧,老龄问题即老年人的需求问题和人口老龄化所带来的社会问题日益突出,对社会发展产生了不容忽视的影响。人口老龄化和老年人问题,是当前社会普遍关注的社会问题。人到老年,常有恐老、怕病、惧死的心态,加之家庭日趋小型化,青年人与父母交流少了,势必造成他们的落伍感,甚至发生心理问题。老人中差不多有三成的老人都存在着这样或那样的心理问题。因离退休的社会角色转变而产生的心理不适应现象,如出现焦虑、抑郁、孤独和失落感,整天愁眉苦脸,唉声叹气,夜不能眠;和子女远离后的空巢感以及代沟造成的隔阂等。老年人有固定的生活模式,其个性和行为方式已定型,容易看不惯变革中的一些现象,对后辈消费方式和价值观念常常不理解,以致喋喋不休或怨叹不已,影响家庭和睦与身心健康。因此,面对老龄化发展的趋势和老年人口的增多,必须未雨绸缪,关注老年人,关心老年人的生活质量,真正实现"老有所养、老有所医、老有所为、老有所学、老有所乐"。

2.建设老年公寓的必要性

目前老年人提及最多的问题是"生活有人照料",和"看病就医方便"。老年人对养老方式的选择近年来呈现出以下特点。在经济上要靠自己。子女随着工作生活节奏的加快及本人所受压力的加大,子女在赡养老人方面的表现在弱化。解决老年人的养老、就医看病的问题显得尤为迫切。现在越来越多的老人愿意自己设计自己的晚年生活,尊老敬老自古以来就是中华民族的一个传统美德,弘扬为老助老的时代风尚,本着敬老爱老的精神,以爱心照顾长老,诚意为长者提供一个舒适、宁静、受敬重而温馨的乐园。

建立一个老年居住、交流老有所用的公寓是大部分老年人的心愿。

森林公园老年公寓建成后,可是让老人们在这里享受到充足的护理、医疗、膳宿及康体的群体生活。定期为老年人进行身体健康检查,各种营养套餐搭配科学合理。在这里生活的老年人无病可以休养,有病可以得到医治,休闲时可以娱乐,康复时可以运动、游玩。在这种背景下,森林公园老年公寓选定了森林公园作为开发的重点,有着重要意义。

第二章 森林公园建立老年公寓的优势

1. 森林公园层林叠嶂、鸟语花香,环境相当静谧优雅

森林公园背山面水,视野开阔,自然景观独秀,气候宜人,是休闲、避暑的好去处,有天中"小天池"之称。林中有许多国家级保护树种,行走在树下,可看到小鸟在鸟巢中出出进进,经常见到的有白鹭、画眉、喜鹊、斑鸠等。每天早上,公园林区内各种鸟叫声此起彼伏,优美的声音在晨风中回荡,十分悦耳动听。如此丰富的生物资源,以其生态系统之完整性和原始性,将使人与自然和谐相处,回归大自然,返朴归真。森林公园中高大挺拔的树木,各种花草独特的芳香味,风掠林梢的林涛声,悦耳的鸟鸣声,潺潺的流水声,静谧的林中空地,令人陶醉的空气等,都有利于身心之健康。森林公园老年公寓及自然生态项目,其形式新颖,内容丰厚,方法可靠,前途广阔,是一项很有发展前途的事业。森林公园老年公寓的建成,可带动其他项目的发展,也促进其他相关行业的发展。

2. 驻马店森林公园虽然远离喧哗的市区,但是又不远离城市中心

目前驻马店森林公园是驻马店决无仅有的居住养老的地方,每逢节假日,儿女们可以到森林公园陪伴老人,和老人一起交流感情,让老人的余生在这里得到真正的幸福和欢乐,在生活上和精神上得到安慰。

第三章 投资估算及经济、社会效益和环境效益

1. 投资估算总投资700万元

2. 经济效益分析

2.1 生产成本估算

(1)职工工资

固定职工56人,人年均工资及福利8500元,年工资福利共计47.6万元。

(2)行政办公及燃料动力费50万元。

(3)维修费700万元×3‰=21万元

年均总成本118.6万元

2.2 年收入估算

按500个床位设计,按70%的入住率实际床位收入350个床位,每个老人入住按500元/月,实际年收入为500×12×350=210万元

2.3 资金回收

每年回收资金为210万元-118.6万元=91.4万元

700万元÷91.4万元/年=7.66年

需要7.66年可以收回投资成本。

3.社会效益

3.1 直接解决 56 人的就业问题,另外临时性工作还解决数十人。

3.2 带动了周围旅游景点的旅游发展。

3.3 建立驻马店第一个"森林老年公寓",在社会上会造成重大影响,提高的品味。

4.环境效益

森林老年公寓是建立自然生态系统,以自然景观为主体,融合区域人文、社会景观,居住在这里的老人通过与自然的交往,达到了解自然,回归自然的目的。使居住在这里的老人享受到自然生态所带来的好处,做到人与自然,和谐相处。

第四章　可行性研究结论

森林公园老年公寓项目实施的可行性,可从两个方面的材料来判断,一是旅游资源的丰富程度,基础设施具备的程度;二是市场测算和发展前途。森林公园老年公寓项目,按前面论述,开发这一项目是可行的,前途是远大的。

在投资方面,已制定了放宽政策改善投资环境的若干规定,按照"谁投资,谁受益"的原则,经营权归投资者所有,允许以出让经营权等形式回收投资。规定还在税收、土地使用等方面有优惠政策。可以肯定地说,森林公园老年公寓项目是可行的。

(数字中国网)

实训演练

一、填空题

1.企事业单位在未正式签订合作协议书或者合同书,一般是签订_____来初步落实双方的合作思路。

2.《民法通则》第 85 条规定:"_____是当事人之间设立、变更、终止民事关系的协议"。

3.在经济活动分析形式上,经济活动分析报告大致可以分为三类:综合分析报告、_____、简单分析报告。

4.市场预测报告一般具有的特点是科学性、经济性和_____。

5.按预测的内容,可分为生产资料市场预测报告和_____。如果某化肥公司针对化肥市场的动态走向做出了市场预测报告则是属于_____类别的报告。

二、名词解释题

1.意向书

2.协议书

3.市场预测报告

三、改错题

下面一则材料内容和格式都存在着一些不妥之处,请找出来并加以修改。

合作经营协议书

乙方:张三　　　　　　　　　　　甲方:北京碧水泉科技开发中心

甲乙双方在平等、自愿的原则下,就双方合作共同在 A 市、B 区县经营 LQ 污水再生利用设备,开发该地区污水处理市场一事,取得了一致意见,特签定本协议。

一、甲方经过长时间的研究开发出污水再生利用系列产品,对此,乙方表示完全认同,无任何异议。

二、乙方自愿参与甲方研发的污水再生利用设备系列产品的生产、经营并作为甲方下属的分支机构,甲方对此表示同意。

三、乙方的奖励提成必须由甲方给以安排,乙方不得有任何异议。

四、兑现方式项目合同签署后款到位,即付提供信息方应得报酬的 50%,第二批款到位后,将提供信息方 50% 的余款付清。

五、合作经营期满,本合同无条件再延续三年。双方在合作经营合同期间,如遇未尽事宜,以甲方的管理办法为准,乙方不准提出要求,也不得再签订补充协议。

六、本协议一式一份,由双方签订盖章后生效,由甲方保存。

乙方:张三　　　　　　　　　　　　　　　　甲方:北京碧水泉科技开发中心

十月一日　　　　　　　　　　　　　　　　　十月一日

参考答案

一、填空题

1.意向书

2.合同

3.专题分析报告

4.预见性

5.生活资料市场预测报告;生产资料市场预测报告

二、名词解释题

1.答:意向书是企事业或其他经济组织之间用来表达合作意图和目的的一种经济应用文。

2.答:协议书简称协议,是在公关活动中社会组织或个人之间就某一问题或某些事项进行协商所签订的具有法律效力的应用文。

3.答:市场预测报告是运用科学的方法对市场趋势作出正确预测的一种经济应用文。市场预测是一门关于市场需求变化动态的科学,是现代经济信息科学的重要组成部分。它是由已知推论未知,利用市场规律对市场前景进行推断,对未来市场的发展趋势作出科学、正确预测的一种手段。将对市场预测的结果用书面文字表达出来,就是市场预测报告。

三、改错题

答:协议书往往用于正式合同签订之前,是合同的“前导”,成为日后签订合同的基础。在实践中,有些协议书写得相当周密、严谨,已具备合同所应具备的条款,如果当事人双方不打算另签合同,那么该协议书就是一份“合同”。协议书的制定,在内容和程序上都应具有合法性,要经得起推敲。这份《合作经营协议书》在内容和格式上都有问题。

首先在内容方面的错误是：乙方是甲方的下属分支机构，表现在地位的不平等，第三、五、六条有些语句不妥，如第三条："乙方的奖励提成必须是甲方给以安排，乙方不得有任何异议。"

其次在格式上存在的不妥之处有：按照常规的写作顺序，"甲方：北京碧水泉科技开发中心"的位置应该在"乙方：张三"之上写，落款处也应先写甲方信息，之后再写乙方信息，即甲方在左侧位置，乙方在右侧位置。双方都要有签章，日期应补充"年"。再有就是协议书应该双方各执一份，乙方也应该有一份的。

修改之后：

<h2 style="text-align:center">合作经营协议书</h2>

甲方：北京碧水泉科技开发中心

乙方：张三

甲乙双方在平等、自愿的原则下，就双方合作共同在 A 市、B 区县经营 LQ 污水再生利用设备，开发该地区污水处理市场一事，取得了一致意见，特签定本协议。

一、甲方经过长时间的研究开发出污水再生利用系列产品，对此，乙方表示完全认同，无任何异议。

二、乙方自愿参与甲方研发的污水再生利用设备系列产品的生产、经营并作为甲方下属的分支机构，甲方对此表示同意。

三、经协商，乙方的奖励提成须由甲方给以安排，乙方没有任何异议。

四、兑现方式项目合同签署后款到位，即付提供信息方应得报酬的 50%，第二批款到位后，将提供信息方 50% 的余款付清。

五、合作经营期满，在双方没有异议的前提下，本合同无条件再延续三年。双方在合作经营合同期间，如遇未尽事宜，甲乙双方协商解决。

六、本协议一式二份，由双方签订盖章后生效，甲、乙双方各执一份。

甲方：北京碧水泉科技开发中心（签章）　　　　乙方：张三（签章）
二〇××年十月一日　　　　　　　　　　　　二〇××年十月一日

项目七　科技类应用文写作

学习目标

1. 掌握科技类应用文的概念,理解科技类应用文的特点和写作要求。
2. 重点掌握毕业论文、实习报告和申论的概念和写法。
3. 了解学术论文的概念、特点、类型、格式和写作要求。

情景导入

　　随着社会的不断发展,科技类应用文的写作日益受到人们的重视。大学生、研究生毕业论文的写作,专业技术人员撰写的学术论文,报考公务员所写的申论,均属于科技类应用文。其应用范围逐步扩大,使用频率越来越高。对社会发展、科技进步起着重要的作用。科技类应用文写作能力是创新性人才的必备素质之一。就大学生而言,实习报告、毕业设计、毕业论文的撰写,不仅能够更深入、系统地掌握所学专业知识,培养尊重科学、追求真理的价值观,而且也是提高科研能力和综合素质的有效手段。某职业技术学院管理系旅游专业 11 级学生即将于 2014 年 6 月底毕业,系里要求每位学生必须在 4 月底前完成自己的毕业论文。选题要尽量围绕自己的专业和特长,同时结合实习过程的相关内容。假如你是其中一员,将如何根据自身的情况选择毕业论文的题目?如何设计毕业论文的写作提纲?

知识清点

任务一　科技类应用文概述

一、科技类应用文的概念

　　科技类应用文是随着现代科学技术的发展而逐步兴起的一种文体,是以科学技术现象、科学技术活动及其成果为表述对象的一种专业写作,是人们为实现科学技术信息生产、储存、交流传播和普及的需要而写作的文章。它是将科学技术知识和科学研究成果记录下来,使之得以长久保存和广泛流传。

二、科技类应用文的特点

科技类应用文作为记录科研成果、传达交流科研信息的载体,其主要特点如下。

1. 科学性

科技类应用文写作本身是对科学现象的探求,对科研成果的表述,科技应用文要反映一定的科学技术,这是区别于其他文种的最主要特点。

2. 专业性

各类科技应用文,都有着明确的读者对象和具体的专业范围。这是科技类应用文的一个显著特点。

3. 创造性

科技类应用文必须具有创造性,因为它是以科学技术现象、科学技术活动及其成果为表述对象的一种专业写作。

4. 规范性

在文面和行文格式上,大部分科技类应用文是固定不变的,具有约定俗成的规范性。写作时就要严格按照要求进行。

5. 表述性

科技类应用文主要是记录科学技术知识和科学研究成果,其表达方式主要以说明、叙述、议论为主,把事理阐述清楚也就达到了目的。

6. 可读性

科技类应用文同其他文章一样具有可读性。表现为行文有条有理,用语简明精当,讲究修辞手法,文字生动活泼。

三、科技类应用文的种类

科技类应用文种类大致可分为下面几类。

1. 科研论文

科研论文包括科学技术专著、报刊自然科学或社会科学论文、毕业论文、学位论文,各学科的教材、讲义等。

2. 科技报告

科技报告包括科技实验报告、科学研究报告、技术研究报告、科技综合报告等。

3. 科技应用文

科技应用文主要包括文摘、题录、综述、述评、动态、快报、年鉴、手册等。

四、科技类应用文的写作要求

科技类应用文都以实用价值为目的,其实用性不言而喻。其写作以严谨、求实为根本。写作中应遵循如下要求。

1. 科学性

科技工作本身具有严密的科学性,所使用的材料必须真实可靠,采用的方法必须科学、辩证,得出的结论必须揭示事物的本质和规律,因此具有严密的科学性是科技类应用文最基本的特点。

2. 规范性

科技类应用文在长期的使用过程中逐渐形成了比较稳定的格式要求。有些文种有关部门还规定了统一的格式,如技术鉴定书、发明申请书、专利文件等,文章格式的规范使不同的文种清晰醒目,便于阅读、写作、承办和归卷等,便于处理事务,提高工作效率。

3. 准确性

在长期的工作实践中,获得了科研成果,如何用语言表述得正确、准确,语言简明,是一个非常重要的问题。要以能恰如其分地反映研究的深度和广度为宜。即使是最基本的论文题目,能否准确地标明内容,也会影响到对文献的检索。

任务二 学术论文

一、学术论文的概念

学术论文是指某一学术课题在实验性、理论性或观测性上具有新的科学研究成果或创新见解和知识的科学记录;或是某种已知原理应用于实际中取得新进展的科学总结,用以提供学术会议上宣读、交流或讨论,或在学术刊物上发表,或作其他用途的书面资料。

学术论文的写作是非常重要的,它是衡量一个人学术水平和科研能力的重要标志。在学术论文撰写中,选题与选材是头等重要的问题。一篇学术论文的价值关键并不只在写作的技巧,也要注意研究工作本身。

学术论文还是最基本、最重要的科学研究与学术交流的载体之一。它要求论文的作者站在相当的理论高度审视和分析具有较高价值的学术问题,并做进一步的阐述;在与人交流的时候,也需要作者在表现形式方面增强准确性和逻辑性。

二、学术论文的特点

学术论文应具备以下四个特点:

1. 科学性

学术论文的科学性,要求作者在立论上不得带有个人好恶的偏见,不得主观臆造,必须切实地从客观实际出发,从中引出符合实际的结论。在论据上,应尽可能多地占有资料,以最充分的、确凿有力的论据作为立论的依据。在论证时,必须经过周密的思考,进行严谨的论证。

2. 理论性

形式上学术论文是属于议论文的,但与一般议论文有所不同,它必须是有自己的理论系统的,不能只是材料的罗列,应对大量的事实、材料进行整合分析和研究,使感性认识上升到理性认识。一般来说,学术论文具有论证色彩,或具有论辩色彩。论文的内容必须符合历史唯物主义和唯物辩证法，符合"实事求是"、"既分析又综合"的科学研究方法。

3. 创造性

科学研究是对新知识的探求。创造性是科学研究的生命。学术论文的创造性在于作者要有自己独到的见解，能提出新的观点、新的理论。这是因为科学的本性就是"革命的和非正统的"，没有创造性，学术论文就没有科学价值。

4. 平易性

指的是要用通俗易懂的语言表述科学道理，不仅要做到文从字顺，而且要准确、鲜明、和谐、力求生动。

三、学术论文的类型

学术论文按不同的标准划分，存在着各种不同的类型。

按学科性质功能，可分为：社会科学论文和自然科学论文。社会科学论文主要包括：哲学、文学、历史学、社会学、政治学、语言学、法学等；自然科学论文主要包括：生物、地质、农学、物理、化学等。

按学术论文的性质功能，学术论文可分为：

1. 论说性论文，即用大量的事实、数据和材料，正面阐述，以证明自己的观点。考证性文章归入此类。

2. 综述性论文，即对某一时期某一学科领域的研究进展情况加以概括总结，分析现状，指出问题，并明确发展方向和趋势。

3. 评论性论文，即对某一学术成果、期刊论文或专著的内容进行估价、鉴定、指出其成就，分析其价值挑明其中的问题与不足。

4. 驳论性论文，即反驳对方的观点，提出自己不同的见解。

四、学术论文的格式和要求

学术论文由前置部分、主体部分构成。前置部分包括标题、作者、摘要、关键词，主题部分包括前言、正文、结论，参考文献。

1. 标题

标题：是以最确切、最简明的词语反映论文中最重要的特定内容的逻辑组合。标题所用的每一个词语必须考虑到有助于选择关键词和编制题录、索引等二次文献可以提供检索的特定实用信息；应该避免使用不常见的、不规范化的缩略词、首字母缩写词、字符、代号和公式等；一般不超过 20 个字，外文题目一般不宜超过 10 个实词。如标题语意未尽，可用副标题补充说明论文中的特定内容。标题在论文中不同部分出现时，应完全相同，但眉题可以节略。

一般说来，正题表达论文的中心论点，揭示论文的精神实质；副题表明论文的课题和范围。如一个标题能确切地表明论文的基本内容和主要论点，也不一定要有副标题。

论文标题特点：

(1)标题要概括论文内容,力求题文相符。

(2)标题要有创新性,能引人入胜。

(3)标题力求简练,扼要使读者一目了然,容易记住。

(4)标题可合理使用通用的缩略语,以压缩文题,避免冗长。

2. 摘要

摘要是学术论文的内容不加注释和评论的简短陈述。为了国际交流,多用英文摘要。

摘要的内容包含与论文同等量的主要信息,一般应陈述研究工作目的,试验方法、研究结果和最终结论等,而重点是结果、结论。

论文摘要应具有独立性、自含性,即不阅读论文全文也能获得论文中的必要信息。它有论点,有论据,有结论,是一篇完整的短文,可以独立使用、引用。它可供读者确定有无必要阅读全文,也可供文摘第二次文献采用。中文摘要一般不超过 300 字;外文摘要不宜超过 250 个实词。如遇特殊需要字数可以略多。写摘要不列举例证,不用图、表、化学结构式、非公用的符号和术语,也不作自我评价。摘要置于标题、作者之后与正文之前。

3. 关键词

关键词是为了文献标引工作从论文中精选出来用以表示全文主题内容信息款目的单词或术语。每篇论文选取 3—5 个词作为关键词,以显著的字符另起一行,排列在摘要的左下方。为了国际交流,应标注与中文对应的英文关键词。

论文的关键词是从标题、正文,摘要中挑选出来的,用以揭示或表达论文主题内容的特征,具有实质意义。关键词的选择方法一般是由作者在完成论文后,纵观全文,选出能表示论文主要内容和信息或词汇。

4. 引言

引言是论文的开头部分,其内容是主要说明研究工作的目的、范围、相关领域的前人工作和知识空白、理论基础和分析、研究设想、研究方法和实验设计、预期结果和实验等。引言文字尽量简练些,要有吸引力;最好不超好 1000 字,不少于 100 字,具有一定的分量能统领全文,起提纲挈领的作用。

摘要立足于已经实现的情况,尽量写得确凿些;引言可侧重于写预期的情况,力求扣紧主题,写出研究工作打算解决的问题和准备达到的目标。引言最忌谈一般性的选题背景。要以提出问题为核心组织材料,与正文分析问题、结论解决问题构成有机的整体。

5. 正文

学术论文的正文是核心部分、占主要篇幅。论文所体现的创作性成果和独到性见解在正文部分得到全面反映。力求论点鲜明,论据充分,论证有力,具有较强的逻辑性和说服力。

正文安排层次有直线推论和并列分论两种方法。直线推论是由一个层次引出另一个层次,含义一层深一层。这是纵深式结构。层次安排先后是不能更动的。反映事物过程的论文一般是按事物发展的先后阶段安排层次。如实验型论文。并列分论是将从属于基本论点的各分论点以同等的地位安排,各分论点之间是并列关系。这是横向式结构。层次安排先后有时可适当调整。如理论型论文。

论文的正文常常是用直线推论和并列分论相结合的方法安排层次的。有的正文用直线推论安排大层次,用并列分论安排小层次;有的正文用并列分论安排大层次,用直线分论安排小层次,纵横交织,构成正文的有机整体。

6. 结论

结论是论文全部内容的总结,而不是正文中各个层次的小结的简单重复,结论是全部材料出发,经过分析、综合而提炼出来的新的总观点、总见解。结论应陈述作者发现了什么规律、原理,解决了什么重要课题;对前人看法有哪些修正、补充、发展、证实或否定;还可指出论文研究的不是之处或尚未解决的问题、以及解决这些问题的可能的关键和方向。

7. 致谢

致谢一般是写在结论下一行空两格处,后再空两格写致谢的内容。致谢后面不标冒号。

8. 参考文献

参考文献应注明作者、书名题名、版本、出版者、出版年月等。

例文1:

论中国古代思想对现代企业管理的积极影响

张××

×××× 职业学院

【摘要】中国古代文化中体现出的管理思想,在当今全球一体化和国际化的浪潮中并未过时。从管理哲学的角度进行研究与探讨,将中国传统文化中的管理思想与现代的企业管理理论和方法结合,对现代的企业管理有一定的指导作用。

【关键词】古代思想   管理   现代企业

一、前言

纵观历史,中国古代已经拥有了有效的政府与组织的管理,追溯起来从夏朝开始至今已经有4000多年的历史。古代政府组织管理的理论与实践,经过时间与历史的考验,沉淀了很多有价值的东西可供现代人学习与借鉴。古人留给我们的不仅仅是文字,更重要的是理论和思想。众所周知,管理不是一种单纯的政治或经济行为,它是一定民族文化背景下的产物。作为维护封建主义制度的经济基础已消亡,但那些已溶于民族血液中的伦理道德、思维方式、心理形态有些仍将长期存在,传统的管理思想至今深深影响着当代企业的管理意识和行为。

二、古代管理思想对企业管理的积极影响

1."天地之性人为贵"、以人为本的思想

古代思想家认为:"天地之性人为贵"、"民为重,社稷次之,君为轻",宣扬的就是朴素的人本哲学思想。把人视为现代企业最为核心和宝贵的资源,重视"仁"与"义"在企业管理中的运用,通过实施人才战略、人性化管理和家庭式文化,努力发现、培养和发展一专多能的复合型人才,让企业成为员工生活与工作的希望之"家"。随着知识经济的极大发展,企业的经营管理在发生着深刻的变化,知识经济所倡导的人本主义管理,其政策的出发点和目标都在于"人",企业中"人"的地位不断提高。企业开始要求员工更广泛、更积极地投入企业运作,并通过员工不断的学习和自身能力素质的提高,来达到企业繁荣和发展的目标。这种模式正在为越来越多国家的企业所采纳。

2.人类社会协调的和谐发展观

《道德经》上说:"天地所以能长久者,以其不自生,故能长生。"说的是天地之所以长久,就在于能够让人生存,无私奉献。企业要协调、持续发展,也需要具备天地的"不自生"品德,希望能够为社会创造价值,为客户贡献能源,为股东谋取利益,为员工提供发展,并寻求这四方的和谐与平衡。尤其推崇"和谐"的企业发展观,认为和谐是一种稳定状态,是人类社会协调、持续发展的内在要求,也是中国传统文化的精髓,实现企业与社会、股东、客户与员工的和谐发展是现代企业最高的使命和追求。

3."为天地立心,为生民立极"的"入世精神"

古代思想在理论层面上表现为一种以伦理为支撑点的民族文化精神,表现为我国古代知识分子所具有的一种以天下为己任的强烈的社会责任感。所谓"先天下之忧而忧,后天下之乐而乐",及"为天地立心,为生民立极,为前圣继绝学,为万世开太平",都是这种精神的真实写照。古代中国文化是以人为中心的文化,是一种积极的"入世精神"文化,即积极关注社会现实并投身于改造社会现实的人生态度,提倡经世致用、兴邦论国。数千年来这种积极关注社会的"入世"精神不断延续和发展,影响着代代中国人。今天,中国新一代企业家,如海尔集团的"争当世界 500 强"的精神,长虹集团的"以产业报国、民族兴盛为己任"的理念,都是古代中国"兴邦治国"精神的继承和发展。

三、去其糟粕、取其精华,实现科学的企业管理

中国古代管理思想许多要素在现代企业管理中仍具有旺盛的生命力,其中包含着许多被国人认为不能违背的人生价值、处世态度、理念追求等等。中国古代管理思想已渗透、扎根于中华民族文化之身。世界上没有一个民族的管理思想能独霸历史的领先地位直到永远。当历史站在工业管理文明大门的时候,使人们越来越渴望用一种科学的管理思想和观念来解决当代经济发展中企业管理体制、结构、经营方式等各种新问题,中国传统的管理思想中的一些负面影响已成为我国现代企业管理现代化的障碍,革除它们是当代企业管理者当仁不让的历史责任。因此,只有通过对我国古代管理思想的解析、组合和选择,扬弃、革新其中陈旧、落后的部分,才能创造出新的适合中国特色的科学管理思想。

四、结语

究天人之际,察古今之变,明存亡之道,晓兴衰之理。中国五千年历史给予了我们不竭的管理思想宝库。"以铜为镜,可以正衣冠;以人为镜,可以明得失;以史为鉴,可以知兴替。"面对跨国集团的强势登陆和国际竞争的加剧,如何推进企业经营管理的现代化,保持企业良性持久发展,成为颇受学界和企业界共同关注的课题。古代管理思想作为精神价值上的一种导向性趋势,在企业经营领域的价值效应正在日益凸显。把现代

西方管理理念与古代中国管理思想有机结合起来,探索一条适合我国国情的现代企业经营管理之路,对于促进企业经营管理的现代化,具有不言而喻的重要意义。

参考文献:

[1]陈雪钧.中国古代管理思想对当今企业的启示[J].企业管理.2007.2

[2]张阳.传统管理谋略的探究与运用——海尔与华为的管理实践探索[J].理论学刊.2004.2

[3]刘华伟.儒家管理思想与现代企业管理[J].中外企业文化.2007.2

[4]李启光.中国古代管理思想的现实意义[J].文教资料.2007.6

例文2:

保密工作机制与能力建设浅谈

张××

××××　职业学院

【摘要】要通过综合运用多种技术、多项措施,逐步构建一个全方位、多层面的涉密信息综合防控体系。加强保密法制建设,即制定保密工作机制和组织法规制度的贯彻实施;贯彻落实“务必”,正确处理五个关系,用高科技武装保密工作,要切实加强保密领导干部的能力建设,是提高保密工作的有效方法。

【关键词】保密工作　机制　认识

当前,泄密问题屡禁不止、屡查屡犯的一个重要原因,就是面对泄密事件,有案不查、查而不究、究而不严的问题比较突出。在一些单位和部门,发生了泄密事件,不是积极查办、堵塞漏洞、消除隐患,而是忙于疏通关系、掩饰问题、大事化小。其结果是,泄密当事人逃避了查处,负有领导责任者躲过了追究,党和国家秘密的安全受到损害,党纪国法的严肃性和权威性受到损害,扭转这种局面,当务之急,必须加大查处力度,形成严密的责任追究体系。

一、保密工作机制

1.要健全查处工作机制。主要包括建立健全调查机制,明确保密工作部门对泄密事件的调查职责;建立健全协调机制,完善与检察、公安、安全机关协同配合办法;建立健全检查机制,做到保密检查与事件查处相结合;建立健全鉴定机制,做好对涉案材料的密级鉴定工作。

2.要健全查处工作程序。泄密事件查处关系到维护国家安全利益和有关责任人处理,关系到相关部门的协调配合,是一项政策性、法制性很强的工作,保密工作部门必须严格依法办事,以保证查处工作依法依纪进行。

3.要完善处分规定。改变现有保密法规和纪律劝导性规范多、强制性规范少的现状,体现严肃性和强制性。要及时出台新的管理办法。当前,特别是要针对计算机及移动存储介质违规使用的问题,制定严厉的处分规定。

4.要加大对泄密责任的追究力度。树立执法执纪必严、违法违纪必究的思想,对泄密事件坚决查处,对泄密责任人严肃处理。能否做到这一点,直接关系到保密工作部门的权威,更关系到保密法纪的权威。因此,查处泄密事件必须坚持一查到底的原则,对泄密责任要一追到底,绝不姑息迁就,绝不半途而废。贯彻落实"五个务必"正确处理五个关系。

二、要处理好五个关系

保密占线广大干部职工一定要从党和国家事业发展全局和战略的高度,充分认识窃密与反窃密斗争的严峻性、复杂性和长期性,进一步增强政治意识、大局意识、责任意识,切实采取有效措施,务必加强教育培训,务必加强技术防范,务必严格管理制度,务必加大查处力度,务必强化领导责任。贯彻落实"五个务必",不仅要抓好各项措施的落实,更要注重从整体上把握好推动保密工作发展的基本要求。具体来说,就是要处理好五个关系。

1.要处理好保密工作与党和国家中心工作的关系。保密工作部门必须紧紧围绕党和国家事业发展的大局来开展工作,按照深入学习贯彻科学发展观的要求,切实发挥促进经济发展的服务保障作用。

2.要处理好贯彻上级部署与从实际出发的关系。做好保密工作首要的就是认真贯彻落实中保委的部署要求。在此前提下,要坚持从实际出发,根据自身的工作能力和条件,努力寻求最科学的思路、最实际的措施、最管用的办法,最大限度的推动自身工作的全面发展。

3.处理好继承优良传统与坚持与时俱进的关系。在坚持好经验和好传统的同时,积极探索,锐意创新,转变观念,大胆尝试,深入研究新形势下保密工作的规律和特点,针对保密管理对象、方式等变化,在工作思路上有新突破、在管理方式上有新转变、在管理手段上有新创造,真正使保密工作在继承中得到发展。

4.处理好局部与整体的关系。必须强化保密工作大局意识,绝不能只为局部利益而牺牲整体利益。既要从自身实际出发,完成好本部门工作任务,又要围绕全局开展工作,不能只强调局部工作的特殊性和独立性而忽视全局工作的普遍性和整体性。

5.处理好当前与长远的关系。做好各项工作不可能一蹴而就,需要付出长期的艰苦努力,既要立足当前,集中力量解决一些制约工作发展的重点、难点问题,又要着眼长远,加强谋划,推动保密事业科学发展。

三、加强保密领导干部的能力建设

"务必强化领导责任","对不适合从事保密工人的干部要予以调离。"这从一个侧面告诉我们,要切实加强保密领导干部的能力建设。

1.把握方向能力。保密领导干部要准确把握国际国内大局,把保密工作放到国家安全与发展的大背景中去思考、去谋划、去推进,只有这样才可能找到保密工作的正确坐标。因此,对政策理解、把握和运用能力,是保密领导干部必备的首要素质。

2.依法行政能力。国家秘密从产生、使用、存储、流转到销毁,从定密、降密到解密,无不与法律息息相关。不懂法律、不会运用法律,仅凭老做法、老经验办事,已不能有效应对保密管理的新情况新问题。这要求保密领导干部带头履行保密行政执法职能,规范行政行为,提高行政执法水平。

3.统筹协调能力。保密工作涉及各地区各部门和多个领域,保密领导干部必须善于调动各种积极因素。如争取主要领导、分管领导支持；与公安、安全等部门通力合作，共享资源等。

4.开拓创新能力。当前，保密工作面临一些深层次、结构性问题，如信息公开与保密管理的协调问题，保密工作从内部管理向外部管理的转变问题，科学定密问题等，亟须解放思想，走出新路。保密领导干部一定要突破守业思想，克服畏难情绪，增强工作的主动性和创造性。

5.队伍建设能力。多年来，保密系统队伍建设滞后始终是困扰保密工作的一大难题。面对人员少、流动慢、年龄偏大、知识结构不合理等问题，如何带好队伍，增强队伍的凝聚力、战斗力，是各级保密领导干部必须解答的现实课题。

四、用高科技武装保密工作

改革开放以来，我国正步入信息化时代，各种信息技术广泛应用到社会生产生活当中，保密工作的重点已从保护国家秘密事项为主转变为保护国家秘密信息为主。从我国目前的科研整体能力看，在短期内很难摆脱关键基础技术受制于人的局面，但这并不意味着我们就束手无策。

1.我们应坚持已确立的"物理隔离"政策，避免来自外部的远程入侵。

2.必须着眼于国家秘密信息产生、存储、处理、传输直至销毁全过程中的关键环节，加强保密关键应用技术研发，研制技术先进、自主可控、安全实用的关键技术产品，进一步加大保密技术装备的推广应用力度，强制配备和使用，逐步扭转保密技术防护手段滞后于高技术窃密的被动局面。

3.保密能力的高低在一定程度上取决于对国家秘密信息的管控能力，在无处不在、传递便捷、隐于无形的信息时代，必须在加强保密管理的同时，着重加强对国家秘密信息的技术管控能力。在信息级，要加强电子密级标志技术的研发应用，使得各种信息从产生时就有一个不可分离的电子标识，为信息的细粒度管控奠定基础；在设备级，要加强外设接口及外围设备控制技术、电子识别及携带控制技术的研发应用，从技术上实现涉密设备及载体的可管可控；在系统和网络级，要加强物理隔离、身份鉴别、访问控制和安全审计等网络安全保密技术的应用，确保涉密信息系统的安全保密。

五、总结

健全完善保密组织和保密工作机构。加强保密干部队伍建设，按照"懂技术、懂法律、善管理和有较高政治思想水平"的要求，全面提高保密干部的政治素质和业务素质。根据形势和任务的需要，进一步开展保密工作理论和政策研究，积极探索保密工作的基本规律，制定各项保密工作的具体的政策和对策，对加强保密工作的机制及能力建设具有重要意义。

任务三 毕业论文

一、毕业论文的概念

广义的毕业论文是指高校学生、学位申请者毕业前，按照教学计划要求，在有经验的教师指导下,独立撰写的综合性学术论文。它包括学年论文、毕业论文和学位论文等多种类型论文。

狭义的毕业论文,指的是专科毕业论文、本科毕业论文(学士学位毕业论文)、硕士研究生毕业论文(硕士学位论文)、博士研究生毕业论文(博士学位论文)、博士后毕业论文等,即在学业完成前写作提交并达到评审要求的学术论文。

毕业论文是毕业生总结性的独立作业,是学生运用在校学习的基本知识和基础理论,去分析、解决一两个实际问题的实践锻炼过程,也是学生在校学习期间学习成果的综合性总结,是整个教学活动中不可缺少的重要环节。撰写毕业论文对于培养学生初步的科学研究能力,提高其综合运用所学知识分析问题、解决问题能力有着重要意义。

二、毕业论文的特点

毕业论文属科技论文,它应具有以下特点:

1. 科学性

就描述对象而言,科学性是指论文只涉及科学与技术领域的命题;就描述内容来看,则是指它要求文章的论述具有较高的可信度。科技论文不能凭主观臆断或个人好恶随意舍取素材或得出的结论。论点的推理要求严密并正确可信。揭示的是普遍规律或特殊规律。

2. 逻辑性

逻辑性是文章的结构特点,它要求论文的结构严谨、脉络清晰、推论合理、演算正确、文字通顺、符号规范、自成系统。不论文章所涉及的专题大小如何,都应该有自己的前提或假说、论证素材和推断结论,不应该是一堆堆数据罗列或一串串现象的自然描绘。

3. 独创性

独创性是对论述的内容区别于其它文献的一种特殊要求,创新是科技论文的灵魂。它要求论文所提示的事物现象、属性、特点、以及事物变化时所遵循的规律,必须是前所未见的、首创的、或部分是首创的,而不是对他人工作的复述或解释。

三、毕业论文的写作

(一)选题

选题是论文撰写成败的关键。因为,选题是毕业论文撰写的第一步,它实际上就是确定"写什么"的问题,亦即确定科学研究的方向。如果"写什么"不明确,"怎么写"就无从谈起。

可结合本人的专业提出论文题目,报学校审查同意后确立。也可由学校公布论文题目,由学生选择。但不管学生是自己任意选择课题,还是在学校公布的指定课题中选择课题,都要坚持选择有科学价值和现实意义的、切实可行的课题。选好课题是毕业论文成功的一半。

1. 要坚持选择有科学价值和现实意义的课题

选题要符合科学研究的正确方向，要具有新颖性，有创新、有理论价值和现实的指导意义或推动作用，一项毫无意义的研究，即使花很大的精力，表达再完善，也将没有丝毫价值。

2. 要根据自己的能力选择切实可行的课题

毕业论文的写作是一种创造性劳动，不但要有考生个人的见解和主张，同时还需要具备一定的客观条件。由于考生个人的主观、客观条件都是各不相同的，因此在选题时，还应结合自己的特长、兴趣及所具备的客观条件来选题。

（二）搜集材料

材料是构成论文的基础，它既是形成主题的基础，又是表现表现主题的支柱，有充实的材料，才能形成正确的观点，才能对观点进行详实阐述和科学论证。

1. 材料的收集和积累

一篇文章是否切合实际，是否具有指导作用，在很大程度上取决于作者材料掌握的多少，在写作前，应重视材料的收集积累。材料积累的方式主要有：

（1）深入实际进行实地调查，获得第一手材料。

（2）阅读资料全面收集根据写作目的广泛而全面在查阅文件、档案和书刊上的文献资料。

2. 材料的选择和使用

收集到的材料仅仅是写作素材，必须根据文章的需要对收集积累的材料进行选择。筛选最有参考利用价值的材料应用到文章中。

（三）确定主题

确定主题就是立论。确立中心论点和分论点。

主题是文章的中心思想，是作者要说明问题的基本观点，是文章全部思想内容的调度概括，是作者写作目的的集中体现。是主题在文章中是贯穿首尾、支配一切的中心，是文章的统帅和灵魂。文章内在的逻辑关系、材料的取舍、结构的安排设计、语言的选择运用等无一不受主题的制约和支配。

主题的提炼就是将初步形成的写作目的和意图置于一定的高度，经过从现象到本质、从感性认识到理性认识的逐步深化，提示社会生活的本质和客观事物的发展规律，从而升华初始的写作目的和写作意图，形成实事求是、深刻透彻的见解或主张。

1. 主题提炼的原则

（1）以真实而全面的材料为基础。在主题的提炼中，材料是第一位的，主题不是主观的产物，而是从客观存在的材料中，经过去伪存真、去粗取精，由此及彼，由表及里的提炼而形成的，因此，掌握第一手材料对形成主题很重要。

（2）以科学分析方法为主导。主题的形成需经过归纳综合的思维过程，因此要以辩证唯物主义的观点为指导，善于抓住事物的共同点，发掘事物的本质，把握事物的发展规律，使主题科学、正确、严谨、具有实用价值。

（3）以实现社会价值为目的。主题的提炼都要符合社会主义市场经济的发展规律，以实现最大的社会价值和经济效益为目的,没有实用价值的主题则无意义。

2. 主题提炼的方法

(1)集中概括。就是说一篇文章只能有一中心,所有材料要围绕一个主题展开说明和论述,要遵循一文一事的行文原则,不能把关系不大或毫不相关的问题写到一篇文章里去,形成多主题、多中心,主题要调度概括、周密、严谨。

(2)明白显露。主题要素除包括中心思想、原委背景外,还要有写作目的,写作目的一般都采取自我说明的方式在文中直接陈述表露。主要有篇前提要和篇末显意两种表现形式。这两种形式都是以简明的文字、概括的语言,在篇首或篇尾直接表述,提示出文章的主要内容和中心思想,使主题表现显露扼要。

(四)起草和修改

有了充分的材料,确立了明确的主题,就进入了成文阶段,这一阶段主要包括编写提纲、起草文稿、修改文稿等环节。

1. 编写提纲

提纲是对文章的总体设计,是作文者精心安排的框架结构,体现了文章的总体思路、要点和结构层次。依据提纲所设定的思路和纲目起草文稿,先列一个粗纲,把中心论点与分论点转化成有内在联系的大小标题。用拟定几个主要的问题,并确定它们的先后顺序,把小标题展开成文章内容,并标明小标题用什么材料。

2. 起草文稿

要遵照提纲的思路、观点起草文稿,要坚持实事求是的原则,要体现已确定的文章主题,要遵循行文规则,起草出质量较高的文稿。

3. 修改文稿

即对起草的文稿在形式和内容方面进行必要的调整和加工。修改昌提高拟稿质量的重要环节。改稿一般考虑以下几个方面:

(1)观点修改

主要看观点是否正确,文章提出的问题是否抓住了事物本质,提出的意见建议是否可行。

(2)材料修改

主要看材料和观点是否统一,材料是否有说服力,材料是否需要充实。

(3)结构的修改

主要看文章的结构是否合理,是否符合逻辑和规范化要求;

(4)文字的修改

主要看文字用语是否简明准确、通顺自然,标点符号的使用是否正确等等。

四、毕业论文写作的特点

总体来说,毕业论文在写作时要突出以下几个主要特点:

1. 立论客观,具有独创性

文章的基本观点必须来自具体材料的分析和研究中,所提出的问题在本专业学科领域内有一定的理论意义或实际意义,并通过独立研究,提出了自己一定的认知和看法。

2. 论据翔实,富有确证性

论文能够做到旁征博引,多方佐证,所用论据自己持何看法,有主证和旁证。论文中所用的材料应做到言必有据,准确可靠,精确无误。

3. 论证严密,富有逻辑性

作者提出问题、分析问题和解决问题,要符合客观事物的发展规律,全篇论文形成一个有机的整体,使判断与推理言之有序,天衣无缝。

4. 体式明确,标注规范

论文必须以论点的形成构成全文的结构格局,以多方论证的内容组成文章丰满的整体,以较深的理论分析辉映全篇。此外,论文的整体结构和标注要求规范得体。

5. 语言准确、表达简明

论文最基本的要求是读者能看懂。因此,要求文章想的清,说的明,想的深,说的透,做到深入浅出,言简意赅。

例文1:

<h2 style="text-align:center">浅析如何让人力资源成为人力资本</h2>

张××

【摘　要】在当今社会,人力资源已成为时髦并被广泛接受的名词,原来的人事部已纷纷改称人力资源部。然而,仅将人力作为资源还不够,还应将人力变为资本,使其成为企业的财富,让其为企业所用,并不断增值,给企业创造更多的价值。

【关键词】分析　　招聘　　使用

一、资源和资本虽然只有一字之差,但却有着本质的区别

首先,资源是自然形成、未经开发的,而资本却经过精心的开发和筹划,成为企业产生利润的基础。

其次,资源和资本在使用上考虑的角度完全不同,如果要资源,人人都想要最好的,钱越多越好,技术越先进越好,人越能干越好,但作为资本,人们就会更多地考虑投入与产出的关系,会在乎成本,会考虑利润。

第三,提到资源人们多考虑寻求与拥有,而提到资本人们会更多地考虑如何使其增值生利,资源是未经开发的资本,资本是开发利用了的资源。

1. 在人才招募上:如果我们正在找工作,我们读十份招聘广告,会发现可能有一半以上的内容十分雷同:35 岁以下,本科以上学历,三年以上相关工作经历,能流利地使用英语等等,难道有这么多公司对人才的需求是一样的吗?

我曾听一个年长朋友抱怨过,他工作的公司在招聘时要求能流利地用英语交流,那时,这个要求很普遍,为了找工作,他在应聘前还真在口语上下了不少功夫,应聘面试时与考官侃侃而谈,顺利过关,结果工作快半年了,除了"Hello"之类的就没说过什么英文。还有的公司,招聘话务员,要什么:"本科以上学历,英语四级以上,能用关于交流。"本不是一个名不见经传的公司,从来没有做过对外贸易,资源浪费啊!也许他们是为了长久之计吧!

上述的招聘就是将人作为资源,只片面地追求好,不论是否需要,都要求本科以上学历,流利的英语等,只要别人要求,我就要求。这种招聘方式,或者会为企业增加不必要的人力成本,或者成为员工队伍不稳定的根源。终将会给企业带来不必要的麻烦。我们可以分析一下,一个人的能力不同,其对薪金和发展前景的要求就会不同,一个不太会讲英语的人和一个能流利地进行英语听说读写的人对薪酬的期望会有很大差别,同样,一个营销专业毕业的大专生和一个 MBA 或 EMBA 对薪酬的要求更会大不相同,一个人具备了更多的知识和技能,社会就为他提供了更多的工作机会,使其容易不稳定,同时,由于他们投入了大量成本才成为了较为稀缺的人才,社会提供给他的报酬水平也会较高,一个企业如果想招募并留住这样的人才,只能按社会标准付给他较高的薪酬,这就意味着我们增加了成本。如果,我们将人力看作资本,这是我们会很自然地考虑一个问题:我们多付的成本能否给我们带来收益? 假设一个企业只做国内贸易,估计在一年之内都不会与国外公司打交道,如果招聘时非要求良好的英语水平,这对企业来说只会带来两种结果:

(1)增加工资成本。本来销售部的工资成本可能是 15000 元/月,由于要满足高素质员工的薪金要求,使工资成本增加至 30000 元/月,而增加的 15000 元成本并不给企业带来任何价值。这样做不是白白浪费吗?

(2)造成流动,增加招聘培训成本。如果公司不能提供有竞争力的薪酬,招来的员工在了解到他们的收入状况后会产生不满,然后另谋高就,这样,不仅使公司已支出的招聘培训费打了水漂,还得不断再去"浪费"招聘培训费用,以维持公司在人才上的高要求,而这些增加的成本也不能给企业带来价值。

2. 在人才的使用上:一个公司招募了一个新员工,在招聘时其条件完全符合公司要求,但试用期结束时,该员工却未能完成公司的工作,因而被解聘,这是谁的过错? 公司? 员工?

我们很难说这完全是一方面的过错,但我们知道,对同一个员工来说,将其视为资本或视为资源会有完全不同的结果。现在让我们来看看孙先生的故事。孙先生大学毕业后应聘到甲公司做销售员,三个月过后,被炒了鱿鱼,于是,孙先生又来到乙公司,销售业绩却很不错,不到一年,就被提升为销售主管,同样一个人,为什么会有如此不同的表现? 让我们一起去看看在招聘过后,甲、乙公司都做了些什么。孙先生来到甲公司后,人力资源部让他填写了各种表格,然后,就让他到销售部上班。销售经理将一摞产品和公司的介绍资料给了他,安排他去行政部领了笔、本等用具,向他介绍了部门的其他同事,最后,给他下达了销售指标,并让他坐到办公桌旁开始工作。孙先生没有销售经验,由于拿到的资料是公司发给客户的宣传资料,对产品的介绍很简单,孙先生对产品是什么也不甚了解,只能自己瞎闯,结果三个月过去了,仍是一头雾水,不要说完成销售任务,根本就没开张,结果被炒了鱿鱼。在乙公司孙先生有着不同的经历,到人力资源部报到后,人力资源部对他们进行了关于公司文化、公司发展史、公司规章制度等方面的培训,使孙先生对公司有了全面的了解,到了销售部,又受到产品知识、销售技巧等方面的培训,随后销售经理亲自带他到销售现场观摩其销售过程,在这之后,才让他独

立进行工作。在每周的销售例会上，销售经理还会不断组织大家对销售中的疑难问题进行讨论，帮助大家解决问题，不断提高。孙先生不笨不傻，在这种周到的训练和辅导下，很快就入了门，加上孙先生勤奋敬业，销售业绩迅速上升，渐渐成为销售员中的佼佼者，很快就被提升了。甲、乙公司对人才不同的处理方式反应了不同的人才观，甲公司将人才仅视为资源，只要招进来，就算完成任务，而乙公司将人才视为资本，根据企业的需要不断对其进行经营开发，使其升值，成为企业的利润来源。两种做法导致的结果可想而知：甲公司在感叹"人才难求"，一直忙于苦苦寻找好的"人力资源"，乙公司却人才济济，经济效益不断提高，而实际上他们拥有同样的资源，就像他们都招聘过孙先生一样。现在，我们了解了将人力作为"资源"和"资本"的不同做法和不同结果，我们知道只有将人力视为资本，才能最经济地拥有人才，并拥有充足的人才，并使人才不断成长，为企业带来源源不断的利润，那么，我们应如何将"人力资源"变成"人力资本"？

二、人才招聘

1. 招聘前进行规划

现在许多企业尚无能力做全面的人力资源规划，但起码在招聘前应有一个针对本次招聘的规划，这个规划应包括如下内容：招聘的目的：为什么要招这个人？应聘者的工作任务：招进来的人将完成哪些工作。对应聘者要求：为完成上述工作，应聘人需要具备哪些知识和技能。

2. 追求"门当户对"

农夫娶到公主当然是美事一桩，但如果日后因农夫养不起公主而遭公主抛弃，那还不如开始就娶个村姑，白头偕老，和和美美过一生。招聘人才也是这样，不要一味追求水平高，而要追求经济适用……根据企业的需要确定招聘条件。在前面我们已经分析过，过高的要求将造成人力成本增加或人员流动频繁……增加透明度，充分确认合作意向。人力资源部应该尽力为企业吸引人才，但吸引人才应有竞争力的人力资源政策，而不要仅仅靠招聘技巧。"骗"进门，留不住，不如当初就不让进门，因此，在招聘时应与招聘者充分沟通，首先，应让应聘者了解他到公司后将要完成什么工作任务，需要具备哪些技能，以使应聘者能判断自己是否喜欢并胜任这份工作，其次，应该向应聘者客观地介绍公司能提供的待遇和发展机会，这样，虽然损失一些人才，但愿意进入公司的人会相对稳定地为公司工作，从而减少因人才流动造成的招聘和培养等费用的损失。

三、人才使用

1. 人才开发

（1）人才开发的目的：使社会人才成为企业人才。虽然我们在招聘时对应聘者的基本素质做了基本的规定和审核，但要想使应聘者的能力能充分为我所用，还需要我们对其进行进一步的培训。例如：当我们招聘一名销售代表时可能会要求他具备良好的语言表达能力，但如果我们不对他进行有关公司和产品知识的培训，他还是不能很好地向客户介绍我们的公司和产品，只有提供相应的支持，员工的才能才会被开发利用，从而给企业带来经济效益……使人才适应企业的变化和发展。随着市场的变化，企业也会不断发展和变化，因此，对人才的要求也会不断变化和提高，而企业不可能＊频繁地换人来适应这种变化，唯一可行的方法是根据企业的需求不断为员工提供学习提升的机

246

会,使员工的能力不断增长,以适应企业的发展。从而降低人才成本,为公司节约资金,变相的为公司企业增加利润。

(2)人才开发的主要方法:人才开发的主要方法是培训,培训可以采用多种方式,即可以是参加培训课程,也可以是在工作岗位上的辅导和训练,还可以用鼓励员工自学的方式使员工自己通过读书、上学、进修等方法来进行自我培训,因为是以为企业开发人才为目的,因此,无论采用哪种方式,都应从企业对人才知识技能的需求出发,鼓励员工按企业的要求去不断提高自己。

2.人才使用

恰当地使用人才,能调动员工积极性,使其为企业创造更多价值,并能引导员工向正确的方向发展,从而对企业发展产生积极影响。人力资本与其他资本相比有其独特性,即其创造利润的能力有很大的弹性,一个工人可以每天生产 20 件产品,也可以每天生产 50 件产品,一个销售员可以每年带来 10 万元利润,也可以每年带来 40 万元利润,这关键看企业如何去使用员工。从人力资本开发的角度来讲,员工的合理使用主要包括两个方面:

(1)提供良好的工作条件:要想使人才创造最大价值,就要为员工提供工作所需的各种支持,包括相关的培训、相应的办公设备、其他部门的配合等等,这样,员工的工作才能得心应手,保持较高的工作效率,从而为企业带来更大效益。

(2)激励:激励一方面可以调动员工的工作积极性,使其能为企业做更多的工作,另一方面可以对员工进行引导,鼓励员工去做正确的事,使员工素质有所提高,从而使人才增值。激励的方法:激励可以通过满足员工物质需求和精神需求两种方法去实现,满足物质需求可以通过工资、奖金、福利等多种方式实现,满足精神需求可以通过提供晋升或发展机会、感情关怀、工作成绩认可等方式来实现。谈了这么多,目的还是想把公司的人力资源观提升为人力资本观,但还有待于试行。我认为这一观点在实行中会有迅速改进,最终为企业带来更多利润。

(应届毕业生求职网)

任务四　实习报告

一、实习报告的概念

在毕业前,学生要初涉社会进行实习。经过一段时间的实习后,要写实习报告。实习的目的是接触实际,了解社会,增强劳动观点和事业心、责任感;学习业务知识和管理知识,巩固所学理论,获取本专业的实际知识,培养初步的实际工作能力和专业技能。

实习报告是在校大中专、高职、技校学生完成一定专业课程或全部专业课程,根据教学计划进行实习后,向指导教师或专业课教研室及教学管理部门提交的有关实习收获以及其他情况的书面材料。

二、实习报告的分类和内容要素

1. 实习报告的分类

实习报告如果从实习内容的不同来划分,可分为以下几种:

(1)教学实习报告(2)生产实习报告(3)课程实习报告(4)毕业实习报告

2. 实习报告的内容要素

一份实习报告包含多种要素,其中包括实习报告的标题、实习者所在学院名称、实习内容、年级班级、学号、姓名、指导教师、实习单位、实习时间、指导教师评语、实习报告成绩、指导教师签名、具体的日期年月日等。还有封面的要求:纸张的大小、字体、字号、页边距的设置等。实习报告的内容要素主要有:前言、实习目的、实习时间、实习地点、实习单位和部门、实习内容、实习总结,最重要的就是实习总结,它是报告的关键部分。

三、实习报告的结构和写法

实习报告一般包括标题、前言、正文和落款四个部分。

1. 标题

标题有两种形式:一种是由实习专业名称和文种构成,如"建筑专业实习报告";另一种是由单一的文种构成,如"实习报告"。

2. 前言

前言主要是对实习的背景、经过以及得到的收获等情况,做一个大概的介绍。

3. 正文

正文是对前言的展开,分析实习的具体内容,解决了什么问题,有什么收获或体会,存在的问题或今后努力的方向。

4. 落款

落款有两种形式:一种是在文章的右下方,写上单位名称和写作日期,单位名称一般包括单位和具体当事人的姓名;另一种是在标题下方写上单位名称,而在文章的右下方写上日期。

三、实习报告的写作要求

实习报告是对实习中见到的各种现象加以综合、分析和概括,用简练流畅的文字表达出来。写实习报告是对实习内容的系统化、巩固和提高的过程。因此,在写作时应当注意以下几个方面:

1. 实事求是,材料具体

实习报告要求以实习工作为主要依据,在收集大量实习工作内容、工作程序、工作方法以及发现的问题等的基础上,用叙述性的语言事实求是地反映出来,可结合自己的工作体会,提出可行性建议。因此,充分了解实情和全面掌握真实可靠的素材是写好实习报告的基础。在实习过程中,要善于积累材料,多观察、多思考,养成记日记的好习惯,为写实习报告提供素材。

2. 反映情况，重点突出

在实习中，要很好地完成实习单位分配的工作任务，将课本所学知识很好地运用到实习工作中，提高自己的工作技能。多与实习单位的员工接触、交流，做事积极主动，锻炼自己，不断提高能力。在写实习报告时，应当把自己感受最深的事情写出来，也就是抓住典型，突出重点，以点带面。

3. 分析概括，总结规律

实践出真知。要善于学习，勤于思考，要注重理论与实践的有机结合，要善于发现问题，提出良好的建议，去改进问题，善于分析情况，把自己对某一问题的看法上升到理论的层次去认识，促进知识和技能的提高。总结规律，使今后能更好地开展工作。

4. 表达得当，用语得体

实习报告要有鲜明的主题，确切的依据，严密的逻辑性，语言表述应简明扼要。实习报告的写作，就是对自己亲身经历的一阶段实习工作的回顾和反思，态度应诚恳、真挚，语言表达准确、简明，能够用恰当的语言准确地叙述实习的相关内容，做到用语得体、表意准确。

例文 1：

2010 年暑期实习报告

2010 年暑假，是我大学的最后一个暑假，因为有教学实习安排，我们提前一个月开始了实习生活。我是在湖北报业集团下属的荆楚网实习，和其他 3 位同学一起。我们作为实习记者，在整个实习过程中，几乎参加了所有类型的工作，采访，写作，发布新闻，策划专题，参加会议等等。总的来说整个实习过程丰富多彩，增长见识，为以后从事传播行业打下了坚实的基础。当然以后不一定做传媒，不过我希望自己能继续做传媒相关的工作。因为暑期实习让我知道自己喜欢这个行业。

在实习前，我想过怎么度过实习的一个月，看了那么多书，或许能派上用场。所以尽量收集了一些相关知识再来温习。不过真正做事的时候，脑子里就想不起学过的东西了，全部是指导老师的教导，怎么写新闻，怎么写标题，似乎没有定论。不过适合就好，在实习期间我写出了十几篇稿子。虽然是网站，发稿相对简单容易，不过每一篇稿子都是我或者和同学一起辛苦写出来的。当中有消息也有自己采访来的新闻稿。

因为实习地点离学校很远，我们都是在每天 6 点出发，坐车一个小时左右才能到达实习地点，中间还要转一次车，辛苦得很。再加上正值武汉最热的时候，每天 30 多度的高温。在路上就有 2 个多小时，所以格外珍惜实习的时间。尽管周末一般不上班，我们也要准备出去采访。期间采访过高考咨询会，湖北大学生挑战杯颁奖大会，等等新闻事件。所以整个实习过程算下来，每天要跑 80 里地。20 天就走了 1600 里，不算万里长征也算大学时期走的最多的路线了。算是劳其筋骨了，也让我们体验到了工作的辛苦和快乐。没时间像在学校里一样想很多事情，每天都是一个目的，快点去工作，完成任务，多睡会觉。

睡眠和饮食习惯都有影响，不过我们身体还好，没有人掉队。体验到了团队作战的快乐，也感受到了团队作战的优势。

要说学到了什么东西，我感觉一是扩展了眼界。实习期间，荆楚网举办了网络媒体行活动，全国的网络媒体都来湖北旅游观光并且写下所感所闻，报道湖北的经济文化成就。期间我们实习生主要负责助理工作，接待了很多来宾，而且要迎接各个网络媒体同仁的参观学习。还有湖北报业传媒集团成立60年的纪念大会，在筹备期间，我们了解到湖北报业集团的发展历程，也深深感怀老一辈新闻工作者的辛勤劳动。这一切活动和工作都让我们的眼界有了拓展。第二种收获就是工作期间结识了很多朋友，比如指导老师，虽然大我们几岁而已，但已经能独当一面了。思想也更成熟，我们都受益匪浅，同时也认识了其他学校的同学，有湖北美术学院，武汉理工大学等等学校的同学，都是这个行业，以后一定也会有所帮助和沟通。他们工作也很努力，我们在他们身上也学到了很多东西，交流起来更加有所收获。第三种收获就是学习能力的提高，在工作期间不可避免的要实践，要接触很多自己不曾接触的东西。比如发帖系统，编辑软件的操作。还有视频的处理，照片的制作。因为工作的需要，学习速度要不断提高才能做好这些东西。记得一次去随团慰问湖北武警总队的时候，有几张照片处理的不好，回来的时候受到了指导老师的批评，因为这个专题需要很多照片，现在补不上就不太好了。事后我们也更加切身体会到摄影记者的不易，一副好照片的得来同样需要很多努力。也正是这件事，让我们正视记者工作的艰苦和付出。

如果说收获，细细说来是说不完的，简单一句就是有付出就有回报，不管是好回报还是坏回报，这个回报又能让我们再次进步。实习和正式工作又不一样，犯错后是收获，而不是被辞退。这样我们更加不能纵容自己的错误，以免在以后的工作生活中错过自己。学习精神的深入人心，让我们能欣然面对以后的学习生活，也为了将来的人生选择做出了铺垫。

对于这次荆楚网实习，还要说的一点就是对新媒体的认识加深。互联网也要追寻时效性，而不是以前的从其他传统媒体上得来的新闻消息，因为荆楚网是政府门户，拥有采访权，很多新闻消息便是自己的原创，这样商业门户网站就有了相对时效性的新闻资源，互惠互利的状况就出现了。商业门户借来地方门户的新闻，地方门户靠商业门户打响知名度。如果说现在的新闻奖，还是传统媒体的天下，我相信不远的将来，新媒体优秀的执行，超强的创意将受新闻奖的青睐。未来的传媒行业必然是更快更新的新媒体的天下。不过针对互联网媒体的原创性相对较低，各位有志于传媒行业的同学可以尝试加入这个大潮。为祖国新媒体的发展出一份力。就像我，已经打算进新媒体工作。这是我找工作的方向之一。

短短的一个月就在我们风风火火的热情工作中过去了，总感觉时间过的太快，为什么快乐充实的时间总是那么吝啬。其实大学中有这样一个月的生活体验就已经可以铭记终生了。这期间我们几个作为团队朝夕相处，不离不弃，努力克服困难，建立了深厚的友谊。我想这份友谊将会永远留存。实习经历除了交朋友，那就是学习到了好的生活态度和工作态度。我想不断奋斗，认真负责的态度将会对我的生活产生深远的影响。在未来的时候，我会感慨，这份实习经历给了我相对成熟的人生态度，也明确了我的人生方向。

最后，感谢老师对我们的推荐，让我们到了荆楚网实习。感谢荆楚网的指导老师，他们对我们的教导和鼓励我们永远都会感激，最后感谢一同实习的同学，是你们的帮助，我才能把实习生活做的更好。

例文 2：

钳工实习报告

上周我们进行了钳工实训课，总的来说受益非浅。

刚开始我的心情是充满了疑问，不解的是，我们学计算机的，怎么会干钳工这样的活呢！但现在想一想，学了不少的课外知识，有些东西能让我终身受益。这是多么可贵的呀！

从安全教育，动作要领和工具的使用到拿起锉刀的实际操作，这无疑是一个理论与实际的过渡。有些东西是要自己去摸索的，有些东西是要从理论中去发现用于实际。从开始的打磨平面，就让我学到了要想做好一件事并不是那么的简单，要用实际去证实它。眼见的不一定真实（平面看上去很平，但经过测光就能发现它的不足）；这让我想到了学校为什么让我们来这里实习，是让我们懂得学习的可贵，学习和打磨平面一样要有一丝不苟的精神才能做到最好，同时还要让我们认识到动手的重要性。只是一味的学习理论，那也是远远不够的，没有实际的体验，发现不了自己的动手能力，这都需要理论与实际相结合。更需要头脑和双手的配合。

从平面打磨到划线、打点，从修整形状到钻孔，从铰孔到攻螺纹，每一步让我学到的东西是别人拿不走的。从这里我知道了，什么是钳工，知道了钳工的主要内容是为划线、錾削、锉削、研磨、钻孔、扩孔、铰孔、攻螺纹等等。了解了锉刀的构造、分类、选用、锉削姿势、锉削方法和质量的检测。

钳工实习锻炼了我们，提高了我们的整体综合素质，使我们不但对钳工的实习的重要意义有了深刻的认识，而且提高了我们的实践动手能力，使我们更好的将理论与实际相结合。巩固了我们所学的知识，同时让我们学到了老师的敬业精神。老师不厌其烦的给我们查找操作中的错误。我们还发扬了团结互助的精神，促进了同学们之间的友谊。

在实习过程中我们取得了劳力成果——精美的螺母。看着这精美的工件竟是我亲手磨制成，这种自豪感、成就感是难以用语言表达的。没有想到当初那么大的东西现在变成了一个精美的工件，是一下一下地磨出来的，这也是就人们说的"只要功夫深，铁杵也能磨成针"吧！

这一周的实习是短暂和辛苦的，但是我学到的东西是保贵的，让我体会到了做一个工人的辛苦与快乐，同时也巩固了自己的知识，这一切都给我留下了美好的回忆。

六周的实习即将结束，至于总体的感觉只能用八个字来概括"虽然辛苦，但很充实"。

由于选择了钳工，便不得不与锉刀打交道。从第一天的安全教育到拿起锉刀进行"实战演练"，看似简单，其实它是一个理论结合实践的过渡，是理论衔接于实践的一个重要阶段，同时又是一个相对很难的适应性的开始。

一开始，弯着腰，躬着背，累得满头大汗，不时地手上还会出现一些红色的"图案"。

但回头看看自己的劳动成果,则感觉与自己的付出不成正比,就感觉越来越烦躁。被老师发现后,经过耐心的讲解,才知道自己的加工的姿势和部位均有错误之处。经过调整以后才算慢慢进入了状态。但还是漏洞百出,一会儿忘记尺寸公差的控制,一会儿又忘记了平面度、垂直度的协调。每出现错误的时候,老师总是悄悄地来到身边进行正确地指导。使这样的错误在心中留下一个深刻的印象,避免以后再出现类似的错误。就这样完成了第一个零件。当拿到老师那里检测时,好多错误的地方经老师分析后才恍然大悟。但每次的分析指导都给我留下深刻的印象。依次完成了第二件,第三件……。每一次都有进步,但每一次都仍有错误,只不过错误越来越少而已。这说明我的钳工正在一步步向更高层次的迈进,使我又多了一份自信。从这一点,我要真正地向老师说一声"老师!谢谢您!"

这么多年从简单的阿拉伯数字和方块字的理论学习,一直到现在的公差,制图专业课程,无一不是在课堂中渡过的,当真正拿出图纸、材料和工具让我们去加工时,才感觉到手足无措,并不像课堂上讲的那么容易,那么简单。它需要理论与实践的结合,更需要头脑和双手的配合。只有这样,才能体现出自己的动手能力和加工水平。

六周看似漫长,其实也很短暂。其间有休息时师生共同的开怀大笑,也有工作时严肃的面孔。每天五个小时很快就过去了。直到下班时才感觉到累,但内心却充实了许多。虽然每天只有五个小时,但它让我感受到了工作的氛围,工作环境是以前从未有过的感受。

任务五　申　论

一、申论的概念

所谓"申论"就是申述、申辩、论述、论证之意,源自孔子的"申而论之"。我们所说的"申论",既有别于古代科举考试中要求就给定题目论证某项政策或对策,撰写论文的策论形式,也有别于以往公务员考试中的作文形式。申论考试的内容、方法及其要达到的测评功能,实际上涵盖了策论和作文这两种考试形式的基本方面。

《申论》考试主要通过考生对给定材料进行分析、概括、提炼、加工,考察考生的阅读理解、综合分析、提出问题、解决问题和文字表达能力。

二、申论考试特点

申论考试的特点主要表现为两个方面:一是背景材料具有普遍性;二是题目具有很强的针对性。

首先,申论考试的背景材料具有普遍性。公务员录用考试比较注重对应试者实际能力的考查,考试内容并不局限于某一方面,对政治、经济、法律、文化等均有涉及。作为国家公务员考试的一种形式,申论才刚开始实践,考试试题一般比较规范,不会出现偏差。试题表述正确,所涉及的内容和观点没有争议,每个考生应该都能有论而发、有感可写。对于难以定论的问题，尤其是争论激烈的前沿问题，一般是不会考的。因此，考生在准备时就不必面面俱到，涉及过多，既浪费时间，也浪费精力。

其次，申论的题目有很强的针对性。虽然申论考试题目的背景资料涉及面广，内容复杂，但是重点突出。针对性和可行性是申论考试的两个基本要求。只有认识并抓住了这两点，才能真正领会申论考试的精髓，找准了答题的突破口，进而能高屋建瓴、鞭辟入里地建构思路和完成论证。因此，考生应认真仔细地阅读给定资料，不要匆忙提笔作答和写作。不得要领的结果只能是事倍功半。正确的做法应该是在把握资料本质内容的基础上，抓住重点，条分缕析，使回答和论证更富有表现力和说服力。

三、申论考试内容和形式

申论考试主要侧重考查应试者对给定材料的阅读理解能力、分析归纳能力、提出和解决问题能力以及文字表达能力。申论考试比较规范，首先给定一篇或一组 1500 左右的资料，要求应试者在认真阅读给定材料的基础上，理解给定材料所反映的事件或案例、或社会现象的性质和本质，然后按要求作题。其答题形式就是经过对材料的整理、分析、归纳后，用简明扼要的文字概括出给定材料所反映的主要问题，然后针对主要问题提出解决问题的对策和可行性方案，在完成上述两项程序的基础上，紧紧扣住给定资料及其反映的问题，申明、阐述、论证对问题的基本看法和解决问题的方法。考试形式既严格又灵活，一方面要求考生摒弃套话、闲话，要求分析、论证和解决问题透彻、全面、清晰，另一方面又能保证考生充分发挥自己的潜力，施展自己的真才实学。

四、申论考试环节和解题方法

申论考试的过程主要包括：阅读资料、概括主题、提出对策、进行论证四个环节。

首先，阅读理解给定材料。这是申论考试最基础的环节。这个环节虽然不能用文字直接书写体现在答卷上，但这是完成其他三个环节的前提条件，在时序上占据首要位置。申论考试的时间比较充足，考生完全有必要拿出一定的时间（一般需要约 40 分钟）来仔细阅读给定资料，以求真正理解和掌握资料的叙述思路和内容实质。只有读懂、读透全部给定资料，才能把握资料所反映的事件的性质，也才能准确地概括出给定资料所反映的主要问题，完成第二环节的要求。

其次，概括主题。概括主题是一个重要的承上启下的环节。它既是对前面阅读资料环节的一个小结，同时又能使提出的对策或可行性方案以及论证过程更具有针对性，是考生据以立论和展开的基础。如果主题概括不准确或者是不够全面，下面的程序也就很难进行了。

再次，提出对策。提出对策是申论考试的关键环节。重点考查考生的思维开阔程度、探索创新意识、应变能力、解决问题能力。这一环节给考生提供了充分发挥的自由空间，考生可以根据各自的知识、阅历，对同一问题各抒己见，见仁见智。值得注意的是，在这一环节中必须结合给定材料所涉及的范围和条件，才可能提出切实可行的对策和方案。

最后,进行论证。进行论证是申论考试最后一个环节,也是申论的真正开始。要求应试者充分利用给定资料,切中主要问题,全面阐明、论证自己对给定资料所反映的主要问题的基本看法以及解决问题的方案。前面的三个环节阅读资料、概括主题、提出对策,不可或缺,非常重要。但从总体上看,它们都是进行论证这个环节的积极有益的铺垫,论证过程则需要浓墨重彩、淋漓尽致地书写。不仅因为字数要求多,分值高于其他部分,更重要的是论证才是申论考试的核心。因为论证能全面考查和衡量一个人的分析归纳能力、提出问题解决问题能力和逻辑说理能力。

申论考试的四个环节考生要认真对待。阅读资料、概括主题、提出对策、进行论证,前一个环节是后一环节的基础,一环套一环,因此要一步一步地进行。在读懂读透给定资料的前提下,对给定资料进行主题概括,抓住问题的实质,语言要凝练,然后再提出解决问题的方法和策略,提出的策略要思路清晰,有条理、有针对性,进行论证时应在深入思考的基础上进行,事先可列一个写作提纲,设计好论证的模式,再动笔写作。这样才能成竹在胸,流畅行文。在论证过程中,还应注意论题要鲜明、重点要突出、线索要清晰、详略要得当,使写出来的文章具有论辩色彩和较强的说服力,能真正体现考生的综合素质。

五、申论考试经验和注意事项

1. 申论考试经验

申论是一门能力考试,是对考生阅读、概括、分析、提出与解决问题以及文字表达能力的检验。在考试中,考生会出现不知写什么、不知怎么写两种情况。反映在现实中,一是没话说,二是有话不知怎么说。

经验一:"申"——结合给定材料

"申"就是在"把事情说明白"的基础上进行"引申"。考试时需要"把基本事实说清楚"。但究竟说哪些、说到什么程度才算把基本事情说清楚了呢?这种能力体现在考试中就是在阅读的基础上进行概括。必须从材料中找出特定事实,对正反两方面的影响进行概括,因为某种特定事实必然会带来影响,特别是负面影响即问题。在对特定事实概括之后,需要分析产生这一特定问题的原因,以便在解决对策上进行调整。

上述情况是"申"的基本框架,但上述框架中的一切内容都需要把握一个基本原则即"结合给定资料"。至于能引申到什么程度,还要看题目的要求和考生在备考中对特定知识的积累量。

经验二:"论"——论点论据论证

"论"首先体现是论文的三要素:论点、论据、论证,有的考生在写作中会出现写不完、时间不够用的现象,或在写作中出现没话可写的情况,还有的考生写作后发现"跑题"的现象等。上述现象的出现都是因为在下笔前没有写作框架。考生应该在下笔前简单列出行文的标题、首尾段、资料来源以及论证结构。这也是"论"的另一层含义,即"论"体现在论证内容的组织安排,即论证"论点"时,选取的多种论据是否可以证明你的"论点",同时在提出原因和对策时,论证的结构是否恰当,以及语句、段落之间过渡是否流畅。当明确了写作框架,辅以上面的高效阅读和精确的分析,考生在写作中定会对论据"信手拈来","得心应手",最后完美交上自己的"人生答卷"。

2. 申论考试注意事项

参加申论考试,考生应注意以下几个问题:

1. 认真阅读试题

审题至关重要。考试时,考生一定要拿出足够的时间认真仔细地阅读给定资料。在阅读过程中,要先理清资料的逻辑关系,抓住一个复杂事件的主要问题。然后,把握住给定资料所反映的事件的环境和条件。因为这种既定的条件是提出的对策是否具有可行性的重要依据。如果抓准了主要问题,那么解决问题的方案就有了针对性。只有弄清楚给定材料所提供的环境、条件,所提出的解决问题的方案才有可行性。

2. 紧扣材料答题

考生一定要注意申论考试的限制性要求。也就是说,无论是概括主题、陈述看法,还是提出对策,都限于试卷的给定资料,而最后的论证,也是在前面叙述的基础上,就给定资料和从中概括出的主要问题及其解决方案进行阐述和论证,论证时考生要在概括的基础上自命一个题目进行论证。

3. 注意限制要求

申论考试对字数是有限制性要求的。概括给定资料所反映的主要问题,一般要求在 150 字以内;提出解决问题的方案并加以简要说明,一般要求在 350 字以内;申述、论证应试者对问题的基本看法和解决问题的方法,一般要求在 1200 字以内。超过或不足的字数一般不低于要求字数的 10%,否则要扣分。语言方面的要求,应做到要言不繁,切中要点。文面整洁,文字工整,格式规范。考生还应注意答题技巧,合理分配时间,不要盲目求快。应试者在这些方面应给予足够的重视,否则会影响考试成绩。

另外,由于申论是一门新的考试科目,因此考前模拟训练也是非常重要的。应试者应当在临考前了解考试试题的总体设计思路、考试时间的安排,把握做题的速度,熟悉、掌握各类题型的答题角度和答题技巧,做到有备而来。如果考生考前进行过模拟练习,那么在正式考试时,就会从容镇定,能较好地发挥应有的水平。

六、申论考试命题思路与规律

从十多年来的申论考试命题规律来看,申论考试主要是针对发展问题,亦即当年人们普遍关注的具体问题、重大的社会现实问题。

2002 年公务员考试申论题是网络发展给社会生活带来的影响。给定材料从正反两方面列举了这些影响的积极方面和消极方面,从而揭示出要正确对待网络发展给人们生活带来的影响。申论文章的标题如"建设稳定安全正常的网络社会"、"政府与企业合作建设网络"等,都非常符合给定材料,体现出文章作者具有较强的综合概括能力。

2003 年公务员考试申论题是企业安全生产事故与公共安全问题。材料列举了近年来发生在我国境内的一些重大安全生产事故的问题,揭示了安全生产问题直接关系到人民生命财产安全,成为亟待解决和应对的重大社会问题。第一次出现写讲话稿的新题型,申论要求提供两种讲话情境,为设定的发言人拟出一篇现场讲话稿或电视剧讲话稿,请考生任选一种。

2004 年公务员考试申论题是我国汽车工业的现状和发展趋势以及城市交通问题。材料分析了我国汽车工业的现状和发展趋势,并指出了困扰我国一些大城市发展的交通拥堵问题。这是当年人们普遍关注的一个话题。2004 年公务员考试申论试卷只有两道题,一是概述"我国汽车工业的现状和发展趋势",二是要求考生作为市交通主管部门的负责人,写一份"关于我市交通拥堵情况的报告"。第一次出现了报告文体写作的新题型。

2005 年公务员考试申论题是解决我国农村农民问题的两种思路问题,第一次出现了评论文体写作的新题型。申论文章标题已给出,明确要求请以"评解决我国农村农民问题的两种思路"为题,写一篇申论文章。

2006 年公务员考试申论题是我国各级政府应对公共突发事件能力建设问题,即我国各级政府应急管理能力建设问题。申论材料来自某部长在网上与网友的交流谈话,大致内容讲的是公共安全的重要性、突发公共事件产生的原因以及如何应对公共突发事件。比较优秀的申论标题,如"勿让天灾变人祸——切实加强各级政府应对突发公共事件能力建设"、"加强我国各级政府应急管理能力的建设"等。

2007 年公务员考试申论题是关于废弃土地再利用和政府征地过程中的占补问题。材料主要讲的是,土地在被转让的过程中所面临的问题,以及举例说明如何才能在现有土地资源紧张情况下,做到土地持续利用。申论试卷要求,请以"命脉"为题,写一篇关于土地问题的文章。

2008 年公务员考试申论题是怒江水电资源开发及人与自然的关系问题。落实科学发展观,实现人与自然和谐发展。

2009 年公务员考试申论题是我国经济发展面临的结构性问题,即转变经济发展方式,实现产业结构优化升级,深化农村改革,稳定粮食生产。要真正实现我国国民经济又好又快发展,迫切需要解决好我国经济发展面临的几个结构性问题,处理好几方面的关系。

2010 年公务员考试申论题是关于我国海洋污染问题。主要介绍了随着环渤海地区经济的快速发展和开发力度加大,渤海的污染日益加剧。假设考生是沿海某省省政府工作人员,请结合给定资料,草拟一份《关于将半岛蓝色经济区纳入国家发展战备的报告》的内容要点;并围绕"海洋的保护与开发",自拟题目,写一篇文章。

2011 年公务员考试申论题是弘扬黄河精神,继续推进黄河治理工作,关于黄河的治理开发和黄河精神的弘扬问题。

2012 年公务员考试申论题是社会道德问题。化解社会道德危机,推进社会道德重建。

2013 年公务员考试申论题是非物质文化遗产的传承问题。请考生按给定资料以"岁月失语,惟石能言"为题,写一篇文章。涉及加强非物质文化遗产保护工作,将有助于提升我国的软实力,大力推进社会主义文化强国建设的问题。

总体上看,历年公务员考试申论考试对考生的阅读理解能力的要求正在逐步提高。

2000—2002 年申论材料的字数限制在 1500 至 2000 字,2003—2005 年保持在 4000 字左右,2006 年则提高到 8000 字以上,2007 年调整回落到 6800 字,更加注重综合概括分析能力的训练。申论试题的题型、题量和结构每年都在不断调整变化中。这就需要应试者提前做好充分的准备,以应对不断变化的申论考试。

例文 1:

国家公务员录用考试《申论》试题

给定资料

1. 全球海洋面积大约 3.6 亿平方公里,占地球面积的 71%。一般认为海洋资源包括旅游、可再生能源、油气、渔业、港口和海水六大类。根据国务院 2003 年 5 月 9 日颁布的《全国海洋经济发展规划纲要》,我国有海洋生物两万多种,其中,海洋鱼类 3000 多种。天然气资源量 14 万亿立方米,滨海砂矿资源储量 31 亿吨。海洋可再生能源理论贮藏量 6.3 亿千瓦,海洋石油资源量约 240 亿吨。

联合国亚洲及远东经济委员会对包括钓鱼岛列岛在内的我国东部海底资源进行勘察,得出的结论是:东海大陆架可能是世界上最丰富的油田之一。据我国科学家估计,钓鱼岛周围海域石油储量大约 30 亿到 70 亿吨。据有关部门测算,整个南海发现的石油地质储量大约 230 亿至 3000 亿吨,约占我国总资源量的三分之一,有第二个"波斯湾"之城。南海海域是世界上尚待开发的大型油藏之一,其中一半以上的储量分布在应归中国管辖的海域。

国家海洋局某负责通知指出,要看过我国海洋资源这些数字相对于我国庞大的人口规模来说是非常有限的。他说,衡量一个国家的海洋资源优势通常有三个指标:第一个指标是人均管辖海域面积。从这个指标上来看,我国在世界的排名大概是 120 名左右;第二个指标是海陆面积比。我国这个比值是 0.31 : 1,世界排名大概 100 多一点;还有一个指标是海岸线长度和国土面积比。这个比值我国在世界的排名 90 多位。

渤海是我国唯一的半封闭型内海,总面积 7.7 万平方公里,海岸线 3784 公里,素有我国"鱼仓"、"盐仓"和:"海洋公园"的美誉。渤海是中国北方经济社会发展的生命线,上世纪 80 年代以来,随着环渤海地区经济的快速发展和开发力度加大,渤海的污染日益加剧。濒临渤海的二界沟是某市最大的渔港,过去成立的海鲜商贩和饭店伙计基本上都到这里来上海货。可眼下,尽管离休渔期还有一个月,但很多穿都停靠在码头没有出海。"去年上冻之前,船上坞,一直停到现在。"一位码头管理人员告诉记者,因为污染,渤海的鱼越来越少,许多渔民都不愿出海了。有些大船一停就是半年,只有零星几条小船还出海打渔。正说话间,一条出海的渔船回来了。

记者:"出去多长时间了? 弄到啥了?"

船老大:"哪有鱼啊,两天就那点虾爬子。"

记者:"是不是你这船不行,不能到远的地方去?"

船老大:"这船能跑十多海里呢,远处也没什么货,油用的多,赔的更多嘛。"

船老大告诉记者,出去两天,走了 5 海里,打上来的东西也就卖个几百块钱。可工钱、油钱、再加吃喝,一天就得一千块钱,倒赔。

船老大:"三四年前这个季节,我一网下去就能上来四五百斤虾爬子,真能致富啊!

可好景太短啦。眼前这些小的可怜的海货只配作饲料,卖不上价钱。"

根据某水产研究所的调查,1983 年渤海鱼类有 63 种,2004 年只有 30 种,带鱼、鳓鱼、真鲷、银鲳等几乎绝迹。

2007 年,渤海实施监测的 100 个入海排污口中,有 91 个排污口超标排污,超标排污所占比例居渤海、黄海、东海、南海四大海域之首。调查显示,2003 年至 2007 年,渤海全海域未达到清洁海域水质标准的面积年均 2.25 万平方公里,约占总面积的 29%。主要污染物位无机氮、活性磷酸盐和石油类。污染物主要来源于陆源排污、河流输入和海上养殖业。近年来,渤海海域赤潮发生的频率和规模逐年上升。2000 年至 2007 年,发生赤潮 87 次,累计赤潮面积 2.05 万平方公里,赤潮已经成为渤海海域主要海洋灾害之一。权威部门指出<u>如果不采取果断措施,渤海将在十几年后变成"死海"。</u>那时,即使不向渤海输入一滴污水,单靠其与外界水体交换恢复清洁,至少也要 200 年。实际上,从世界范围看,海洋及其资源的破坏,波及面积相当大,其原因不单是污染,还包括过度捕捞、天海造地、盲目攫取海底能源等等。<u>海洋的污染将毁灭鱼儿的家园,但让人类不寒而栗的毁灭绝非仅此而已!</u>

2008 年 11 月,国务院批准了《渤海环境保护总体规划(2008—2020 年)》,规划确定了加强重点环节和关键领域保护与防治,建立渤海污染防治与生态保护系统:面源点源制防联动,建立陆域污染源控制和综合治理系统;全面实施节水治污战略,建立流域水资源和水环境综合管理与整治系统等五大主要建设任务,体现了渤海环境保护任务的综合性、战略性与长期性,并强调在海洋开发过程中,全面推进节水、节能、节地、节才和综合以用,确保引进项目为低消耗、低排放、低污染和高效益的企业和产品,促进海洋环境的可持续利用。

2. 2009 年 4 月,中共中央总书记,国家主席胡锦涛在视察沿海某省时提出"要大力发展海洋经济,科学开发海洋资源,培育海洋优势产业,打造搬到蓝色经济区。"截止 2008 年,我国海洋经济总产值接近 3 万亿元,占 GDP 总量的 9.87%,并且提供了数以千万计的就业岗位。我国沿海已初步形成包括环渤海、长三角、珠三角在内的"三大五小"的经济区域整体布局,为进一步发展海洋经济奠定了坚实基础。据预测,到 2010 年,我国海洋生产总值占国内生产总值比重有可能达到 11.11%,2020 年将达到 15.84%。

与传统海洋经济相比,承载蓝色经济发展的经济区,是以海洋、临港、涉海产业发达为特征,以科学开发海洋资源、保护生态环境为导向,以优势区域产业为特色,以经济社会生态协调发展为前提,既有较强综合竞争力的经济功能区。格局《实施集中集约用海打造半岛蓝色经济区草案》,蓝色经济区将被打造成为黄河流域出海大通道经济引擎、环渤海经济圈南部隆起带、贯穿东北老工业基地与长三角经济区的枢纽、中日韩自由贸易先行区。但是,该省目前存在着实施"集中集约用海"的障碍,所谓"诸侯经济"发展态势明显,沿海各地申请的用海项目大都局限于本地区经济社会发展的需求,"诸侯经济"催生的"诸侯港口、诸侯电厂"遍地开花,重复建设及海岸线资源浪费严重,打造半岛蓝色经济区则有望打破这一瓶颈。该省知名专家 W 分析:"如果从全国乃至全球发展的大格局上来审视,需要明确一个在国内外具有核心竞争力的重大战略;放在黄河流域来定位,则需要一个便捷的出海大通道和能带动整个流域发展的龙头。"他认为:"把半岛蓝色经济区建设成为黄河流域的大港口、大交通、大钢铁、大能源、大电力、大石化、大造船基地,将拉动整个黄河流域社会经济迅猛崛起?? 半岛蓝色经济区的战略定位并非仅仅成为黄河流域经济发展的龙头,要争取把半岛蓝色经济区纳入国家发展战略。"

目前,环渤海地区的天津滨海新区、河北曹妃甸工业区等都陆续进入国家战略。曹妃甸地处唐山市南部沿海,它依托唐山雄厚的产业基础和京津等大城市的区位、人才优势,发展潜力极大。根据国家批准的《曹妃甸循环经济示范区产业发展总体规划》,其工业区确定的功能定位是:能源、矿石等大宗货物的集疏港、新型工业化基地、商业性能源储备基地和国家级循环经济示范区。W呼吁;"我省也必须积极争取国家重大政策支持,为今后的经济发展定位一个高起点。另一方面,环渤海地区的产业集聚能力已经相当高,为我省环渤海区域经济发展带来了不可多得的机遇。

有识之士都赞成把原来分散的海洋经济区域整合起来,打造一个产业集聚区,最大程度地实现资源优势互补,在半岛地区形成具有核心竞争力的产业集群。据悉,该省拟打造蓝色经济区主体区"两城七区",包括两个海上新崛以及重化工集聚区、机械制造业集聚区、海洋装备业集聚区、海洋化工业集聚区、海洋高新科技产业集聚区、海洋新能源产业集聚区、石油产业集聚区等7个工业区。"两城七区"的功能定位有交集,但是主导产业在其原有发展的基础上各有所异,海洋高科技产业在半岛蓝色经济区产业中的比重将得到大幅提高,以实现开发与保护并重的目的。

3.日本濑户内海是半封闭的内海,曾是天然的鱼仓,日本列岛最富足的海湾。上世纪40年代末,日本为权全力发展经济,将濑户内海沿岸选为最重要的工业基地,此后,这里便逐渐成为工业部门的下水道,工厂把未经处理的工业废水随意排入内海。1955年以后,濑户内海的污染日甚一日,原来十几年一次的赤潮,后来发展到一年几百次,鱼虾绝迹。在这个过程中,发生了震惊世界的水俣病,熊本县水俣湾的老百姓吃了从濑户内海中捕捞的被高毒性的汞污染的海产品,导致痴呆麻痹、精神失常,只有4万居民的水俣县,竟有一万人的了这种病,更可怕的是水俣病还具有遗传性。水俣病震惊了世界。上世纪70年代开始,日本下决心着手治理濑户内海,首先,颁布实施《水质污染防止法》、《海洋污染及海上灾害防止法》、还针对濑户内海特别制定了《濑户内海环境保护临时措施法》,还决定对排入濑户内海及其邻近海域的工业废水负荷量减少一半,并规定3年之内,逐步将与工业废水有关的污染负荷量减少到规定程度。该《措施法》实施了三年,又延长了两年,事实证明它对恢复海域的良好环境起到很大的作用,为不使前功尽弃,日本国会通过决议,将《濑户内海环境保护临时措施法》改为永久性法律,更名为《濑户内海环境保护特别措施法》。为了切断污然源头,政府将污染严重的化工厂迁离濑户内海,并大大减少天海造地的面积,濑户内海的大部分区域都被规划为国家公园,建立了800多个野生动物自然保护区。政府还协调建立该海区沿岸13个府县和5个市的知事、市场参加的环境保护工作会议制度。在治理海洋污染的过程中,这种联席会议发挥着非常重大的作用。同时,有关部门大力加强内海环境调查与监视、监测的投资,各种自动化监测设备可以一年到头连续在海上观测,并多次开展大规模的海洋污染综合调查,对濑户内海的污染现状、如何治理了然于胸。通产省成立了防止濑户内海水质污染研究会、海洋生物环境研究所等科研机构，其他许多省厅和地方政府的研究所及大学和民间团体也都从事着与治理海洋污染有关的环境科学研究工作。半官方的濑户内海环境保护协会也扮演了重要角色，民间环保组织更是大量诞生，规模之大居世界之首。社会各阶层都在宣传保护濑户内海的重要性和必要性。经过30年社会各界的共同努力，濑户内海水质已基本恢复到良好状态，海洋渔获量明显增加。现在，"综合性海域管理"已经成为世界诸学者都很重视和关注的课题，一些国际学者最担忧的情况是对海洋的无序开发，希望各国政府能以此为见，因为无序开发将给海洋环境带来难以估量的严重后果。

4.2009年10月，荷兰内阁批准一项"退耕环海"方案，位于荷兰南部西斯海尔德水道两岸的部分堤坝被推倒，一片围海造田得来的3平方公里"开拓地"将再次被海水淹没，恢复为可供鸟类栖息的湿地。这项"退耕环海"计划是对西斯海尔德水道疏浚工程的"补偿"，西斯海尔德水道位于荷兰南部，是比利时重要港口普、安特卫普港的出海通道，由于湾长水浅，进出安特卫蒲港的大型油轮只能在海水涨潮时通过西斯海尔德水道，据称，因此每年给安特卫蒲港造成损失7000万欧元。疏浚西斯海尔德水道对于荷兰、比利时两国无疑都具有重要的经济意义。但是，要疏浚水道，必然拓宽水岸，岸边的湿地面积就会受到侵占。在环保组织看来，西斯海尔德水道两岸的湿地，首先是候鸟们在北非与西伯利亚之间迁徙的落脚点、中转站，其次才是可供人类以用的水道。为了人类船的利益侵占候鸟栖息的湿地，实属不义之举。环保组织锲而不舍的抗争，促使荷兰政府作出决定，让几十户农民迁出100多年前围海造田得来的家园，以供候鸟们栖息，依次换取环保组织对水道疏浚工程的支持。经过700多年的于海奋斗，荷兰人不仅用堤坝为自己营造出一个安全的家园，围海造田的面积更是占到荷兰国土面积的五分之一。这样一个在与环境不懈战斗中立足的国家，如今却要为候鸟让出部分家园，应当说，这样的抉择时值得称赞的，其实，类似围海造田这样的词汇，中国人并不陌生。自上世纪50年代以来，在"向湖泊要良田"的思想指导下，经过几十年的围湖造田运动，我国鄱阳湖和洞庭湖两大淡水湖面积均大幅缩小。到上世纪末，两湖面积比上世纪40年代末分别减少了1400平方公里和1700平方公里，减少比例分别为26%和40%。1998年肆虐整个长江流域的洪水，以一种惩罚性的方式，向围湖造田发出了最后的控诉。按照国家部署，1999年，有关省市开始实行大规模的"退耕还湖"，至2001年，"退耕还湖"已使昔日中国第一大淡水湖鄱阳湖水面面积增加了1000多平方公里，大大提高了蓄水抗洪能力。据称，鄱阳湖水面面积因此大致恢复到了1949年的水平。荷兰的"围海造田"与我国的"围湖造田"有着相似的初衷，而"退耕环海"与"退耕还湖"都反映了人类可贵的自省。还应注意到，荷兰人的"退耕还海"虽然只涉及3平方公里的海域，但留给人们的思考却是很宝贵的。

5.1962年，在"与海争地海让路，向山要粮山听遣"的鼓舞下，南方某市数万士兵、学生大搞围海造田，历时4年，西效牛田洋筑堤拦海工程全面完成，10多平方公里的大海变成了一个大型军垦农场。1969年7月28日，一场12级台风突袭，数层楼高的海浪涌入海堤，市区平均进水一两米，一艘外轮甚至被从港口抛到了山上。牛田洋军垦农场的海堤被削剩无几，抢险队员们以肉身筑成人堤，欲阻挡滔天巨浪，结果，一眨眼队伍便被冲入海中。30多个小时后,他们耕作的地方成为一片小打汪洋,553名部队官兵和大学生殉难。一场台风,大海夺回了本就属于它的土地,夺回的速度比数万狂热军民围海造田的速度快了几千倍。"沧海桑田—桑田沧海"一个轮回只有7年! 这真是奇迹,一个让人不堪回首的奇迹!

6.根据《联合国海洋法公约》规定和我国《专属经济区和大陆架法》的主张,我国管辖的海域面积约300万平方公里(包括内海、领海、专属经济区等)。我国领海包括渤海、黄海、东海和南海的全部海域,总面积约38万平方公里。领海内分布着大大小小几千个岛屿,最大的为台湾岛,面积3.578万平方公里;其次是海南岛,面积3.22万平方公里,保护和开发海岛,是树立现代国土意识的重要组成部分。2009年6月,十一届全国人大常委会第九次会议上,《海岛保护法(草案)》首次提请审议,10月27日,再次提请人大常委会第十一次会议审议。预计该法案于年底出台。阳光、沙滩、蔚蓝色的海水,珊瑚礁石垒成的渔村,停泊着几艘小渔船的渔港,这里是南海的西岛。2002年以来,南海某市制定与实施了一系列海岛管理制度,涉及海洋海岛开发保护规划的编制、海岛开发项目的审批程序、属地对海岛的有效监控等等。从某种意义上说,西岛能出现令人欣喜的现状,正是该市通过尝试一些新的制度和做法,协调了海岛开发和保护关系的结果。

海岛资源具有很大的旅游开发潜力,但又非常脆弱,一旦破坏,恢复非常,比如珊瑚礁,它是岛屿生态环境的重要组成部分,对环境有很高的要求,要在清洁县温度适宜的海水中才能生存,珊瑚遭受污染、破坏,不但岛屿整体环境会恶化,海岛的存亡也会受到威胁。有关专家指出,《海岛保护法(草案)》体现了一个非常重要思想,就是把海岛和海岛周边的环境看作一个整体来保护,这里面既包括陆地,也包括海岸带、珊瑚礁、红树林以及海域等等,陆地周边的环境对于海岛同样有重要的意义,共同组成一个不可分割的整体。同时,在海岛资源环境保护的范围和性质上也有了很大的扩充,从岛陆扩展到整个海岛环境及各种资源,从有居民的海岛扩展到无居民的海岛。草案规定,无居民海岛所有权属于国家,防止随意侵占和开发无居民海岛的行为,保护的更加充实和明确。可以这样说,《海岛保护法(草案)》提供了一种认识海岛价值的新思维,它所产生的社会意义是极为重大与深远的。

作答要求:

一、认真阅读给定材料,简要回答下面两题。(20分)

1."给定资料1"提到,权威部门指出,如果再不采取果断措施,渤海将在十几年后变成"死海"。这里的"死海"是什么意思。(10分)

要求:准确、简明。不超过100字。

2.请结合给定资料中的具体事例,谈谈你对"海洋的污染将毁灭鱼儿的家园,但让人类不寒而栗的毁灭绝非仅此而已!"这句话的理解。(10分)

要求:准确、简明。不超过150字。

二、依据给定资料,谈谈你从下面一段文字中得到哪些启示。(20分)

荷兰的"围海造田"与我国的"围湖造田"有着相似的初衷,而"退耕还海"与"退耕还湖"都反映了人类可贵的自省;还应该注意到,荷兰人的"退耕还海"虽然只涉及3平方公里的海域,但留给人们的思考却是很宝贵的。

要求:分析全面,条理清晰,不超过 300 字。

三、假设你是沿海某省省政府工作人员,请结合给定资料,草拟一份《关于将半岛蓝色经济区纳入国家发展战备的报告》的内容要点。(20分)

要求:

1.内容全面,有针对性;

2.条理清楚,表达简明,不超过 400 字。

四、参考给定资料,围绕"海洋的保护与开发",自选角度,自拟题目,写一篇文章。(40分)

要求:

1.思想深刻,观点明确;

2.内容充实,结构完整,语言畅达;

3.总字数 900—1100 字。

国家公务员考试申试题参考答案

一、认真阅读给定材料,简要回答下面两题。(20分)

1."给定资料 1"提到,权威部门指出,如果再不采取果断措施,渤海将在十几年后变成"死海"。这里的"死海"是什么意思。(10分)要求:准确、简明。不超过 100 字。

此处的"死海"是指由于人类对海洋资源过度开发、污染海水而产生的自然环境破坏、海水水质恶化、野生动植物减少乃至灭绝、自然灾害增多、环境自我调节能力大大下降的海域。

2.请结合给定资料中的具体事例,谈谈你对"海洋的污染将毁灭鱼儿的家园,但让人类不寒而栗的毁灭绝非仅此而已!"这句花的理解。(10分)要求:准确、简明。不超过 150 字。

一方面,人类对海洋的污染破坏了海洋生态,导致水质恶化、野生动植物减少甚至绝迹。更严重的是,这种污染可能导致海洋生态环境自我调节能力受损,自然资源减少,自然灾害增多,影响经济社会的可持续发展;污染还可能导致疫病,直接威胁沿海地区居民的生命和身体健康。这些危害比动植物减少更加值得担忧。

二、依据给定资料,谈谈你从下面一段文字中得到哪些启示。(20分)

荷兰的"围海造田"与我国的"围湖造田"有着相似的初衷,而"退耕还海"与"退耕还湖"都反映了人类可贵的自省;还应该注意到,荷兰人的"退耕还海"虽然只涉及 3 平方公里的海域,但留给人们的思考却是很宝贵的。要求:分析全面,条理清晰,不超过 300 字。

无论是"退耕还海"还是"退耕还湖",都是牺牲人类经济社会的局部利益来复原、改善自然环境。这带给我们几点启示:第一,人类在改造自然、发展经济的同时必须注意经济与环境的协调,开发要适度、合理,要符合自然资源的承受力,否则会导致严重后果。第二,对人类过去经济发展中一些错误做法造成的对自然地损害要敢于承认和纠正,从协调经济、环境的角度出发,适当牺牲人类经济发展的需要,采取措施恢复自然环境。无论这种错误多么微小,都要坚持改正。第三,在经济发展过程中要坚持对发展思路、方式的错误进行反省和纠正,不断改进发展方式,促进经济与环境协调,保障人类社会的长远可持续发展。

三、假设你是沿海某省政府工作人员,请结合给定资料,草拟一份《关于将半岛蓝色经济区纳入国家发展战备的报告》的内容要点。(20分)要求:1.内容全面,有针对性;2.条理清楚,表达简明,不超过400字。

第一,我省应以科学开发海洋资源、保护生态环境为主建立半岛蓝色经济区。利用海洋资源,带动本省、沿河流域、沿海一线其他省区经济发展,整合省内各地区资源,改善当下重复建设的发展状况,推动本地区、东北、环渤海、长三角、东亚邻国的相互联系和交流协作。应尽力争取使这一重要规划规划纳入国家发展战略,争取国家支持。

第二,半岛蓝色经济区应以港航、交通、钢铁、能源、电力、石化、造船等产业为重点产业,在省内规划"两城七区"的经济区主体区分工,确定不同发展目标,整合各地资源形成优势互补,将周边海岛纳入总体规划,强调开发与保护协调,更加注重海洋高科技产业、旅游业等产业的发展。

第三,半岛蓝色经济区的建立应特别注重提高产业层级、优化发展方式,要加大对相关企业、产业发展的审查力度,着力培养技术含量高、低污染、低排放的产能,淘汰落后产能,适当建立环保区域,推进节水、节能、节地、节材和综合利用。

四、参考给定资料,围绕"海洋的保护与开发",自选角度,自拟题目,写一篇文章。(40分)要求:1.思想深刻,观点明确; 2.内容充实,结构完整,语言畅达; 3.总字数900—1100字。

科学开发 合理保护 依托海洋资源推进可持续发展

我国拥有漫长的海岸线和辽阔的海域,海洋资源极为丰富。多年来,我们通过大力开发海洋资源,为经济发展提供了有利支撑。当前我国GDP中有大约十分之一的份额都来自海洋经济。但是,由于开发方式不当,对环保不够重视,对海洋的开发利用也产生了诸多问题:海洋环境恶化,野生动植物减少,自然灾害增加,自然资源被破坏,我国可持续发展能力受到损害。

对待海洋资源应该既科学开发、又合理保护,统筹兼顾、共同推进。这不仅是因为我国海洋资源的人均占有量小、资源脆弱易损,也是因为过去重点关注经济开发的错误方式使我们更加警惕开发的方式。兼顾开发与保护,既有利于推动沿海和全国经济进步,也有利于保护我国海洋资源,从而长远上保障我国经济社会的可持续发展。为此,应采取如下综合措施:

第一,完善海洋开发、保护方面的相关立法。在现有《海岛保护法》的基础上,进一步建立相关的法律,确定海洋资源开发的规模、区域、方式等内容,以及海洋资源的保护区域、保护方法,为海洋资源合理开发利用奠定法律基础。

第二,严格进行科学规划。站在国家海洋战略发展的高度,建立海洋综合管理规划体系,对全国沿海地区海洋资源发展的目标、功能给予合理定位,根据各地具体情况划定优化、重点开发区和限制、禁止开发区域,合理建立产业集聚区和自然保护区。注重海洋高科技产业、旅游业等新兴产业、绿色产业发展,确立科学合理的发展格局。

第三,加强区域整合协作。宏观上整合各地资源,灵活调配、优势互补,防止出现重复建设。建立各省、地、县的领导干部会议协调机制,定期协商海洋资源的综合开发和海洋保护,形成联动、协调机制。

第四,优化海洋开发方式。特别注重海洋资源开发利用相关项目的审查力度,建立污染源控制与综合管理系统,严格禁止高耗能、高污染、高排放的产业、产能,大力引入、推广高技术、低污染的产业、产能,推进节能、节水、节地、节材和综合利用,各级政府积极建立科研机构,重点研发海洋资源开发的高新技术,提高海洋资源利用率,降低污染。

第五,加大对海洋资源的综合保护。在完善法规、规划的基础上,加强重点领域的保护与防治,适当建立自然保护区,加大对城市、企业排污的监管力度,普及自动监测设备,对排污超标的严格问责。发挥民间环保组织的监督作用,政府和媒体合作加大社会宣传力度,提高公众参与度,增强公众的环保意识,与海洋开发共同形成"综合性海域管理"体系。

只有采取从立法到宣传的多方面综合对策,力行科学合理的开发和保护政策,才能够长远上保证海洋资源的长久利用,落实全面、协调、可持续的科学发展观,从而为我国长远经济社会发展提供源源不断的动力。

实训演练

1.广义的毕业论文和狭义的毕业论文之间的区别是什么?

2.试阐述学术论文的理论性和创造性两大特点。

3.根据毕业论文的格式和写作要求,结合本学年的学习内容写一篇专业小论文。

4.学术论文写作前通常要拟写提纲,列出论点、分论点以及所使用的材料,请为例文《论中国古代思想对现代企业管理的积极影响》写一份提纲。

5.根据下列所给出的材料,按要求完成申论。

1.某报记者在调查食品安全领域问题时,发现了一个地下黑加工点。记者暗访了该加工点利用双氧水、工业碱等有害添加剂,发制、漂白百叶、毛肚等食品的全过程。记者发现,雇用工小张的工作就是用煮、晾、泡等工艺制作百叶、茄参、毛肚等水发食品。制作过程中加入起增重作用的工业碱,起漂白、防腐作用的双氧水和起中和碱作用的盐酸。平时厂房里就小张一个人负责加工,产品有专人运往市场。据小张讲,利用工业碱、双氧水等食品添加剂,制作水发产品,在这个行业不是少数。另外,在其他行业也有类似运作。

这个地下黑加工点,有自己的运货车、批发点、销售点,有毒、有害的水发制品从生产到销售只需要两天时间。每天生产1000斤左右的水发制品,在凌晨三四点钟用专门的运货车将成品运到老板指定的海鲜市场出售。"我知道做这项工作是昧良心和不道德的,实际也是违法的,整日生活在恐惧中。但看着老板不断地加薪,我的心又开始活动了,我从心里也在说服我自己,不就是加点添加剂,吃的时候用高温水烫一下也就没事了。况且干了这么长时间,政府也没有一个单位有人来管。"小张向记者坦言。

　　这个地下黑加工点一个月就销售非法加工的茄参 2.6 万斤,销售额 30 余万元,毛利润能达到 10 万元。记者向有关单位反映地下黑加工点的情况时,发现处理此事牵涉工商、质监、农委、公安等多家单位,"三个和尚没水吃",在实际管理过程中,出现了"好事人人都管"、"坏事人人管不了"的现象。

　　2. 在 2011 年央视"3·15"晚会上,曝出了一则消息:H 省不少养殖户在养猪时添加国家明令禁止的"瘦肉精",让人难以置信的是,这些吃了"瘦肉精"饲料的"健美猪",竟然过五关斩六将,突破多个监管关口,一路杀向一些大城市,甚至杀进了肉制品生产企业,最终走上百姓的餐桌。有人戏谑:我们应当"感谢"食品行业,它让我们从大米中认识了石蜡、从火腿中认识了瘦肉精、从辣椒酱里认识了苏丹红、从火锅里认识了福尔马林、从蜜枣中认识了硫磺、从木耳中认识了硫酸铜、从奶粉中认识了三聚氰胺……还有人说到地沟油问题,这起继三聚氰胺后的重大食品安全事件,再度引起社会公愤。一个涉及 14 个省市的地沟油制售网络,已经使地沟油流入市场,其所产生的危害,怎能不令人深以为忧?

　　2010 年 6 月召开的第二届中国食品安全高层论坛上,某市食品添加剂行业协会的名誉会长 P 先生认为:食品行业是一个特殊的行业,如果不讲良心,任何环节都可能出问题。该市食品研究所技术总监 M 先生认为:食品企业应当将自律提到很高的位置,但在中国的现实环境中,不能把食品安全的"宝",全部押在从业者的良心上,还应该强调"他律",以真正实现食品安全。

　　改革开放初期,不讲诚信,假冒伪劣、以次充好者有之;坑蒙拐骗、赖账不还者有之;欺行霸市、以不正当竞争手段毁坏他人声誉者有之;大做虚假广告、以不正当手段推销者有之。这些行为不仅破坏了经济秩序,也败坏了社会风气。回过头去看,那些企业有哪一家真正做大做强了?据统计,在市场经济条件下,无论是国内的同仁堂、稻香村等老字号企业,还是进入世界 500 强的中外企业,无一不是严守法规、诚实经营才有今天的辉煌,没有任何一家企业能够靠造假而发展壮大。

　　3. 发达国家并非生来就是"世界上食品供应最安全的国家"。类似的"食毒时代",他们也经历过。1906 年 2 月,美国长篇小说《屠场》面世,揭露肉联厂工人非人道的劳动状况,"本想打动公众的心,不料却击中了他们的胃"。

　　"从腌肉车间里取出的猪肉常常发酸,就搓上苏打粉,去掉酸臭味,经过化学处理,需要什么颜色、什么香味、什么味道就能有什么颜色、什么香味、什么味道,然后卖到自助午餐柜台上去。""凡是已经腐烂得再也不能派任何用场的臭肉,连同地面铲起的渣滓一道,用来制成罐头,或者剁碎制成香肠。已经生霉发白没人买又运回来的食品,用硼砂和甘油处理之后,又作为原料重新制成正品。"据说,当时的美国总统罗斯福在白宫边吃早点边读这本小说。看到这令人作呕的描述,总统大叫一声,跳起来,把口中尚未嚼完的食物吐出来,又把盘中剩下的一截香肠用力抛出窗外。《屠场》导致美国肉类食品消费和出口急剧下降,瞬间引发人们对食品安全和卫生的强烈关注。在舆论压力下,美国国会当年 6 月通过了《纯净食品和药品法》《肉类制品监督法》,由此逐步进入了食品安全管理法制化的时代。

　　1927 年,美国农业部成立了一个新的下属机构:食品、药品和杀虫剂组织。1930

年,该机构名称改为"食品药品管理局",也就是我们今天所熟知的FDA。和FDA一起在联邦层面上负责食品安全的,还有疾病控制和预防中心、农业部下属的食品安全和检验局、动植物卫生检验局等机构。20世纪以来,美国政府陆续通过了近20部重要的食品药品监管法律,赋予FDA更多的职权。对于被查出问题的食品,FDA毫不手软,生产商和销售商都会受到处罚,且要花巨额费用召回相关食品。

4.2011年9月,某报刊刊登了一篇评论员文章。文章指出,在"陌生人社会"里多数人会本能地希望把必须要相处的陌生人变成熟人,托关系、人找人,因为"熟人信得过"、"熟人好办事"。对偶然相遇的陌生人,则首先选择不信任。文章还认为,互不信任增加了社会运行的成本。一方面对陌生人处处提防,认为这是让自己利益免受伤害的必要方式,另一方面抱怨"人性冷漠"、"道德滑坡":一方面指责他人"麻木不仁"、"见死不救",另一方面又提醒亲人朋友遇事别"出手"、少"出头"。伦理学家指出:在漫长的封建社会中,中国传统的伦理道德,既有反映统治阶级要求,为维护封建统治服务的观念和规范,又有反映中华民族优秀品质的观念和规范。比如,孔融让梨中的谦让、孟光梁鸿举案齐眉中的和睦、乐羊子妻断机劝夫中的深明大义……每个故事都反映出一个时代所提倡的社会道德风尚,也成为今天我们增进人际和谐、维护社会稳定的参考教材。但封建伦理道德中宣扬的"三纲五常"、"男尊女卑",则是糟粕,应该否定。正如毛泽东同志所说:"从孔夫子到孙中山,我们应当给以总结,继承这份珍贵的遗产。"

中国传统的道德观念以儒家的性善论为主流,在实践中,儒家以礼与法的结合作为人性修养在他律方面的补充。然而在一个道德松弛、舆论不张、管理乏力的社会里,"他律"的作用会大打折扣。某省委宣传部E部长认为:解决他律问题,道德教化也是一种比较有效的方法。当前主要应进行中华传统美德教育,通过教育,使人们的爱国主义情感、集体主义情感、人道主义情感、正义感、自尊感等都有正确的发展方向。当人们形成良好的道德观念,建立了具有良好公德共识的体系,一个社会的发展便将获得前所未有的巨大的推动力。

5.不久前,中央美院油画系研修班第一届部分同学在一家报纸发表声明,称2010年6月,某拍卖行以7280万元高价拍出的徐悲鸿油画《人体蒋碧薇女士》系他们1983年的临摹习作。商人谢某自行伪造"金缕玉衣",出钱请出国内五位鉴定专家为其鉴定。在收取了不菲的评估费后,专家用了不到一个小时的时间就联合签署了一份估价24亿元人民币的鉴定报告。谢某由此向银行骗贷5个亿。近年来,随着民主政治的进步、互联网的普及,网民意愿更加畅通的表达,每个公民都有自由言说的空间。从"天价烟局长"周某的落马,到在敦煌撒泼的新疆生产建设兵团某团副团长夫妇的被免职等等,一系列的案例,说明网民意愿、网友监督,在国家民主政治的进程中,作用越来越大。但著名文化学者、某大学Z教授认为:媒体和网络是一把双刃剑,本应站在客观公正的立场,去引导社会舆论,但有时部分媒体和网络却在没核实、没法甄别真伪、不明真相的情况下,充当了造谣者的"帮凶"。2011年3月,一位母亲为获捐款,抱着患眼癌的女儿跪地前行,这是职业网络推手精心策划炒作的"母亲跪爬求助"事件。推手已向"跪爬母亲"致歉,"跪爬母亲"也向社会道歉,表示愿将得到的二十余万捐款退回。对于此事,人们看法不一,有的人觉得利用谎言炒作募捐不道德,有的人认为救命远比道德更重要……

央视某主持人说：网络推手出于善意目的制造"缺德炒作"，对社会诚信造成的损害是不可估量的。

某网站针对所谓"社会道德危机"，曾组织网民在网上进行讨论。

网民 A 认为：道德失范的根源应归咎于市场经济的快速发展。市场经济与生俱来的盲目性、自发性、趋利性、等价交换性等致命弱点，必然导致拜金主义和极端主义的滋长、蔓延和泛滥，引发社会秩序混乱，道德沦丧，诚信缺失。

网民 B 认为：市场经济大潮的冲击和物欲主义的侵蚀，使不少人越来越远离向内心的叩问，在不少人身上理想、信仰的感召力在减弱。人们应当重拾信仰，让信仰不再缺席。

6. 某媒体报道：当前医疗领域，个别医生不讲医德，"开单提成"收受医药产品销售回扣的现象屡禁不绝。更有甚者，将病人视作唐僧肉，不从病情出发，多开贵重药品，动辄作"CT"、上"核磁"，徒增患者负担，为小团体牟利。另有报道指出：在教育界，也有一些学校出现少数教师借补课、家访、排座位、安排班干部等事务，公然收取好处的现象。某市一中学给学生家长每人寄了一封信，在信上学校划定了 20 本名著，要学生到"指定书店"购买。很多家长认为，学校给指定的书店打广告，个中原委令人生疑。还有个别领导干部忽视自身的道德建设。出了事故，主管领导极力隐瞒事实真相者有之；面对群众的质疑，搪塞推诿者有之。还有些干部利欲熏心，玩弄数字游戏虚报功绩，甚至大搞损害民生的"政绩工程"希图换来个人的升迁。

7. 近年来，"讲文明树新风"志愿服务、关爱空巢老人志愿服务、敬老爱老志愿服务，成为社会主义精神文明的显著标志和重要推动力量。上海世博会上，200 余万名社会志愿者参与世博活动的志愿服务；广州亚运会、亚残运会期间，有 59 万名志愿者投身其中；汶川特大地震发生后，不到一个月时间就有 20 万人次志愿到灾区帮助抗震救灾；玉树地震、舟曲特大山洪泥石流发生后不到一天，志愿者就成为救援大军中的重要力量。这种来自民间、集中爆发的志愿精神，诠释了民族精神新的时代内涵。

汶川大地震，这场空如其来的灾难，人类无法抗拒，但面对灾难，举国上下凝聚成了撼动人心的精神力量。大地震当夜，成都街头就出现了无数个献血点和医疗站，前来献血的人排除站满整条街；成灌高速路上，数百辆出租车开着应急灯奔赴都江堰灾区，没有人给他们一分钱，更没有任何人有过要求和命令；唐山市组织了医疗队和抢险队从抗震纪念碑启程，赶赴四川灾区。曾经有过同样伤痛的唐山人，在互联网上深情地留言："告诉灾区人民，我们和你们在一起。"唐山人曾被别人感动，在汶川大地震中则感动着别人。唐山某村 13 名老乡，自发组成了一支救援小分队，赶往四川北川救灾现场，用最直接、最朴实的行动，对"感恩"一词进行完美的诠释。

前不久，一位普通农妇刘女士在骑电动三轮车赶集的归途中，遇到同村 76 岁的李老太太及其孙女步行回村，遂热心搭载她们坐"顺风车"。不料路上三轮车侧翻，三人均受伤，其中李老太太伤情最重，经抢救无效去世。出于愧疚，刘女士主动提出给予经济赔偿，而李老太太家属四次坚决拒绝。刘女士说："如果不是我好心办坏事，老太太就不会走得这么早。无论花多少钱都必须补偿！"李老太太家属则说："我们不能让好人做了好事，却得不到好报"。

8. 2010年2月9日,腊月廿六。在北京做建筑工程的孙先生回到天津,原定与暂住在天津的家人和弟弟聚一天再回武汉,但他查看天气预报了解到,此后几天,天津至武汉沿线的高速公路,部分地区可能因雨雪封路。他决定赶在封路前,赶回武汉,给先期回武汉的民工发放工钱。春节前发放工钱,是他对民工的承诺。当晚,孙先生提取26万元现金,带着妻子和三个儿女出发了。次日凌晨,他驾车驶至南兰高速开封县陇海铁路路桥段时,由于路面结冰,发生重大车祸,20多辆车连环追尾,孙先生一家五口全部遇难。第二天早上,弟弟打电话回家,发现哥哥仍未到家,手机也联系不上。预感不妙的弟弟开车沿途查找,结果在河南兰考县人民医院太平间发现了哥哥及家人的遗体。弟弟撬开撞得扭成一团的轿车后备箱,捆好的26万元现金还在。"我们家这个年是过不成了,但不能让跟着哥哥辛苦一年的工友们也过不好年。"沉浸在丧痛中的弟弟含泪决定,先替哥哥完成遗愿。腊月廿九,两天未合眼、没吃饭的弟弟赶回家中,通知民工上门领钱。因为哥哥离世后,账单多已不在,弟弟让民工们凭着良心领工钱,大家说多少钱,就给多少钱!钱不够,弟弟就贴上了自己的6.6万元和母亲的1万元。就这样,在新年来临之前,60多名民工都如愿领到工钱,弟弟如释重负。孙先生弟弟接受记者采访时说。"新年不欠旧年薪,今生不欠来生债","包工头也要讲诚信,不能赚昧心钱,这是自己的良心账。"

徐先生是N市某希望小学教师,在婚检时被查出患有严重的肾衰竭及尿毒症。得知病情,他毅然和未婚妻解除婚约,作出一个旁人想象不到的决定——回到讲台前,将自己的余生奉献给教育事业。多年来,他忍受常人无法想象的痛苦,坚持自己在宿舍完成透析,坚守在教师岗位。2008年初大雪封山,他不顾病情严重,一次又一次护送山里的孩子回家;汶川大地震发生后的第二天,他就主动捐出了当月工资寄往灾区;多年来,他一直默默地从微薄的薪金中抽出钱来资助那些需要帮助的孩子,即使在他病情危重时刻也从未间断过。徐先生在日记中写道:"我无法选择自己的命运,但我可以选择对待命运的态度;我无法延伸生命的长度,但我却可以拓展生命的宽度!"

31岁的年轻母亲吴女士有一个她始终都有些不好意思接受的新名字——"最美妈妈"。今年7月2日,某市一住宅小区,2岁女童妞妞从10楼的窗台坠落。在楼下人们惊呼的一刻,吴女士甩掉高跟鞋、伸开双臂向妞妞掉落的位置冲去,在即将落地一刹那,她接住了妞妞。"事情发生在一瞬间,我根本来不及多想。我只知道她是一个孩子,我是一个母亲,孩子是母亲的心头肉,母亲救孩子是天经地义的事!"为了接孩子,吴女士左臂尺桡骨断成了3截,可她的脸上仍挂着明朗的笑。在家人看来,吴女士能这样做"既意外也不意外"。她丈夫说:"她继承了父母的朴实和善良,她今天所做的事情是平时养成的善良之心,关键时刻只是这种善良的习惯性流露"。吴女士所在社区的居民们自发以系黄丝带和点燃蜡烛的方式为吴女士和妞妞祈福。该省省委书记也于第一时间前往病房探望。美联社等欧美媒体赞扬她"勇敢""无私",是真正的"守护天使"。

9. 今年全国两会期间,温家宝总理在回答网友提问时曾指出,一个国家,如果没有国民素质提高和道德的力量,绝不可能成为一个真正强大的国家,一个受人尊敬的国家。2010年9月20日,我国正式实施了《公民道德建设实施纲要》;2007年7月,中央文明办、全国总工会、共青团中央、全国妇联共同发起评选表彰全国道德模范活动,三届道德模范评选,160多位全国道德模范的名字深深印刻在人们心中。近十年来,我国不断把社会主义核心价值体系融入到国民教育、思想道德建设和群众性精神文明创建活动全过程,充分发挥道德模范的榜样引领作用,在全社会推动形成知荣辱、讲道德、促和谐的文明风尚,用榜样的力量凝聚起全党全国各族人民团结奋斗的强大精神力量,构建起我们共同的精神家园。

作答要求

一、认真阅读材料,简要回答下面两题(20分)

1、"给定材料2—6"反映了市场经济背景下社会生活中的种种问题,请对这些问题进行概括和归纳(10分)

要求:准确、全面、有条理、不超过250字。

2、"给定资料8"介绍了最近社会上涌现出的先进人物事迹,某单位党委决定编印一期《内部学习资料》,宣传他们的事迹,号召本单位全体人员向先进人物学习,请你为这期《内部学习资料》撰写一则"编者按"。(10分)

要求:概括全面准确,揭示各位先进人物的精神实质,200字以内。

二、"给定资料5"中提到,某网站曾组织网民进行了一场讨论。请你根据"给定资料",反驳"网民A"的观点。

要求:(1)观点明确,分析透彻,论据真实;(2)语言流畅,层次分明,有说服力;(3)不超过400字。

三、"给定材料1"中反映的问题需要妥善处理,假定你是市政府职能部门的工作人员,领导安排你处理此事,请你提出解决问题的具体措施。(20分)

要求:条理清楚,所提措施具体,有针对性,不超过400字。

四、"给定材料7"中讲述了农妇刘女士和李老太家人之间发生的一段感人故事,请你以这个故事为话题,自拟题目,写一篇文章。(40分)

要求:(1)结合"给定资料",并注意联系当前社会实际和自身体会;(2)观点明确,内容充实,层次清楚,语言流畅;(3)总字数800—1000字。

参考答案

1.答:广义的毕业论文和狭义的毕业论文之间的区别:

广义的毕业论文是指高校学生、学位申请者毕业前,按照教学计划要求,在有经验的教师指导下,独立撰写的综合性学术论文。它包括学年论文、毕业论文和学位论文等多种类型论文。

狭义的毕业论文,指的是专科毕业论文、本科毕业论文(学士学位毕业论文)、硕士研究生毕业论文(硕士学位论文)、博士研究生毕业论文(博士学位论文)、博士后毕业论文等,即在学业完成前写作提交并达到评审要求的学术论文。

2.答:学术论文理论性特点:形式上学术论文是属于议论文的,但与一般议论文有所不同,它必须是有自己的理论系统的,不能只是材料的罗列,应对大量的事实、材料进行整合分析和研究,使感性认识上升到理性认识。一般来说,学术论文具有论证色彩,或具有论辩色彩。论文的内容必须符合历史唯物主义和唯物辩证法,符合"实事求是"、

"既分析又综合"的科学研究方法。

学术论文创造性的表现:科学研究是对新知识的探求。创造性是科学研究的生命。学术论文的创造性在于作者要有自己独到的见解,能提出新的观点、新的理论。这是因为科学的本性就是"革命的和非正统的",没有创造性,学术论文就没有科学价值。

3.学生所学专业不同,写出的小论文具有专业独特性。但毕业论文的格式和写作要求是一致的,请同学根据所学内容独立完成。

4.答:例文《论中国古代思想对现代企业管理的积极影响》的写作提纲如下:

论中国古代思想对现代企业管理的积极影响

一、前言

从历史的角度,强调管理是一定民族文化背景下的产物,传统的管理思想至今影响着当代企业的管理意识和行为,提出本文论点。

主体部分:

二、古代管理思想对企业管理的积极影响,从三个方面展开论述:

1."天地之性人为贵"、以人为本的思想

2.人类社会协调的和谐发展观

3."为天地立心,为生民立极"的"入世精神"

三、去其糟粕、取其精华,实现科学的企业管理

强调要革除中国传统管理思想中的负面影响,是我国现代企业管理者的历史责任,应创造出新的适合中国特色的科学管理思想。

四、结语

对上述内容进行总结,指出促进企业经营管理的现代化的新思路。

6.申论写作答案如下:

一、认真阅读材料,简要回答下面两题。(20分)

1、"给定材料2～6"反映了市场经济背景下社会生活中的种种问题,请对这些问题进行概括和归纳。(10分)

要求:准确、全面、有条理、不超过250字。

【参考答案】

总体上看,市场经济背景下社会生活中出现了道德水平下降的问题。

具体表现:

一是食品生产领域出现严重问题,使用有害添加剂、地沟油等食品安全事件层出不穷。

二是"陌生人社会"现象。本能依靠熟人和关系,对待陌生人首先选择不信任。

三是商业领域造假。部分唯利是图的商人联合专家共同造假,欺骗消费者。

四是媒体不实报道。恶意炒作,错误引导社会舆论。

五是个别医生医德下降。收取回扣,从患者身上谋取不正当利益。

六是部分学校收取好处,收取学生好处。

七是个别领导干部忽视自身道德建设。隐瞒事实、搪塞推诿、虚报政绩,搞政绩

工程。

2."给定资料8"介绍了最近社会上涌现出的先进人物事迹,某单位党委决定编印一期《内部学习资料》,宣传他们的事迹,号召本单位全体人员向先进人物学习,请你为这期《内部学习资料》撰写一则"编者按"。(10分)

要求:概括全面准确,揭示各位先进人物的精神实质,200字以内。

【参考答案】

编者按

提高公民道德修养是社会道德建设的重要内容,它关乎着社会进步、国家发展和民族振兴。

作为包工头的孙先生为给农民工发工钱路上遇难,其弟帮助哥哥完成遗愿,这是对诚信的坚守;希望小学徐老师身患重病仍坚持于教育岗位并资助孩童,这是爱心的奉献;"最美妈妈"不顾自身安危果断营救坠落女童,这是善良无私的流露。他们身上的优良品质值得每位公民学习。

加强社会道德建设,党员干部应做好带头作用,让社会焕发新的精神面貌。

二、"给定资料5"中提到,某网站曾组织网民进行了一场讨论。请你根据"给定资料",反驳"网民A"的观点。

要求:(1)观点明确,分析透彻,论据真实;(2)语言流畅,层次分明,有说服力;(3)不超过400字。

【参考答案】

网民A的观点是错误的。道德失范的根源在于自律和他律效能失范,与市场经济的快速发展并无直接联系。

伴随着市场经济的快速发展,在一些社会领域确实如网友A所说,出现了拜金主义和极端个人主义的滋长、蔓延和泛滥的现象,但各地也不断涌现出讲诚信、讲奉献、勇敢无私的先进人物,社会上"讲文明树新风"等志愿服务精神也诠释出了民族精神的新内涵。所以说经济发展是道德失范的根据是站不住脚的。

道德失范的原因有很多。一是道德教化缺失。人们的爱国主义情感、集体主义情感需要正确的引导,形成良好的道德观念。二是对待传统道德,没有做到很好的总结和扬弃。既没有继承传统道德的优点,也没有避免一些糟粕。三是法律不健全,监管不严格。礼法结合导致不法分子钻法律的空子,赚取不义之财。四是在具体领域的实际管理过程中,各部门权责不清。容易出现"好事人人都管"、"坏事人人管不了"的现象,也给一些违反道德的行为提供了生存空间。

三、"给定材料1"中反映的问题需要妥善处理,假定你是市政府职能部门的工作人员,领导安排你处理此事,请你提出解决问题的具体措施。(20分)

要求:条理清楚,所提措施具体,有针对性,不超过400字。

【参考答案】

反映的主要问题:一是很多行业存在地下黑加工点,非法使用有害食品添加剂;二是加工者利欲熏心且对添加剂的危害缺乏认识;三是地下黑加工点牵涉的相关职能部门职责不清、监管不力。作为市职能部门工作人员,我将从自律和他律这两方面着手解决上述问题。

一方面,强化从业者自律。对其实施道德教化,进行中华传统美德教育,使其人道主义情感及正义感、自尊感等有正确发展方向,以良好的道德观念和公德共识体系为引导,良心从业;通过宣传添加剂相关知识使从业者对其危害性有正确认识。

另一方面,加强他律建设。一要制定完善《食品安全法》《食品监督法》等法律,逐步推进食品安全管理法制化;二要成立专门负责食品安全的组织机构,赋予其职权,统一管理食品安全问题;三要明晰工商、质监、农委、公安等单位的权责;三要依法取缔类似地下黑加工点,加大对违法生产商和销售商的处罚力度,建立完善食品召回制度,加大后期追踪及监察力度。

四、"给定材料7"中讲述了农妇刘女士和李老太家人之间发生的一段感人故事,请你以这个故事为话题,自拟题目,写一篇文章。(40分)

要求:(1)结合"给定资料",并注意联系当前社会实际和自身体会;(2)观点明确,内容充实,层次清楚,语言流畅;(3)总字数800～1000字。

【参考例文】

人无德不立　国无德不兴
——大力加强道德建设　促进社会和谐发展

中华民族历来有崇德重德、尚德倡德的传统,常言道,"人无德不立,国无德不兴",强调的就是道德对于个人修身立业和国家长治久安的重要作用。普通农妇刘女士出于好心搭载同村李老太太及其孙女,不料路上三轮车侧翻致李老太太伤情严重,对此,刘女士主动提出给予其经济赔偿却遭对方家属四次坚决拒绝。这一动人故事的背后,折射出的是社会公德之美,它犹如一股清泉,浸润了我们每一个人的心田。

随着改革开放和社会主义市场经济的不断发展,我国社会意识出现多样化态势,人们思想的独立性、选择性、多变性、差异性日益增强。但随之而来的各种道德范畴内的问题却屡屡出现,社会一些领域和一些地方道德失范,是非、善恶、美丑界限混淆,拜金主义、享乐主义、极端个人主义有所滋长,见利忘义、损公肥私行为时有发生,不讲信用、欺骗欺诈成为社会公害,以权谋私、腐化堕落现象严重存在着。在全面建设小康社会、加快推进社会主义现代化、构建社会主义和谐社会的新时期,高度重视和大力加强道德建设,显得尤为重要。

加强道德建设需要以教育为根基。早在战国时期,孟子就曾提出"善政不如善教之得民也"。当前,随着经济全球化的深入发展和社会生活各领域的深刻变革,人们思想多元多样多变的趋势日益明显,主流价值观和基本道德规范在一定程度上受到挑战。但市场经济的发展不能以牺牲社会道德为代价,道德教育在任何时候只能加强不能削弱。只有把社会主义核心价值体系作为道德教育的主题,融入到整个国民教育当中,不断丰富教育内容,创新教育方式,充分发挥道德模范的榜样作用,抓细节抓具体,持之以恒,才能推动良好道德风尚的形成,更好地助推经济社会的健康发展。

加强道德建设需要法律和制度作保障。德以劝善,法以诛恶。要使道德教育由软变硬、由虚变实,必须有一套严格的法律和制度来规范和保障。法律是道德规范和社会文明的风向标,必须把道德观念渗透到社会管理之中,把道德规范体现到法律法规的制定之中,并通过法律法规和各项制度的严格执行,扶正祛邪、惩恶扬善,使外在的道德规范内化为人们的行为自觉。惟其如此,人们从善的信心才能得到提升,整个社会的道德基石才能坚实稳固。

　　加强道德建设需要每个人从自身做起。国家者,积人而成。遵守社会主义道德既是觉悟、也是义务,道德大厦的建设需要每个社会成员添砖加瓦。全社会都要讲公德,只有人人修身自律,躬行实践,才能积小流而成江海,积小善而成大德,富强、民主、文明、和谐的目标才能真正实现。加强道德榜样的宣传,辩证吸取中华传统传统道德精华,去其糟粕,才能适应当今社会,提高中华人民的整体素质。

　　康德曾说:"世界上有两件东西能够深深地震撼人们的心灵,一件是我们心中崇高的道德准则,另一件是我们头顶上灿烂的星空。"相信随着公民道德建设的大力提倡,我国公民道德建设会取得长足的进步与发展,社会主义精神之花必将灿烂绽放,吾国必将长治久安。

附录一

党政机关公文处理工作条例

中办发[2012]14号
（2012年4月16日由中共中央办公厅和国务院办公厅联合印发）

第一章　总　则

第一条　为了适应中国共产党机关和国家行政机关（以下简称党政机关）工作需要，推进党政机关公文处理工作科学化、制度化、规范化，制定本条例。

第二条　本条例适用于各级党政机关公文处理工作。

第三条　党政机关公文是党政机关实施领导、履行职能、处理公务的具有特定效力和规范体式的文书，是传达贯彻党和国家方针政策，公布法规和规章，指导、布置和商洽工作，请示和答复问题，报告、通报和交流情况等的重要工具。

第四条　公文处理工作是指公文拟制、办理、管理等一系列相互关联、衔接有序的工作。

第五条　公文处理工作应当坚持实事求是、准确规范、精简高效、安全保密的原则。

第六条　各级党政机关应当高度重视公文处理工作，加强组织领导，强化队伍建设，设立文秘部门或者由专人负责公文处理工作。

第七条　各级党政机关办公厅（室）主管本机关的公文处理工作，并对下级机关的公文处理工作进行业务指导和督促检查。

第二章　公文种类

第八条　公文种类主要有：

（一）决议。适用于会议讨论通过的重大决策事项。

（二）决定。适用于对重要事项作出决策和部署、奖惩有关单位和人员、变更或者撤销下级机关不适当的决定事项。

（三）命令（令）。适用于公布行政法规和规章、宣布施行重大强制性措施、批准授予和晋升衔级、嘉奖有关单位和人员。

（四）公报。适用于公布重要决定或者重大事项。

（五）公告。适用于向国内外宣布重要事项或者法定事项。

（六）通告。适用于在一定范围内公布应当遵守或者周知的事项。

（七）意见。适用于对重要问题提出见解和处理办法。

（八）通知。适用于发布、传达要求下级机关执行和有关单位周知或者执行的事项，批转、转发公文。

（九）通报。适用于表彰先进、批评错误、传达重要精神和告知重要情况。

（十）报告。适用于向上级机关汇报工作、反映情况，回复上级机关的询问。

（十一）请示。适用于向上级机关请求指示、批准。

（十二）批复。适用于答复下级机关请示事项。

（十三）议案。适用于各级人民政府按照法律程序向同级人民代表大会或者人民代表大会常务委员会提请审议事项。

（十四）函。适用于不相隶属机关之间商洽工作、询问和答复问题、请求批准和答复审批事项。

（十五）纪要。适用于记载会议主要情况和议定事项。

第三章　公文格式

第九条　公文一般由份号、密级和保密期限、紧急程度、发文机关标志、发文字号、签发人、标题、主送机关、正文、附件说明、发文机关署名、成文日期、印章、附注、附件、抄送机关、印发机关和印发日期、页码等组成。

（一）份号。公文印制份数的顺序号。涉密公文应当标注份号。

（二）密级和保密期限。公文的秘密等级和保密的期限。

涉密公文应当根据涉密程度分别标注"绝密""机密""秘密"和保密期限。

（三）紧急程度。公文送达和办理的时限要求。根据紧急程度，紧急公文应当分别标注"特急""加急"，电报应当分别标注"特提""特急""加急""平急"。

（四）发文机关标志。由发文机关全称或者规范化简称加"文件"二字组成，也可以使用发文机关全称或者规范化简称。联合行文时，发文机关标志可以并用联合发文机关名称，也可以单独用主办机关名称。

（五）发文字号。由发文机关代字、年份、发文顺序号组成。联合行文时，使用主办机关的发文字号。

（六）签发人。上行文应当标注签发人姓名。

（七）标题。由发文机关名称、事由和文种组成。

（八）主送机关。公文的主要受理机关，应当使用机关全称、规范化简称或者同类型机关统称。

（九）正文。公文的主体，用来表述公文的内容。

（十）附件说明。公文附件的顺序号和名称。

（十一）发文机关署名。署发文机关全称或者规范化简称。

（十二）成文日期。署会议通过或者发文机关负责人签发的日期。联合行文时，署最后签发机关负责人签发的日期。

（十三）印章。公文中有发文机关署名的，应当加盖发文机关印章，并与署名机关相符。有特定发文机关标志的普发性公文和电报可以不加盖印章。

（十四）附注。公文印发传达范围等需要说明的事项。

（十五）附件。公文正文的说明、补充或者参考资料。

（十六）抄送机关。除主送机关外需要执行或者知晓公文内容的其他机关,应当使用机关全称、规范化简称或者同类型机关统称。

（十七）印发机关和印发日期。公文的送印机关和送印日期。

（十八）页码。公文页数顺序号。

第十条　公文的版式按照《党政机关公文格式》国家标准执行。

第十一条　公文使用的汉字、数字、外文字符、计量单位和标点符号等,按照有关国家标准和规定执行。民族自治地方的公文,可以并用汉字和当地通用的少数民族文字。

第十二条　公文用纸幅面采用国际标准 A4 型。特殊形式的公文用纸幅面,根据实际需要确定。

第四章　行文规则

第十三条　行文应当确有必要,讲求实效,注重针对性和可操作性。

第十四条　行文关系根据隶属关系和职权范围确定。一般不得越级行文,特殊情况需要越级行文的,应当同时抄送被越过的机关。

第十五条　向上级机关行文,应当遵循以下规则:

（一）原则上主送一个上级机关,根据需要同时抄送相关上级机关和同级机关,不抄送下级机关。

（二）党委、政府的部门向上级主管部门请示、报告重大事项,应当经本级党委、政府同意或者授权;属于部门职权范围内的事项应当直接报送上级主管部门。

（三）下级机关的请示事项,如需以本机关名义向上级机关请示,应当提出倾向性意见后上报,不得原文转报上级机关。

（四）请示应当一文一事。不得在报告等非请示性公文中夹带请示事项。

（五）除上级机关负责人直接交办事项外,不得以本机关名义向上级机关负责人报送公文,不得以本机关负责人名义向上级机关报送公文。

（六）受双重领导的机关向一个上级机关行文,必要时抄送另一个上级机关。

第十六条　向下级机关行文,应当遵循以下规则:

（一）主送受理机关,根据需要抄送相关机关。重要行文应当同时抄送发文机关的直接上级机关。

（二）党委、政府的办公厅(室)根据本级党委、政府授权,可以向下级党委、政府行文,其他部门和单位不得向下级党委、政府发布指令性公文或者在公文中向下级党委、政府提出指令性要求。需经政府审批的具体事项,经政府同意后可以由政府职能部门行文,文中须注明已经政府同意。

（三）党委、政府的部门在各自职权范围内可以向下级党委、政府的相关部门行文。

（四）涉及多个部门职权范围内的事务,部门之间未协商一致的,不得向下行文;擅自行文的,上级机关应当责令其纠正或者撤销。

（五）上级机关向受双重领导的下级机关行文,必要时抄送该下级机关的另一个上级机关。

第十七条　同级党政机关、党政机关与其他同级机关必要时可以联合行文。属于党委、政府各自职权范围内的工作,不得联合行文。

党委、政府的部门依据职权可以相互行文。部门内设机构除办公厅(室)外不得对外正式行文。

第五章　公文拟制

第十八条　公文拟制包括公文的起草、审核、签发等程序。

第十九条　公文起草应当做到:

(一)符合国家法律法规和党的路线方针政策,完整准确体现发文机关意图,并同现行有关公文相衔接。

(二)一切从实际出发,分析问题实事求是,所提政策措施和办法切实可行。

(三)内容简洁,主题突出,观点鲜明,结构严谨,表述准确,文字精炼。

(四)文种正确,格式规范。

(五)深入调查研究,充分进行论证,广泛听取意见。

(六)公文涉及其他地区或者部门职权范围内的事项,起草单位必须征求相关地区或者部门意见,力求达成一致。

(七)机关负责人应当主持、指导重要公文起草工作。

第二十条　公文文稿签发前,应当由发文机关办公厅(室)进行审核。审核的重点是:

(一)行文理由是否充分,行文依据是否准确。

(二)内容是否符合国家法律法规和党的路线方针政策;是否完整准确体现发文机关意图;是否同现行有关公文相衔接;所提政策措施和办法是否切实可行。

(三)涉及有关地区或者部门职权范围内的事项是否经过充分协商并达成一致意见。

(四)文种是否正确,格式是否规范;人名、地名、时间、数字、段落顺序、引文等是否准确;文字、数字、计量单位和标点符号等用法是否规范。

(五)其他内容是否符合公文起草的有关要求。

需要发文机关审议的重要公文文稿,审议前由发文机关办公厅(室)进行初核。

第二十一条　经审核不宜发文的公文文稿,应当退回起草单位并说明理由;符合发文条件但内容需作进一步研究和修改的,由起草单位修改后重新报送。

第二十二条　公文应当经本机关负责人审批签发。重要公文和上行文由机关主要负责人签发。党委、政府的办公厅(室)根据党委、政府授权制发的公文,由受权机关主要负责人签发或者按照有关规定签发。签发人签发公文,应当签署意见、姓名和完整日期;圈阅或者签名的,视为同意。联合发文由所有联署机关的负责人会签。

第六章　公文办理

第二十三条　公文办理包括收文办理、发文办理和整理归档。

第二十四条　收文办理主要程序是：

（一）签收。对收到的公文应当逐件清点，核对无误后签字或者盖章，并注明签收时间。

（二）登记。对公文的主要信息和办理情况应当详细记载。

（三）初审。对收到的公文应当进行初审。初审的重点是：是否应当由本机关办理，是否符合行文规则，文种、格式是否符合要求，涉及其他地区或者部门职权范围内的事项是否已经协商、会签，是否符合公文起草的其他要求。经初审不符合规定的公文，应当及时退回来文单位并说明理由。

（四）承办。阅知性公文应当根据公文内容、要求和工作需要确定范围后分送。批办性公文应当提出拟办意见报本机关负责人批示或者转有关部门办理；需要两个以上部门办理的，应当明确主办部门。紧急公文应当明确办理时限。承办部门对交办的公文应当及时办理，有明确办理时限要求的应当在规定时限内办理完毕。

（五）传阅。根据领导批示和工作需要将公文及时送传阅对象阅知或者批示。办理公文传阅应当随时掌握公文去向，不得漏传、误传、延误。

（六）催办。及时了解掌握公文的办理进展情况，督促承办部门按期办结。紧急公文或者重要公文应当由专人负责催办。

（七）答复。公文的办理结果应当及时答复来文单位，并根据需要告知相关单位。

第二十五条　发文办理主要程序是：

（一）复核。已经发文机关负责人签批的公文，印发前应当对公文的审批手续、内容、文种、格式等进行复核；需作实质性修改的，应当报原签批人复审。

（二）登记。对复核后的公文，应当确定发文字号、分送范围和印制份数并详细记载。

（三）印制。公文印制必须确保质量和时效。涉密公文应当在符合保密要求的场所印制。

（四）核发。公文印制完毕，应当对公文的文字、格式和印刷质量进行检查后分发。

第二十六条　涉密公文应当通过机要交通、邮政机要通信、城市机要文件交换站或者收发件机关机要收发人员进行传递，通过密码电报或者符合国家保密规定的计算机信息系统进行传输。

第二十七条　需要归档的公文及有关材料，应当根据有关档案法律法规以及机关档案管理规定，及时收集齐全、整理归档。两个以上机关联合办理的公文，原件由主办机关归档，相关机关保存复制件。机关负责人兼任其他机关职务的，在履行所兼职务过程中形成的公文，由其兼职机关归档。

第七章　公文管理

第二十八条　各级党政机关应当建立健全本机关公文管理制度，确保管理严格规范，充分发挥公文效用。

第二十九条　党政机关公文由文秘部门或者专人统一管理。设立党委（党组）的县级以上单位应当建立机要保密室和机要阅文室，并按照有关保密规定配备工作人员和必要的安全保密设施设备。

第三十条 公文确定密级前,应当按照拟定的密级先行采取保密措施。确定密级后,应当按照所定密级严格管理。绝密级公文应当由专人管理。

公文的密级需要变更或者解除的,由原确定密级的机关或者其上级机关决定。

第三十一条 公文的印发传达范围应当按照发文机关的要求执行;需要变更的,应当经发文机关批准。

涉密公文公开发布前应当履行解密程序。公开发布的时间、形式和渠道,由发文机关确定。

经批准公开发布的公文,同发文机关正式印发的公文具有同等效力。

第三十二条 复制、汇编机密级、秘密级公文,应当符合有关规定并经本机关负责人批准。绝密级公文一般不得复制、汇编,确有工作需要的,应当经发文机关或者其上级机关批准。

复制、汇编的公文视同原件管理。复制件应当加盖复制机关戳记。翻印件应当注明翻印的机关名称、日期。汇编本的密级按照编入公文的最高密级标注。

第三十三条 公文的撤销和废止,由发文机关、上级机关或者权力机关根据职权范围和有关法律法规决定。公文被撤销的,视为自始无效;公文被废止的,视为自废止之日起失效。

第三十四条 涉密公文应当按照发文机关的要求和有关规定进行清退或者销毁。

第三十五条 不具备归档和保存价值的公文,经批准后可以销毁。销毁涉密公文必须严格按照有关规定履行审批登记手续,确保不丢失、不漏销。个人不得私自销毁、留存涉密公文。

第三十六条 机关合并时,全部公文应当随之合并管理;机关撤销时,需要归档的公文经整理后按照有关规定移交档案管理部门。

工作人员离岗离职时,所在机关应当督促其将暂存、借用的公文按照有关规定移交、清退。

第三十七条 新设立的机关应当向本级党委、政府的办公厅(室)提出发文立户申请。经审查符合条件的,列为发文单位,机关合并或者撤销时,相应进行调整。

第八章 附则

第三十八条 党政机关公文含电子公文。电子公文处理工作的具体办法另行制定。

第三十九条 法规、规章方面的公文,依照有关规定处理。外事方面的公文,依照外事主管部门的有关规定处理。

第四十条 其他机关和单位的公文处理工作,可以参照本条例执行。

第四十一条 本条例由中共中央办公厅、国务院办公厅负责解释。

第四十二条 本条例自2012年7月1日起施行。1996年5月3日中共中央办公厅发布的《中国共产党机关公文处理条例》和2000年8月24日国务院发布的《国家行政机关公文处理办法》停止执行。

二〇一二年四月十二日

附录二

党政机关公文格式

GB/T 9704—2012

目　次

GB/T 9704—2012

前 言

本标准按照 GB/T 1. 1—2009 给出的规则起草。

本标准根据中共中央办公厅、国务院办公厅印发的《党政机关公文处理工作条例》的有关规定对 GB/T 9704—1999《国家行政机关公文格式》进行修订。本标准相对 GB/T 9704—1999 主要作如下修订:

a)标准名称改为《党政机关公文格式》,标准英文名称也作相应修改;

b)适用范围扩展到各级党政机关制发的公文;

c)对标准结构进行适当调整;

d)对公文装订要求进行适当调整;

e)增加发文机关署名和页码两个公文格式要素,删除主题词格式要素,并对公文格式各要素的编排进行较大调整；

f)进一步细化特定格式公文的编排要求；

g)新增联合行文行文首页版式、信函格式首页、命令(令)格式首页版式等式样。

本标准中公文用语与《党政机关公文处理工作条例》中的用语一致。

本标准为第二次修订。

本标准由中共中央办公厅和国务院办公厅提出。

本标准由中国标准化研究院归口。

本标准起草单位：中国标准化研究院、中共中央办公厅秘书局、国务院办公厅秘书局、中国标准出版社。

本标准主要起草人：房庆、杨雯、郭道锋、孙维、马慧、张书杰、徐成华、范一乔、李玲。

本标准代替了 GB/T 9704—1999。

GB/T 9704—1999 的历次版本发布情况为：

——GB/T 9704—1988。

公文格式

1 范围

本标准规定了党政机关公文通用的纸张要求、排版和印制装订要求、公文格式各要素的编排规则，并给出了公文的式样。

本标准适用于各级党政机关制发的公文。其他机关和单位的公文可以参照执行。

使用少数民族文字印制的公文，其用纸、幅面尺寸及版面、印制等要求按照本标准执行，其余可以参照本标准并按照有关规定执行。

2 规范性引用文件

下列文件对于本标准的应用是必不可少的。凡是注日期的引用文件，仅所注日期的版本适用于本标准。凡是不注日期的引用文件，其最新版本(包括所有的修改单)适用于本标准。

GB/T 148 印刷、书写和绘图纸幅面尺寸

GB 3100 国际单位制及其应用

GB 3101 有关量、单位和符号的一般原则

GB 3102(所有部分) 量和单位

GB/T 15834 标点符号用法

GB/T 15835 出版物上数字用法

3 术语和定义

下列术语和定义适用于本标准。

3.1

字 word

标示公文中横向距离的长度单位。在本标准中，一字指一个汉字宽度的距离。

3.2

行 line

标示公文中纵向距离的长度单位。在本标准中,一行指一个汉字的高度加 3 号汉字高度的 7/8 的距离。

4 公文用纸主要技术指标

公文用纸一般使用纸张定量为 60 g/m～80 g/m 的胶版印刷纸或复印纸。纸张白度 80％～90％,横向耐折度≥15 次,不透明度≥85％,pH 值为 7.5～9.5。

5 公文用纸幅面尺寸及版面要求

5.1 幅面尺寸

公文用纸采用 GB/T 148 中规定的 A4 型纸,其成品幅面尺寸为:210 mm× 297 mm。

GB/T 9704—2012

5.2 版面

5.2.1 页边与版心尺寸

公文用纸天头(上白边)为 37 mm±1 mm,公文用纸订口(左白边)为 28mm±1mm,版心尺寸为 156 mm×225 mm。

5.2.2 字体和字号

如无特殊说明,公文格式各要素一般用 3 号仿宋体字。特定情况可以作适当调整。

5.2.3 行数和字数

一般每面排 22 行,每行排 28 个字,并撑满版心。特定情况可以作适当调整。

5.2.4 文字的颜色

如无特殊说明,公文中文字的颜色均为黑色。

6 印制装订要求

6.1 制版要求

版面干净无底灰,字迹清楚无断划,尺寸标准,版心不斜,误差不超过 1 mm。

6.2 印刷要求

双面印刷;页码套正,两面误差不超过 2 mm。黑色油墨应当达到色谱所标 BL100％,红色油墨应当达到色谱所标 Y80％、M80％。印品着墨实、均匀;字面不花、不白、无断划。

6.3 装订要求

公文应当左侧装订,不掉页,两页页码之间误差不超过 4 mm,裁切后的成品尺寸允许误差±2mm,四角成 90°;,无毛茬或缺损。

骑马订或平订的公文应当:

a)订位为两钉外订眼距版面上下边缘各 70 mm 处,允许误差±4mm;

b)无坏钉、漏钉、重钉,钉脚平伏牢固;

c)骑马订钉锯均订在折缝线上,平订钉锯与书脊间的距离为 3mm～5mm。

包本装订公文的封皮(封面、书脊、封底)与书芯应吻合、包紧、包平、不脱落。

7 公文格式各要素编排规则

7.1 公文格式各要素的划分

本标准将版心内的公文格式各要素划分为版头、主体、版记三部分。公文首页红色分隔线以上的部分称为版头；公文首页红色分隔线（不含）以下、公文末页首条分隔线（不含）以上的部分称为主体；公文末页首条分隔线以下、末条分隔线以上的部分称为版记。

页码位于版心外。

7.2 版头

7.2.1 份号

如需标注份号，一般用 6 位 3 号阿拉伯数字，顶格编排在版心左上角第一行。

7.2.2 密级和保密期限

如需标注密级和保密期限，一般用 3 号黑体字，顶格编排在版心左上角第二行；保密期限中的数字用阿拉伯数字标注。

7.2.3 紧急程度

如需标注紧急程度，一般用 3 号黑体字，顶格编排在版心左上角；如需同时标注份号、密级和保密期限、紧急程度，按照份号、密级和保密期限、紧急程度的顺序自上而下分行排列。

7.2.4 发文机关标志

由发文机关全称或者规范化简称加"文件"二字组成，也可以使用发文机关全称或者规范化简称。

发文机关标志居中排布，上边缘至版心上边缘为 35mm，推荐使用小标宋体字，颜色为红色，以醒目、美观、庄重为原则。

联合行文时，如需同时标注联署发文机关名称，一般应当将主办机关名称排列在前；如有"文件"二字，应当置于发文机关名称右侧，以联署发文机关名称为准上下居中排布。

7.2.5 发文字号

编排在发文机关标志下空二行位置，居中排布。年份、发文顺序号用阿拉伯数字标注；年份应标全称，用六角括号"〔〕"括入；发文顺序号不加"第"字，不编虚位（即 1 不编为 01），在阿拉伯数字后加"号"字。

上行文的发文字号居左空一字编排，与最后一个签发人姓名处在同一行。

7.2.6 签发人

由"签发人"三字加全角冒号和签发人姓名组成，居右空一字，编排在发文机关标志下空二行位置。"签发人"三字用 3 号仿宋体字，签发人姓名用 3 号楷体字。

如有多个签发人，签发人姓名按照发文机关的排列顺序从左到右、自上而下依次均匀编排，一般每行排两个姓名，回行时与上一行第一个签发人姓名对齐。

7.2.7 版头中的分隔线

发文字号之下 4 mm 处居中印一条与版心等宽的红色分隔线。

7.3 主体

7.3.1 标题

一般用 2 号小标宋体字，编排于红色分隔线下空二行位置，分一行或多行居中排布；回行时，要做到词意完整，排列对称，长短适宜，间距恰当，标题排列应当使用梯形或菱形。

7.3.2 主送机关

编排于标题下空一行位置，居左顶格，回行时仍顶格，最后一个机关名称后标全角冒号。如主送机关名称过多导致公文首页不能显示正文时，应当将主送机关名称移至版记，标注方法见7.4.2。

7.3.3 正文

公文首页必须显示正文。一般用3号仿宋体字，编排于主送机关名称下一行，每个自然段左空二字，回行顶格。文中结构层次序数依次可以用"一、""（一）""1.""（1）"标注；一般第一层用黑体字、第二层用楷体字、第三层和第四层用仿宋体字标注。

7.3.4 附件说明

如有附件，在正文下空一行左空二字编排"附件"二字，后标全角冒号和附件名称。如有多个附件，使用阿拉伯数字标注附件顺序号（如"附件：1. XXXXX"）；附件名称后不加标点符号。附件名称较长需回行时，应当与上一行附件名称的首字对齐。

7.3.5 发文机关署名、成文日期和印章

7.3.5.1 加盖印章的公文

成文日期一般右空四字编排，印章用红色，不得出现空白印章。

单一机关行文时，一般在成文日期之上、以成文日期为准居中编排发文机关署名，印章端正、居中下压发文机关署名和成文日期，使发文机关署名和成文日期居印章中心偏下位置，印章顶端应当上距正文（或附件说明）一行之内。

联合行文时，一般将各发文机关署名按照发文机关顺序整齐排列在相应位置，并将印章一一对应、端正、居中下压发文机关署名，最后一个印章端正、居中下压发文机关署名和成文日期，印章之间排列整齐、互不相交或相切，每排印章两端不得超出版心，首排印章顶端应当上距正文（或附件说明）一行之内。

7.3.5.2 不加盖印章的公文

单一机关行文时，在正文（或附件说明）下空一行右空二字编排发文机关署名，在发文机关署名下一行编排成文日期，首字比发文机关署名首字右移二字，如成文日期长于发文机关署名，应当使成文日期右空二字编排，并相应增加发文机关署名右空字数。

联合行文时，应当先编排主办机关署名，其余发文机关署名依次向下编排。

7.3.5.3 加盖签发人签名章的公文

单一机关制发的公文加盖签发人签名章时，在正文（或附件说明）下空二行右空四字加盖签发人签名章，签名章左空二字标注签发人职务，以签名章为准上下居中排布。在签发人签名章下空一行右空四字编排成文日期。

联合行文时，应当先编排主办机关签发人职务、签名章，其余机关签发人职务、签名章依次向下编排，与主办机关签发人职务、签名章上下对齐；每行只编排一个机关的签发人职务、签名章；签发人职务应当标注全称。

签名章一般用红色。

7.3.5.4 成文日期中的数字

用阿拉伯数字将年、月、日标全，年份应标全称，月、日不编虚位（即1不编为01）。

7.3.5.5 特殊情况说明

当公文排版后所剩空白处不能容下印章或签发人签名章、成文日期时,可以采取调整行距、字距的措施解决。

7.3.6 附注

如有附注,居左空二字加圆括号编排在成文日期下一行。

7.3.7 附件

附件应当另面编排,并在版记之前,与公文正文一起装订。"附件"二字及附件顺序号用3号黑体字顶格编排在版心左上角第一行。附件标题居中编排在版心第三行。附件顺序号和附件标题应当与附件说明的表述一致。附件格式要求同正文。

如附件与正文不能一起装订,应当在附件左上角第一行顶格编排公文的发文字号并在其后标注"附件"二字及附件顺序号。

7.4 版记

7.4.1 版记中的分隔线

版记中的分隔线与版心等宽,首条分隔线和末条分隔线用粗线(推荐高度为0.35 mm),中间的分隔线用细线(推荐高度为0.25 mm)。首条分隔线位于版记中第一个要素之上,末条分隔线与公文最后一面的版心下边缘重合。

7.4.2 抄送机关

如有抄送机关,一般用4号仿宋体字,在印发机关和印发日期之上一行、左右各空一字编排。"抄送"二字后加全角冒号和抄送机关名称,回行时与冒号后的首字对齐,最后一个抄送机关名称后标句号。

如需把主送机关移至版记,除将"抄送"二字改为"主送"外,编排方法同抄送机关。既有主送机关又有抄送机关时,应当将主送机关置于抄送机关之上一行,之间不加分隔线。

7.4.3 印发机关和印发日期

印发机关和印发日期一般用4号仿宋体字,编排在末条分隔线之上,印发机关左空一字,印发日期右空一字,用阿拉伯数字将年、月、日标全,年份应标全称,月、日不编虚位(即1不编为01),后加"印发"二字。

版记中如有其他要素,应当将其与印发机关和印发日期用一条细分隔线隔开。

7.5 页码

一般用4号半角宋体阿拉伯数字,编排在公文版心下边缘之下,数字左右各放一条一字线;一字线上距版心下边缘7 mm。单页码居右空一字,双页码居左空一字。公文的版记页前有空白页的,空白页和版记页均不编排页码。公文的附件与正文一起装订时,页码应当连续编排。

GB/T 9704—2012

8 公文中的横排表格

A4纸型的表格横排时,页码位置与公文其他页码保持一致,单页码表头在订口一边,双页码表头在切口一边。

9 公文中计量单位、标点符号和数字的用法公文中计量单位的用法应当符合 GB 3100、GB 3101 和 GB 3102（所有部分），标点符号的用法应当符合 GB/T 15834，数字用法应当符合 GB/T 15835。

10 公文的特定格式

10.1 信函格式

发文机关标志使用发文机关全称或者规范化简称，居中排布，上边缘至上页边为 30mm，推荐使用红色小标宋体字。联合行文时，使用主办机关标志。

发文机关标志下 4 mm 处印一条红色双线（上粗下细），距下页边 20 mm 处印一条红色双线（上细下粗），线长均为 170 mm，居中排布。

如需标注份号、密级和保密期限、紧急程度，应当顶格居版心左边缘编排在第一条红色双线下，按照份号、密级和保密期限、紧急程度的顺序自上而下分行排列，第一个要素与该线的距离为 3 号汉字高度的 7/8。

发文字号顶格居版心右边缘编排在第一条红色双线下，与该线的距离为 3 号汉字高度的 7/8。

标题居中编排，与其上最后一个要素相距二行。

第二条红色双线上一行如有文字，与该线的距离为 3 号汉字高度的 7/8。

首页不显示页码。

版记不加印发机关和印发日期、分隔线，位于公文最后一面版心内最下方。

10.2 命令（令）格式

发文机关标志由发文机关全称加"命令"或"令"字组成，居中排布，上边缘至版心上边缘为 20 mm，推荐使用红色小标宋体字。

发文机关标志下空二行居中编排令号，令号下空二行编排正文。

签发人职务、签名章和成文日期的编排见 7.3.5.3。

10.3 纪要格式

纪要标志由"XXXXX 纪要"组成，居中排布，上边缘至版心上边缘为 35 mm，推荐使用红色小标宋体字。

标注出席人员名单，一般用 3 号黑体字，在正文或附件说明下空一行左空二字编排"出席"二字，后标全角冒号，冒号后用 3 号仿宋体字标注出席人单位、姓名，回行时与冒号后的首字对齐。

标注请假和列席人员名单，除依次另起一行并将"出席"二字改为"请假"或"列席"外，编排方法同出席人员名单。

纪要格式可以根据实际制定。

11 式样

A4 型公文用纸页边及版心尺寸见图 1；公文首页版式见图 2；联合行文公文首页版式 1 见图 3；联合行文公文首页版式 2 见图 4；公文末页版式 1 见图 5；公文末页版式 2 见图 6；联合行文公文末页版式 1 见图 7；联合行文公文末页版式 2 见图 8；附件说明页版式见图 9；带附件公文末页版式见图 10；信函格式首页版式见图 11；命令（令）格式首页版式见图 12。

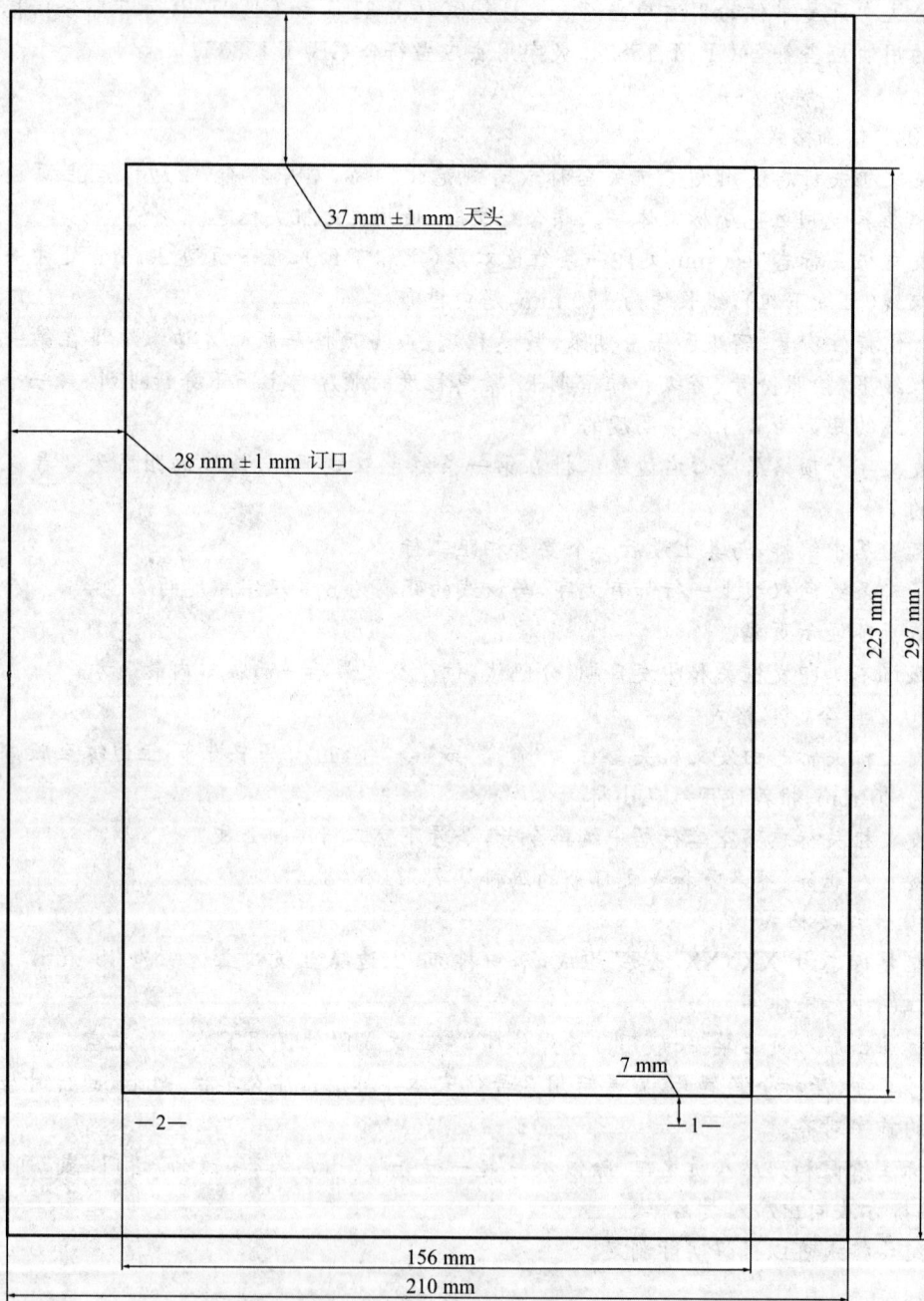

图 1 A4 型公文用纸页边及版心尺寸

000001
机密★1年
特急

×××××文件

×××〔2012〕10 号

×××××关于××××××的通知

××××××××：
　　××
××××。
　　××
××××××××××。
　　××××××××××。
　　××××××。××

图 2　公文首页版式

000001
机密★1年
特急

×××××

× × × 文件

×××××

×××〔2012〕10 号

×××××关于×××××××的通知

×××××××：
　　××××××××××××××××××××××××××××××××。
　　×××××××××××××××××××××××××××××××××××
××××××××××××××××××××××××××××××××××××××
××××。
　　××××××××××××××××××××××××××××××××××××

图3　联合行文公文首页版式1

000001
机　密
特　急

××××××

×　　×　　×

××××××

签发人：×××　×××

×××〔2012〕10 号　　　　　　　　　×××

××××××关于×××××××的请示

××××××：
　　××××××××××××××××××××××××××××××
××××××××××××××××××××××××××××××××
××××××××××××××××××××××××××××××××
××××。
　　×××××××××××××××××××××××××××××××

图 4　联合行文公文首页版式 2

×××××××××××××××。
　×××××××××××××××××××××××××××
×××××××××××××××××××××××××××××××
××××××××××。

2012 年 7 月 1 日

（×××××）

抄送：×××××××，××××××，×××××××，××××××，
　××××××。

×××××××× 　　　　　　　　　　　　　　2012 年 7 月 1 日印发

图 5　公文末页版式 1

××××××××××××××××。
　　×××××××××××××××××××××××××××××
××××××××××××××××××××××××××××××××
××××××××××。

　　　　　　　　　　　　　　　××××××××××
　　　　　　　　　　　　　　　2012 年 7 月 1 日

（×××××）

抄送：×××××××××,×××××××,×××××××,×××××××,
　　　×××××××。

××××××××× 　　　　　　　　　　　2012 年 7 月 1 日印发

图 6　公文末页版式 2

××××××××××××××××。

××。

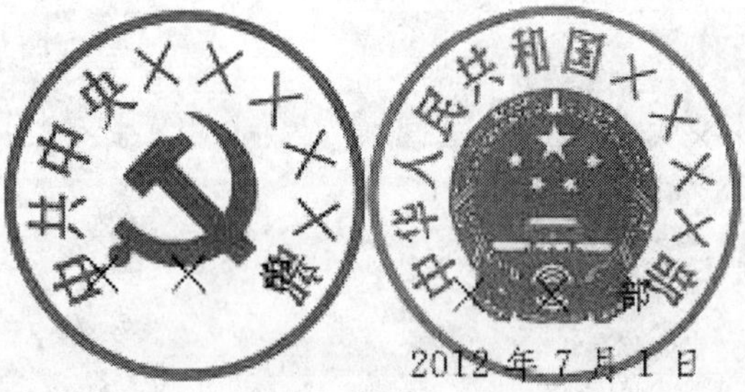

2012年7月1日

(×××××)

抄送：×××××××××，×××××××，×××××××，×××××××，
××××××。

××××××××××　　　　2012年7月1日印发

图7　联合行文公文末页版式1

××××××××××××××××。
　　×××××××××××××××××××××××
×××××××××××××××××××××××××××
××××××××××××。

2012 年 7 月 1 日

（×××××）

图 8　联合行文公文末页版式 2

××××××××××××××××。
　　××××××××××××××××××××××××××××××××
×××××××××××××××××××××××××××××××××××
××××××××××。

　　　附件：1.××××××××××××××××××××××××××
　　　　　　　×××××
　　　　　2.×××××××××××××

　　　　　　　　　　　　　　　　　　　　　　　×××××××
　　　　　　　　　　　　　　　　　　　　　×　×　×　×
　　　　　　　　　　　　　　　　　　　　2012 年 7 月 1 日
（×××××）

图 9　附件说明页版式

附件2

××××××××××××

　　××。

　　××。（×××××）

抄送：××××××××，××××××，××××××，××××××，
　　　××××××。

××××××××　　　　　　　　　　　　2012 年 7 月 1 日印发

图 10　带附件公文末页版式

中华人民共和国×××××部

000001   ×××〔2012〕10号

机 密

特 急

×××××关于×××××××的通知

×××××××：

 ×××××××××××××××××××××××
×××××××××××××××××××××××
×××××××××××××××××××××××
××××××××××××××××××××。

 ×××××××××××××××××××××××
×××××××××××××××××××××××
×××××××××××××××××××××××
×××××××××××××××××××××。

 ×××××××××××××××××××××××
×××××××××××××××××××××××
×××××××××××××××××××××××
×××××××××××××××××××××××
×××××××××××××××××××××××
×××××××××××××××××××××××
××××××××××××××××××××。

图11　信函格式首页版式

××××××令

第×××号

××××××××××××××××××××××××××
×××××××××××××××××××××××。
×××××××××××××××××××××××××
×××××××××× ××××××××××××××××××××。

部 长 ×××

2012 年 7 月 1 日

图 12 命令(令)格式首页版式

附录三

中华人民共和国国家标准标点符号用法

（中华人民共和国国家标准 GB/T 15834—1995）

国家技术监督局 1995 年 12 月 13 日发布，1996 年 6 月 1 日施行

1. 范围

本标准规定了标点符号的名称、形式和用法。本标准对汉语书写规范有重要的辅助作用。本标准适用于汉语书面语。外语界和科技界也参考使用。

2. 定义?

本标准采用下列定义。

句子 sentence? 前后都有停顿，并带有一定的语调，表示相对完整意义的语言单位。

陈述句 declarative sentence? 用来说明事实的句子。

祈使句 imperative sentence? 用来要求听话人做某件事情的句子。

疑问句 interrogative sentence? 用来提出问题的句子。

感叹句 exclamatory sentence? 用来抒发某种强烈感情的句子。

复句、分句 complex sentence, clause? 意思上有密切联系的小句子组织在一起构成一个大句子。这样的大句子叫复句，复句中的每个小句子叫分句。

词语 expression? 词和短语（词组）。

词，即最小的能独立运用的语言单位。

短语，即由两个或两个以上的词按一定的语法规则组成的表达一定意义的语言单位，也叫词组。

3. 基本规则

3.1　标点符号是辅助文字记录语言的符号，是书面语的有机组成部分，用来表示停顿、语气、以及词语的性质和作用。

3.2　常用的标点符号有 16 种，分点号和标号两大类。

点号的作用在于点断，主要表示说话时的停顿和语气。点号又分为句末点号和句内点号。句末点号用在句末，有句号、问号、叹号 3 种，表示句末的停顿，同时表示句子的语气。句内点号用在句内，有逗号、顿号、分号、冒号 4 种，表示句内的各种不同性质的停顿。

标号的作用在于标明，主要标明语句的性质和作用。常用的标号有 9 种，即：引号、括号、破折号、省略号、着重号、连接号、间隔号、书名号和专名号。

4. 用法说明

4.1　句号

4.1.1　句号的形式为"。"。句号还有一种形式，即一个小圆点"."，一般在科技文献中使用。

4.1.2　陈述句末尾的停顿，用句号。

例如：

a)北京是中华人民共和国的首都。

b)虚心使人进步，骄傲使人落后。

c)亚洲地域广阔，跨寒、温、热三带，又因各地地形和距离海洋远近不同，气候复杂多样。

4.1.3　语气舒缓的祈使句末尾，也用句号。例如：请您稍等一下。

4.2　问号

4.2.1　问号的形式为"？"。

4.2.2　疑问句末尾的停顿，用问号。

例如：

a)你见过金丝猴吗？

b)他叫什么名字？

c)去好呢，还是不去好？

4.2.3　反问句的末尾，也用问号。

例如：

a)难道你还不了解我吗？

b)你怎么能这么说呢？

4.3　叹号

4.3.1　叹号的形式为"！"。

4.3.2　感叹句末尾的停顿，用叹号。

例如：

a)为祖国的繁荣昌盛而奋斗！

b)我多么想看看他老人家呀！

4.3.3　语气强烈的祈使句末尾，也用叹号。

例如：

a)你给我出去！

b)停止射击！

4.3.4　语气强烈的反问句末尾，也用叹号。

例如：我哪里比得上他呀！

4.4　逗号

4.4.1　逗号的形式为"，"。

4.4.2　句子内部主语与谓语之间如需停顿，用逗号。

例如：我们看得见的星星，绝大多数是恒星。

4.4.3　句子内部动词与宾语之间如需停顿,用逗号。

例如:应该看到,科学需要一个人贡献毕生的精力。

4.4.4　句子内部状语后边如需停顿,用逗号。

例如:对于这个城市,他并不陌生。

4.4.5　复句内各分句之间的停顿,除了有时要用分号外,都要用逗号。

例如:据说苏州园林有一百多处,我到过的不过十多处。

4.5　顿号

4.5.1　顿号的形式为"、"。

4.5.2　句子内部并列词语之间的停顿,用顿号。

例如:

a)亚马逊河、尼罗河、密西西比河和长江是世界四大河流。

b)正方形是四边相等、四角均为直角的四边形。

4.6　分号

4.6.1　分号的形式为";"。

4.6.2　复句内部并列分句之间的停顿,用分号。

例如:

a)语言,人们用来抒情达意;文字,人们用来记言记事。

b)在长江上,瞿塘峡像一道闸门,峡口险阻;巫峡像一条迂回曲折的画廊,每一曲,每一折,都像一幅绝好的风景画,神奇而秀美;西陵峡水势险恶,处处是急流,处处是险滩。

4.6.3　非并列关系(如转折关系、因果关系等)的多重复句,第一层的前后两部分之间,也用分号。

例如:我国年满十八周岁的公民,不分民族、种族、性别、职业、家庭出身、宗教信仰、教育程度、财产状况、居住年限,都有选举权和被选举权;但是依照法律被剥夺政治权力的人除外。

4.6.4　分行列举的各项之间,也可以用分号。

例如:中华人民共和国行政区域划分如下:

(一)全国分为省、自治区、直辖市;

(二)省、自治区分自治州、县、自治县、市;

(三)县、自治县分乡、民族乡、镇。

4.7　冒号

4.7.1　冒号的形式为":"。

4.7.2　用在称呼语后边,表示提起下文。

例如:同志们,朋友们:现在开会了。

4.7.3　用在"说、想、是、证明、宣布、指出、透露、例如、如下"等词语后边,表示提起下文。

例如:他十分惊讶地说:"啊,原来是你!"

4.7.4　用在总说性话语的后边,表示引起下文的分说。

例如:北京紫禁城有四座城门:午门、神武门、东华门和西华门。

4.7.5　用在需要解释的词语后边,表示引出解释或说明。

例如:外文图书展销会 日期:10 月 20 日至 11 月 10 日 时间:上午 8 时至下午 4 时 地点:北京朝阳区工体东路 16 号 主办单位:中国图书进出口总公司

4.7.6　总括性话语的前边,也可以用冒号,以总结上文。

例如:张华考上了北京大学,在化学系学习;李萍考进了中等技术学校,读机械制造专业;我在百货公司当售货员:我们都有光明的前途。

4.8　引号

4.8.1　引号的形式为双引号""""和单引号"''"。

4.8.2　行文中直接引用的话,用引号标示。

例如:

a)爱因斯坦说:"想象力比知识更重要,因为知识是有限的,而想象力概括着世界上的一切,推动着进步,并且是知识进步的源泉。"

b)"满招损,谦受益"这句格言,流传到今天至少有两千年了。

c)现代画家徐悲鸿笔下的马,正如有的评论家所说的那样,"神形兼备,充满生机"。

4.8.3　需要着重论述的对象,用引号标示。

例如:古人对于写文章有个基本要求,叫做"有物有序"。"有物"就是要有内容,"有序"就是要有条理。

4.8.4　具有特殊含意的词语,也用引号标示。

例如:

a)从山脚向上望,只见火把排成许多"之"字形,一直连到天上,跟星光接起来,分不出是火把还是星星。

b)这样的"聪明人"还是少一点好。

4.8.5　引号里面还要用引号时,外面一层用双引号,里面一层用单引号。

例如:他站起来问:"老师,'有条不紊'的'紊'是什么意思?"

4.9　括号

4.9.1　括号常用的形式是圆括号"( )"。此外还有方括号"[ ]"、六角括号"〔〕"和方头括号"【】"。

4.9.2　行文中注释性的文字,用括号标明。注释句子里某种词语的,括注紧贴在被注释词语之后;注释整个句子的,括注放在句末标点之后。

例如:

a)中国猿人(全名为"中国猿人北京种",或简称"北京人")在我国的发现,是对古人类学的一个重大贡献。

b)写研究性文章跟文学创作不同,不能摊开稿纸搞"即兴"。(其实文学创作也要有素养才能有"即兴"。)

4.10　破折号

4.10.1　破折号的形式为"——"。

4.10.2　行文中解释说明的语句,用破折号标明。

例如：

a)迈进金黄色的大门，穿过宽阔的风门厅和衣帽厅，就到了大会堂建筑的枢纽部分——中央大厅。

b)为了全国人民——当然包括自己在内——的幸福，我们每个人都要兢兢业业，努力工作。

4.10.3 话题突然转变，用破折号标明。

例如："今天好热啊！——你什么时候去上海？"张强对刚刚进门的小王说。

4.10.4 声音延长，象声词后用破折号。

例如："呜——"火车开动了。

4.10.5 事项列举分承，各项之前用破折号。

例如：根据研究对象的不同，环境物理学分为以下五个分支学科

——环境声学；——环境光学；——环境热学；——环境电磁学；——环境空气动力学。

4.11 省略号

4.11.1 省略号的形式为"……"，六个小圆点，占两个字的位置。如果是整段文章或诗行的省略，可以使用十二个小圆点来表示。

4.11.2 引文的省略，用省略号标明。

例如：她轻轻地哼起了《摇篮曲》："月儿明，风儿静，树叶儿遮窗棂啊……"

4.11.3 列举的省略，用省略号标明。

例如：在广州的花市上，牡丹、吊钟、水仙、梅花、菊花、山茶、墨兰……春秋冬三季的鲜花都挤在一起啦！

4.11.4 说话断断续续，可以用省略号标示。

例如："我……对不起……大家，我……没有……完成……任务"。

4.12 着重号

4.12.1 着重号的形式为"．"。

4.12.2 要求读者特别注意的字、词、句，用着重号标明。

例如：事业是干出来的，不是吹出来的．

4.13 连接号

4.13.1 连接号的形式为"－"，占一个字的位置，连接号还有另外三种形式，即长横"——"（占两个字的位置）、半字线"-"（占半个字的位置）和浪纹"～"（占一个字的位置）。

4.13.2 两个相关的名词构成一个意义单位，中间用连接号。

例如：

a)我国秦岭－淮河以北地区属于温带季风气候区，夏季高温多雨，冬季寒冷干燥。

b)复方氯化钠注射液，也称任－洛二氏溶液（Ringer－Locke solution），用于医疗和哺乳动物生理学实验。4.13.3 相关的时间、地点或数目之间用连接号表示起止。

例如：

a)鲁迅(1881－1936)中国现代伟大的文学家、思想家和革命家。原名周树人，字豫

才,浙江绍兴人。

b)"北京－广州"直达快车

c)梨园乡种植的巨峰葡萄今年已进入了丰产期,亩产 1000 公斤～1500 公斤。

4.13.4　相关的字母、阿拉伯数字等之间,用连接号,表示产品型号。

例如:在太平洋地区,除了已建成投入使用的 HAW－4 和 TPC－3 海底光缆之外,又有 TPC－4 海底光缆投入运营。

4.13.5　几个相关的项目表示递进式发展,中间用连接号。

例如:人类的发展可以分为古猿－猿人－古人－新人这四个阶段。

4.14　间隔号

4.14.1　间隔号的形式为"·"。

4.14.2　外国人和某些少数民族人名内各部分的分界,用间隔号标示。

例如:列奥纳多·达·芬奇　爱新觉罗·努尔哈赤

4.14.3　书名与篇(章、卷)名之间的分界,用间隔号标示。

例如:《中国大百科全书·物理学》《三国志·蜀志·诸葛亮传》

4.15　书名号

4.15.1　书名号的形式为双书名号"《》"和单书名号"〈〉"。

4.15.2　书名、篇号、报纸名、刊物名等,用书名号标志。

例如:

a)《红楼梦》的作者是曹雪芹。

b)你读过鲁迅的《孔乙己》吗?

c)他的文章在《人民日报》上发表了。

d)桌上放着一本《中国语文》。

4.15.3　书名号里边还要用书名号时,外面一层用双书名号,里边一层用单书名号。

例如:《〈中国工人〉发刊词》发表于 1940 年 2 月 7 日。

4.16　专名号

4.16.1　专名号的形式为"__"

4.16.2　人名、地名、朝代名等专名下面,用专名号标示。

例如:司马相如者,汉蜀郡成都人也,字长卿。

4.16.3　专名号只用在古籍或某些文史著作里面。为了跟专名号配合,这类著作里的书名号可以用浪线"﹏﹏"。

例如:屈原放逐,乃赋离骚,左丘失明,厥有国语。

5.标点符号的位置

5.1　句号、问号、叹号、逗号、顿号、分号和冒号一般占一个字的位置,居左偏下,不出现在一行之首。

5.2　引号、括号、书名号的前一半不出现在一行之末,后一半不出现在一行之首。

5.3　破折号和省略号都占两个字的位置,中间不能断开。连接号和间隔号一般占一个字的位置。这四种符号上下居中。

5.4　着重号、专名号和浪线式书名号标在字的下边，可以随字移行。

6.直行文稿与横行文稿使用标点符号不同

6.1　句号、问号、叹号、顿号、分号和冒号放在字下偏右。

6.2　破折号、省略号、连接号和间隔号放在字下居中。

6.3　引号改用双引号"『』"和单引号"「」"。

6.4　着重号标在字的右侧，专名号和浪线式书名号标在字的左侧。

附录四

应用文常用特定用语

一、开端用语

主要用于文章开头，表示发语、引据。

为、为了、为着、查、接、顷接、根据、据、遵照、依照、按、鉴于、关于、兹、兹定于、今、随着、由于。

二、称谓用语

用于表示人称或对单位的称谓。

第一人称：我、我单位、本人、本公司、我们。

第二人称：你、你局、贵公司。

第三人称：他、该公司、该项目

三、递送用语

用于表示文、物递送方向

上行：报、呈。

平行：送。

下行：发、颁发、颁布、印发、发布、下达。

四、引叙用语

用于复文引据。

悉、接、顷接、据、收悉。

五、拟办用语

用于拟办审批。

拟办：责成、交办、试办、办理、执行。

审批：同意、照办、批准、可行、原则同意。

六、经办用语

用于表明进程。

经、业经、已经、兹经。

七、过渡用语

用于承上启下。

鉴于、为此、对此，为使、对于、关于。

八、期请用语

用于表示期望请求。

上行：请、恳请、拟请、特请。

平行：请、拟请、特请、务请、如蒙。

下行：希、望、尚望、请、希予、勿误。

参考文献

[1] 谭荣尧. 公务员文书写作. 杭州：浙江大学出版社,2000.

[2] 魏永忠. 公务员公文写作原理与范例. 北京：中国人民公安大学出版社,2001.

[3] 郑敬东. 现代应用文导写. 重庆：重庆出版社,2002.

[4] 史玉峤. 现代文秘写作. 青岛：青岛出版社,2001.

[5] 王严根. 新编应用文写作. 北京：中国商业出版社,2001.

[6] 刘翔飞. 财经实用写作. 长沙：中南大学出版社,2002.

[7] 陈荣林. 中国应用文实用大全. 南京：南京大学出版社,1997.

[8] 任文贵. 应用文写作词典. 北京：人民日报社,2004.

[9] 杨文丰. 现代应用文书写作. 北京：中国人民大学出版社,2003.

[10] 徐顽强. 应用文写作. 武汉：华中科技大学出版社,2006.

[11] 洪威雷. 应用文写作学新编. 中华书局 2005.

[12] 马述明. 应用文写作(第二版). 北京：中国电力出版社,2007.

[13] 郝立新. 应用文写作新编. 广州：暨南大学出版社,2008.

[14] 李国英,倪斯雯. 现代应用文写作. 北京：首都师范大学出版社,2009.

[15] 陈火胜. 应用文写作. 北京：化学工业出版社,2009.